The BooK on my desK

와~
포토샵 CS
언제 배웠어요?

유재헌, 김삼룡, 박두열 _ 공저

이·비·커
eBeecomm publishing

이 책의 저자들

● 유재헌(ericyu@hanmail.net)

북 디자인 프리랜서. 표지 디자인, 일러스트, 인터넷 만화 작업.

주요 저서로는 ≪포토샵 테마별 웹디자인≫, ≪밀레니엄 시리즈 포토샵 7≫ 등이 있습니다.

● 김삼룡

현 경남정보대학 컴퓨터 통신계열 교수 재직

● 박두열

현 동주대학 웹모바일정보과 교수 재직

초판 1쇄 인쇄 / 2004년 6월 25일

초판 1쇄 발행 / 2004년 6월 30일

발행처 / 도서출판 이비컴

발행인 / 강기원

주소 / (130-811) 서울 동대문구 신설동 97-1 302호

대표전화 / 02)2254-0658

팩스 / 02)2254-0634

등록 2002.4.9 제 6-0596호

웹사이트 http://www.bookbee.co.kr

ISBN 89-89484-41-3 13000

값 18,800원

기획 책임 : 이비컴 기획팀

진행 책임 : 안세현

표지 디자인 : 나인플럭스

본문 디자인 : Edipix

제작/마케팅 : 김동중

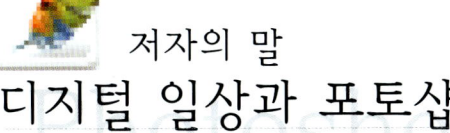

저자의 말
디지털 일상과 포토샵

한때 홈페이지 만들기의 열풍 속에서 많은 분들이 포토샵을 배우려고 고군분투(?) 했던 시기가 있었습니다. 물론 지금도 인터넷 사이트를 만드는 도구로써의 포토샵의 위치는 독보적입니다만 최근에는 홈페이지를 만들기 위한 것보다는 개인 사용자들의 디지털 이미지의 수정을 위한 포토샵의 위상이 많이 높아진 것같습니다. 디지털이 생활의 중심이 된 일상이 만든 변화라고 할 수 있겠죠.

'사진 이미지를 손보기 위한 포토샵'이라는 용도의 변화 때문에 주로 사용되는 기능도 '필터와 합성'에서 '이미지 리터칭(보정)'으로 바뀌고 있는 듯 합니다. 복잡하고 어지러운 이미지를 만들기 보다는 선명하고 깔끔한 자신만의 이미지를 만들려는 시도도 많아지고 있습니다. 이렇듯 디지털 카메라와 핸드폰 그리고 블로그의 시대 속에서 포토샵의 위치는 어디일까요?

포토샵은 버전을 거듭할수록 더욱더 다양한 기능과 플러그인 추가, 사용성 개선 등을 통해 이미지 리터칭 프로그램으로서의 대부분의 영역을 담당하려는 의욕을 보이고 있습니다. 그러나 '실용성의 측면'에서 본다면 포토샵은 개인 사용자들에게는 좀 무겁고 덩치가 큰 프로그램일 것입니다. 포토샵 필터를 모아놓은 듯한 가벼운 이미지 리터칭 프로그램들도 많이 나와 있고, 기존의 덩치가 작은 다른 그래픽 프로그램들도 기능이 상당히 향상되었기 때문에 간편한 그래픽 이미지 수정을 원하는 사용자들의 선택의 폭도 넓어졌습니다. 포토샵을 켜느라 오래 기다릴 필요가 없어진 것입니다.

그래픽 작업의 어느 한 지점에 서면 **포토샵이기 때문에 가능한 영역**을 발견하게 됩니다. 이 영역은 포토샵을 사용하는 각각의 사용자들 전부 다를 수 있습니다. 하지만 포토샵으로만 만들어 낼 수 있는 그 어떤 것을 깨닫게 되는 순간, 자신의 '디지털 일상'이 다른 사람보다 한걸음 더 나아갈 수 있지 않을까 생각합니다.

집필 기간 내내 '약속'이라는 단어가 사전에 없는 듯이 행동한 저자의 무례함을 잘 다독여주신 '이비컴' 강기원 사장님과 안세현님께 진심어린 존경과 감사를 표합니다, 그리고 예제로 사용되느라 본인도 모르게 이리저리 주물러진 어린 딸 진아와 아내에게 사랑과 이해를 전합니다.

대표 저자 Edipix 유재헌
(ericyu@hanmail.net)

이 책의 구성

Photoshop CS & ImageReady

🦜 장의 제목

이 책은 3개의 부(Part)와 각 부에 속한 장(Section)으로 구성되어 있으며, 각 장(Section)은 독립된 학습목표를 두고 서술되었습니다. 따라서 장(Section)의 제목만 보고도 어떤 내용을 배우게 되는지 알 수 있을 것입니다.

🦜 장의 발문

이번 장(Section)에서 학습할 내용을 간략하게 소개하고, 왜 배워야 하는지 어떻게 배울 것인지에 대해 설명합니다.

🦜 오려두기

본문 중 좀 더 자세한 설명이 필요한 부분은 오려두기 표시를 달아두었으며, 여기 적혀있는 페이지로 이동하면 해당 정보를 볼 수 있습니다.

🦜 따라하기

직접 따라해야 할 내용을 그림으로 자세하게 설명하였습니다. 왼쪽의 설명을 읽고 난 후 오른쪽 그림을 보며 따라해 보세요.

🦜 그림 도움말

초보자는 그림만 보며 따라하기에 어려움이 있을 것입니다. 때문에 마우스나 키보드의 동작 등을 주석으로 자세하게 달아 두어 좀 더 쉽게 따라할 수 있도록 하였습니다.

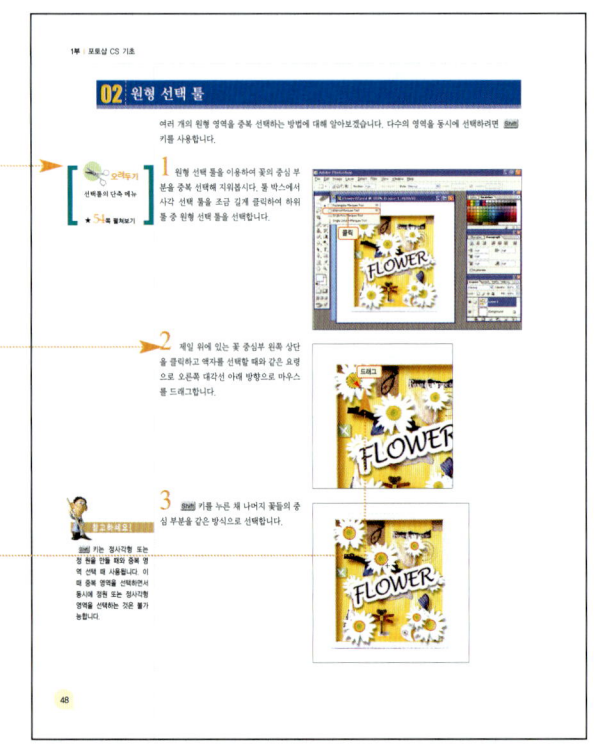

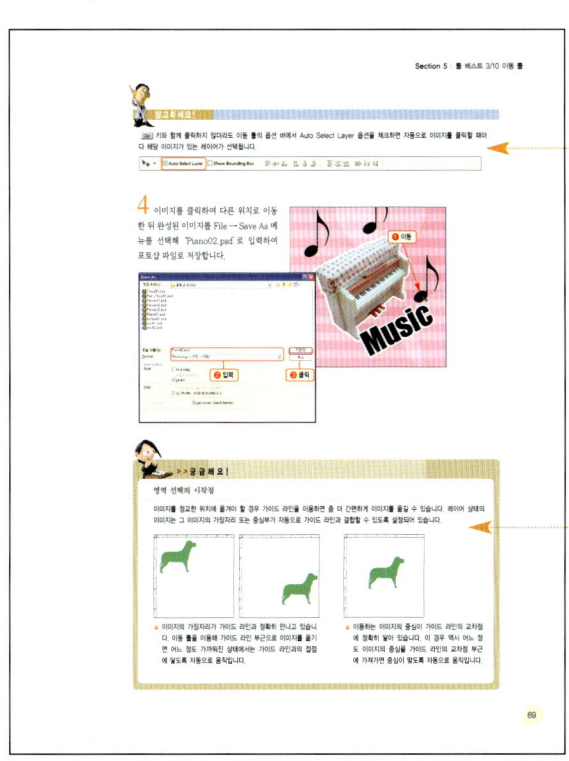
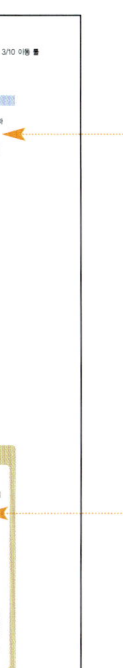

참고하세요!

본문 내용 중 부가 설명이 필요한 부분이나 따라하기 중 실수가 예상되는 부분 등에 필자의 세심한 조언을 담았습니다.

궁금해요!

출간 전 책의 내용을 미리 따라해 본 초보자들이 궁금해 했던 것, 잘 되지 않았던 부분들을 수록하였습니다. 때에 따라서는 본문 내용에 못지 않게 중요한 내용도 있으므로 빼놓지 않고 살펴보도록 하세요.

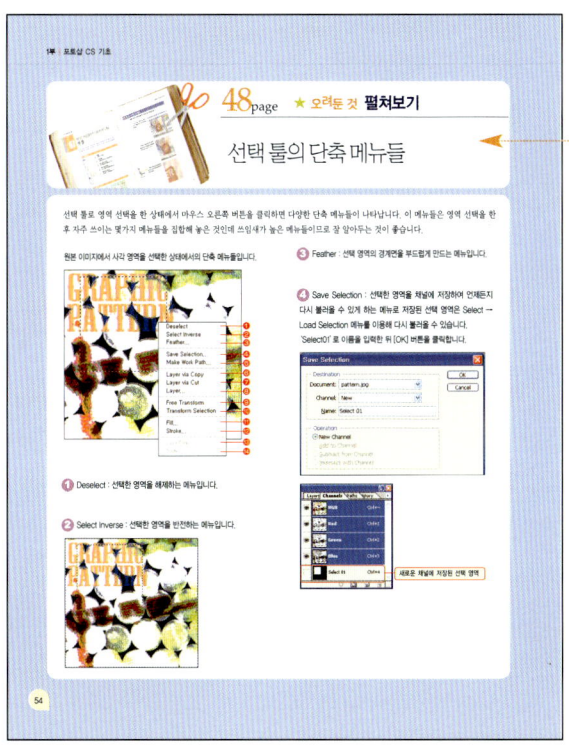

오려둔 것 펼쳐보기

오려두기에서 오려놓은 정보를 꺼내보는 페이지로, 꼭 필요한 유용한 내용이 가득합니다. 기본적인 내용은 본문에서 학습하고 이곳에서 좀 더 전문적인 노하우를 엿볼 수 있습니다. 꼭 여러분의 것으로 만들기 바랍니다.

부록 CD-ROM 사용법

부록 CD에는 본문에 사용된 따라하기 예제 파일과
서체, 포토샵 Tryout 프로그램이 들어있습니다.
수록 내용과 사용법은 윈도우 사용자 기준으로 설
명하였습니다.

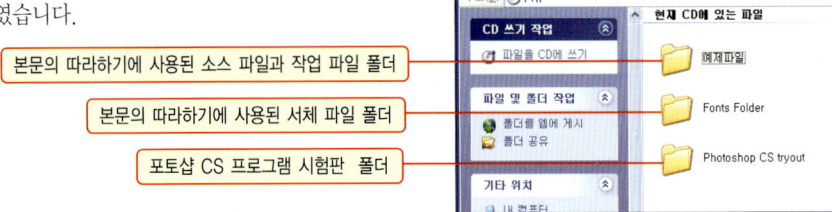

- 본문의 따라하기에 사용된 소스 파일과 작업 파일 폴더
- 본문의 따라하기에 사용된 서체 파일 폴더
- 포토샵 CS 프로그램 시험판 폴더

예제 파일

본문의 따라하기에 사용된 소스 파일, 작업 후의 결과 파일 등이 들어있습니다. 각 Part별로 나뉘어져 있으
며 본문에 설명된 파일 경로를 참조하시면 됩니다.

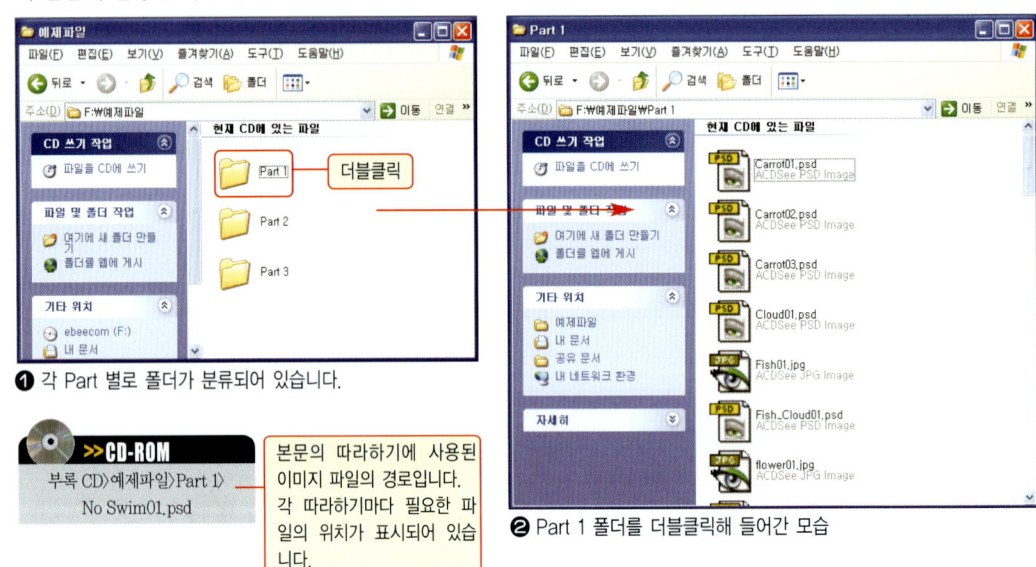

❶ 각 Part 별로 폴더가 분류되어 있습니다.

>> CD-ROM
부록 CD〉예제파일〉Part 1〉
No Swim01.psd

본문의 따라하기에 사용된
이미지 파일의 경로입니다.
각 따라하기마다 필요한 파
일의 위치가 표시되어 있습
니다.

❷ Part 1 폴더를 더블클릭해 들어간 모습

Font

본문의 따라하기에 사용된 IBM 전용 서체입니다. 탐
색기를 이용하여 WindowXP가 설치된 하드의
Windows → Fonts 폴더에 복사하여 사용해도 되지
만 가능하면 시스템의 서체 설치 기능을 이용하는 것
이 좋습니다.

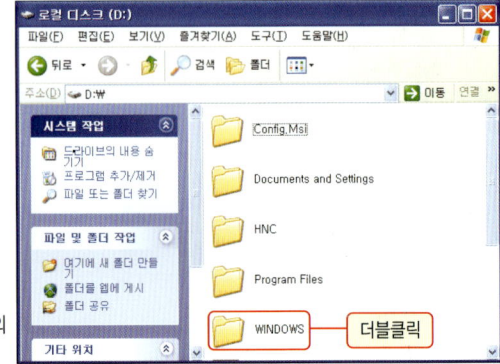

❶ Window XP 시스템이 있는 하드의
Windows 폴더를 더블클릭합니다.

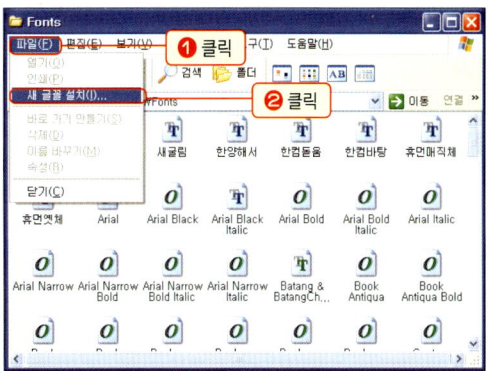

❷ Fonts 폴더를 더블클릭합니다.

❸ '파일' 메뉴를 클릭한 뒤 '새 글꼴 설치' 메뉴를 클릭합니다.

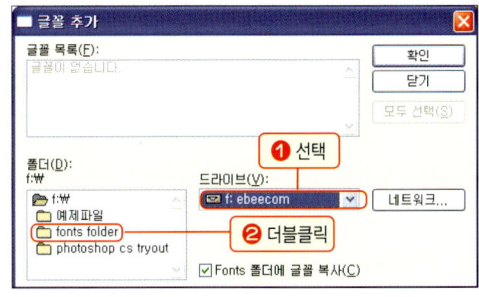

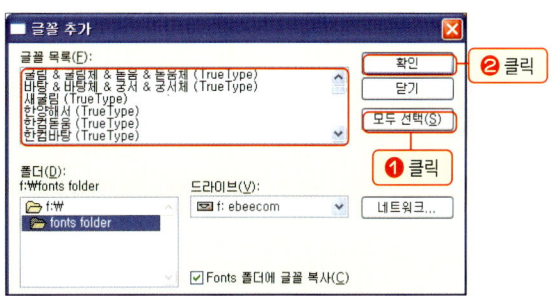

❹ 부록 CD 드라이브를 선택한 뒤 서체가 들어있는 폴더를 클릭하면 글꼴 목록으로 서체가 모두 인식됩니다.

❺ [모두 선택] 버튼을 클릭하여 서체를 모두 선택한 뒤 [확인] 버튼을 클릭합니다. 서체가 시스템의 Fonts 폴더에 자동으로 설치 됩니다.

Photoshop CS Tryout

포토샵 체험 버전 프로그램입니다. 설치 방법은 'Section 1 포토샵, 어떻게 시작할까요?' 의 포토샵 설치 방법을 참조하시면 됩니다. 본 체험 버전은 Tryout 버전으로 30일간 사용이 가능하며, 사용 종료 후에는 정품을 구입하시기 바랍니다.

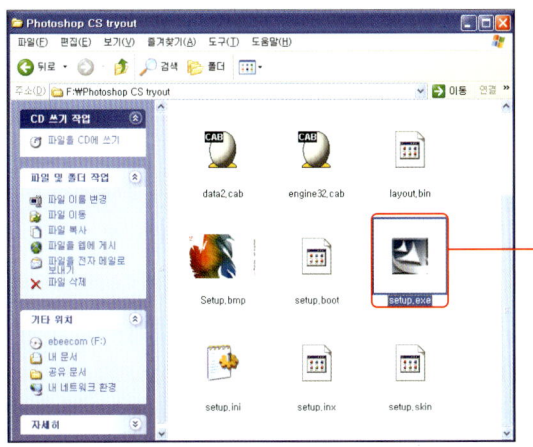

Photoshop CS의 OS 설치 사양은 윈도우 시스템의 경우 Windows 2000 이상, 맥 OS의 경우 OS X 이상에서 설치 가능합니다.

설치 실행 파일인 'Setup.exe' 를 더블클릭하면 설치가 시작됩니다.

Coupon

디지털 사진 인화권

온라인 디지털 사진 인화서비스 업체인 OKFOTO (www.okfoto.co.kr)에서 '디지털 사진 10,000원 무료 인화권'을 제공합니다.

01 OKFOTO 쿠폰 사용법

1 OKFOTO의 메인 페이지(www.okfoto.co.kr)에서 회원 가입을 한 뒤 로그인합니다.

2 메인 페이지 오른쪽 중간에 있는 '무료 인화권' 아이콘을 클릭하여 무료 인화권을 사용할 수 있는 페이지로 이동합니다.

3 무료쿠폰 충전 코너에 제공받은 쿠폰의 번호를 입력한 뒤 [등록] 버튼을 클릭합니다.

❶ 쿠폰번호 입력   ❷ 클릭

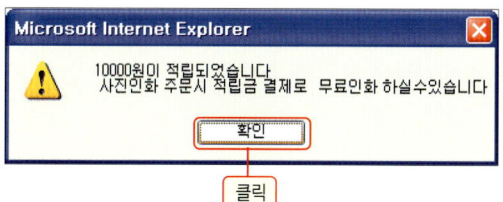

클릭

4 무료 인화권에서 제공하는 액수인 10,000원이 적립되었습니다. [확인] 버튼을 클릭합니다.

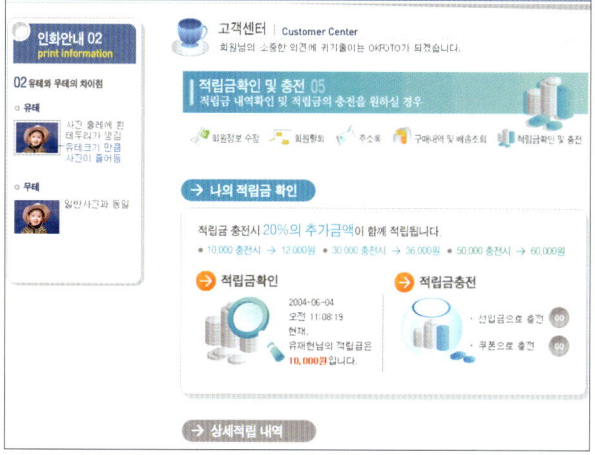

5 적립금을 확인합니다.

디지털 사진 인화권 Photoshop CS &
ImageReady

02 OKFOTO 사진 업로드 방법

1 홈페이지 메인 메뉴 중 '사진인화' 메뉴를 클릭합니다.

2 업로드 방식 중 '웹브라우저' 방식을 선택한 뒤 '찾아보기' 옵션을 클릭합니다.

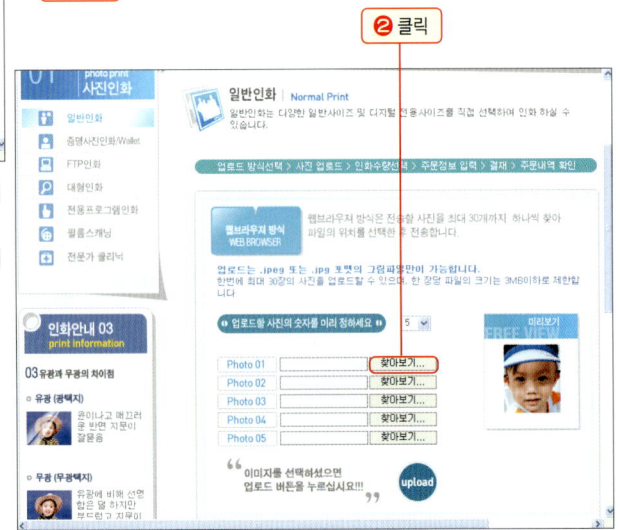

▲ '드래그 앤 드롭' 방식은 탐색기를 열어서 인화하려는 사진을 직접 홈페이지에 드래그하는 방식입니다.
'프로그램' 방식은 제공하는 브라우저 프로그램을 다운 받아 자신의 컴퓨터에 설치한 뒤 설치된 브라우저를 이용하여 사진을 업로드하는 방식입니다.

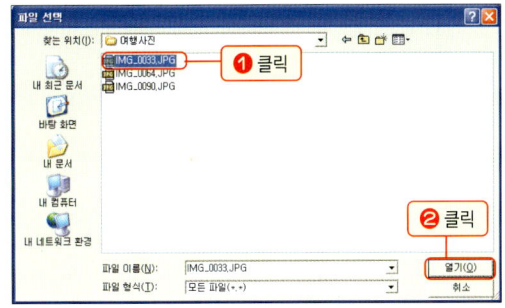

3 대화상자에서 인화하려는 사진을 찾아 선택하고 [열기] 버튼을 클릭한 뒤 메인 화면에서 [Upload] 버튼을 클릭합니다.

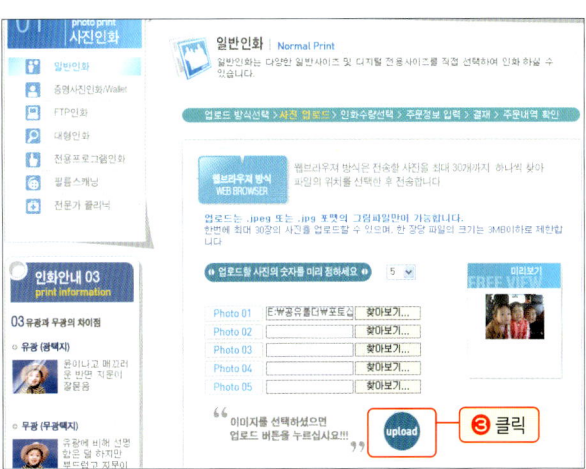

4 사진이 업로드됩니다.

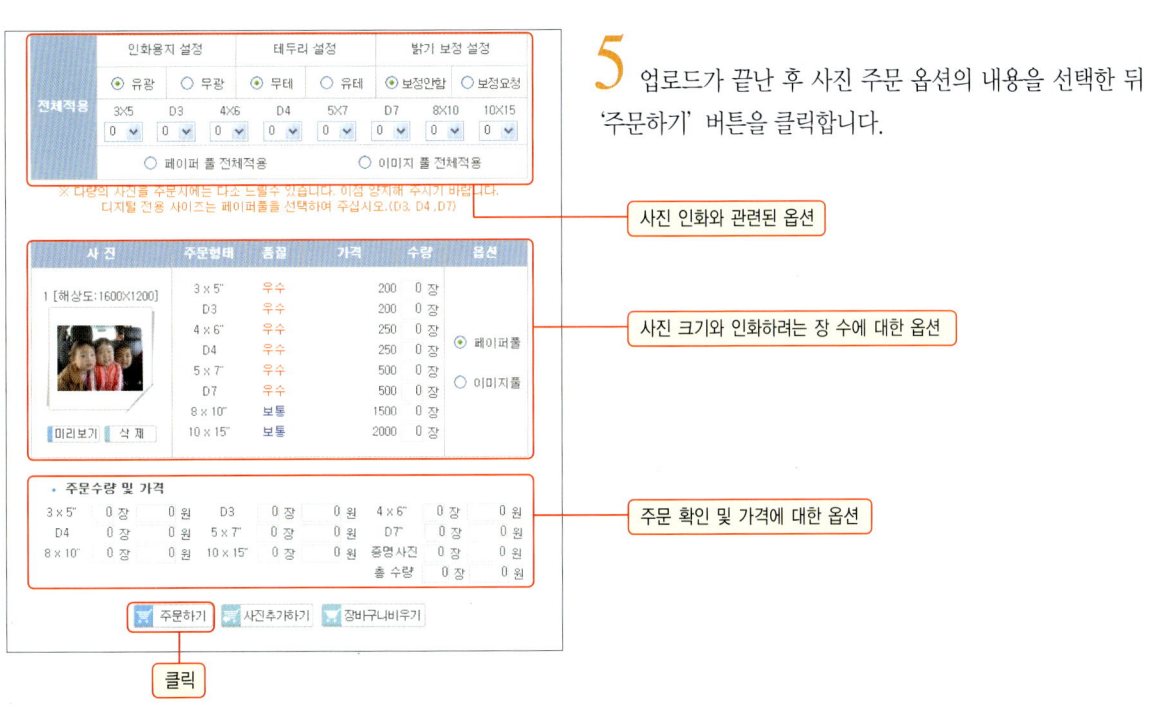

5 업로드가 끝난 후 사진 주문 옵션의 내용을 선택한 뒤 '주문하기' 버튼을 클릭합니다.

사진 인화와 관련된 옵션

사진 크기와 인화하려는 장 수에 대한 옵션

주문 확인 및 가격에 대한 옵션

포토샵으로 무엇을 할까요?

Photoshop CS & ImageReady

Photoshop CS
What? Function 이미지 수정

포토샵을 이용하면 사진 이미
지의 색이나 대비 등을 자유롭
게 바꿀 수 있습니다.

▶ 컬러 이미지를 흑백 이미지 또는
세피아 톤의 이미지로 바꿀 수 있습니다.

▶ 단순한 사진 이미지를 색 대비가 강한
인상적인 이미지로 바꿀 수 있습니다.

▶ 이미지의 원하는 부분을 선택하여
색을 바꾸거나 변형할 수 있습니다.

▶ 이미지 안의 원하는 색만을 선택하여
자연스럽게 다른 색으로 바꿀 수 있습니다.

▶ 심도가 얕은 디지털 카메라 이미지를
전문가 사진처럼 심도 깊은 이미지로
바꿀 수 있습니다.

▶ 이미지를 직접 번지게 해서 역동적인
이미지로 바꿀 수 있습니다.

이미지 변형과 편집

이미지에서 원하는 부분만을 선택하여 다른 이미지와 합성하거나 모양을 변하게 할 수 있습니다.

▶ 레이어 블렌드 모드를 이용해 이미지를
서로 자연스럽게 합성할 수 있습니다.

▶ 펜 툴을 이용해 이미지를 추출하여
합성할 수 있습니다.

preview

▶ 마술봉 툴을 이용해 간단하게 원하는
   이미지를 추출할 수 있습니다.

▶ 채널을 이용해 머리카락 등의 복잡한
   이미지를 추출할 수 있습니다.

▶ Free Transform 메뉴를 이용해 이미지를
   자유자재로 변형할 수 있습니다.

Photoshop CS
What? Function   이미지 드로잉과 채색

포토샵의 여러 가지 툴 들을 이용하면 붓이나 연필 등으로 그리고 채
색한 듯한 그림을 그릴 수 있습니다.

▶ 브러시 툴을 이용해 이미지를
   드로잉할 수 있습니다.

▶ 펜 툴을 이용해 예쁜 그림을 그리고
채색할 수 있습니다.

▶ 스머지 툴을 이용하여 부드러운 느낌의
일러스트를 그릴 수 있습니다.

▶ 펜 툴을 이용하여 실물과 유사한 세밀하고 복잡한
일러스트를 그릴 수 있습니다.

▶ 버킷 툴을 이용하여 다양한 색과
패턴으로 채색할 수 있습니다.

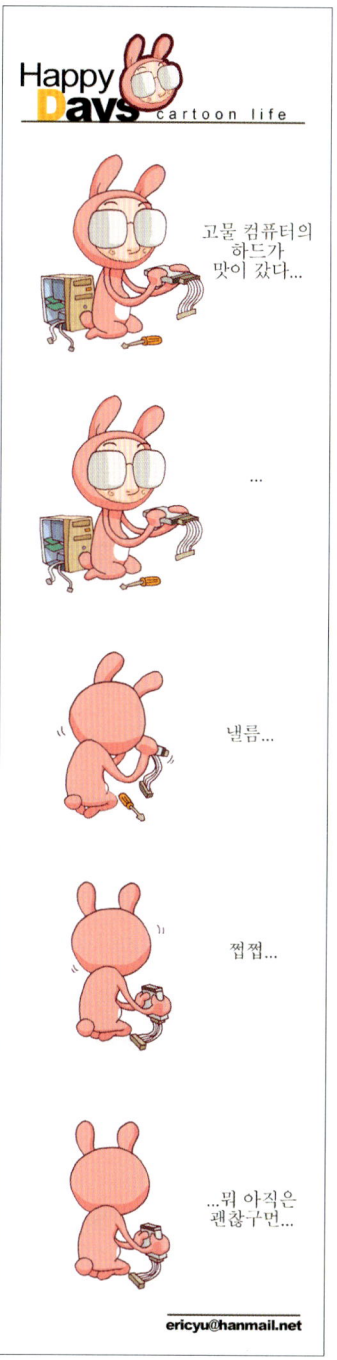

▶ 손으로 그린 이미지를 스캔하여 채색하고
문자를 입력하여 재미있는 만화를 그릴 수 있
습니다.

포토샵으로 무엇을 할까요? Photoshop CS & ImageReady

Photoshop CS & ImageReady

Photoshop CS
What? *Function* | **이미지 드로잉과 채색**

포토샵과 연동되는 이미지레디를 이용해 최적화된 안전한 웹용 이미지를 제작하고 GIF 애니메이션 등과 같은 다양한 웹용 요소들을 만들 수 있습니다.

▶ 마우스 액션에 따른 Roll Over 버튼을 만들 수 있습니다.

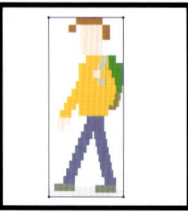

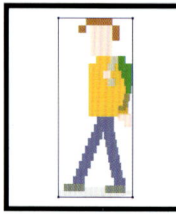

▶ 레이어 기능을 이용하여 간단한 애니메이션 이미지를 만들 수 있습니다.

▶ 핸드폰 바탕 화면 등 모바일 이미지를 만들 수 있습니다.

▶ 연필 툴 등을 이용하여 귀여운 도트 이미지를 만들 수 있습니다.

▶ 화려한 블로그 배너 이미지를 만들 수 있습니다.

Photoshop CS
What? *Function* **문자가 입력된 이미지 만들기**

포토샵의 다양한 문자 옵션과 서체를 이용하여 개성있는 이미지 또는 의미를 전달하는 이미지를 만들 수 있습니다.

▶ 이미지 합성과 문자 입력으로 나만의 명함을 만들 수 있습니다.

▶ 문자 입력 옵션으로 분위기 있는 이미지를 만들 수 있습니다.

▶ 패스를 따라 곡선 형태로 문자를 입력할 수 있습니다.

Photoshop CS
What? *Function* **이미지 관리하기**

파일 브라우저와 액션 기능을 이용하여 많은 양의 이미지 파일들을 편리하고 손쉽게 관리할 수 있습니다.

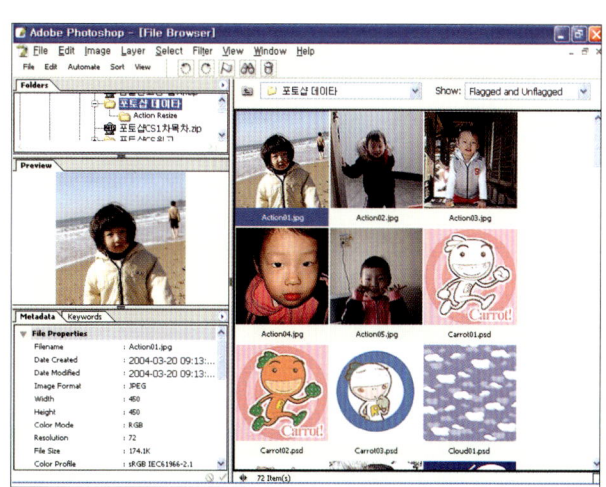

▶ 파일 브라우저를 이용하여 많은 양의 파일을 한눈에 정리할 수 있습니다.

포토샵 CS의
새로운 기능

1. 향상된 파일 브라우저 기능

파일 브라우저 기능은 이미 포토샵 7 버전에서부터 탑재되어 있었습니다. 포토샵 7 버전에서의 파일 브라우저는 시스템 사양에 영향을 많이 받아 속도가 느렸기 때문에 사실상 잘 사용되지 않았으나, 포토샵 CS에서는 그 속도가 매우 향상 되었고 다양한 부가 기능이 추가되었습니다.

다양한 이미지 정렬 방법과 검색 방법, 여러 가지 썸네일 (Thumbnail) 표시 방법이 추가 되었고 RAW 컨버팅, 컨택트 시트, 웹 포토 갤러리 등 시간이 많이 걸리는 작업들을 브라우저 상에서 일괄 작업할 수 있게 되었습니다.

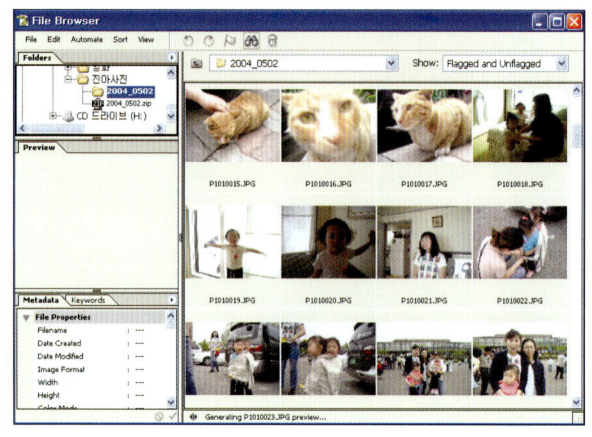

2. 곡선 패스에 문자 입력하기

기존의 포토샵에서는 곡선으로 된 문사를 만들 수가 없었기 때문에 일러스트레이터 등의 벡터 프로그램에서 만든 곡선 문자를 불러들이는 방식을 사용하였습니다. 그러나 포토샵 CS에서는 펜 툴 등으로 만든 불규칙한 곡선 패스에 직접 문자를 입력할 수 있어 좀 더 다양한 문자 표현이 가능하게 되었습니다.

3. 적목 현상 이미지 수정

빛이 부족한 장소에서 디카로 촬영할 때 종종 플래시가 터지면서 인물 사진의 눈동자가 붉게 나타나는 적목 현상이 발생합니다. 이때 포토샵 CS의 컬러 리플레이스 툴을 사용하여 간단하게 적목 현상을 없애고 보기 좋은 이미지로 수정할 수 있습니다.

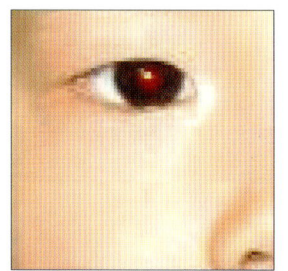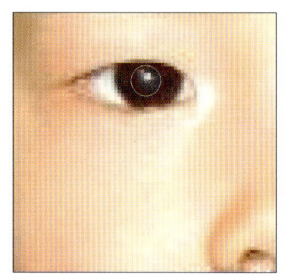

Photoshop CS
NEW Function
4. 노출 균형

포토샵 CS의 개선 기능들 중 디지털 카메라에 적용되는 업그레이드들이 눈에 띄는데 특히 간단한 명령 하나로 전체적인 이미지의 음영 톤을 고르게 수정할 수 있는 Shadow/Highlight 기능은 디카로 촬영한 이미지를 보정하는데 매우 유용합니다. 이 기능은 작업중인 이미지의 너무 어두운 부분은 밝게, 너무 밝은 부분은 어둡게 하여 이미지의 노출을 적정 수준으로 수정할 수 있는 기능입니다.

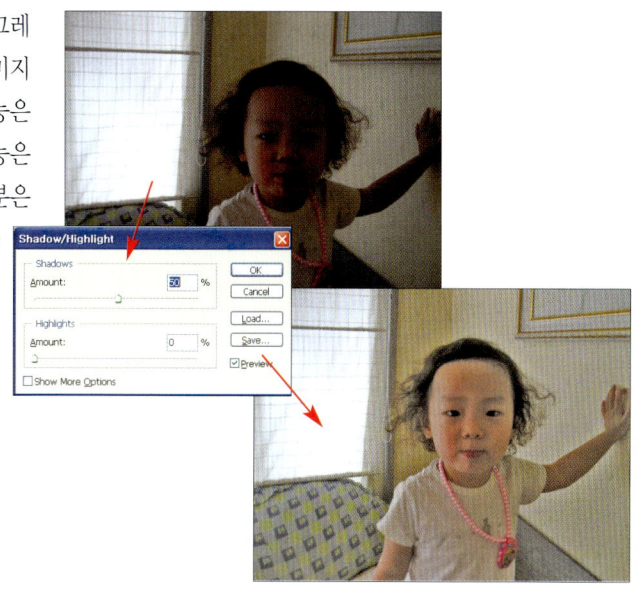

Photoshop CS
NEW Function
5. 파노라마 사진 만들기

기존의 포토샵에서 파노라마 이미지를 만들려면 여러 개의 이미지를 새로운 도큐먼트에 일일이 불러들여 손을 봐야 했습니다. 그러나 포토샵 CS의 Photomerge 기능을 이용하면 간단한 명령으로 여러 개의 디지털 이미지들을 하나로 연결된 파노라마 이미지로 바꿀 수 있습니다.

Photoshop CS
NEW Function
6. 그 외의 새로운 기능

그 외에도 포토샵 CS는 다양하고 새로운 기능들을 선보이고 있습니다. 간략히 살펴보면 색상일치 기능인 Color Match, 라이브 히스토그램, 질감 보전 색상교체, Photo Filter 기능, RAW 카메라 이미지 파일 기능, 단축키 편집, 렌즈 블러 효과 등이 추가되었습니다.

▲ Photo Filter 대화상자

포토샵 CS의 메뉴와 기능들

포토샵의 많은 메뉴들은 각각 일정한 분류에 의해 나뉘어져 있습니다. 너무나 많은 기능 때문에 실제 작업에서 어떤 기능이 어디에 위치하는지를 몰라 난감할 때가 있기 때문에 메뉴의 기능별 분류와 분포에 대한 감을 잡는 것이 중요합니다. 대략적인 메뉴의 분포와 분류에 대해 알아보겠습니다.

File

도큐먼트의 열기, 만들기, 저장 등의 기본적인 메뉴들이 모여있습니다. 그 외에 프린트 옵션, Import/Export 등 다른 프로그램과의 호환 등이 File 메뉴에 포함됩니다.

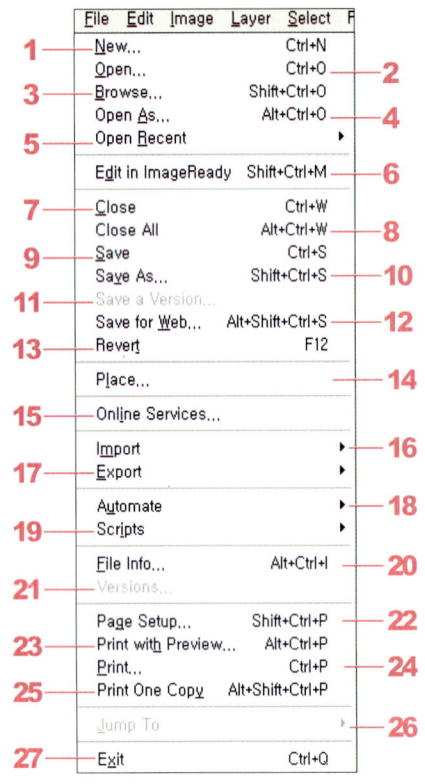

1 New

새 도큐먼트를 만드는 메뉴입니다. 도큐먼트의 크기와 해상도 등을 결정하는 대화상자를 엽니다.

2 Open

각종 이미지 및 작업 파일들을 여는 메뉴입니다.

3 Browse

여러 개의 이미지를 한번에 관리할 수 있는 File Browser를 여는 메뉴입니다.

4 Open As

이미지 파일을 여는 포맷을 미리 지정할 수 있는 메뉴입니다.

5 Open Recent

최근에 열었던 이미지 파일들을 다시 열 수 있는 메뉴입니다.

6 Edit in ImageReady

포토샵의 연결 프로그램인 이미지레디를 여는 메뉴입니다.

7 Close

열려있는 도큐먼트를 닫는 메뉴입니다.

8 Close All

열려있는 도큐먼트들을 한꺼번에 닫는 메뉴입니다.

9 Save

작업이 끝났거나 임시로 닫아야 할 경우 파일을 저장하는 메뉴입니다.

10 Save As

열려있는 도큐먼트를 다른 이름, 다른 파일 포맷으로 저장할 수 있는 메뉴입니다.

11 Save a Version

여러 가지 파일 작업을 할 경우 같은 파일의 이름만 바꿔 저장할 수 있는 메뉴입니다.

12 Save for Web

웹용 이미지로 저장하는 옵션입니다. 웹에 사용할 수 있도록 이미지 최적화 과정을 거칩니다.

13 Revert

도큐먼트를 처음 열었던 상태 또는 가장 최근에 저장된 상태로 되돌리는 메뉴입니다.

14 Place

AI, EPS 등의 확장자를 갖는 벡터 이미지 파일을 현재 열려있는 도큐먼트로 불러오는 메뉴입니다.

15 Online Services

어도비사에서 제공하는 온라인 인화, 출판 등의 서비스를 받을 수 있는 메뉴입니다.

16 Import

스캐너 프로그램 등 연결되어있는 외부 프로그램들을 읽어들여 포토샵 내에서 사용할 수 있게 하는 메뉴입니다.

PDF Image...	PDF 이미지를 불러옵니다.
Annotations...	주석 파일을 불러옵니다.
WIA Support...	이미지 장치 등을 연결, 지원합니다.

17 Export

포토샵에서 만든 패스를 일러스트레이터로 전환하는 등 포토샵 작업을 다른 프로그램으로 전환하는 메뉴입니다.

| Paths to Illustrator... | 패스를 일러스트레이터 파일로 전환 |
| ZoomView... | ZoomViewer 프로그램용 파일로 전환 |

18 Automate

포토샵 프로그램의 자동실행과 관련된 작업들을 모아놓은 메뉴입니다.

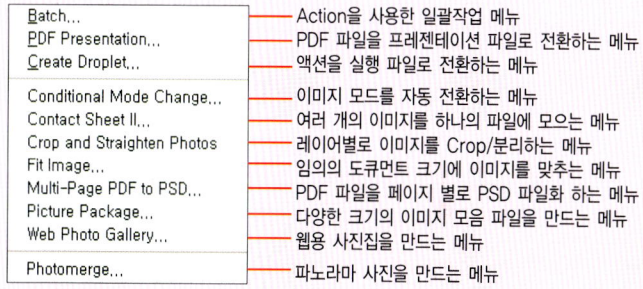

Batch...	Action을 사용한 일괄작업 메뉴
PDF Presentation...	PDF 파일을 프레젠테이션 파일로 전환하는 메뉴
Create Droplet...	액션을 실행 파일로 전환하는 메뉴
Conditional Mode Change...	이미지 모드를 자동 전환하는 메뉴
Contact Sheet II...	여러 개의 이미지를 하나의 파일에 모으는 메뉴
Crop and Straighten Photos	레이어별로 이미지를 Crop/분리하는 메뉴
Fit Image...	임의의 도큐먼트 크기에 이미지를 맞추는 메뉴
Multi-Page PDF to PSD...	PDF 파일을 페이지 별로 PSD 파일화 하는 메뉴
Picture Package...	다양한 크기의 이미지 모음 파일을 만드는 메뉴
Web Photo Gallery...	웹용 사진집을 만드는 메뉴
Photomerge...	파노라마 사진을 만드는 메뉴

19 Scripts

포토샵 포맷의 도큐먼트를 분할하여 파일로 전환하는 메뉴입니다.

Export Layers To Files	Layer를 원하는 파일 포맷으로 전환하는 메뉴
Layer Comps To Files	레이어 구성을 지정하여 파일로 전환하는 메뉴
Layer Comps to PDF	레이어 구성을 지정하여 PDF 파일로 전환
Layer Comps to WPG	레이어 구성을 지정하여 WPG 파일로 전환
Browse...	Java Script 파일 브라우저 메뉴

20 File Info

파일에 대한 각종 정보를 볼 수 있는 메뉴입니다.

21 Versions

파일 명의 네이밍 상태를 확인하는 메뉴입니다.

22 Page Setup

프린트 또는 미리 보기 등을 위한 페이지 설정 메뉴입니다.

23 Print with Preview

프린트 결과를 미리 보기 하면서 동시에 프린트를 할 수 있는
메뉴입니다.

24 Print

작업 파일을 프린터를 이용해 출력하는 메뉴입니다.

25 Print One Copy

작업 파일을 팩스로 전송할 수 있는 메뉴입니다.

26 Jump To

연결 프로그램으로 직접 전환하는 메뉴입니다.

27 Exit

포토샵 프로그램을 종료하는 메뉴입니다.

Edit

이미지 편집과 관련된 기본 메뉴들이 모여있습니다. 이미지 복사/자르기/붙이기 등의 편집 메뉴, 채색 메뉴, 이미지 변형 메뉴, 패턴 지정 메뉴 등이 해당됩니다.

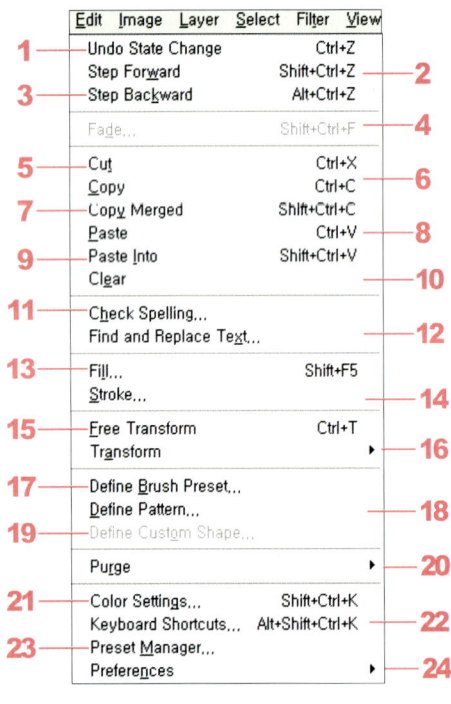

1 Undo

지금 막 실행한 작업 명령을 취소하는 메뉴입니다.

2 Step Forward

작업 내용을 한 단계 앞으로 옮기는 메뉴입니다.

3 Step Backward

작업 내용을 한 단계 뒤로 옮기는 메뉴입니다.

4 Fade

브러시 드로잉이나 채색 등의 작업 뒤에 해당 작업에 대한 투명도를 지정하는 메뉴입니다.

5 Cut

이미지에서 선택한 부분을 잘라내는 메뉴입니다.

6 Copy

이미지에서 선택한 부분을 복사하는 메뉴입니다.

7 Copy Merged

레이어에 상관없이 선택한 부분의 이미지에 해당하는 레이어
전체를 복사하는 메뉴입니다.

8 Paste

복사하거나 잘라낸 이미지를 붙여넣는 메뉴입니다.

9 Paste Into

복사하거나 잘라낸 이미지를 지정된 위치에 붙여넣는 메뉴입
니다.

10 Clear

이미지의 선택한 부분을 삭제하는 메뉴입니다.

11 Check Spelling

입력된 문자열의 맞춤법을 확인할 수 있는 메뉴입니다.

12 Find and Replace Text

입력된 문장에서 특정 부분을 찾아낸 뒤 바꿀 수 있는 메뉴입
니다.

13 Fill

지정된 영역에 채색하는 메뉴입니다.

14 Stroke

지정한 굵기의 선을 그리는 메뉴입니다.

15 Free Transform

선택한 이미지를 자유롭게 변형할 수 있는 메뉴입니다.

16 Transform

선택한 이미지를 변형할 수 있는 메뉴입니다.

Again Shift+Ctrl+T	실행한 Transform 명령을 다시 한번 실행
Scale	선택한 이미지의 크기를 변형
Rotate	선택한 이미지를 회전하여 변형
Skew	선택한 이미지의 비틀기 정도를 변형
Distort	선택한 이미지의 네 귀퉁이를 이용한 변형
Perspective	선택한 이미지를 상하좌우 대칭이 되도록 변형
Rotate 180°	선택한 이미지를 180도 회전
Rotate 90° CW	선택한 이미지를 시계방향으로 90도 회전
Rotate 90° CCW	선택한 이미지를 시계 반대방향으로 90도 회전
Flip Horizontal	선택한 이미지의 좌우를 바꿈
Flip Vertical	선택한 이미지의 상하를 바꿈

17 Define Brush Preset

선택한 이미지를 브러시로 저장하는 메뉴입니다.

18 Define Pattern

선택한 이미지를 패턴으로 저장하는 메뉴입니다.

19 Define Custom Shape

선택한 패스를 Custom Shape로 저장하는 메뉴입니다.

20 Purge

임시 저장된 작업 내용들을 지우는 메뉴입니다.

Undo	Undo 작업을 위한 임지 저장 작업을 지움
Clipboard	클립보드에 저장된 내용을 지움
Histories	히스토리 팔레트의 내용들을 지움
All	위의 세 가지를 모두 한꺼번에 지움

21 Color Settings

포토샵의 기본적인 컬러 옵션을 지정하는 메뉴입니다.

22 Keyboard Shortcuts

키보드를 이용한 단축키를 설정하는 메뉴입니다.

23 Preset Manager

브러시 옵션 상자를 열어 자주 사용하는 브러시 프리셋에 대한 옵션을 조절하는 메뉴입니다.

24 Preference

포토샵의 기본 환경을 설정하는 메뉴입니다.

General...	Ctrl+K	전체 환경설정 옵션을 여는 메뉴
File Handling...		파일 저장 등과 같은 파일 관련 옵션 설정
Display & Cursors...		커서의 툴 미리 보기에 대한 옵션 설정
Transparency & Gamut...		Transparency에 관한 옵션 설정
Units & Rulers...		눈금자와 기본 단위에 대한 옵션 설정
Guides, Grid & Slices...		안내선과 격자에 대한 옵션 설정
Plug-Ins & Scratch Disks...		플러그인 데이터와 임시 저장에 대한 옵션 설정
Memory & Image Cache...		메모리와 이미지 캐쉬에 대한 옵션 설정
File Browser...		파일 브라우저에 대한 옵션 설정

Image

이미지 수정과 변형에 관련된 메뉴들이 모여있습니다. 이미지 모드와 색 변형, 이미지 크기/도큐먼트 크기 변형 등의 메뉴가 해당됩니다.

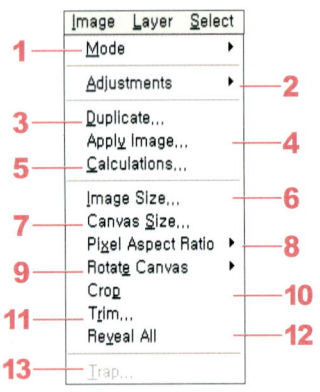

Image Layer Select
- 1 → Mode ▶
- 2 ← Adjustments ▶
- 3 → Duplicate...
- 4 ← Apply Image...
- 5 → Calculations...
- 6 ← Image Size...
- 7 → Canvas Size...
- 8 ← Pixel Aspect Ratio ▶
- 9 → Rotate Canvas ▶
- 10 ← Crop
- 11 → Trim...
- 12 ← Reveal All
- 13 → Trap...

2 Adjustments

이미지 보정을 위한 각종 기능이 들어있는 메뉴입니다.

Levels...	Ctrl+L	색 음영의 단계에 따른 이미지 보정
Auto Levels	Shift+Ctrl+L	자동 Level 명령 수행
Auto Contrast	Alt+Shift+Ctrl+L	자동으로 적정 콘트라스트로 보정
Auto Color	Shift+Ctrl+B	자동 색상 보정
Curves...	Ctrl+M	그래프를 이용한 이미지 보정
Color Balance...	Ctrl+B	모드에 따라 색상별 이미지 보정
Brightness/Contrast...		이미지 음영과 콘트라스트 보정
Hue/Saturation...	Ctrl+U	이미지의 채도와 명도 조절
Desaturate	Shift+Ctrl+U	이미지의 채도를 없애는 메뉴
Match Color...		지정된 이미지의 색상을 적용하는 기능
Replace Color...		특정 색상을 지정하여 바꾸는 기능
Selective Color...		선별적으로 색상 지정, 보정하는 기능
Channel Mixer...		채널별로 색을 지정하여 보정하는 기능
Gradient Map...		그라디언트 상태를 수정하는 기능
Photo Filter...		지정한 색으로 사진 이미지에 필터링하는 기능
Shadow/Highlight...		자동 노출 보정 기능
Invert	Ctrl+I	대비되는 보색으로 전환하는 메뉴
Equalize...		이미지의 색을 평준화하는 메뉴
Threshold...		거친 입자의 이미지로 보정하는 메뉴
Posterize...		색 단계를 낮추는 메뉴
Variations...		색상 전환을 미리 보기로 보면서 보정하는 메뉴

1 Mode

작업 파일의 색상 종류에 대한 설정 메뉴입니다.

Bitmap...	비트맵 파일 포맷으로 변환
✓ Grayscale	흑백 이미지로 변환
Duotone...	색 수를 지정할 수 있는 이미지로 변환
Indexed Color	제한된 색 이미지로 변환(256 Color)
RGB Color	화면용 이미지로 변환
CMYK Color	출력용 이미지로 변환
Lab Color	Lab 컬러 모드로 변환
Multichannel	다채널 이미지로 변환
✓ 8 Bits/Channel	8비트 색상 이미지로 변환
16 Bits/Channel	16비트 색상 이미지로 변환
Color Table...	색상 테이블을 여는 메뉴
Assign Profile...	컬러 프로파일 설정을 추가하는 메뉴
Convert to Profile...	컬러 프로파일 설정을 바꾸는 메뉴

3 Duplicate

도큐먼트를 복제하는 메뉴입니다.

4 Apply Image

이미지의 채널을 모드별로 적용하는 메뉴입니다.

5 Calcurations

원하는 레이어 또는 채널을 서로 모드별로 중복 계산하는 메뉴입니다.

6 Image Size

이미지의 해상도와 크기를 수정하는 메뉴입니다.

7 Canvas Size

도큐먼트의 크기를 수정하는 메뉴입니다.

8 Pixel Aspect Ratio

도큐먼트의 크기를 특정 가로, 세로 비율로 바꾸는 메뉴입니다.

9 Rotate Canvas

도큐먼트를 회전시키는 메뉴입니다.

180°	도큐먼트를 180도 회전시키는 메뉴
90° CW	시계방향으로 90도 회전시키는 메뉴
90° CCW	시계 반대방향으로 90도 회전시키는 메뉴
Arbitrary...	사용자 지정으로 회전시키는 메뉴
Flip Canvas Horizontal	이미지 좌우를 전환하는 메뉴
Flip Canvas Vertical	이미지 상하를 전환하는 메뉴

10 Crop

지정한 크기로 이미지 크기를 줄이는 메뉴입니다.

11 Trim

지정된 위치의 색상에 기초해 도큐먼트의 여백을 없애는 메뉴입니다.

12 Reveal All

도큐먼트의 작업 영역을 벗어나 보이지 않는 이미지를 모두 볼 수 있게 만드는 메뉴입니다.

13 Trap

출력시 색상 차이를 메워주는 메뉴입니다.

Layer

레이어와 관련된 모든 메뉴가 들어있습니다. 레이어의 생성과 삭제, 복사 등의 레이어 기본 메뉴 뿐만이 아니라 레이어 스타일, 레이어 마스크 등 레이어 관련 부가 메뉴들까지 모두 포함됩니다.

Layer Select Filter View Window Help	
1 — New	▶
Duplicate Layer...	— 2
3 — Delete	▶
Layer Properties...	— 4
5 — Layer Style	▶
New Fill Layer	▶ — 6
7 — New Adjustment Layer	▶
Change Layer Content	▶ — 8
9 — Layer Content Options...	
Type	▶ — 10
11 — Rasterize	
New Layer Based Slice	— 12
13 — Remove Layer Mask	▶
Disable Layer Mask	— 14
15 — Add Vector Mask	▶
Enable Vector Mask	— 16
17 — Create Clipping Mask From Linked Ctrl+G	
Release Clipping Mask Shift+Ctrl+G	— 18
19 — Arrange	▶
Align Linked	▶ — 20
21 — Distribute Linked	▶
Lock All Linked Layers...	— 22
23 — Merge Linked Ctrl+E	
Merge Visible Shift+Ctrl+E	— 24
25 — Flatten Image	
Matting	▶ — 26

1 New

새 레이어를 만드는 메뉴입니다.

Layer...	Shift+Ctrl+N	— 새 레이어를 만드는 메뉴
Background From Layer		— Background 레이어를 활성 레이어로 만드는 메뉴
Layer Set...		— 새 레이어셋을 만드는 메뉴
Layer Set From Linked...		— 링크된 레이어들을 모아 새 레이어셋을 만드는 메뉴
Layer via Copy	Ctrl+J	— 복사한 이미지가 들어있는 새 레이어 만들기
Layer via Cut	Shift+Ctrl+J	— 잘라내기한 이미지가 들어있는 새 레이어 만들기

2 Duplicate Layer

레이어를 복사하는 메뉴입니다.

3 Delete

레이어를 삭제하는 메뉴입니다.

Layer	— 레이어를 삭제
Linked Layers	— 연결된 레이어만 삭제
Hidden Layers	— 보이지 않는 레이어만 삭제

4 Layer Properties

레이어 이름 등 옵션을 열어 수정할 수 있는 메뉴입니다.

5 Layer Style

레이어에 기본적인 포토샵 필터 효과를 적용하는 메뉴입니다.

Blending Options...	— 레이어 블렌딩 수정 메뉴
Drop Shadow...	— 이미지 바깥에 그림자를 만드는 스타일
Inner Shadow...	— 이미지 안쪽으로 그림자를 만드는 스타일
Outer Glow...	— 이미지 바깥으로 Glow 효과
Inner Glow...	— 이미지 안쪽으로 Glow 효과
Bevel and Emboss...	— 돌출 이미지를 만드는 스타일
Satin...	— 새틴 효과를 적용하는 스타일
✓ Color Overlay...	— 지정된 색상을 덮어 씌우는 스타일
Gradient Overlay...	— 그라디언트를 씌우는 스타일
Pattern Overlay...	— 패턴을 씌우는 스타일
Stroke...	— 선을 그리는 스타일
Copy Layer Style	— 레이어 스타일 복사
Paste Layer Style	— 레이어 스타일 붙여넣기
Paste Layer Style to Linked	— 링크된 모든 레이어에 레이어 스타일 붙여넣기
Clear Layer Style	— 레이어 스타일 지우기
Global Light...	— 전체 레이어에 빛 효과 적용
Create Layer	— 스타일 정보가 없는 스타일 적용 레이어 만들기
Hide All Effects	— 전체 레이어 스타일을 안보이게 하는 메뉴
Scale Effects...	— 적용된 레이어 스타일의 정도를 조절하는 메뉴

6 New Fill Layer

지정된 채색 방식으로 채색된 새 레이어 만들기 메뉴입니다.

Solid Color...	— 단색으로 채색된 레이어 만들기
Gradient...	— 그라디언트로 채색된 레이어 만들기
Pattern...	— 패턴으로 채워진 레이어 만들기

7 New Adjustment Layer

지정된 채색 방식으로 색이 수정된 새 레이어 만들기 메뉴입니다.

Levels...	레벨을 적용해 새 레이어 만들기
Curves...	커브 효과를 적용해 새 레이어 만들기
Color Balance...	컬러 발란스 메뉴를 적용해 새 레이어 만들기
Brightness/Contrast...	음영효과를 적용해 새 레이어 만들기
Hue/Saturation...	채도 조절을 적용해 새 레이어 만들기
Selective Color...	선별적인 색 지정을 적용해 새 레이어 만들기
Channel Mixer...	채널을 섞어 적용해 새 레이어 만들기
Gradient Map...	그라디언트 조절을 적용해 새 레이어 만들기
Photo Filter...	색상 필터를 적용해 새 레이어 만들기
Invert	색상 전환 효과를 적용해 새 레이어 만들기
Threshold...	거친 입자를 적용해 새 레이어 만들기
Posterize...	색 단계를 줄이는 효과를 적용해 새 레이어 만들기

8 Change Layer Content

레이어의 색 지정 상태를 보정할 수 있는 메뉴입니다.

9 Layer Content Option

현재 레이어에 지정된 Adjustments 상태를 수정할 수 있는 옵션 메뉴입니다.

10 Type

레이어에 입력된 문자에 대한 다양한 효과를 지정하는 메뉴 입니다.

Create Work Path	문자를 패스로 전환하는 메뉴
Convert to Shape	문자를 쉐이프로 전환하는 메뉴
✓ Horizontal	문장을 가로 입력 상태로 바꾸는 메뉴
Vertical	문장을 세로 입력 상태로 바꾸는 메뉴
Anti-Alias None	문자의 안티 알리아싱을 없애는 메뉴
✓ Anti-Alias Sharp	문자의 안티 알리아싱을 선명하게 해주는 메뉴
Anti-Alias Crisp	문자의 안티 알리아싱을 뚜렷하게 해주는 메뉴
Anti-Alias Strong	문자의 안티 알리아싱을 강하게 해주는 메뉴
Anti-Alias Smooth	문자의 안티 알리아싱을 부드럽게 해주는 메뉴
Convert To Paragraph Text	문자 입력 상자와 단순 문자 입력 상태를 전환
Warp Text...	문자를 변형하는 메뉴
Update All Text Layers	모든 레이어의 서체를 갱신하는 메뉴
Replace All Missing Fonts	시스템에 없는 서체를 대치하는 메뉴

11 Rasterize

레이어에 적용된 모든 문자와 효과가 유지된 상태에서 단순 이미지 레이어로 전환하는 메뉴입니다.

12 New Layer Based Slice

새 레이어를 기준으로 하는 슬라이스 적용 메뉴입니다.

13 Remove Layer Mask

레이어 마스크를 제거하는 메뉴입니다.

14 Disable Layer Mask

레이어 마스크를 보이지 않게 하는 메뉴입니다.

15 Add Vector Mask

벡터 마스크를 적용하는 메뉴입니다.

16 Enable Vector Mask

보이지 않게 된 벡터 마스크를 다시 보이게 하는 메뉴입니다.

17 Creat Clipping Mask

클립핑된 마스크를 만드는 메뉴입니다.

18 Release Clipping Mask

클립핑된 마스크를 해제하는 메뉴입니다.

19 Arrange

레이어의 이미지들을 정렬하는 메뉴입니다.

Top Edges	상단 정렬
Vertical Centers	수평 중앙 정렬
Bottom Edges	하단 정렬
Left Edges	왼쪽 정렬
Horizontal Centers	수직 중앙 정렬
Right Edges	오른쪽 정렬

20 Align Linked

링크된 레이어들의 이미지만 정렬하는 메뉴입니다.

21 Distribute Linked

링크된 레이어들만 이미지 상하 좌우에 정렬하는 메뉴입니다.

22 Lock All Linked Layer

링크된 모든 레이어를 잠그는 메뉴입니다.

23 Merge Linked

링크된 모든 레이어를 합치는 메뉴입니다.

24 Merge Visible

보이는 레이어를 모두 합치는 메뉴입니다.

25 Flatten Image

모든 레이어를 합쳐 Background Layer를 만드는 메뉴입니다.

26 Matting

레이어 이미지의 경계면을 부드럽게 처리하는 메뉴입니다.

Select

영역 선택과 관련된 메뉴들이 모여있습니다. 영역 선택과 해제, 영역 확장과 축소, 영역 저장과 불러오기 등이 해당됩니다.

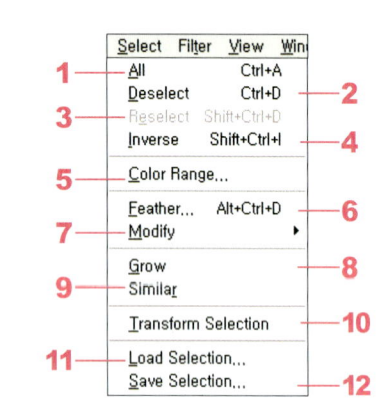

1 All

이미지 전체를 선택하는 메뉴입니다.

2 Deselect

선택된 영역을 해제하는 메뉴입니다.

3 Reselect

해제한 영역을 다시 선택하는 메뉴입니다.

4 Inverse

선택 영역을 선택되지 않은 영역과 전환하는 메뉴입니다.

5 Color Range

색 지정에 따라 영역을 선택하는 메뉴입니다.

6 Feather

선택 영역의 경계를 부드럽게 전환하는 메뉴입니다.

7 Modify

선택 영역의 크기를 조절하는 메뉴입니다.

Border...	선택 영역 경계를 중심으로 하는 영역을 선택하는 메뉴
Smooth...	선택 영역의 가장자리를 부드럽게 만드는 메뉴
Expand...	선택 영역을 확장하는 메뉴
Contract...	선택 영역을 축소하는 메뉴

8 Grow

선택 영역을 기준으로 유사한 색 범위에 있는 이미지를 선택하는 메뉴입니다.

9 Similar

선택한 영역과 유사한 색 영역을 전체 이미지에서 선택하는 메뉴입니다.

10 Transform Selection

선택 영역을 자유롭게 변형하는 메뉴입니다.

11 Load Selection

저장된 선택 영역을 불러오는 메뉴입니다.

12 Save Selection

선택 영역을 저장하는 메뉴입니다.

Filter

포토샵의 특수 효과에 해당하는 기본 필터들이 효과별로 분류되어 들어있습니다.

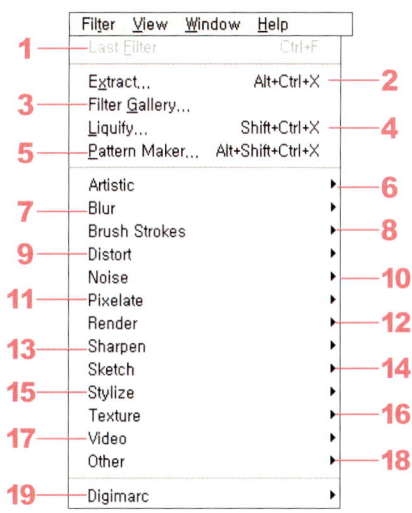

1 Last Filter

가장 최근에 적용했던 필터를 다시 적용하는 메뉴입니다.

2 Extract

적용된 필터 효과를 좀 더 세부적으로 조절하는 메뉴입니다.

3 Filter Gallery

필터들의 모음을 브라우저 형식으로 볼 수 있는 메뉴입니다.

4 Liquify

필터 효과를 브러시 형태로 적용할 수 있는 메뉴입니다.

5 Pattern Maker

손쉽게 패턴을 만들 수 있는 메뉴입니다.

6 Artistic

예술작품과 같은 효과를 주는 필터들입니다.

7 Blur

이미지를 부드럽게 만드는 필터들입니다.

8 Brush Stroke

여러 가지 색연필 등으로 그린듯한 효과를 주는 필터입니다.

9 Distort

이미지 모양을 변형하는 종류의 필터들입니다.

10 Noise

이미지에 노이즈를 추가하는 필터들입니다.

11 Pixelate

픽셀 단위로 이미지를 변형하는 필터들입니다.

12 Render

빛 효과 등 특수 효과를 적용하는 필터들입니다.

13 Sharpen

이미지를 날카롭게 바꾸는 필터들입니다.

14 Sketch

연필 등으로 스케치한 것과 같은 효과를 주는 필터들입니다.

15 Stylize

스타일이 살아있는 개성있는 효과를 주는 필터들입니다.

16 Texture

이미지 텍스처를 변형하는 필터들입니다.

17 Video

동영상과 관련된 필터들입니다.

18 Other

옵셋 등 기타 다른 효과들을 내는 필터들입니다.

19 Digimarc

워터 마크를 적용하는 메뉴입니다.

View

포토샵 작업 화면을 조절하는 기능과 위치 지정에 관련된 기능들이 모두 들어있습니다. 화면 확대/축소, 전체 화면 보기, 안내선과 눈금자, 슬라이스 기능 등이 해당됩니다.

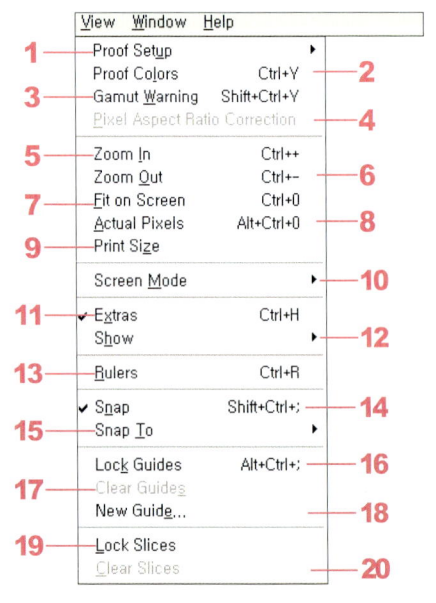

1 Proof Setup

작업할 수 있는 색 대역을 지정하는 메뉴입니다.

2 Proof Colors

작업할 색 대역을 지정하는 메뉴입니다.

3 Gamut Warning

안전색상 영역을 경고해주는 메뉴입니다.

4 Pixel Aspect Ration Correction

픽셀의 가로, 세로 비율을 수정하는 메뉴입니다.

5 Zoom In

작업 화면을 확대하는 메뉴입니다.

6 Zoom Out

작업 화면을 축소하는 메뉴입니다.

7 Fit on Screen

모니터 화면에 꼭 맞는 비율로 작업 화면을 조절하는 메뉴입니다.

8 Actual Pixels

실제 픽셀 사이즈에 맞게 이미지를 보여주는 메뉴입니다.

9 Print Size

출력되는 크게에 맞게 이미지를 보여주는 메뉴입니다.

10 Screen Mode

모니터 화면의 이미지를 보여주는 여러 가지 메뉴들입니다.

✔ Standard Screen Mode	기본 화면 모드
Full Screen Mode With Menu Bar	메뉴 바가 보이는 전체 화면 모드
Full Screen Mode	전체 화면 모드

11 Extras

안내선이나 선택 영역들을 보이지 않게 해주는 메뉴입니다.

12 Show

여러 가지 작업 안내선들을 보이거나 보이지 않게 해주는 메뉴입니다.

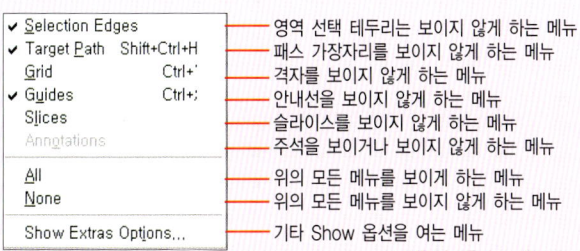

✔ Selection Edges		영역 선택 테두리를 보이지 않게 하는 메뉴
✔ Target Path	Shift+Ctrl+H	패스 가장자리를 보이지 않게 하는 메뉴
Grid	Ctrl+'	격자를 보이지 않게 하는 메뉴
✔ Guides	Ctrl+;	안내선을 보이지 않게 하는 메뉴
Slices		슬라이스를 보이지 않게 하는 메뉴
Annotations		주석을 보이거나 보이지 않게 하는 메뉴
All		위의 모든 메뉴를 보이게 하는 메뉴
None		위의 모든 메뉴를 보이지 않게 하는 메뉴
Show Extras Options...		기타 Show 옵션을 여는 메뉴

13 Rulers

눈금자를 보이게 하는 메뉴입니다.

14 Snap

안내선에 이미지가 자동으로 붙도록 하는 메뉴입니다.

15 Snap To

각종 옵션에 안내선이 자동으로 붙도록 지정하는 메뉴입니다.

✔ Guides	안내선에 자동으로 붙게 하는 메뉴
Grid	격자에 자동으로 붙게 하는 메뉴
Slices	슬라이스에 자동으로 붙게 하는 메뉴
✔ Document Bounds	도큐먼트 가장자리에 자동으로 붙게 하는 메뉴
All	모든 경계에 자동으로 붙게 하는 메뉴
None	모든 경계에 자동으로 붙지 않게 하는 메뉴

16 Lock Guides

안내선을 고정하는 메뉴입니다.

17 Clear Guides

안내선을 없애는 메뉴입니다.

18 New Guide

새 안내선을 만드는 메뉴입니다.

19 Lock Slices

슬라이스를 고정하는 메뉴입니다.

20 Clear Slices

슬라이스를 없애는 메뉴입니다.

Window

각종 팔레트를 열고 닫는 기능과 배치 기능이 모여있습니다.

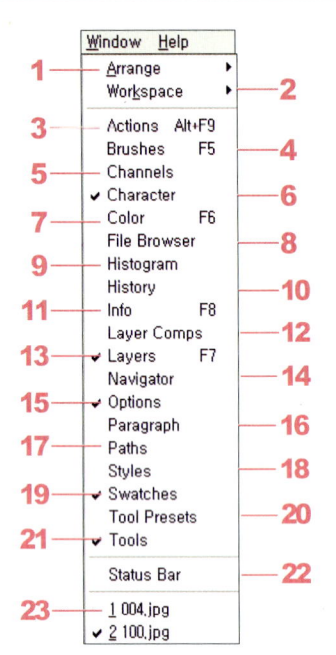

1 Arrange

열려있는 도큐먼트들을 정리하는 방식에 대한 메뉴

2 Work Space

팔레트들의 작업 배치를 저장하거나 추가하는 메뉴입니다.

3 Actions

액션 팔레트를 여는 메뉴입니다.

4 Brushes

브러시 팔레트를 여는 메뉴입니다.

5 Channels

채널 팔레트를 여는 메뉴입니다.

6 Character

문자 팔레트를 여는 메뉴입니다.

7 Color

컬러 팔레트를 여는 메뉴입니다.

8 File Browser

파일 브라우저 팔레트를 여는 메뉴입니다.

9 Histogram

히스토그램 팔레트를 여는 메뉴입니다.

10 History

히스토리 팔레트를 여는 메뉴입니다.

11 Info

인포메이션 팔레트를 여는 메뉴입니다.

12 Layer Comps

레이어 컴포지션 팔레트를 여는 메뉴입니다.

13 Layers

레이어 팔레트를 여는 메뉴입니다.

14 Navigator

네비게이터 팔레트를 여는 메뉴입니다.

15 Options
옵션 팔레트를 여는 메뉴입니다.

16 Paragraph
파라그래프 팔레트를 여는 메뉴입니다.

17 Paths
패스 팔레트를 여는 메뉴입니다.

18 Styles
스타일 팔레트를 여는 메뉴입니다.

19 Swatches
스와치 팔레트를 여는 메뉴입니다.

20 Tool Presets
툴 미리보기 팔레트를 여는 메뉴입니다.

21 Tools
툴 박스를 여는 메뉴입니다.

22 Status Bar
윈도우 하단의 상태표시줄을 보이게 하는 메뉴입니다.

23 Files...
현재 열려있는 도큐먼트들의 이름입니다.

이 책의 차례 Photoshop CS &
C / o / n / t / e / n / t / s ImageReady

Part 1 포토샵 기본 다지기
Photoshop Basic

Part 2　포토샵 필수 테크닉
Photoshop Essential

Part 3   포토샵에 강해지는 예제들
Photoshop Practice

Photoshop **CS** & ImageReady **CS**

Part 1 포토샵 기본 다지기

포토샵에는 수 많은 툴과 메뉴가 있습니다. 이 Part에서는 포토샵을 처음 사용하는 이들을 위한 기본적인 설명과 함께 그 중 가장 많이 사용되는 기본 툴 10개를 선별해 설명하였습니다. 이 열 가지 툴에 대한 사용법만 알아도 중급 이상의 포토샵 사용자가 될 수 있을 것입니다.

>>01

포토샵과의 첫 만남

포토샵의 설치 및 제거, 프로그램 시작, 종료에 대해 알아보겠습니다. 일반적으로 포토샵 서적들의 부록 CD로 제공되는 포토샵 프로그램은 정식 버전이 아닌 프로그램 제작사의 홍보를 위한 평가판입니다. 본 평가판은 트라이아웃(Tryout) 버전으로 30일의 사용 기간이 지나면 사용이 불가능하다는 점을 미리 알아두시기 바랍니다.

✚ System Requirement

'어도비 코리아(www.korea.adobe.com)' 에서 밝히고 있는 포토샵 설치 요구 사양은 다음과 같습니다.

Intel Pentium III 또는 4 프로세서
Microsoft Windows 2000(Service Pack 3 설치) 또는 Windows XP
192MB RAM(256MB 권장)
280MB 하드디스크 여유 공간
16비트 컬러 이상의 비디오 카드와 컬러 모니터
1,024×768 이상의 모니터 해상도
CD-ROM 드라이브
제품 실행에 필요한 인터넷 또는 전화 연결

이 설치 사양은 포토샵 CS를 사용할 수 있는 최저 사양이기 때문에 실제로 이정도 사양의 시스템에 포토샵 CS를 설치한다면 제대로 사용할 수 없을 것입니다.
필자의 견해로는 포토샵 CS를 원활하게 사용하려면 펜티엄 4 이상의 프로세서와 512MB의 RAM, 10G 이상의 하드디스크를 사용하는 것이 좋습니다.
특히, 프로세서는 전체적인 포토샵의 작업 속도에 많은 영향을 미치고 RAM도 지나간 작업들을 모두 기록해 두는 히스토리 기능과 밀접한 관계가 있으므로 지나치게 저사양의 시스템으로 포토샵을 사용할 경우 여러 가지 어려움이 있다는 점을 알아두시기 바랍니다.

이번 어도비사의 CS 메인 디자인은 미국의 '메타 디자인' 에서 근무하는 한국인 크리에이터 오기환씨의 작품입니다. 포토샵에서 오랜 기간 동안 계속해 왔던 '렌즈와 눈' 의 컨셉에서 벗어나 천사의 날개를 의미하는 깃털을 모티브로 하는 디자인이 채택되었고 패키지에 포함된 다른 프로그램들 역시 만물을 주제로 하는 한국인의 디자인이 채택되었습니다. 이것은 '한국적 디자인의 세계화' 에 대한 가능성을 보여준 의미있는 일로 평가되고 있어 CS 버전의 의미를 높여주고 있습니다.

01 포토샵 설치하기

포토샵 설치 과정을 알아보겠습니다. 다음의 설치 과정은 PC용 영문판 정품 사용자를 기준으로 설명하였습니다. 한글판을 구입하신 분은 설치 언어의 선택 단계에서 한글을 선택하면 됩니다.

1 Install.exe 파일을 클릭하면 언어 선택 화면이 나타납니다. US English를 선택한 뒤 [OK] 버튼을 클릭합니다.

2 최종 사용자 라이선스 동의를 구하는 화면입니다. [Accept] 버튼을 클릭합니다.

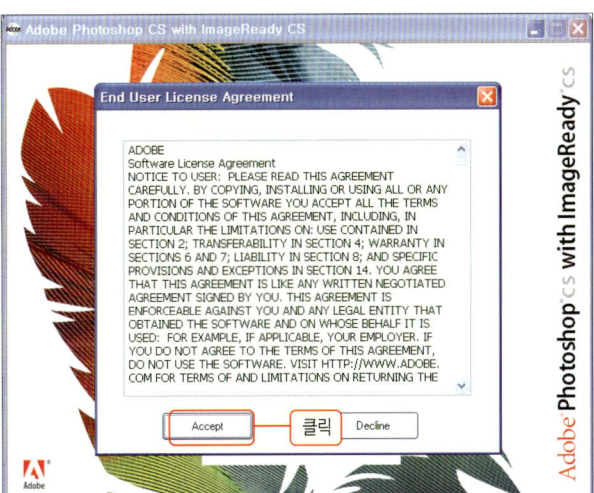

3 포토샵 CS의 설치와 업그레이드 내용을 보여주는 메인 화면이 나타납니다. 바로 인스톨을 실행하기 위해 Install Photoshop CS with ImageReady CS를 클릭합니다.

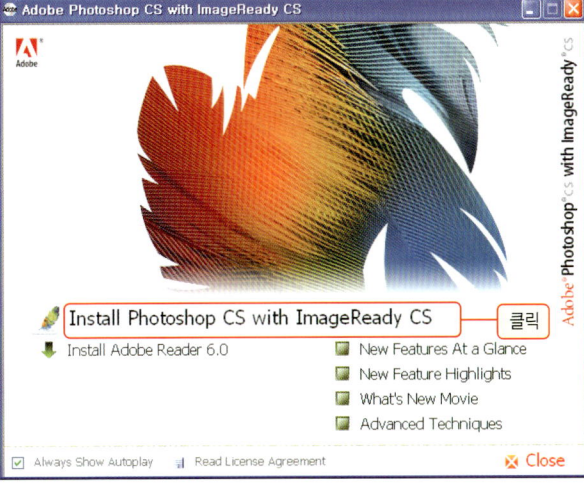

4 포토샵 설치가 시작됨을 알리는 화면입니다. 설치를 계속하려면 [Next] 버튼을 클릭합니다.

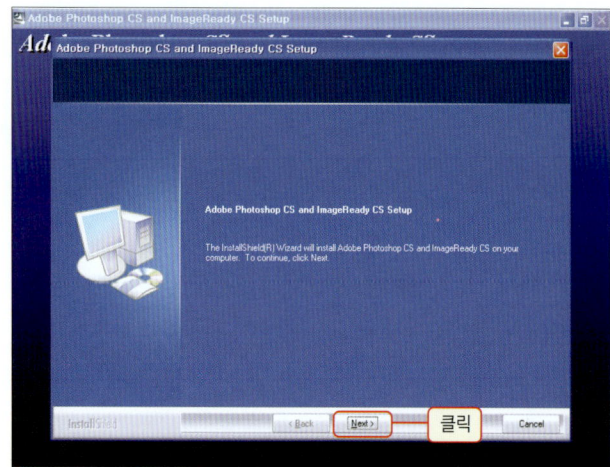

5 포토샵 설치 후 시스템을 재부팅하지 않으려면 실행중인 어도비사의 프로그램들을 모두 닫으라는 경고 화면입니다. [확인] 버튼을 클릭합니다.

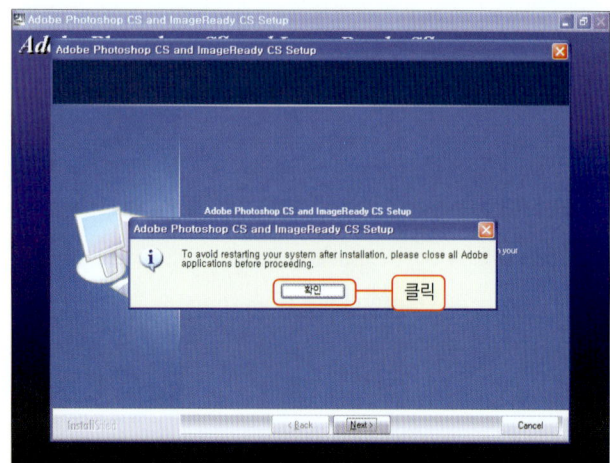

6 이후에 나올 라이선스 동의서의 언어를 무엇으로 할지 결정하는 화면입니다. US English를 선택한 뒤 [Next] 버튼을 클릭합니다.

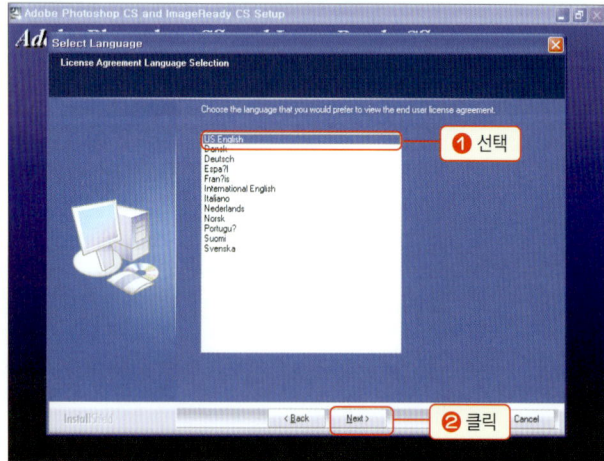

7 프로그램에 대한 라이선스 동의에 대한 화면입니다. [Accept] 버튼을 클릭합니다.

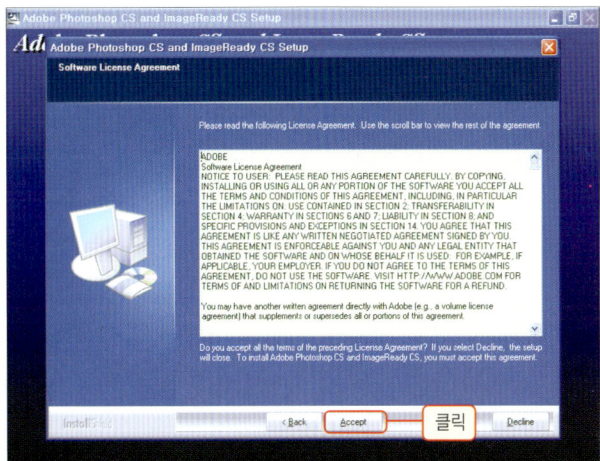

8 사용자 정보와 시리얼 번호를 입력하는 화면입니다. 간략한 개인 정보와 시리얼 번호를 입력한 뒤 [Next] 버튼을 클릭합니다.

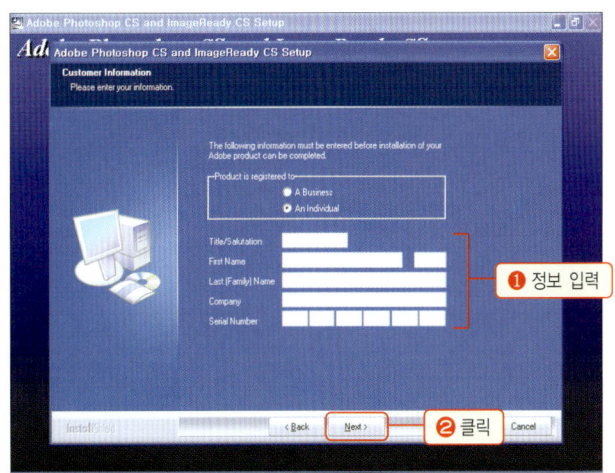

9 입력한 사용자 정보가 맞는지 확인하는 화면입니다. [Yes] 버튼을 클릭합니다.

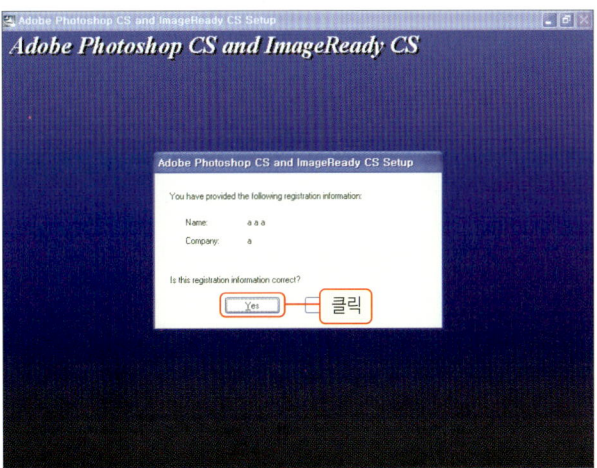

10 포토샵 CS를 설치할 폴더를 지정하는 화면입니다. 사용자의 상황에 따라 달라질 수 있으나 가능하면 설치 화면에서 제공하는 폴더에 설치하는 것이 좋습니다. [Next] 버튼을 클릭합니다.

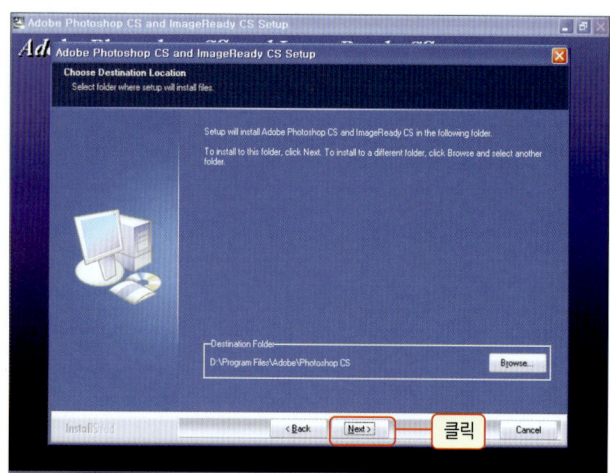

참고하세요!

설치 화면에서 지정하지 않은 폴더에 설치하려면 [Browse] 버튼을 클릭한 뒤 대화상자에서 원하는 폴더를 지정합니다.

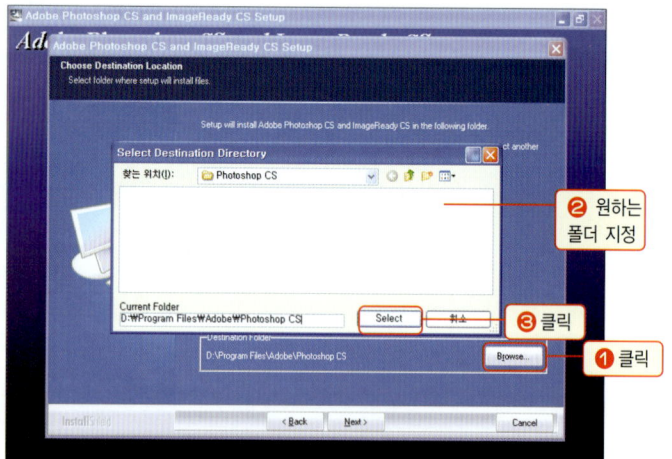

11 특정 그래픽 파일 포맷을 포토샵 또는 이미지레디 각 프로그램에서 한정하여 불러올 수 있도록 제한하는 옵션입니다. 가능한 옵션에 변화를 주지 않고 [Next] 버튼을 클릭합니다.

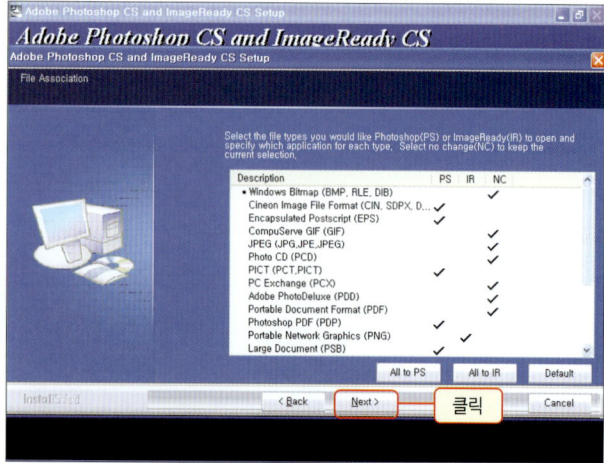

12 현재까지 설치된 포토샵 환경을 전
체적으로 보여주고 확인하는 화면입니다.
별다른 수정사항이 없다면 [Next] 버튼을
클릭합니다.

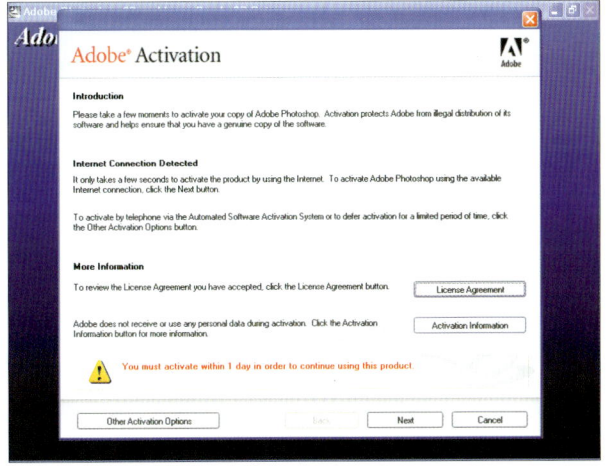

❷ 설치 과정을 보여주는 화면

13 포토샵 사용에 대한 정보를 인터넷
을 통해 어도비에 통보할 것인지에 대한 화
면입니다. 사용자 정보를 보내는 것에 대한
라이선스를 다시 확인하려면 [License
Agreement] 버튼을, 사용자 정보를 보내
려면 [Activation Information] 버튼을 클
릭 합니다.

참고하세요!

사용자 정보를 전송하지 않
으면 일정 기간 이후부터는
포토샵을 사용할 수 없게 됩
니다. 때문에 [Next] 버튼을
클릭하여 지나가면 이후에
포토샵을 실행할 때마다 사
용자 정보 전송 제한 기간에
대한 정보가 나타납니다.

14 포토샵 설치가 완료되었음을 알리
는 화면입니다. [Finish] 버튼을 클릭하여
포토샵 설치를 완료합니다.

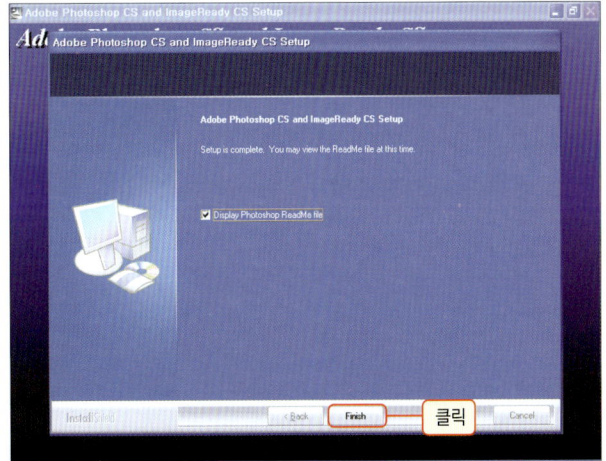

02 포토샵 시작하기

설치된 포토샵을 실행해 보겠습니다. 일반적으로 윈도우 시작 메뉴의 프로그램 항목에 설치된 포토샵을 실행시키지만 좀 더 빠른 실행을 위해 바탕 화면이나 윈도우 하단의 상태 표시줄에 바로가기 아이콘을 만들어 두는 것도 좋습니다.

1 윈도우 하단의 상태 표시줄에 있는 [시작] 버튼을 클릭하여 '시작 메뉴'에 있는 Adobe Photoshop CS를 클릭합니다. 포토샵 프로그램이 실행됩니다.

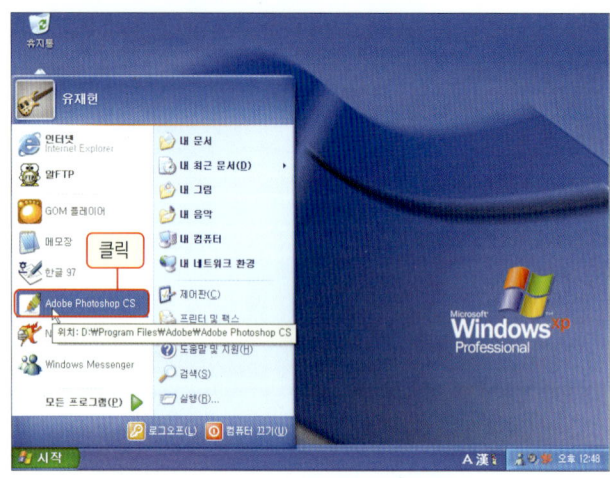

참고하세요!

현재 필자의 작업 화면은 800×600dpi 이기 때문에 팔레트의 일부분이 보이지 않습니다. 1024×768dpi 이상의 화면 해상도를 사용하는 작업자는 모든 팔레트와 메뉴들이 정상적으로 보일 것입니다.

2 포토샵 메인 화면 우측의 팔레트를 살펴보면 아래쪽의 Layer, Channel, Path 팔레트가 가려져 전체 팔레트가 보이지 않습니다.

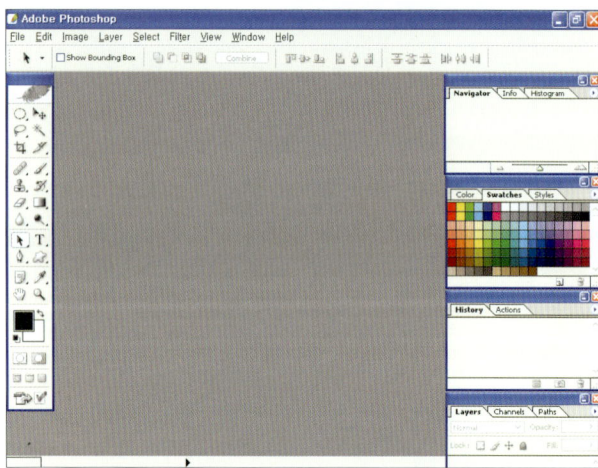

참고하세요!

팔레트의 종류와 배치에 대한 자세한 내용은 Section 2의 '팔레트 정리'(본문 55페이지) 부분에서 다시 배우겠습니다.

3 Navigator, Info, Histogram 팔레트는 작업중에 잘 사용되지 않는 메뉴이므로 팔레트를 닫고 마우스로 팔레트 상단의 파란색 바를 클릭하여 원하는 위치에 드래그해 옮겨 놓습니다.

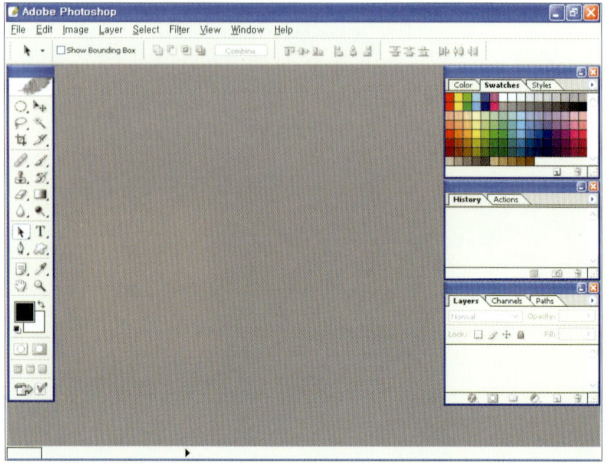

03 새 도큐먼트 열기

그래픽 작업을 위한 새 도큐먼트를 만들어 보겠습니다. 새 도큐먼트를 만들 때는 작업의 용도에 맞는 크기와 해상도, Background 레이어의 상태 등을 지정해 주어야 합니다.

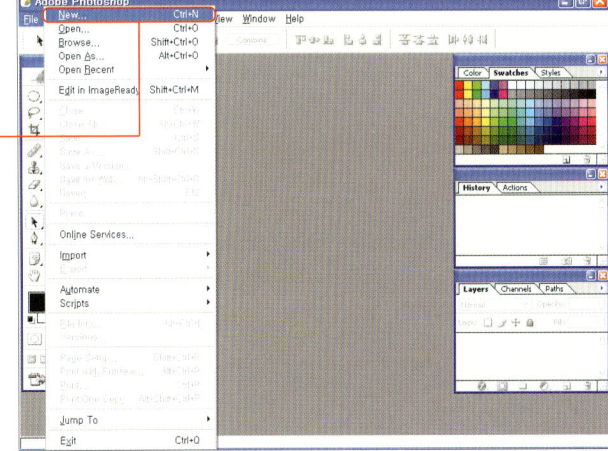

hot key

새 파일 열기 :

Ctrl + N

1 포토샵 윈도우 상단의 메뉴 중 File → New 메뉴를 선택합니다.

클릭

2 New 메뉴의 대화상자에서 새로 만들 도큐먼트의 기본적인 내용들(파일 이름, 도큐먼트 크기, 해상도 등)을 결정할 수 있습니다. 가로, 세로 크기가 450Pixels인 새 도큐먼트를 만들어 보겠습니다.

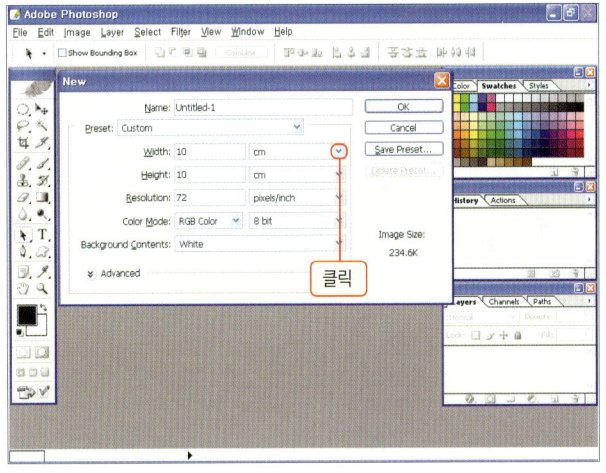

클릭

3 대화상자 중앙의 Width(가로 폭) 메뉴에 있는 작은 삼각형 아이콘을 클릭합니다. 나타난 옵션들 중 Pixels를 선택합니다.

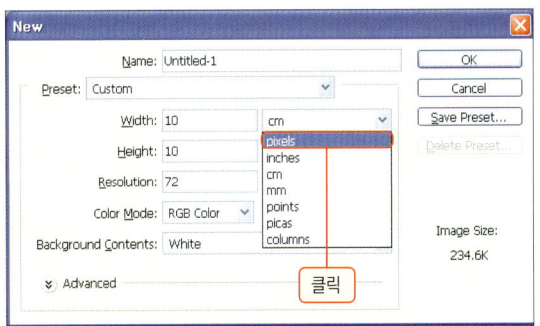

클릭

4 Pixels 수치를 450으로 입력하고 Height 옵션 역시 같은 방식으로 450Pixels로 바꾼 뒤 [OK] 버튼을 클릭합니다.

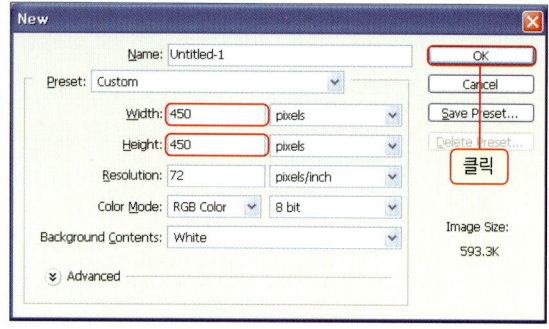

5 가로, 세로의 크기가 450Pixels, 해상도 72dpi인 새 도큐먼트가 열렸습니다.

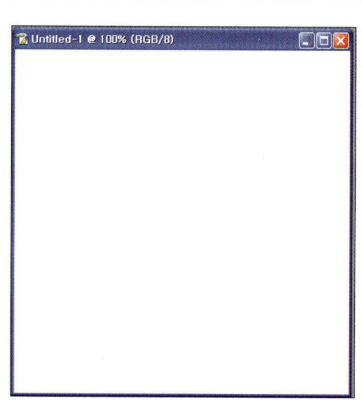

>>궁금해요!

File → New 대화상자

❶ Name
새 도큐먼트의 이름을 미리 입력합니다.

❷ Preset
도큐먼트의 크기와 종류를 직접 입력하거나 제공되는 다양한 크기의 도큐먼트 사이즈(Letter, A4, B5 등) 중 하나를 골라 지정합니다.

❸ Width/Height
도큐먼트의 가로와 세로 크기(Pixels / Inches / cm / mm / Points / Picas / Columns)를 지정합니다.

❹ Resolution
도큐먼트의 해상도를 결정합니다.
• Pixels/Inch : 가로, 세로 1Inch에 들어있는 픽셀의 수입니다.
• Pixels/cm : 가로, 세로 1cm에 들어있는 픽셀의 수입니다.

❺ Color Mode
새 도큐먼트의 색 모드를 결정합니다.

❻ Background Contents
새 도큐먼트 바탕 화면의 상태를 미리 결정합니다.
• White : 도큐먼트의 바탕을 흰색으로 지정하여 새 도큐먼트를 만듭니다.
• Background Color : 도큐먼트의 바탕을 Background Color에 지정되어 있는 색으로 만듭니다.
• Transparent : 도큐먼트의 바탕에 아무런 색이 지정되지 않은 상태로 만듭니다.

>> 궁 금 해 요 !

Background Contents 옵션

새 도큐먼트 대화상자의 Background Contents 옵션에 따라 새 도큐먼트의 레이어의 모양이 달라집니다. 반대로 레이어의
상태를 보면 현재 도큐먼트가 어떤 옵션으로 열린 것인지 알 수 있습니다.

1. Background Contents가 'White' 일 때 : 레이어는 흰색의 배경색인 Background 상태로 생성됩니다.

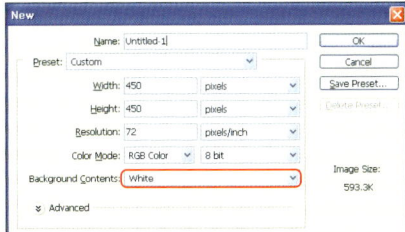 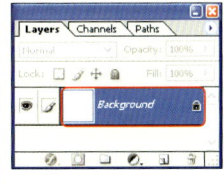

2. Background Contents가 'Background' 일 때 : 레이어는 Background Color로 지정된 색이 채워진 상태로 생
성됩니다.

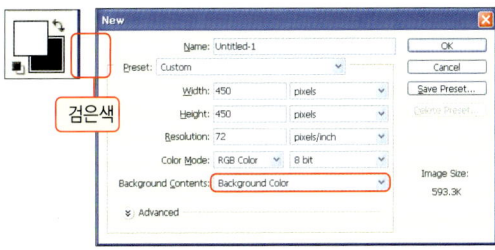 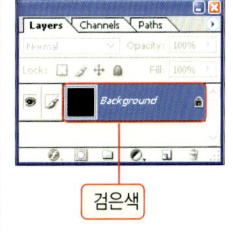

3. Background Contents가 'Transparency' 일 때 : 레이어는 투명한 격자무늬의 화면이 나타나며 레이어 팔레트
에 새 레이어 상태로 생성됩니다.

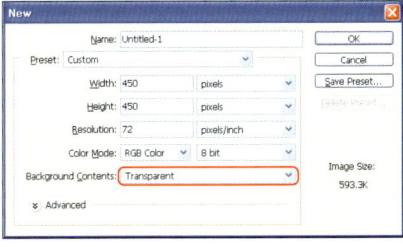 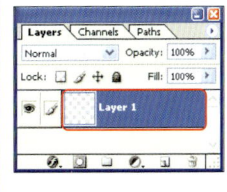

04 포토샵 파일 저장하기

작업이 끝난 도큐먼트를 저장해 보겠습니다. 파일을 저장할 때는 작업 파일의 용도가 무엇인지에 따라 파일의 포맷 종류를 지정해 저장해야 합니다. psd, jpg, eps 등의 다양한 저장 방법 중 어떤 것을 선택해야 하는지 또는 어떤 저장 옵션을 지정해야 하는지에 대해 고려해야 합니다.

hot key

저장하기 :
Ctrl + S

새이름으로 저장하기 :
Ctrl + Shift + S

1 포토샵 윈도우 상단의 메뉴에서 File → Save As 메뉴를 선택합니다.

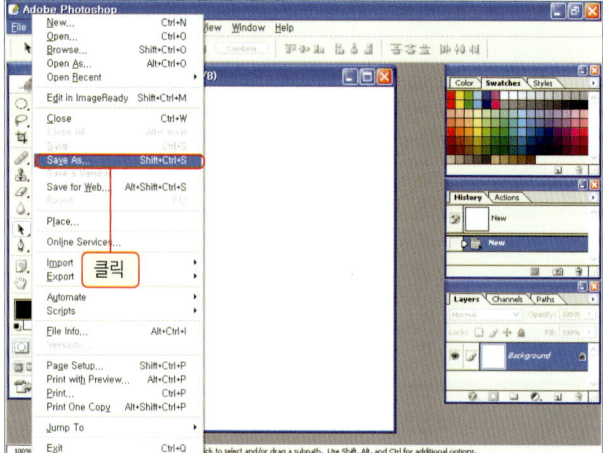

2 Save As 대화상자 상단에서 새 폴더 만들기 아이콘을 클릭하고 폴더 이름을 '포토샵 데이터' 라고 입력합니다.

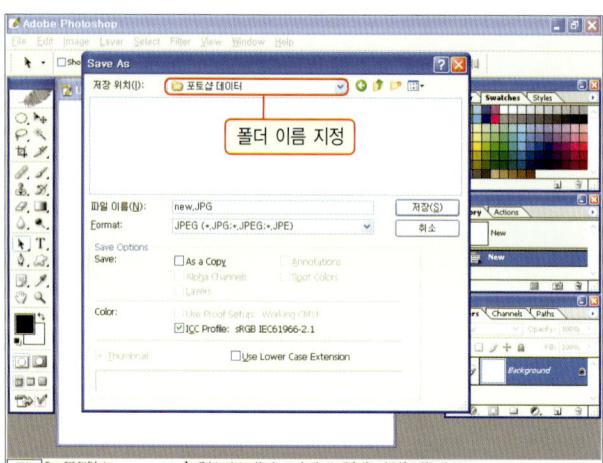

3 '포토샵 데이터' 폴더를 더블클릭하여 하위 폴더로 들어간 뒤 파일 이름을 'new.jpg' 라고 입력하고 Format 옵션에서 jpg 파일 포맷을 선택합니다.

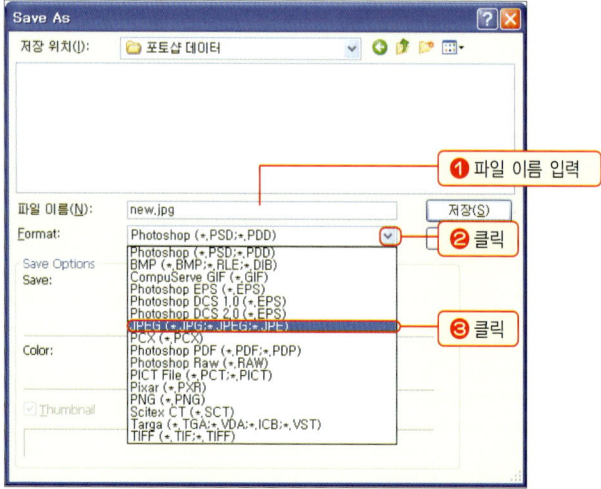

4 jpg 포맷 대화상자에서 [OK] 버튼을 클릭합니다.

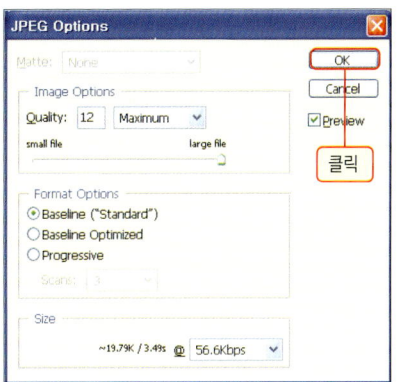

5 '포토샵 데이터' 폴더를 열어 'new-.jpg' 파일이 제 위치에 있는지 확인합니다.

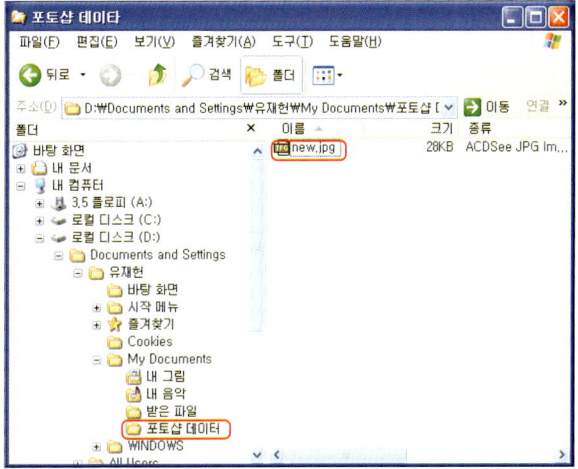

05 포토샵 제거하기

포토샵을 시스템에서 제거해 보겠습니다. 단순히 포토샵 폴더만을 삭제하면 여러 가지 관련 파일들이 시스템 여기저기에 남아있게 되어 시스템 효율을 떨어뜨리기 때문에 제어판의 프로그램 제거 기능을 사용하는 것이 좋습니다.

1 윈도우 XP 시작 버튼을 클릭하여 설정 → 제어판 항목을 선택합니다.

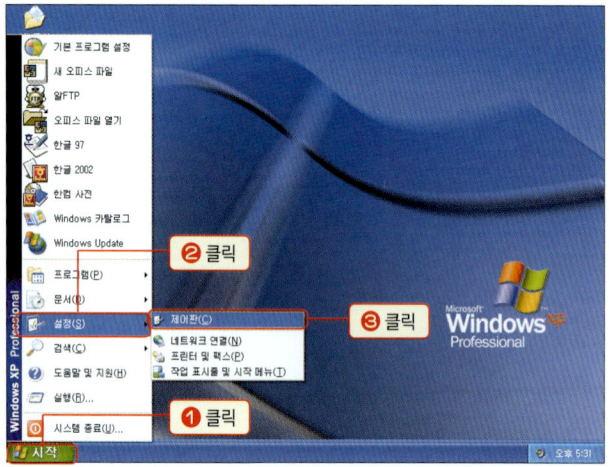

2 제어판 윈도우에서 '프로그램 추가/제거' 항목을 더블클릭합니다.

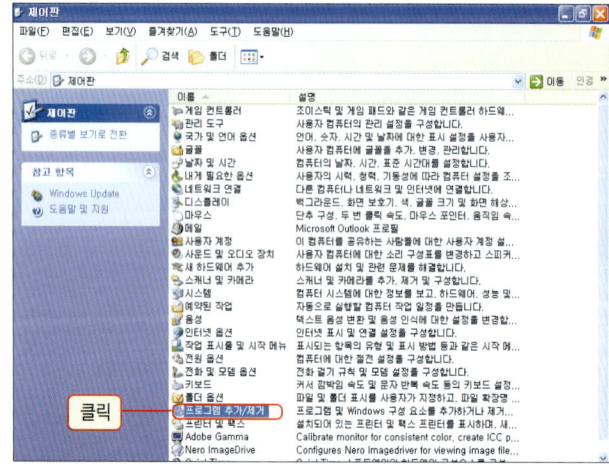

3 '프로그램 '추가/제거' 윈도우에서 포토샵을 선택한 뒤 '변경/제거' 아이콘을 클릭합니다.

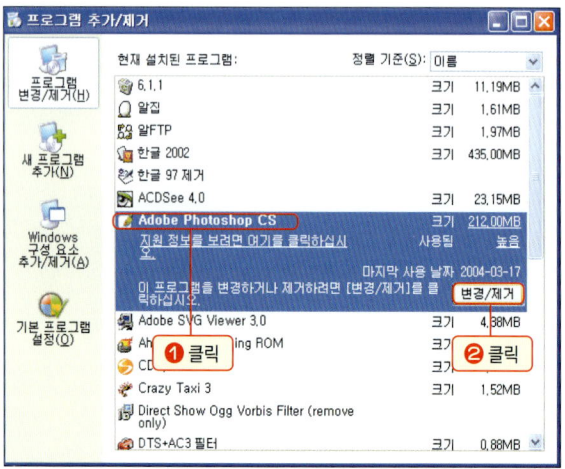

4 Confirm Unistall 대화상자에서 [확인] 버튼을 클릭하면 포토샵 제거 작업이 진행됩니다.

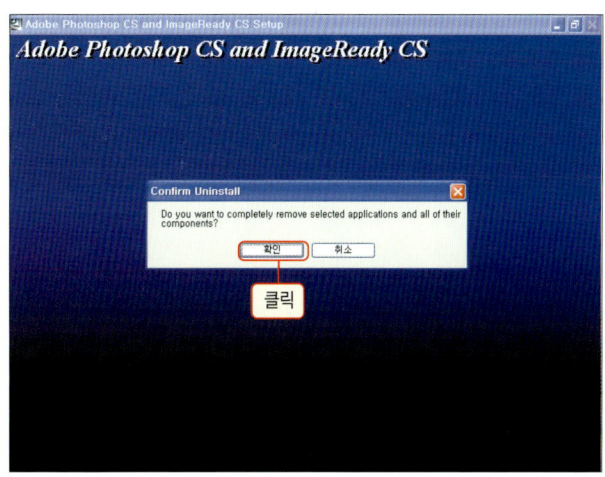

>> 02 포토샵, 어떻게 생겼을까요?

포토샵에는 기능별로 분류된 많은 메뉴가 있습니다. 원하는 그래픽 작업을 하기 위해서는 어떤 메뉴가 어디에 있는지 알아야 겠죠? 포토샵의 전체적인 메뉴 분포와 분류를 알아보고 작업을 원활하게 하기 위한 팔레트의 정리방법과 환경설정 등에 대해 알아보겠습니다.

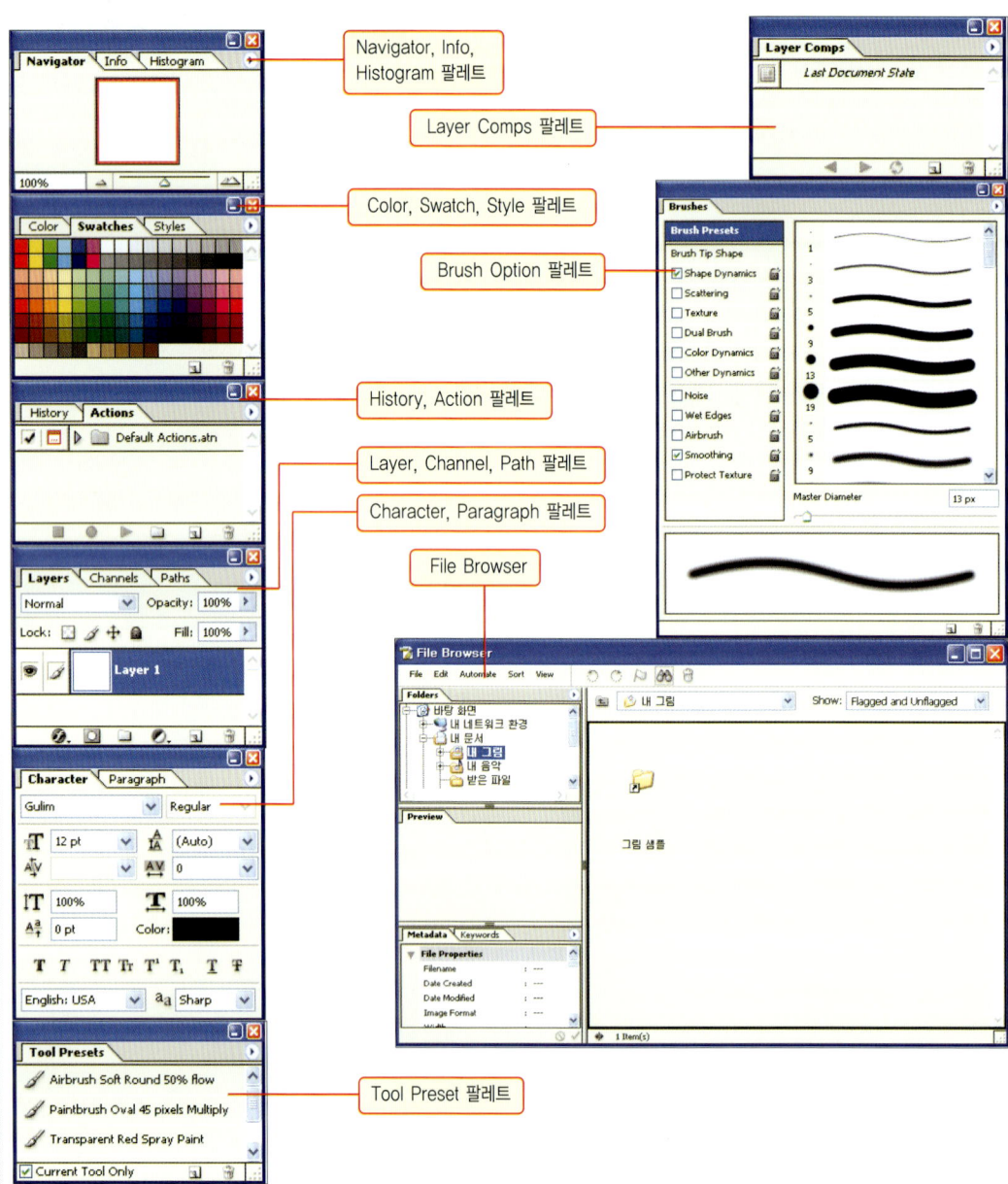

01 포토샵 팔레트 정리정돈하기

작업 공간을 편리하게 구성하기 위해 팔레트를 정리정돈해 보겠습니다. 대다수의 그래픽 작업자들은 자신만의 팔레트 배치 방식이 있는데 포토샵의 Workspace 기능을 이용하여 이러한 배치 상태를 저장할 수도 있습니다.

1 가장 많이 사용하는 팔레트들을 결정합니다. 필자의 경우 Color, Swatches, History, Layers, Paths, Channels, Character, Paragraph 팔레트를 선택했습니다.

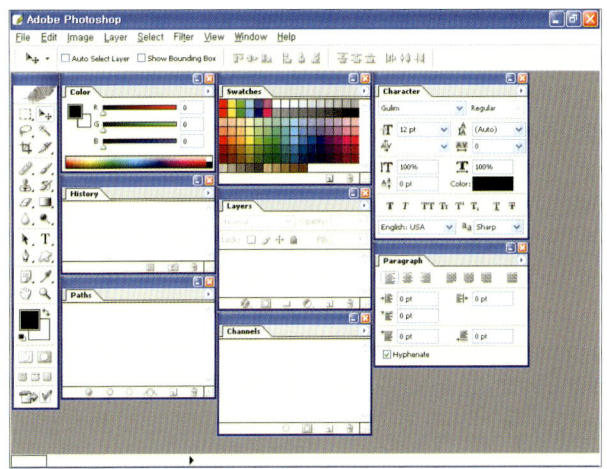

2 선정한 팔레트 중 비슷한 유형의 팔레트들끼리 합쳐두면 직관적으로 사용하기에 좋습니다. Swatches 팔레트 상단의 Swatches 팔레트 이름을 클릭, 드래그하여 Color 팔레트 위에 옮겨 놓으면 그림과 같이 Color 팔레트와 Swatches 팔레트가 합쳐집니다.

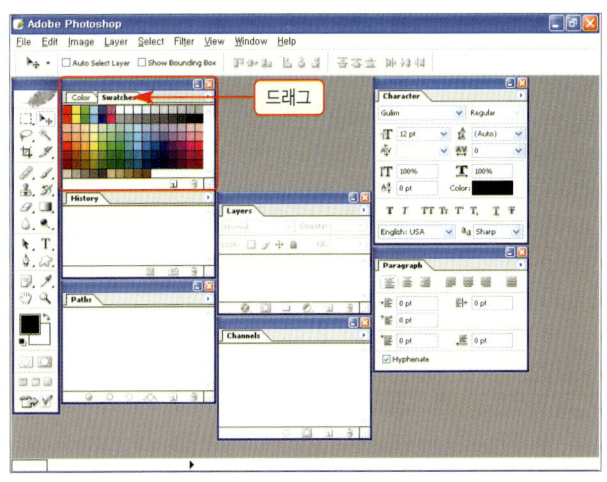

3 같은 방식으로 Channels 팔레트를 클릭, 드래그하여 Layers 팔레트 위에 옮겨 놓습니다.

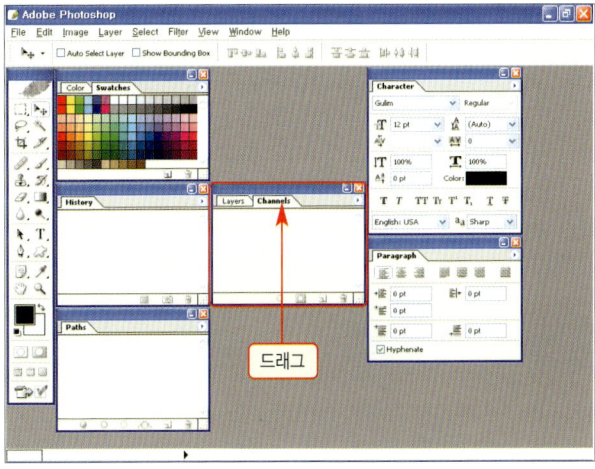

4 같은 방식으로 Paths 팔레트와 His-
tory 팔레트를 Layer 팔레트에 옮겨 놓습
니다.

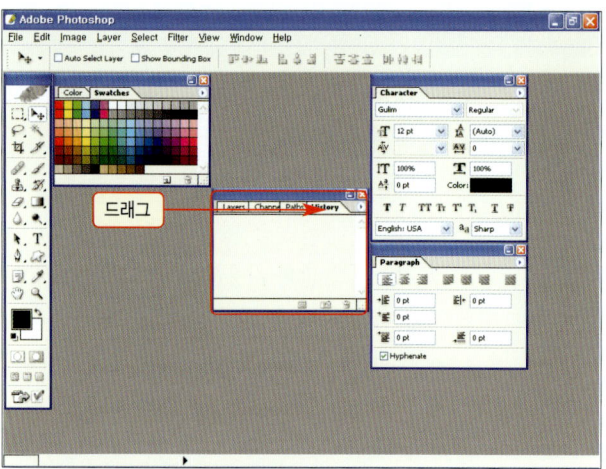

5 같은 방식으로 Character 팔레트 위
에 Paragraph 팔레트를 옮겨 놓습니다.

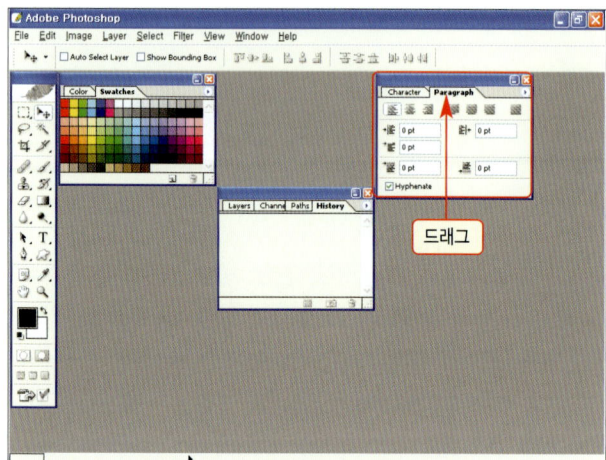

6 각각의 합쳐진 팔레트를 포토샵 윈도
우 우측에 나란히 정리해 놓습니다.

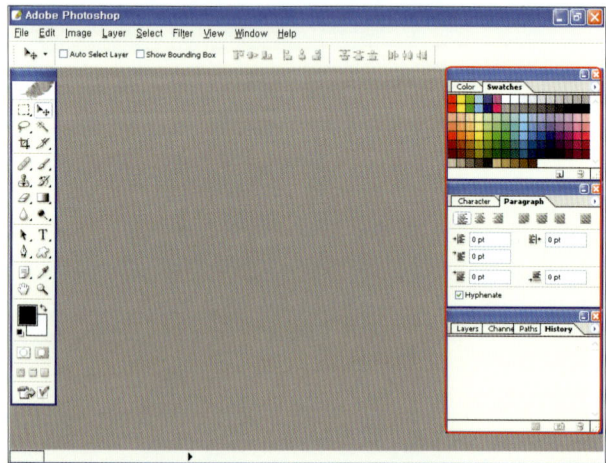

참고하세요!

옮겨 넣은 팔레트가 처음의 팔레트 옆에 순차적으로 넣어집니다.

7 정리된 팔레트 위치를 저장해 둡시다. Windows → Workspace → Save Workspace 메뉴를 선택한 뒤 대화상자에 현재 정리된 작업 환경의 이름을 'my workspace 01'로 입력합니다.

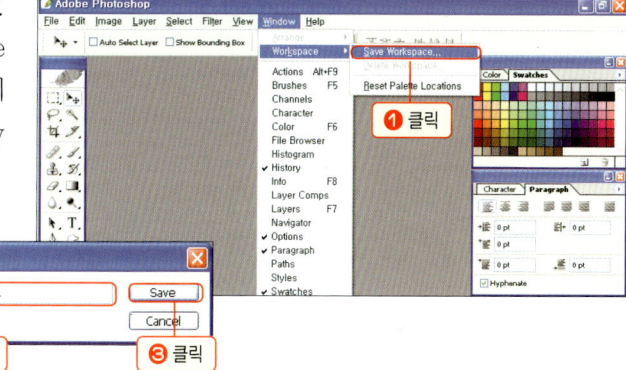

8 원래의 기본 팔레트 환경으로 돌아가려면 Window → Workspace → Reset Palette Locations 메뉴를 선택하면 됩니다.

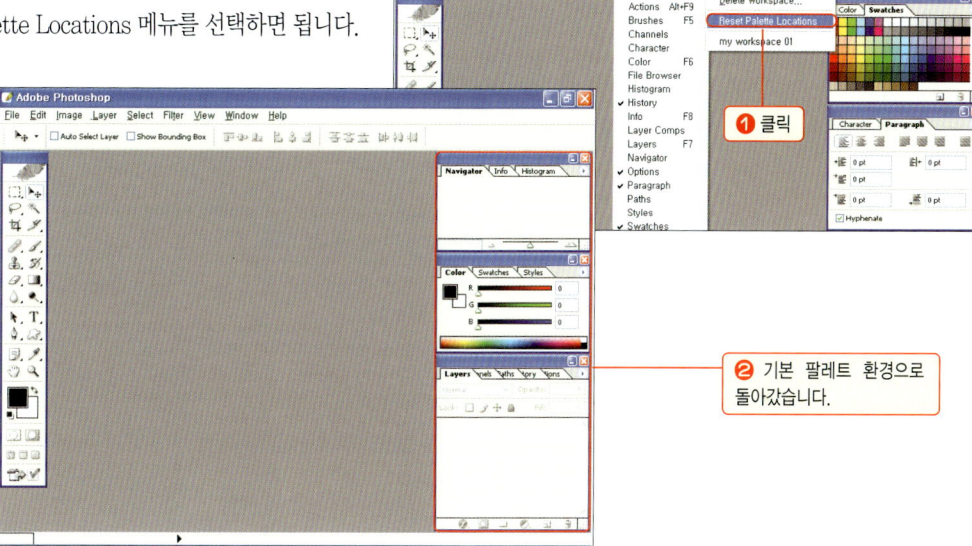

9 다시 한번 저장된 작업 환경으로 돌아가려면 Window → Workspace → my workspace 01 메뉴를 선택합니다.

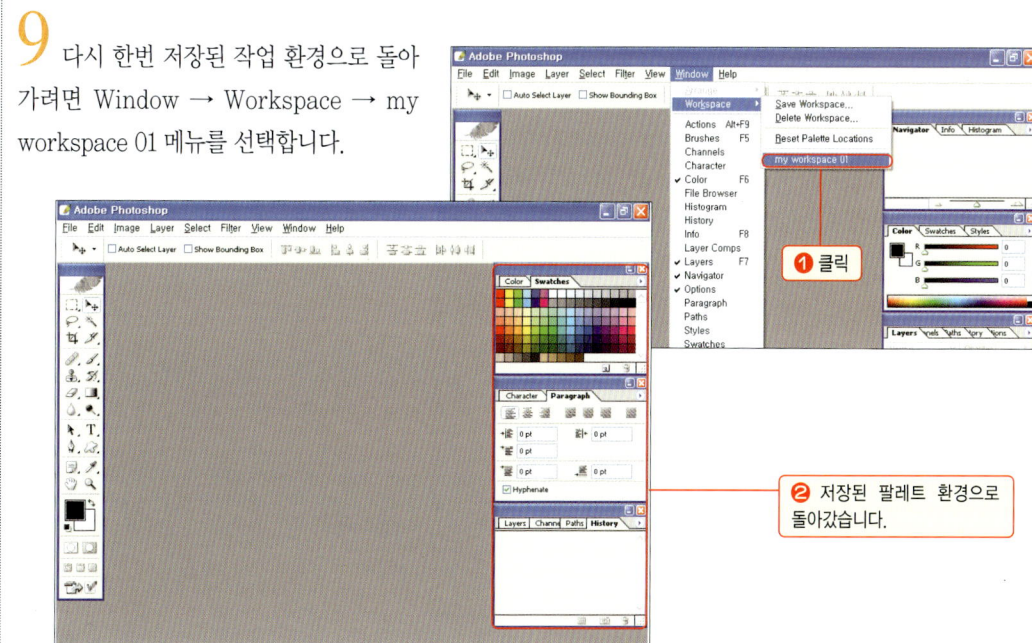

02 | 포토샵 환경(Preference) 설정하기

포토샵의 환경설정은 그 경우의 수가 다양해서 사용자의 수준에 따라 여러 가지 환경설정 방법이 가능합니다. 여기서는 초보 단계의 사용자들이 가장 많이 부딪히는 문제점을 해결하기 위한 기본적인 설정들만을 살펴보겠습니다.

1 File → New 메뉴를 선택하여 가로, 세로 450Pixels의 새 도큐먼트를 연 뒤 Background Contents를 Transparent로 선택합니다.

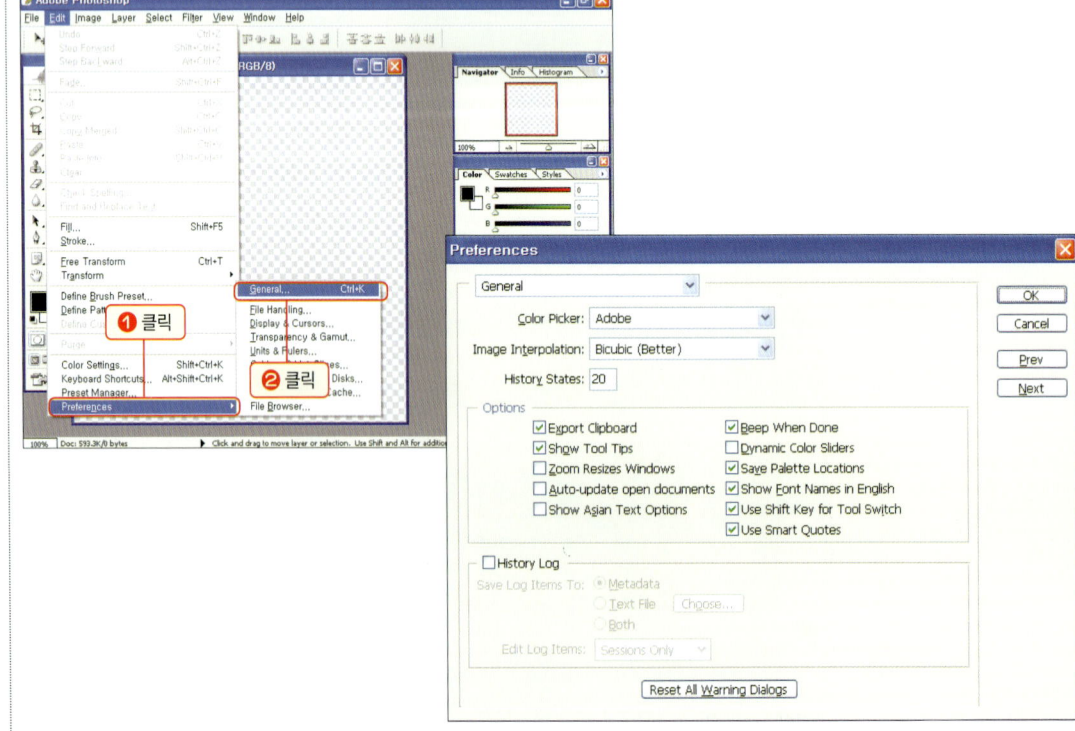

Transparent로 설정된 새 도큐먼트 생성

hot key

환경설정 : Ctrl + K

2 Edit → Preference → General 메뉴를 선택하여 환경설정 대화상자를 엽니다.

Undo 명령의 횟수를 30으로 지정하는 것은 작업의 실수 또는 수정을 위해 30번째 이전의 작업 단계로 돌아갈 수 있다는 것을 의미합니다. 단, 자신의 컴퓨터의 RAM이 충분하지 않은 경우 오히려 수치를 낮추어야 할 경우도 있습니다.

3 Undo 명령의 횟수를 늘려서 좀 더 많은 단계를 수정이 가능하도록 하기 위해 History 옵션을 20~30으로 바꿉니다.

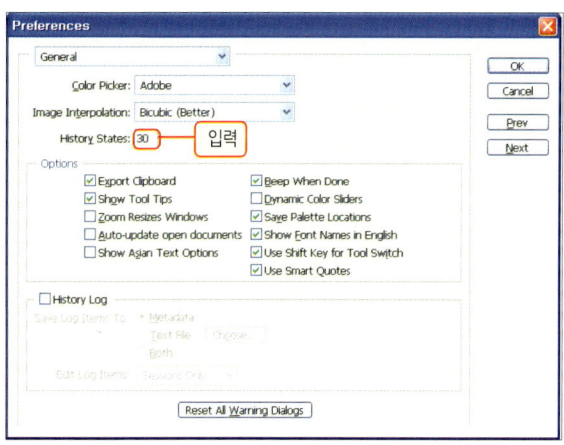

4 Zoom Resizes Windows 옵션을 체크해서 단축키로 작업 윈도우 사이즈를 조절할 때 자동으로 윈도우 테두리도 같이 조절되도록 합니다.

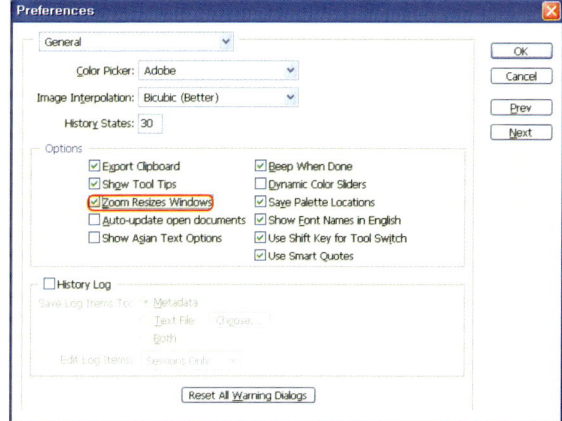

오려두기

이미지 확대 비율에 따른
이미지 왜곡

★ 60쪽 펼쳐보기

>> 궁금해요!

Zoom Resize Windows 옵션

일반적으로 작업 화면을 확대하거나 축소할 때 돋보기 툴을 이용하지만 포토샵이 어느 정도 익숙해지면 Ctrl + + 키와 Ctrl + - 키의 두 가지 단축키를 이용하는 것이 작업 속도를 빠르게 합니다. 이 때 Zoom Resize Windows 옵션이 체크되어 있지 않으면 단축키를 이용해 확대, 축소할 때 윈도우 테두리가 같이 확대, 축소되지 않습니다.

▲ 화면 확대율이 66.7%인 상태

Ctrl + + 키를 한 번 눌렀을 때 ▶
(Zoom Resize Windows 옵션이 체크되지 않은 경우)
작업 윈도우 안의 이미지만 확대됩니다.

Ctrl + - 키를 한 번 눌렀을 때 ▶
(Zoom Resize Windows 옵션이 체크된 경우)
작업 윈도우와 이미지가 같이 확대됩니다.

59page ★ 오려둔 것 펼쳐보기

이미지 확대 비율에 따른
이미지 왜곡

포토샵에서 작업할 때 별다른 이유 없이 이미지에 계단현상이 생기며 깨져 보이는 경우가 있습니다. 이때는 작업 윈도우 상단의 확대 비율(%)을 확인해야 합니다. 픽셀을 기본으로 하는 컴퓨터 이미지의 특성과 맞물려 특정 퍼센티지(%)의 확대 상태에서는 이미지가 부분적으로 깨져 보이기 때문입니다.

◀ 확대율 : 33.3%
이미지가 거칠어 보입니다.

◀ 확대율 : 66.7%
이미지가 거칠어 보입니다.

◀ 확대율 : 125%
이미지가 거칠어 보입니다.

이미지가 거칠어 보이더라도 실제 이미지 자체가 거친 것이 아니기 때문에 작업 결과물에 문제가 있는 것은 아닙니다.

그러나 눈으로 직접 확인해 가면서 결과물을 예측하는 그래픽 작업의 특성상 가능한 선명한 이미지 상태에서 작업하는 것이 안전하기 때문에 거친 이미지를 보이는 화면 확대율 상태에서 작업하는 것을 피하는 것이 좋습니다.

◀ 확대율 : 25%
이미지가 선명합니다.

이미지 왜곡이 없는 배율을 살펴보면 25%. 50%, 100%, 200%, 300%.....순임을 알 수 있습니다. 이외의 다른 배율에서는 모두 이미지 왜곡이 일어납니다.

특히 휠 마우스를 사용해 이미지의 확대/축소를 하는 사용자의 경우 정확한 확대율을 모르는 상태에서 작업하는 경우가 많은데 습관적으로 작업 윈도우 상단의 도큐먼트 정보를 확인하는 것이 필요합니다.

◀ 확대율 : 50%
이미지가 선명합니다.

◀ 확대율 : 100%
이미지가 선명합니다.

>>03

포토샵 핵심 툴 10가지

원하는 모양으로 자유롭게 선택하는 선택 툴

선택 툴은 포토샵에서 가장 사용 빈도가 높은 툴입니다. 때문에 툴에 대한 어느 정도의 깊은 이해가 필요하며, 능숙하게 사용하면 할수록 고급 사용자로 자신을 업그레이드할 수 있습니다. 이제부터 다양한 방식의 영역 선택법에 대해 배워보겠습니다.

✚ Tool Preview

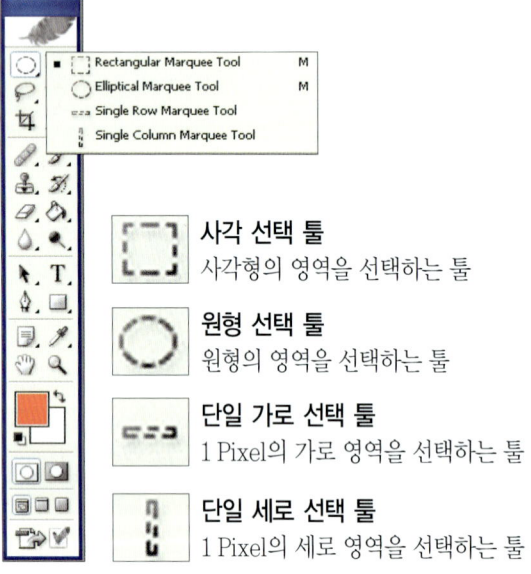

Rectangular Marquee Tool	M
Elliptical Marquee Tool	M
Single Row Marquee Tool	
Single Column Marquee Tool	

사각 선택 툴
사각형의 영역을 선택하는 툴

원형 선택 툴
원형의 영역을 선택하는 툴

단일 가로 선택 툴
1 Pixel의 가로 영역을 선택하는 툴

단일 세로 선택 툴
1 Pixel의 세로 영역을 선택하는 툴

✚ Image Preview

◀ 선택 툴을 이용한 이미지 채색

01 사각 선택 툴

사각형의 영역을 선택하여 이미지를 잘라내고 붙이는 편집 작업을 해보겠습니다.

>>CD-ROM
부록 CD〉예제파일〉Part 1〉
Flower01.jpg

1 File → Open 메뉴로 'Flower01.jpg' 파일을 엽니다.

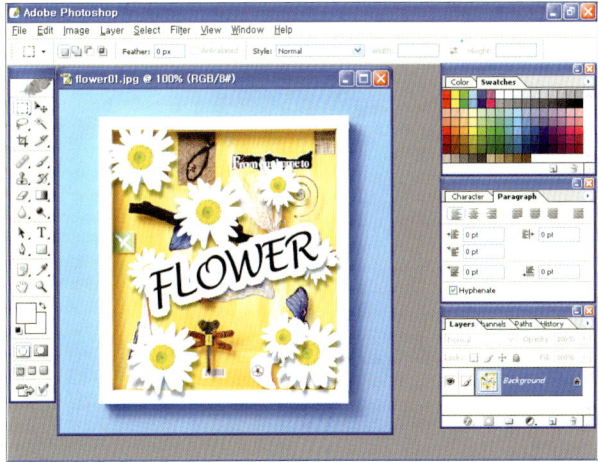

참고하세요!

현재 사각 선택 툴이 아닌 경우 마우스로 약간 길게 누르면 하위 툴들이 나타납니다. 이 중 사각 선택 툴을 클릭하면 됩니다.

2 툴 박스에서 사각 선택 툴을 선택합니다.

hot key

사각 선택 툴 : M

3 이미지의 액자 왼쪽 상단에 마우스를 클릭한 채 오른쪽 아래를 향해 대각선으로 드래그합니다.

● hot key

Copy : Ctrl + C

4 Edit → Cut 메뉴를 선택하여 선택된
사각형 영역을 잘라냅니다.

5 File → New 메뉴를 선택한 후 가로,
세로 450Pixels의 새 도큐먼트를 엽니다.

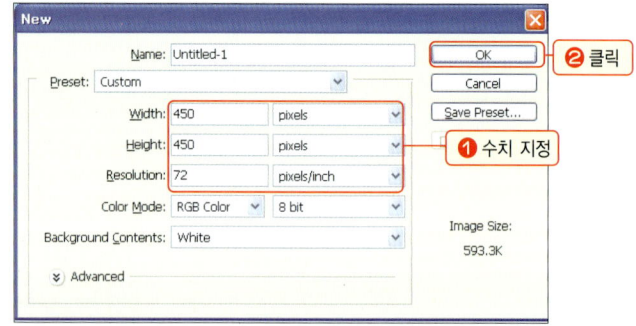

● hot key

Paste : Ctrl + V

6 Edit → Paste 메뉴를 선택하여 잘라
낸 액자 이미지를 새 도큐먼트에 붙여넣습
니다.

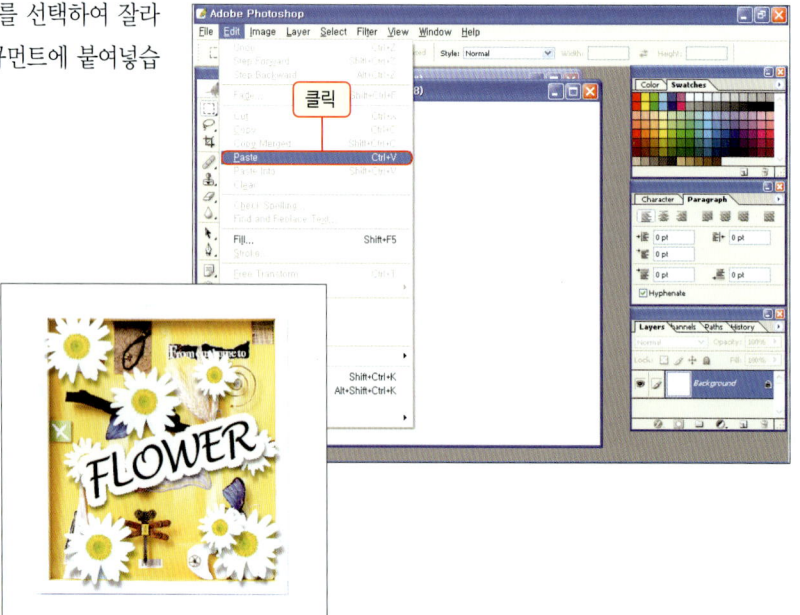

참고하세요!

이때 레이어 팔레트를 살펴보면 알 수 있듯이 포토샵에서는 Edit → Paste 메뉴를 이용해 잘라내었던 이미지를 붙여 넣으면 자동적으로 새 레이어가 생깁니다.

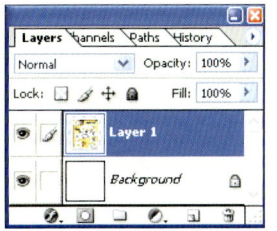

hot key
새이름으로 저장하기 :
Ctrl + Shift + S

7 File → Save As 메뉴를 선택해 'Flower02.psd' 라고 입력하여 포토샵 파일로 저장합니다.

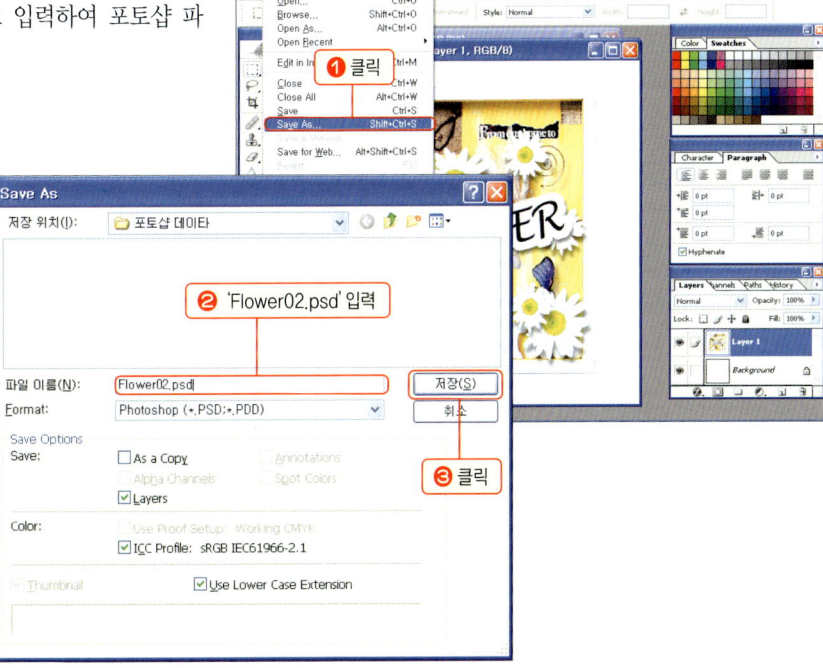

02 원형 선택 툴

여러 개의 원형 영역을 중복 선택하는 방법에 대해 알아보겠습니다. 다수의 영역을 동시에 선택하려면 Shift 키를 사용합니다.

오려두기

선택 툴의 단축 메뉴

★ 72쪽 펼쳐보기

1 원형 선택 툴을 이용하여 꽃의 중심 부분을 중복 선택해 지워봅시다. 툴 박스에서 사각 선택 툴을 조금 길게 클릭하여 하위 툴 중 원형 선택 툴을 선택합니다.

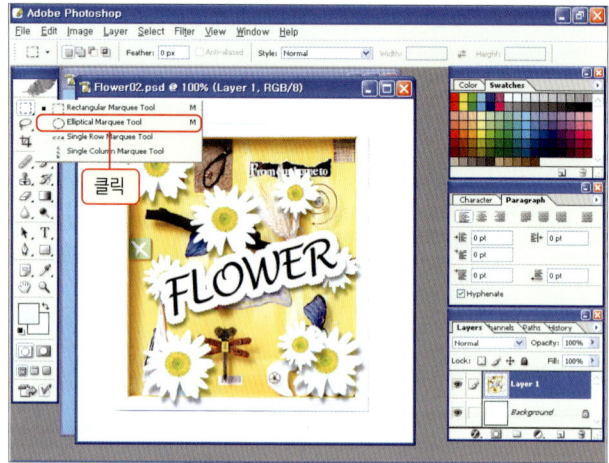

2 제일 위에 있는 꽃 중심부 왼쪽 상단을 클릭하고 액자를 선택할 때와 같은 요령으로 오른쪽 대각선 아래 방향으로 마우스를 드래그합니다.

참고하세요!

3 Shift 키를 누른 채 나머지 꽃들의 중심 부분을 같은 방식으로 선택합니다.

Shift 키는 정사각형 또는 정 원을 만들 때와 중복 영역 선택 때 사용됩니다. 이 때 중복 영역을 선택하면서 동시에 정원 또는 정사각형 영역을 선택하는 것은 불가능합니다.

오려두기

전경색과 배경색

★ 74쪽 펼쳐보기

4 스와치 팔레트에서 색을 선택합니다.

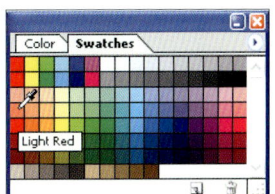

참고하세요!

컬러 팔레트에서 다음과 같이 수치를 입력해도 됩니다.

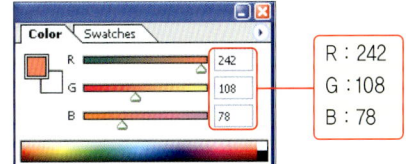

R : 242
G : 108
B : 78

>>궁금해요!

영역 선택의 시작점

영역을 선택할 때 단순히 대각선으로 드래그하는 방법으로는 정확하게 영역을 선택할 수 없는 경우가 생깁니다. 특히 둥근 영역을 선택할 때 마우스를 클릭하여 드래그를 시작하는 부분을 여러 번 다시 선택하는 경험을 하게 됩니다. 이때 영역 선택 툴의 단축키를 이용하면 좀 더 쉽고 정확하게 영역 선택이 가능해집니다.

1. 영역 선택과 단축키

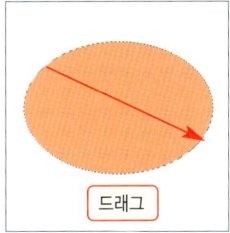 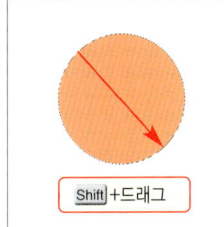 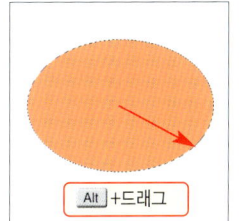 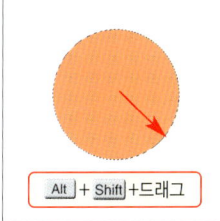

1) 대각선 드래그 : 타원형 영역이 선택됩니다.

2) Shift+대각선 드래그 : 가로, 세로 지름이 일정한 '정원' 영역이 선택됩니다.

3) Alt+드래그 : 중앙에서 밖으로 커지는 타원 영역이 선택됩니다.

4) Alt + Shift+드래그 : 중심에서 밖으로 커지는 '정원' 영역이 선택됩니다.

2. Alt + Shift 키를 이용해 정확한 영역 선택하기

1) 선택하려는 원형 이미지의 정 중앙에 마우스를 클릭합니다.

2) Alt + Shift 키를 누른 채 바깥쪽으로 드래그합니다.

hot key

Fill 전경색:

Alt + BackSpace

Fill 배경색:

Ctrl + BackSpace

5 Edit → Fill 메뉴를 선택합니다.
Fill 대화상자가 열리면 Foreground
Color로 선택되어 있는지 확인하고 [OK]
버튼을 클릭합니다.

hot key

Deselect : Ctrl + D

6 Select → Deselect 메뉴를 이용하여
선택 영역을 해제합니다.

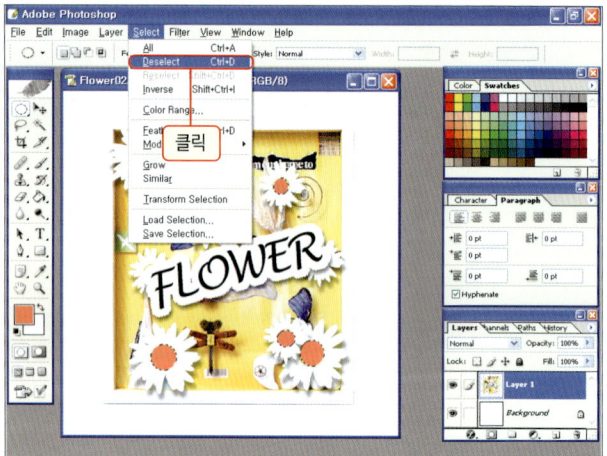

7 원형 영역의 채색이 완성된 모습입니다.

03 단일 가로/세로 선택 툴

단일 가로, 세로 선택 툴은 1Pixel의 두께를 가진 영역을 선택하는 툴입니다. 결과적으로 1Pixel 두께의 라인을 그릴 수 있는 것인데 얇은 선을 그리거나 얇은 영역을 제거할 때 유용한 툴입니다.

참고하세요!

단축키로 툴을 선택할 경우 다른 하위 툴을 선택하려면 Shift 키를 사용합니다.
예를들어 사각 선택 툴을 선택하려면 단축키 M 을 누르고 하위 툴인 원형 선택 툴을 선택하려면 Shift + M , 다시 단일 가로 선택 툴을 선택하려면 Shift + M 을 누릅니다.

1 툴 박스의 영역 선택 툴을 눌러 나타나는 하위 툴 중 단일 가로 선택 툴을 선택합니다.

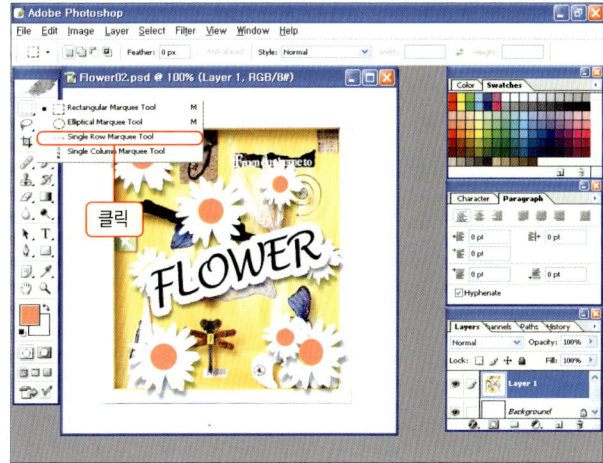

2 툴 박스 하단의 기본 전경색/배경색 설정 버튼을 클릭하여 전경색이 검은색이 되도록 합니다.

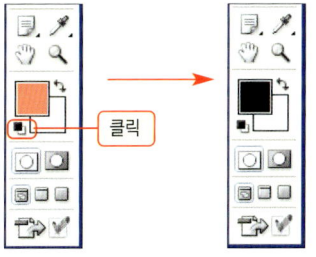

hot key

Fill 전경색 :
Alt + BackSpace

3 액자 상단을 클릭하여 1Pixel의 가로 영역을 선택한 뒤 Edit → Fill 메뉴의 전경색을 선택하고 [OK] 버튼을 클릭합니다.

hot key

Deselect : Ctrl + D

4 Select → Deselect를 선택하여 가로 1Pixel의 영역이 채색된 것을 확인합니다.

5 같은 방법으로 이미지의 액자 하단을 클릭하고 전경색으로 채색합니다.

6 툴 박스의 단일 가로 선택 툴을 클릭하여 다시 단일 세로 선택 툴을 선택합니다.

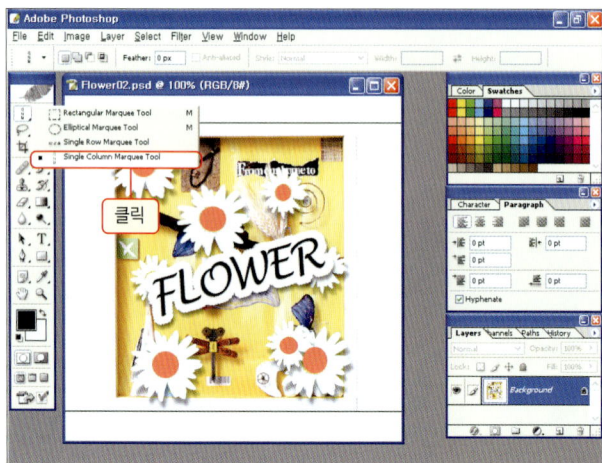

7 이미지의 액자 왼쪽 가장자리를 클릭한 뒤 Shift 키를 누른 채 오른쪽 가장자리를 클릭하여 두 곳의 영역을 동시에 선택합니다.

8 Edit → Fill 대화상자에서 [OK] 버튼을 클릭한 뒤 Select → Deselect 메뉴로 1Pixel의 세로 영역이 채색된 것을 확인합니다.

● hot key
새 이름으로 저장하기 :
Ctrl + Shift + S

9 툴 박스에서 버킷 툴을 선택한 뒤 각각의 원하는 영역을 클릭하여 색을 채색합니다.

File → Save As 메뉴의 대화상자에서 'Flower03.psd'를 입력하고 [OK] 버튼을 클릭합니다.

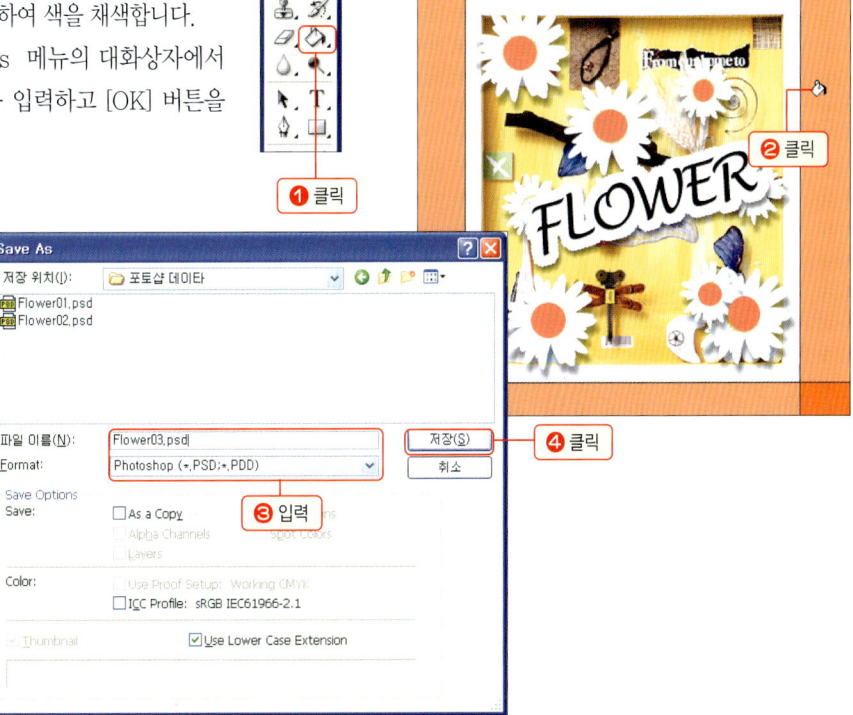

66page ★ 오려둔 것 펼쳐보기

선택 툴의 단축 메뉴들

선택 툴로 영역 선택을 한 상태에서 마우스 오른쪽 버튼을 클릭하면 다양한 단축 메뉴들이 나타납니다. 이 메뉴들은 영역 선택을 한 후 자주 쓰이는 몇 가지 메뉴들을 집합해 놓은 것인데 쓰임새가 높은 메뉴들이므로 잘 알아두는 것이 좋습니다.

원본 이미지에서 사각 영역을 선택한 상태에서의 단축 메뉴들입니다.

❶ Deselect : 선택한 영역을 해제하는 메뉴입니다.

❷ Select Inverse : 선택한 영역을 반전하는 메뉴입니다.

❸ Feather : 선택 영역의 경계면을 부드럽게 만드는 메뉴입니다.

❹ Save Selection : 선택한 영역을 채널에 저장하여 언제든지 다시 불러올 수 있게 하는 메뉴로 저장된 선택 영역은 Select → Load Selection 메뉴를 이용해 다시 불러올 수 있습니다. 'Select01' 로 이름을 입력한 뒤 [OK] 버튼을 클릭합니다.

새로운 채널에 저장된 선택 영역

5 Make Work Path : 선택 영역의 경계를 패스로 전환하는 메뉴입니다.

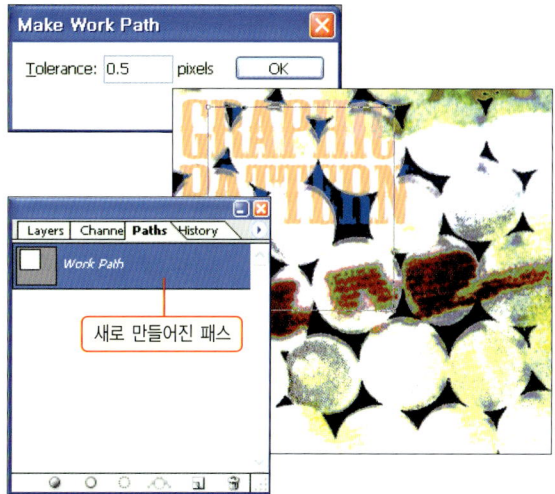

새로 만들어진 패스

6 Layer via Copy : 선택 영역을 복사하여 새 레이어에 붙여넣는 메뉴입니다.

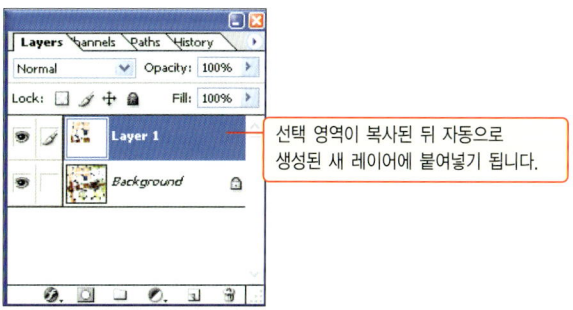

선택 영역이 복사된 뒤 자동으로 생성된 새 레이어에 붙여넣기 됩니다.

7 Layer via Cut : 선택 영역을 잘라내어 새 레이어에 붙여 넣는 메뉴입니다.

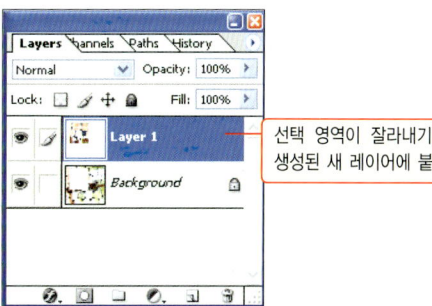

선택 영역이 잘라내기 된 뒤 자동으로 생성된 새 레이어에 붙여넣기 됩니다.

드래그

새 레이어에서 이미지를 이동하면 원본 이미지의 잘라낸 부분이 보입니다.

8 Fill : 선택한 영역을 채색하기 위한 Fill 대화상자를 여는 메뉴입니다.

9 Stroke : 선택한 영역의 경계에 선을 그리기 위한 대화상자를 여는 메뉴입니다.

10 Last Filter : 가장 최근에 사용한 필터를 다시 적용하는 메뉴입니다.

11 Fade... : 가장 최근에 적용한 필터를 레이어 모드와 투명도를 지정하여 적용할 수 있는 메뉴입니다.

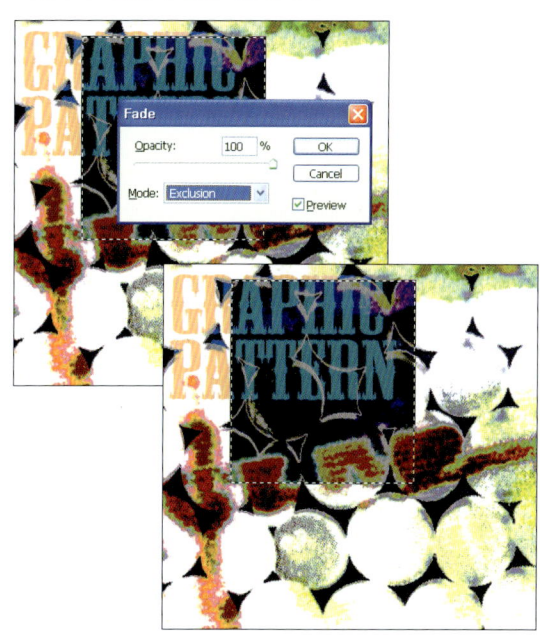

67 page ★ 오려둔 것 펼쳐보기

전경색과 배경색

포토샵의 채색 설정 중 전경색과 배경색에 대한 기본적인 것을 알아보겠습니다.

1 툴 박스의 전경색 아이콘을 클릭하면 전경색을 설정할 수 있는 대화상자가 나타납니다.

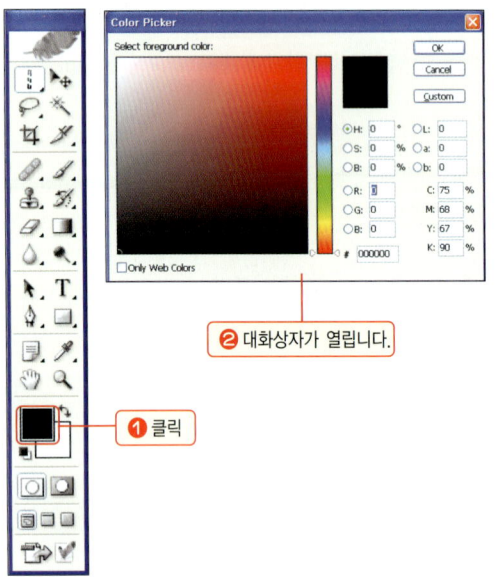

2 대화상자가 열립니다.

1 클릭

2 원하는 위치의 색을 선택해 클릭하거나 옵션 상자 안에 직접 수치를 입력한 뒤 [OK] 버튼을 클릭합니다.

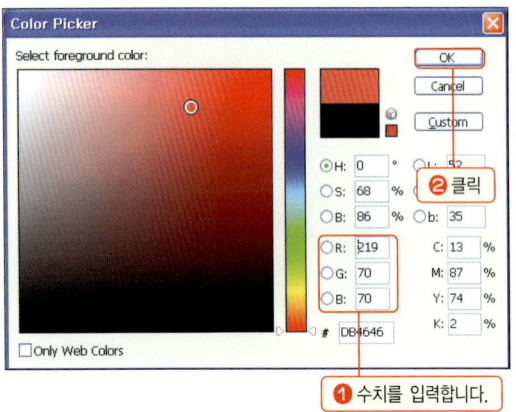

2 클릭

1 수치를 입력합니다.

3 다시 툴 박스 하단의 전경색을 살펴보면 대화상자에서 선택한 색으로 바뀐 것을 알 수 있습니다.

4 같은 방법으로 배경색을 선택해 보겠습니다. 툴 박스 하단의 배경색 아이콘을 클릭한 뒤 대화상자를 엽니다.

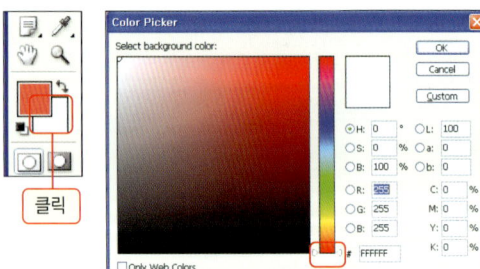

클릭

5 다른 영역의 색을 선택하기 위해 Color Picker 옆의 슬라이드를 움직인 뒤 색을 선택하고 [OK] 버튼을 클릭합니다.

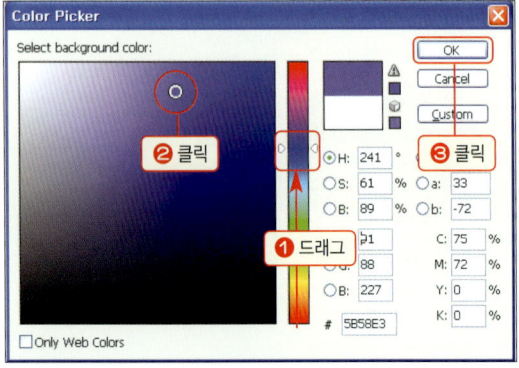

2 클릭

1 드래그

3 클릭

6 툴 박스 하단의 배경색 아이콘을 살펴보면 대화상자에서 선택한 색으로 바뀌어 있는 것을 알 수 있습니다.

7 툴 박스에서 브러시 툴 또는 연필 툴 등의 드로잉 툴을 선택한 뒤 그림을 그리면 전경색이 적용되고, 지우개 툴을 선택한 뒤 그림을 지우면 배경색이 적용됩니다.

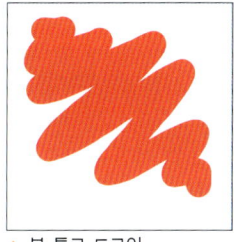 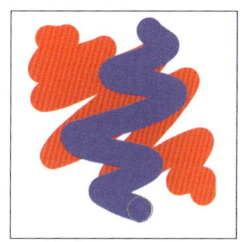

▲ 붓 툴로 드로잉   ▲ 지우개 툴로 드로잉

8 사각 선택 툴로 선택 한 뒤 Edit → Fill 메뉴를 선택하고 [OK] 버튼을 클릭하면 전경색이 채색됩니다.

9 다시 Edit → Clear 메뉴로 선택 영역의 삭제를 실행하면 배경색이 채워집니다.

10 File → New 메뉴를 선택한 뒤 대화상자에서 Background Color를 선택하면 배경색이 채워진 빈 도큐먼트가 열립니다.

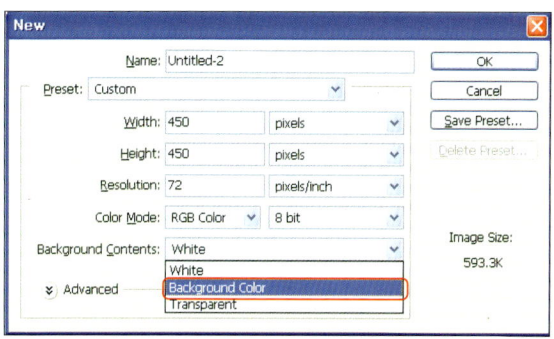

11 전경색과 배경색을 Black/White의 기본 상태로 돌리려면 전경색/배경색 아이콘 좌측 하단의 아이콘을 클릭합니다.

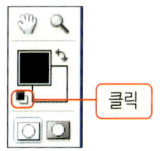

클릭

12 전경색과 배경색을 서로 바꾸려면 전경색/배경색 아이콘 우측 상단의 화살표를 클릭합니다.

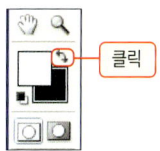

클릭

>>04

포토샵 핵심 툴 10가지
비슷한 색상을 마법처럼 한번에 선택하는 마술봉 툴

마술봉 툴은 영역 선택을 위한 가장 기본적인 툴인 동시에 효과적으로 사용할 수 있게 되기까지 많은 시행착오와 경험이 필요한 툴입니다. 즉, 비슷한 색을 가진 특정 부분을 클릭 한 번으로 쉽게 선택할 수 있는 반면, 그 비슷한 색들의 오차 범위(Tolerance)를 적절하게 설정하는 부분은 쉽지만은 않기 때문입니다.

✚ Tool Preview

마술봉 툴
지정된 유사 색 영역을 자동으로 선택하는 툴

✚ Image Preview

▲ 마술봉 툴을 이용한 이미지 편집

▲ 마술봉 툴로 선택한 영역 수정

01 마술봉 툴을 이용하여 이미지 추출하기

마술봉 툴의 자동 영역 선택 기능을 이용해 간단하게 이미지를 추출해 보겠습니다.

>>CD-ROM
부록 CD>예제파일>Part1>
Fish01.psd

1 File → Open 메뉴로 'Fish01.psd' 파일을 엽니다.

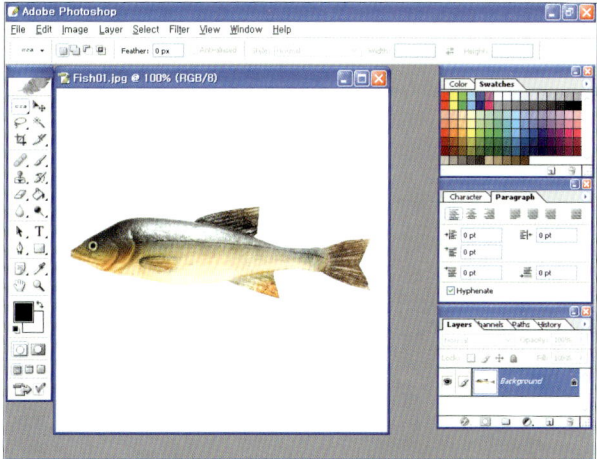

2 툴 박스에서 마술봉 툴을 선택한 후 포토샵 윈도우 상단의 옵션 바 중 Tolerance 에 20을 입력하고 이미지의 빈 공간을 클릭합니다.

❶ 클릭
❷ 클릭

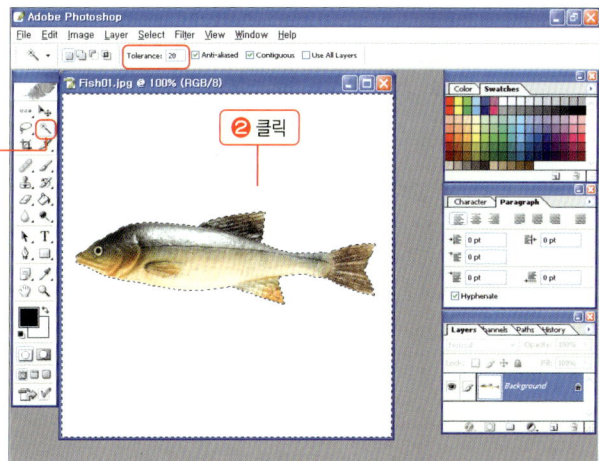

hot key
Inverse :
Ctrl + Shift + I

3 Select → Inverse 메뉴를 선택하여 마술봉 툴로 선택한 영역을 반전하면 물고기 이미지만 선택됩니다.

클릭

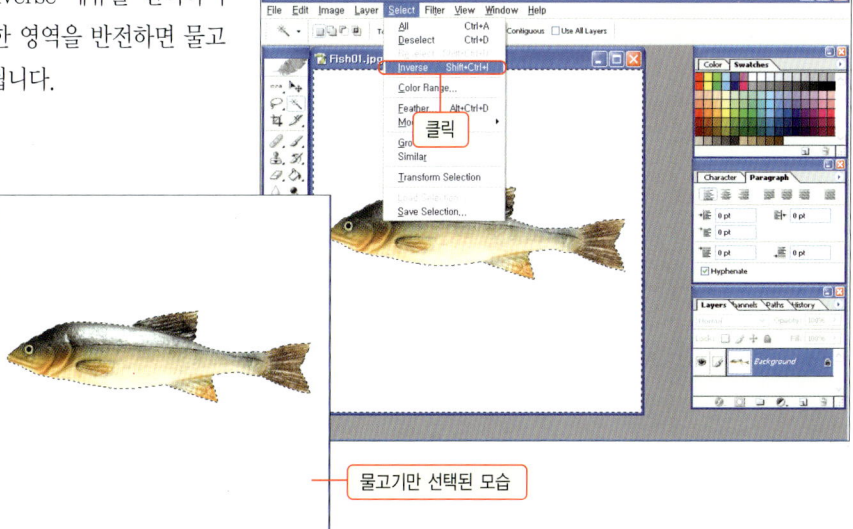

물고기만 선택된 모습

◯ **hot key**

Copy : `Ctrl` + `C`

4 Edit → Copy 메뉴로 선택한 물고기 이미지를 복사합니다.

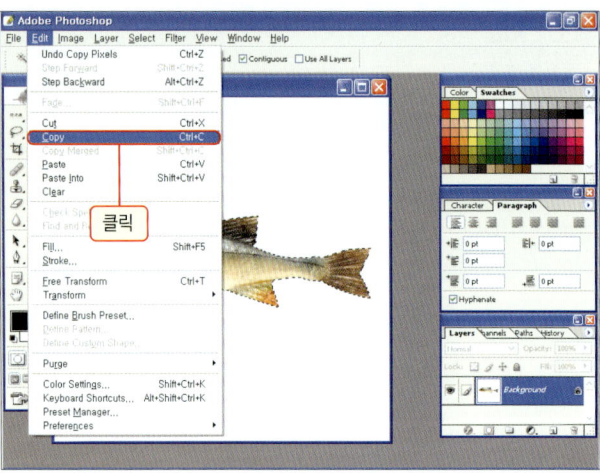

>> 궁 금 해 요 !

Tolerance 옵션

Tolerance 옵션은 마술봉 툴로 선택한 영역의 가장자리를 규정하는 옵션입니다. 마술봉 툴은 마우스로 클릭한 영역의 색과 가장 유사한 색들의 집합을 선택하는 방식으로 작용하는데, 이때 Tolerance 값이 크면 유사한 색의 범위를 넓게 규정하기 때문에 좀 더 넓은 영역이 선택되고 Tolerance 값이 작으면 유사한 색의 범위를 좁게 규정하기 때문에 좀 더 좁은 영역을 선택하게 됩니다.

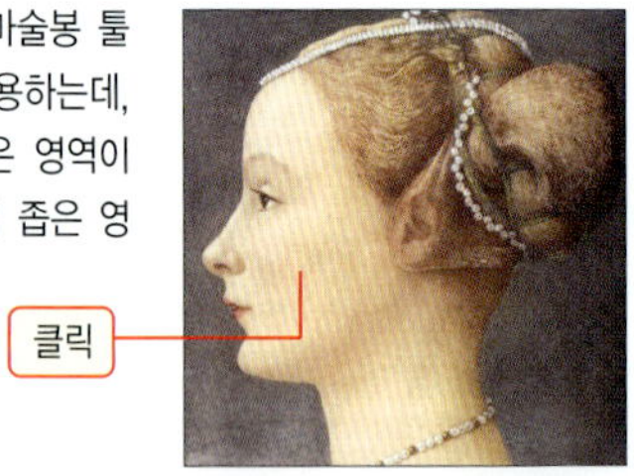

클릭

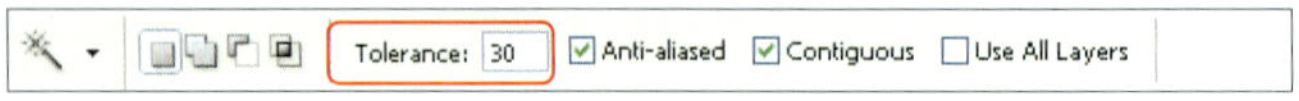

Tolerance : 30

한정된 부분만 선택 되어 있음 ▶

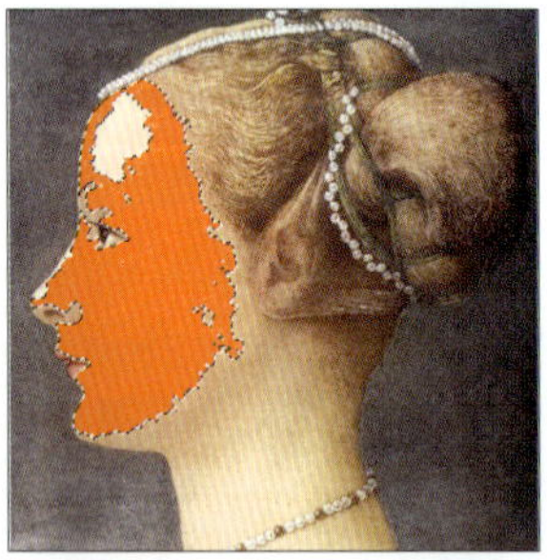

Tolerance : 60

넓은 영역이 선택 되어 있음 ▶

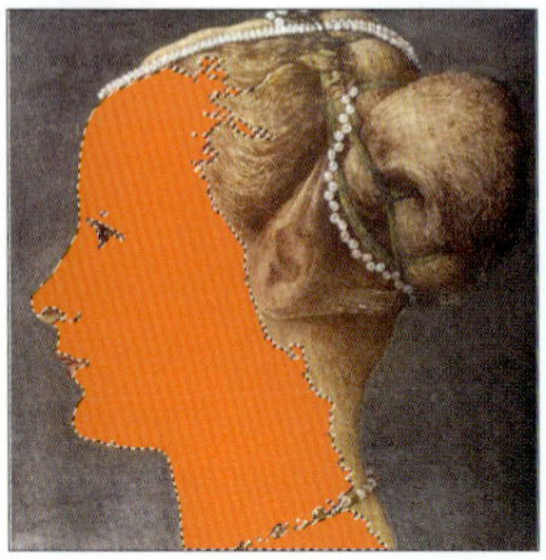

>> **CD-ROM**

부록 CD〉예제파일〉Part 1〉
Cloud01.psd

5 File → Open 메뉴로 구름 이미지가
있는 'Cloud01.psd' 파일을 엽니다.

🔵 **hot key**

Paste : Ctrl + V

6 Edit → Paste 메뉴로 복사해 두었던
물고기 이미지를 구름 이미지에 붙입니다.

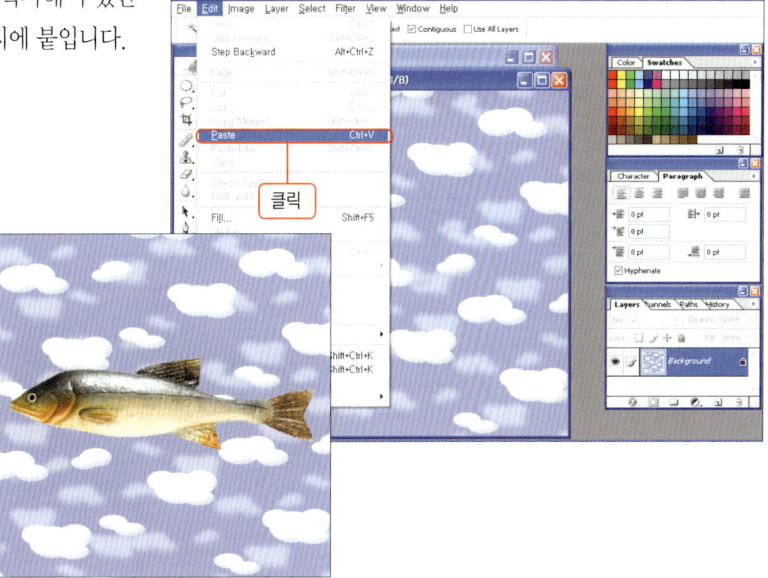

7 File → Save As 메뉴 대화상자에서
'Fish_Cloud01.psd'를 입력하여 합성한
이미지를 저장합니다.

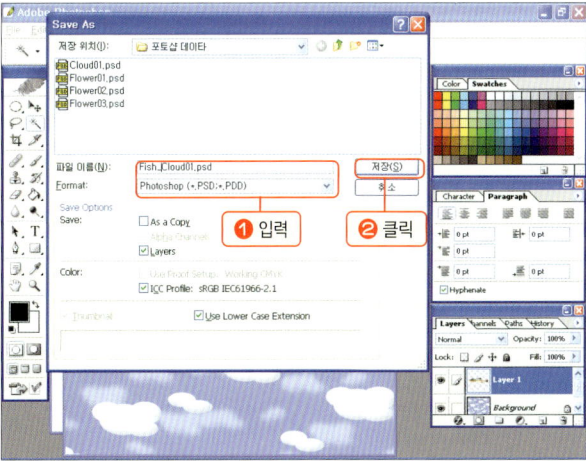

02 마술봉 툴을 이용하여 색 바꾸기

같은 색 영역을 제한하여 영역 선택을 할 수 있는 마술봉 툴의 특색을 살려 이미지의 일부분만의 색을 선택적으로 바꾸어 보겠습니다.

>>CD-ROM
부록 CD〉예제파일〉Part 1〉
Sky01.psd

1 File → Open 메뉴로 'Sky01.psd' 파일을 엽니다. 툴 박스에서 마술봉 툴을 선택한 뒤 Tolerance 값을 65로 입력합니다.

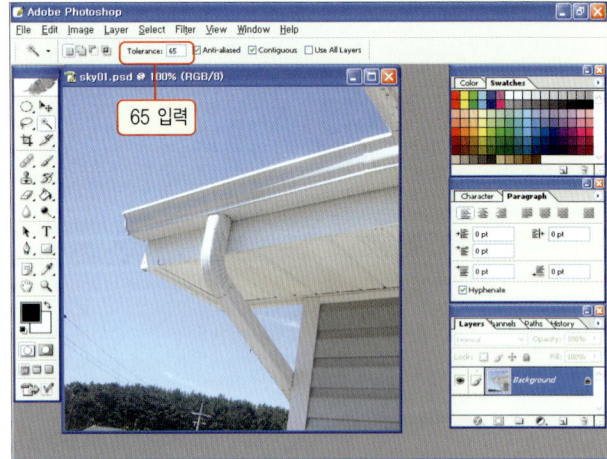

2 마술봉 툴로 이미지의 하늘 부분을 클릭한 뒤 Shift 키를 누른 채 지붕 밑의 하늘 영역을 다시 클릭하여 영역을 추가 선택합니다.

● hot key
Hue/Saturation :
Ctrl + U

3 선택한 부분의 이미지 색을 바꾸기 위해 Image → Adjustments → Hue-/Saturation 메뉴를 선택합니다.

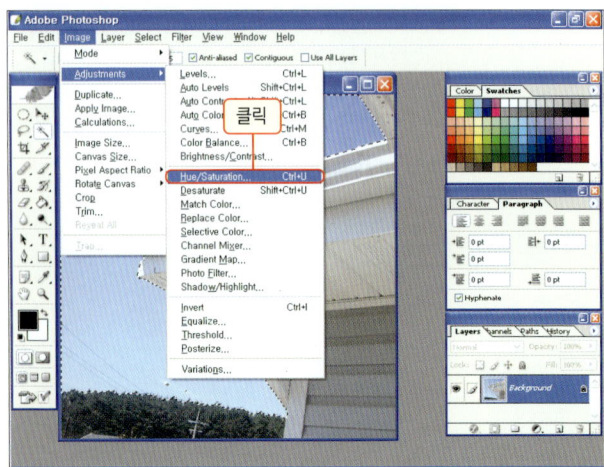

4 Hue/Saturation 대화상자에서 Hue 옵션에 100을 입력한 뒤 [OK] 버튼을 클릭합니다.

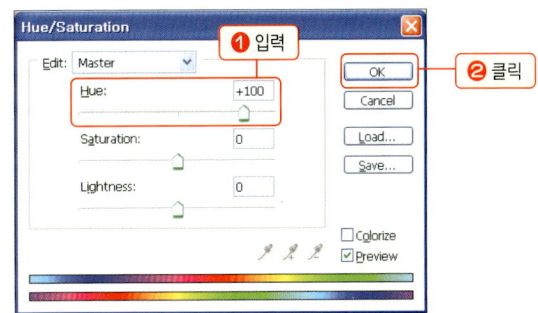

5 Select → Deselect 메뉴로 선택 영역을 해제한 뒤 File → Save As 메뉴 대화상자에 'Sky02.psd'를 입력하여 새 이름으로 저장합니다.

>> 궁금해요!

Hue/Saturation 대화상자

Hue/Saturation 대화상자를 이용하면 이미지의 명도와 채도, 색상을 조절할 수 있습니다. 특히 Edit 옵션을 이용하면 RGB 또는 CMYK의 색상 별로 각각의 색을 바꿀 수 있어 이미지 수정에 유용합니다.

❶ Edit : 수정할 채널을 선택할 수 있습니다. Master가 선택었다면 이미지 전체의 색상을 일괄적으로 수정할 수 있습니다.

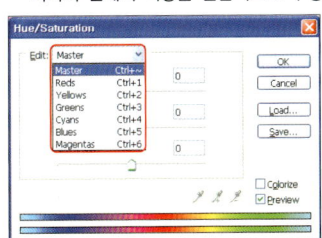

❷ Hue : 이미지의 색상을 조절합니다.
❸ Saturation : 이미지의 채도를 조절합니다.
❹ Lightness : 이미지의 명도를 조절합니다.
❺ Colorize : Edit 옵션에서 선택된 색 한 가지만을 기준으로 이미지를 수정합니다.

Photoshop CS

>>05

포토샵 핵심 툴 10가지
이미지 이동과 복사에 편리한 이동 툴

이동 툴은 이미지에 직접 채색을 하는 등의 효과가 있는 툴이 아니기 때문에 자칫 사용법을 익히기에 소홀하기 쉬운 툴입니다. 그러나 몇 가지 단축키와 함께 사용하면 작업 시간을 절반 이하로 줄일 수 있는 강력한 기능들이 숨어 있으니 반드시 익혀두시기 바랍니다.

✚ Tool Preview

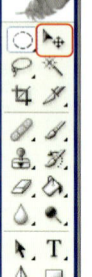

이동 툴
도큐먼트 상의 독립된 이미지를 이동시키는 툴

✚ Image Preview

▲ 이동 툴을 이용한 이미지 복사

01 이동 툴을 이용한 이미지 이동

일반적으로 많이 사용하는 이동 툴의 기능을 이용해 이미지를 움직여 보겠습니다.

>>CD-ROM

부록 CD〉예제파일〉Part 1〉
Piano01.psd

1 File → Open 메뉴로 'Piano01.psd' 파일을 연 뒤 툴 박스에서 벡터 쉐이프 툴을 클릭하여 하위 툴인 변형 쉐이프 툴을 선택합니다.

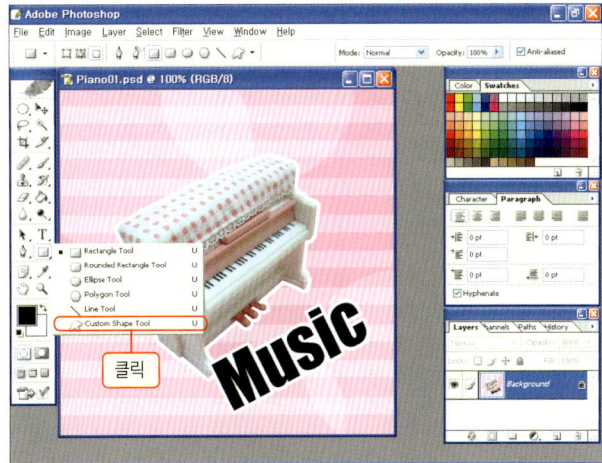

2 변형 쉐이프 툴의 옵션 바에서 Fill Pixels 옵션을 선택합니다.

>>궁금해요!

Shape 툴의 옵션 바

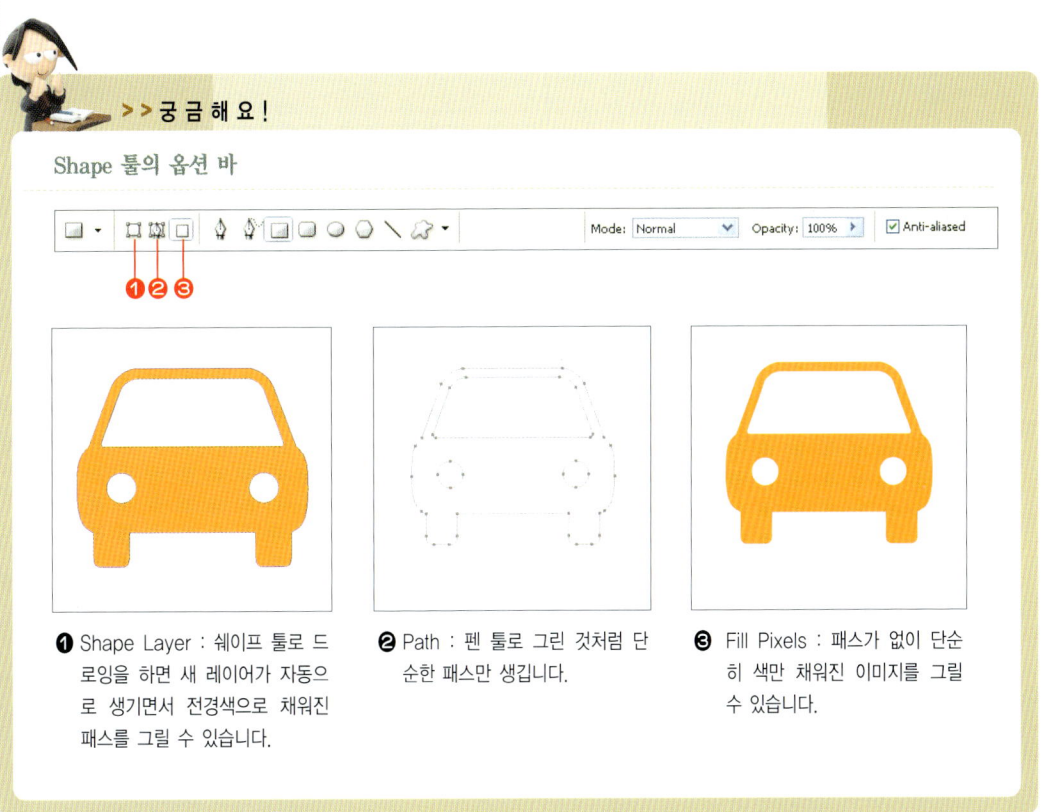

❶ Shape Layer : 쉐이프 툴로 드로잉을 하면 새 레이어가 자동으로 생기면서 전경색으로 채워진 패스를 그릴 수 있습니다.

❷ Path : 펜 툴로 그린 것처럼 단순한 패스만 생깁니다.

❸ Fill Pixels : 패스가 없이 단순히 색만 채워진 이미지를 그릴 수 있습니다.

3 쉐이프 샘플 버튼을 클릭하여 포토샵
에서 기본적으로 제공하는 쉐이프 샘플상
자를 엽니다.

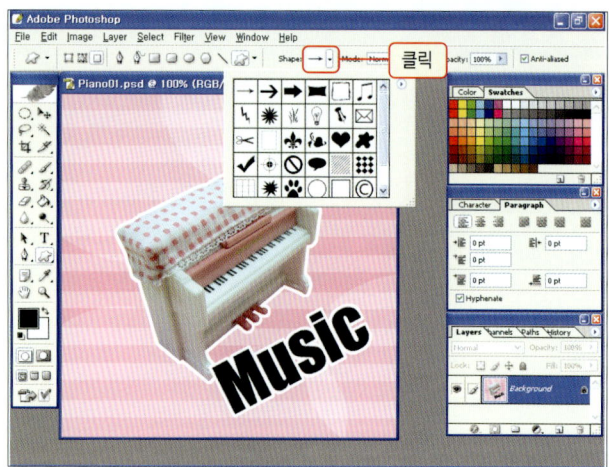

4 쉐이프 샘플 메뉴 버튼을 클릭하여 포
토샵에서 제공하는 쉐이프 샘플 중 Music
을 선택한 뒤 [OK] 버튼을 클릭합니다.

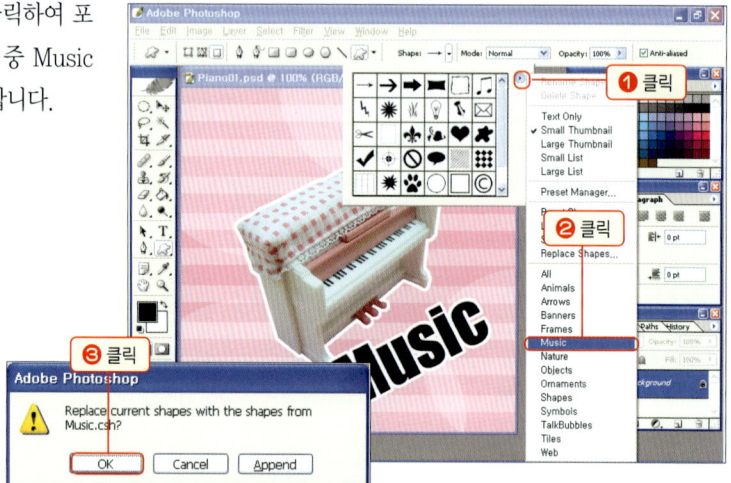

5 음악과 관련된 쉐이프들 중 음표 하나
를 선택합니다.

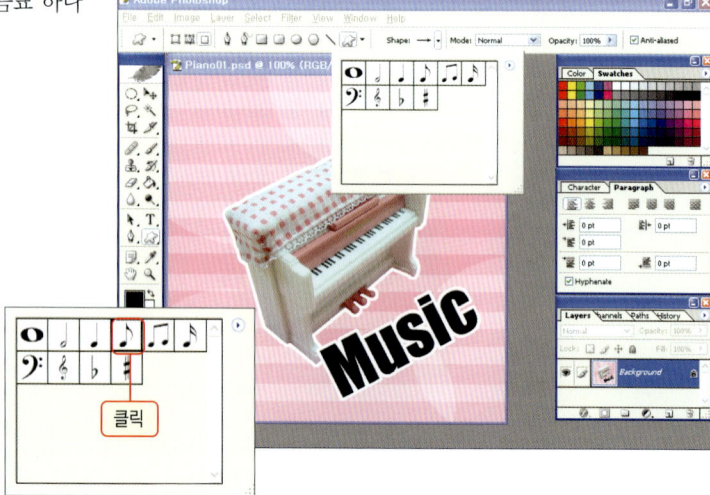

6 레이어 팔레트에서 새 레이어 아이콘을 클릭하여 새 레이어를 만듭니다.

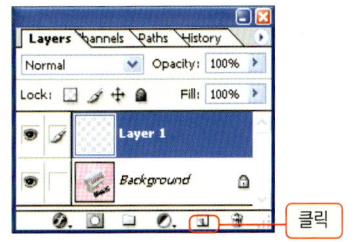

클릭

7 Shift 키를 누른 채 클릭한 뒤 대각선으로 드래그하면 쉐이프 샘플에서 선택한 음표 이미지가 드로잉됩니다.

hot key

이동 툴 : V

8 툴 박스에서 이동 툴을 선택한 뒤 음표 이미지를 클릭하여 적절한 공간으로 이동시킵니다.

85

02 이동 툴로 레이어 자동 복사/선택하기

이동 툴의 편리한 기능인 자동 복사 기능과 레이어 자동 선택 기능에 대해 알아보겠습니다.

음표 이미지가 있는 레이어를 레이어 팔레트 하단의 새 레이어 아이콘 위로 드래그하면 레이어가 복사되어 같은 효과를 나타냅니다.

1 Alt 키를 누른 채 마우스로 음표를 선택하여 이동시키면 자동으로 새 레이어가 생기면서 음표 이미지가 복사됩니다.

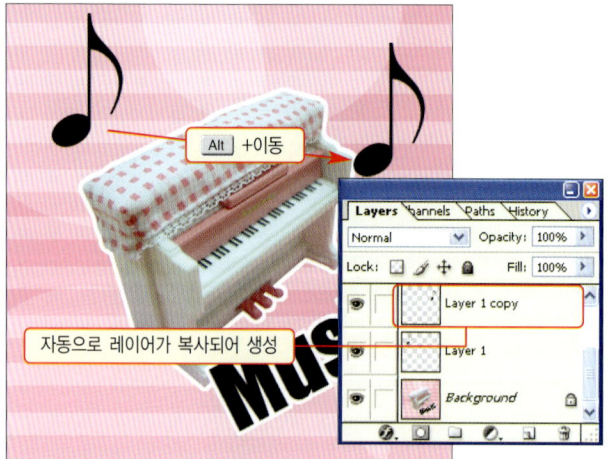

Alt +이동

자동으로 레이어가 복사되어 생성

2 같은 방법으로 Alt 키를 누른 채 음표 이미지를 여러 개 복사하여 이동합니다. 이때 레이어 팔레트를 살펴보면 Alt 키를 누른 채 이동한 각각의 동작마다 하나씩 레이어가 생겨난 것을 알 수 있습니다.

복사된 레이어

3 이미지의 위치를 수정하기 위해 수정하려는 이미지가 있는 레이어를 직접 선택해 봅시다. Ctrl 키를 누른 채 위치를 수정하려는 음표 이미지를 클릭합니다. 이때 레이어 팔레트를 보면 수정하려는 이미지가 있는 레이어가 자동으로 선택된 것을 알 수 있습니다.

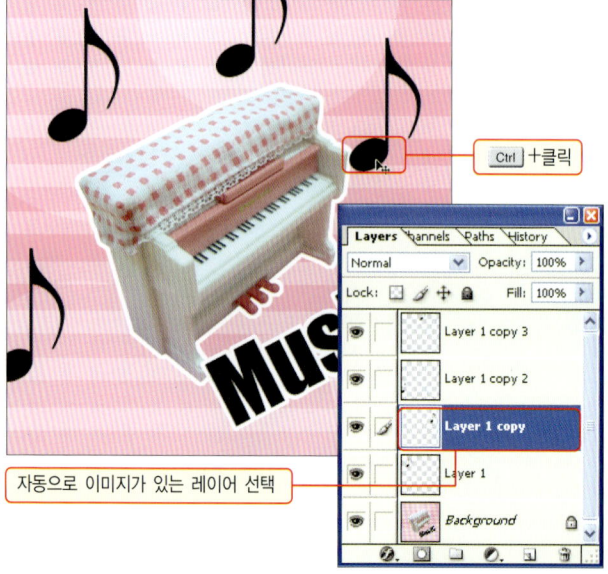

Ctrl +클릭

자동으로 이미지가 있는 레이어 선택

Ctrl 키와 함께 클릭하지 않더라도 이동 툴의 옵션 바에서 Auto Select Layer 옵션을 체크하면 자동으로 이미지를 클릭할 때마다 해당 이미지가 있는 레이어가 선택됩니다.

4 이미지를 클릭하여 다른 위치로 이동한 뒤 완성된 이미지를 File → Save As 메뉴를 선택해 'Piano02.psd'로 입력하여 포토샵 파일로 저장합니다.

❶ 드래그

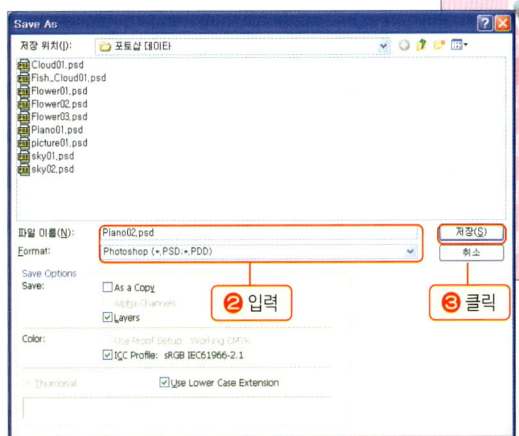

❷ 입력
❸ 클릭

>> 궁 금 해 요 !

Snap 기능

이미지를 정교한 위치에 옮겨야 할 경우 가이드 라인을 이용하면 좀 더 간편하게 이미지를 옮길 수 있습니다. 레이어 상태의 이미지는 그 이미지의 가장자리 또는 중심부가 자동으로 가이드 라인과 결합할 수 있도록 설정되어 있습니다.
이 기능은 View → Snap 메뉴를 이용해 설정할 수 있습니다.

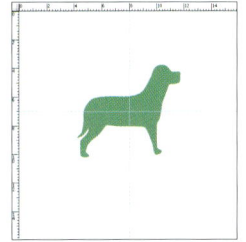

▲ 이미지의 가장자리가 가이드 라인과 정확히 만나고 있습니다. 이동 툴을 이용해 가이드 라인 부근으로 이미지를 옮기면 어느 정도 가까워진 상태에서는 가이드 라인과의 접점에 닿도록 자동으로 움직입니다. 이 기능은 View → Snap 메뉴를 이용해 설정할 수 있습니다.

▲ 이동하는 이미지의 중심이 가이드 라인의 교차점에 정확히 닿아 있습니다. 이 경우 역시 어느 정도 이미지의 중심을 가이드 라인의 교차점 부근에 가져가면 중심이 맞도록 자동으로 움직입니다.

Photoshop CS

>>06 포토샵 핵심 툴 10가지
색칠하는 듯한 효과를 주는 브러시 툴

포토샵의 대표적인 드로잉 툴인 브러시 툴을 효과적으로 사용하기 위해서는 브러시의 모양과 크기, 흐름 등을 결정하는 옵션에 대해 알아둘 필요가 있습니다. 타블렛을 이용하면 좀 더 자연스럽게 손으로 그린 듯한 효과를 낼 수 있으므로 타블렛에 관한 기본 지식을 갖추는 것도 좋습니다.

✚ Tool Preview

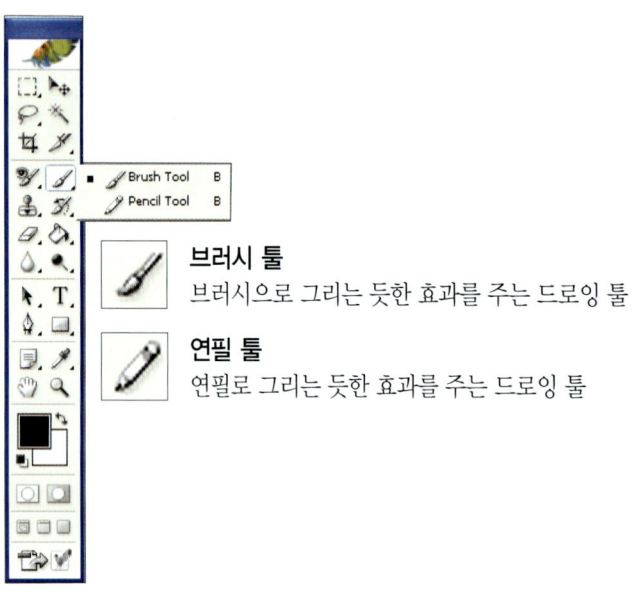

브러시 툴
브러시으로 그리는 듯한 효과를 주는 드로잉 툴

연필 툴
연필로 그리는 듯한 효과를 주는 드로잉 툴

✚ Image Preview

◀ 브러시 툴을 이용한 드로잉

01 브러시 툴로 이미지 드로잉하기

브러시 툴의 가장 기본적인 기능인 이미지 드로잉에 대해 배워보겠습니다. 브러시 툴 등의 드로잉 툴을 제대로 다루려면 타블렛과 같은 드로잉 보조 장비가 있어야 하지만 간단한 드로잉은 약간의 연습을 통해 마우스로도 할 수 있습니다.

>> CD-ROM
부록 CD〉예제파일〉Part 1〉
Rabbit01.psd

○ hot key
브러시 툴 : B

1 File → Open 메뉴로 'Rabbit01.psd' 파일을 열고 툴 박스에서 브러시 툴을 선택합니다.

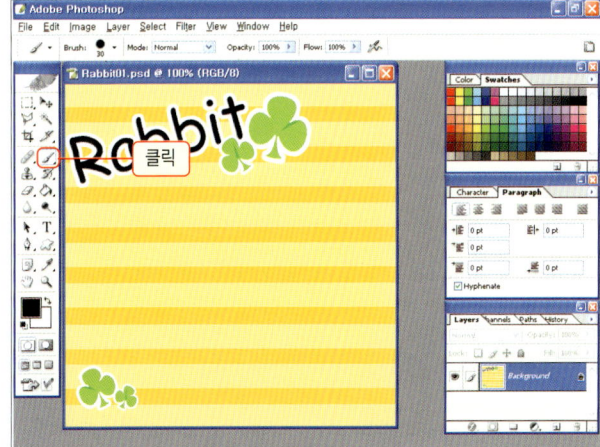

○ hot key
새 레이어 : Ctrl + N

2 레이어 팔레트에서 새 레이어 아이콘을 클릭하여 레이어를 만듭니다.

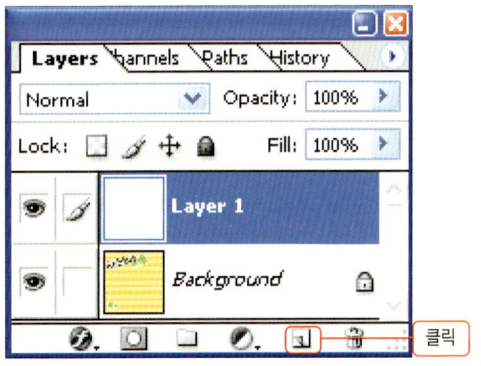

3 윈도우 상단의 브러시 툴 옵션 바에서 Brush Size 옵션 아이콘을 클릭합니다. Master Diameter 옵션에 15px를 입력하고 Hardness 옵션에 100%를 입력합니다.

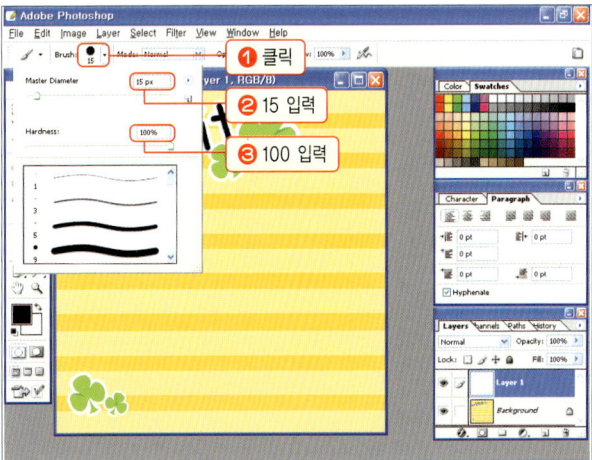

>>> 궁 금 해 요 !

Brush 툴의 옵션 바

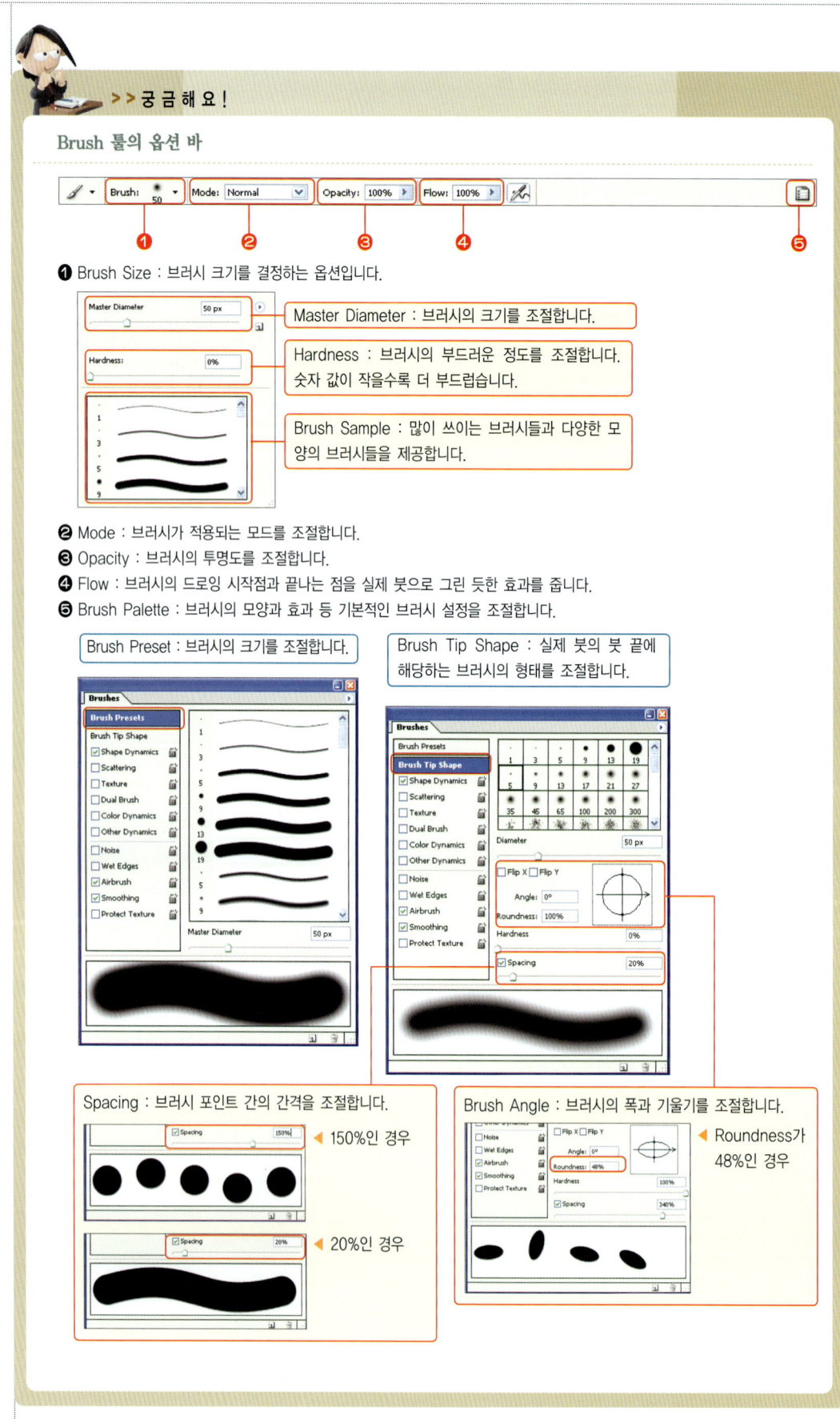

❶ Brush Size : 브러시 크기를 결정하는 옵션입니다.

Master Diameter : 브러시의 크기를 조절합니다.

Hardness : 브러시의 부드러운 정도를 조절합니다.
숫자 값이 작을수록 더 부드럽습니다.

Brush Sample : 많이 쓰이는 브러시들과 다양한 모양의 브러시들을 제공합니다.

❷ Mode : 브러시가 적용되는 모드를 조절합니다.

❸ Opacity : 브러시의 투명도를 조절합니다.

❹ Flow : 브러시의 드로잉 시작점과 끝나는 점을 실제 붓으로 그린 듯한 효과를 줍니다.

❺ Brush Palette : 브러시의 모양과 효과 등 기본적인 브러시 설정을 조절합니다.

Brush Preset : 브러시의 크기를 조절합니다.

Brush Tip Shape : 실제 붓의 붓 끝에 해당하는 브러시의 형태를 조절합니다.

Spacing : 브러시 포인트 간의 간격을 조절합니다.

◀ 150%인 경우

◀ 20%인 경우

Brush Angle : 브러시의 폭과 기울기를 조절합니다.

◀ Roundness가 48%인 경우

4 토끼의 얼굴 부분을 그려보겠습니다. 타원형으로 둥근 형태로 드로잉합니다.

마우스로 드로잉하는 것은 어느 정도 연습이 필요합니다. 실제로 디자인 작업에서 마우스로 직접 드로잉하는 경우는 드물지만 종종 거칠고 투박한 효과를 내기 위해 일부러 마우스로 그리는 경우도 있습니다. 때문에 깨끗하게 그려지지 않는 것이 오히려 더 느낌이 좋을 수 있습니다.

5 토끼의 귀 부분을 그립니다.

6 토끼의 몸통과 팔을 간략하게 그립니다.

7 간단하게 점을 찍듯이 클릭하여 토끼의 눈을 그립니다.

8 Brush Size 아이콘을 클릭하여 브러시의 크기를 30px로 바꾼 뒤 토끼의 눈썹을 그립니다.

참고하세요!

Color 팔레트에서 수치를 입력해도 됩니다.
R : 247, G : 148, B : 28

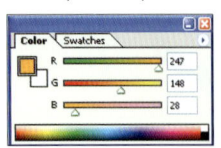

9 툴 박스에서 버킷 툴을 선택하고 스와치 팔레트에서 주황색을 선택하여 토끼의 몸 부분을 채색합니다.

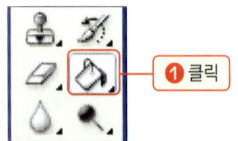

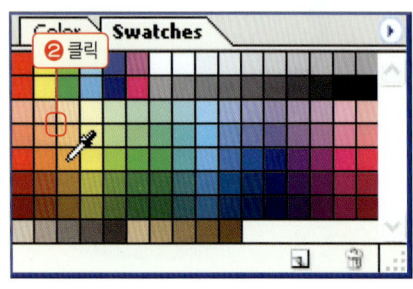

02 에어브러시 툴로 효과주기

에어브러시 툴은 브러시 툴에 비해 좀 더 부드러운 이미지를 드로잉할 수 있습니다. 이미지의 음영이나 번짐 등을 표현할 때 자주 쓰이는 툴입니다.

● **hot key**

마술봉 툴 : W

1 툴 박스에서 마술봉 툴을 선택하고 Shift 키를 누른 채 토끼의 얼굴과 귀, 몸통 부분을 추가 선택합니다.

2 Brush Size 아이콘을 클릭하여 크고 부드러운 브러시를 만들기 위해 Master Diameter는 50px, Hardness는 0%를 입력합니다.

참고하세요!

전경색/배경색을 서로 바꾸려면 단축키로 X 키를 눌러도 됩니다.

3 윈도우 상단의 옵션 바에서 Airbrush 버튼을 클릭하고 툴 박스 하단의 전경색/배경색 아이콘 우측 상단에 있는 화살표를 클릭하여 배경색의 흰색이 전경색이 되도록 합니다.

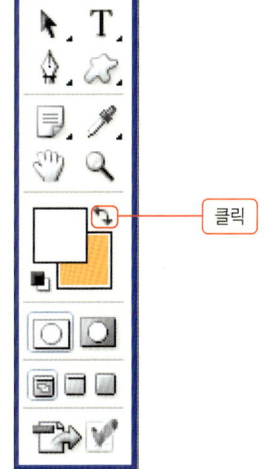
클릭

4 토끼의 배 부분과 왼쪽 눈 부분을 둥글게 채색합니다.

5 File → Save As 메뉴에서 'Rabbit02.psd'를 입력하여 완성된 이미지를 포토샵 파일로 저장합니다.

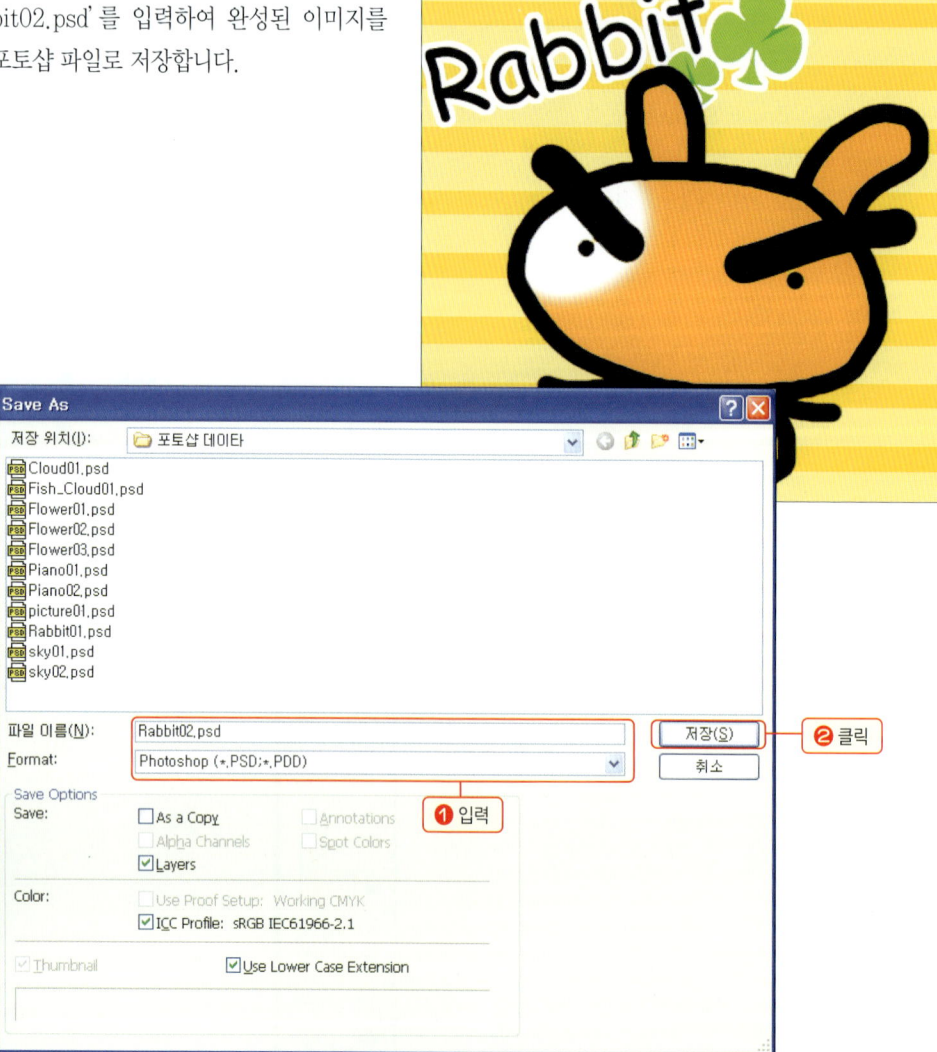

03 히스토리 브러시로 이미지 강조하기

히스토리 브러시를 이용해 흑백으로 전환된 이미지에서 원본 이미지의 컬러를 부분적으로 되살려 강조하는 방법을 배워보겠습니다.

부록 CD〉예제파일〉Part 1〉
KoreanMask.psd

1 File → Open 메뉴를 이용해 'KoreanMask.psd' 파일을 엽니다.

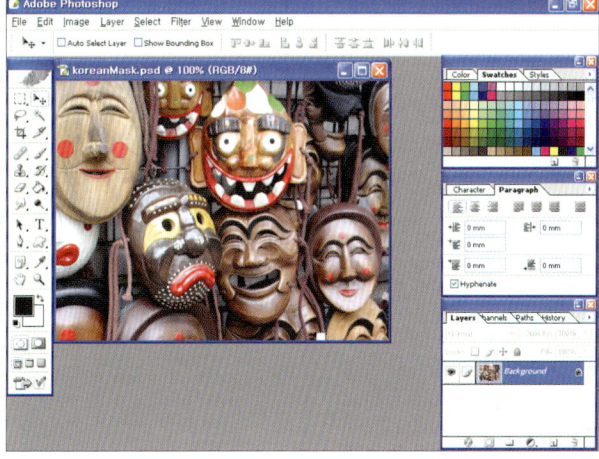

● hot key
Desaturate :

Ctrl + Shift + U

2 Image → Adjustments → Desaturate 메뉴를 선택하면 이미지의 채도가 모두 사라지면서 흑백 이미지로 전환됩니다.

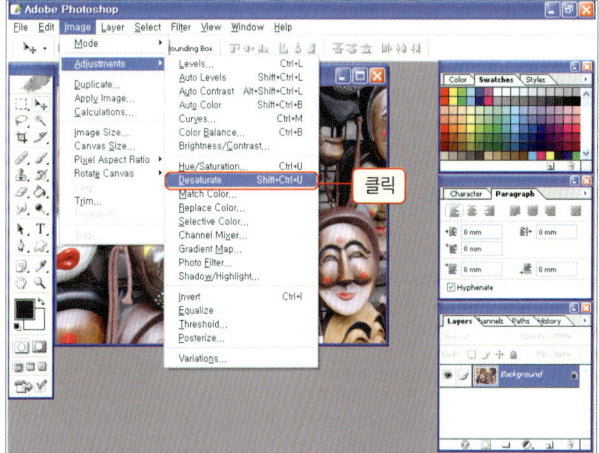

3 툴 박스에서 History Brush를 선택합니다.

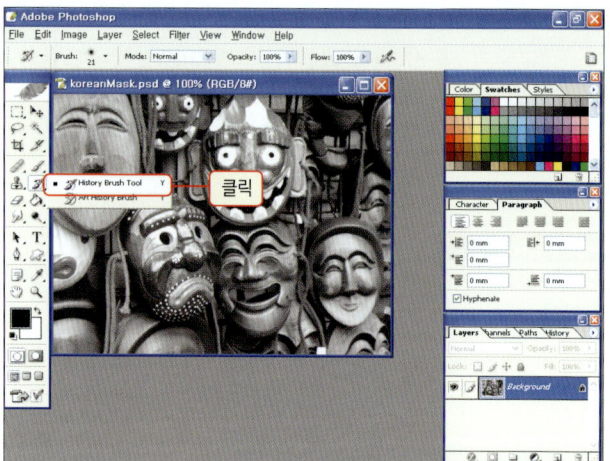

4 옵션 바에서 Brush 옵션을 클릭하고 브러시 크기 옵션에 30, Hardness 옵션에 0을 입력합니다.

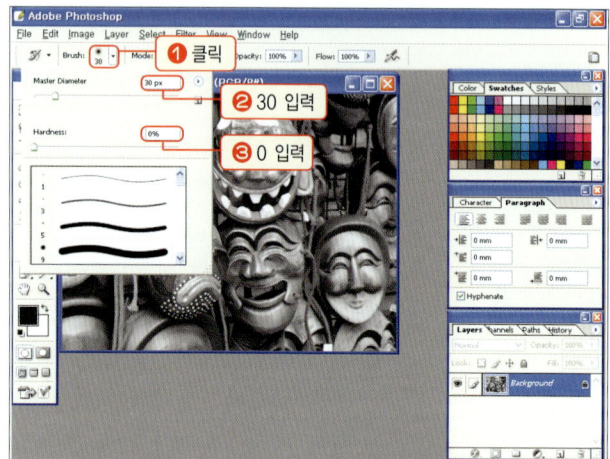

5 이미지의 두 부분을 원본 이미지와 같은 컬러로 복원하려고 합니다. 브러시를 이용해 컬러로 복원하려는 부분만을 드래그합니다.

6 다른 한 부분 역시 브러시를 이용해 드
래그하여 컬러를 복원합니다.

드래그

컬러로 복원된 이미지

Photoshop CS

>> 07
포토샵 핵심 툴 10가지
자유로운 곡선과 이미지 표현에 좋은 펜 툴

펜 툴은 포토샵의 벡터 이미지 드로잉을 담당하는 툴입니다. 앵커 포인트에 대한 이해와 연습이 필요하기 때문에 쉽게 숙련되지는 않지만 일단 한번 익숙해지고 나면 더없이 중요한 드로잉 툴이 될 것입니다.

✚ Tool Preview

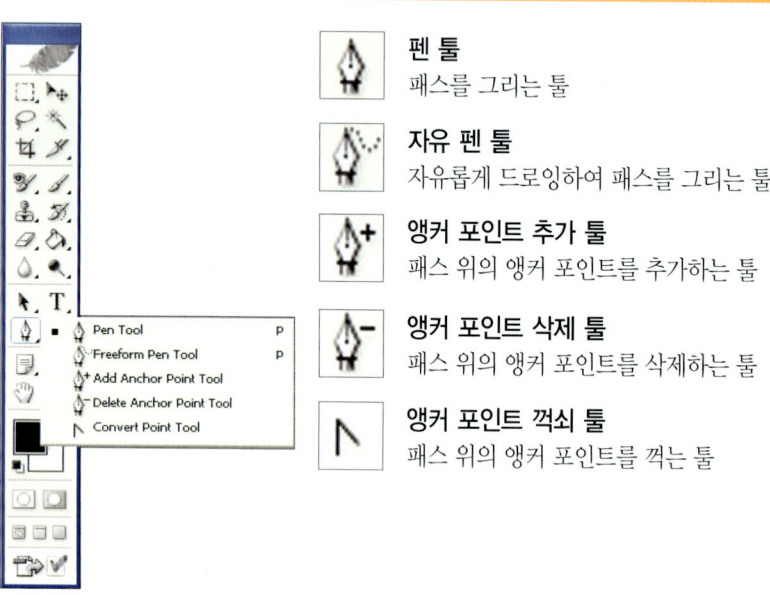

펜 툴
패스를 그리는 툴

자유 펜 툴
자유롭게 드로잉하여 패스를 그리는 툴

앵커 포인트 추가 툴
패스 위의 앵커 포인트를 추가하는 툴

앵커 포인트 삭제 툴
패스 위의 앵커 포인트를 삭제하는 툴

앵커 포인트 꺽쇠 툴
패스 위의 앵커 포인트를 꺽는 툴

✚ Image Preview

▲ 펜 툴을 이용한 이미지 추출

▲ 펜 툴을 이용한 이미지 드로잉

01 펜 툴로 이미지 선택하기

펜 툴로 드로잉한 패스를 선택 영역으로 전환하는 방법에 대해 알아보겠습니다.

○ **hot key**

펜 툴 : P

1 File → Open 메뉴로 'No Swim-01.psd' 파일을 열고 툴 박스에서 펜 툴을 선택합니다.

오려두기

펜 툴의 기본 사용법

★ **112**쪽 펼쳐보기

2 펜 툴을 이용해 경고 표지판 부분을 추출하려고 합니다. 표지판 하단 부분을 클릭하여 펜 툴로 패스를 그려 나갑니다.

참고하세요!

화면 확대 단축기
확대 : Ctrl + +
축소 : Ctrl + -

3 세밀한 부분의 패스를 만들려면 툴 박스의 돋보기 툴을 이용해 화면을 확대한 뒤 작업을 진행합니다.

4 패스 작업이 다 끝나면 마우스 오른쪽
버튼을 클릭하여 Make Selection 메뉴를
선택합니다.

참고하세요!

Feather 값이 커질수록 선
택 영역의 가장자리가 더
부드러워 집니다.

hot key

Feather :

Ctrl + OPTION + D

5 선택 영역 전환 대화상자에서
Feather 값을 0으로 하고 [OK] 버튼을 클
릭하여 패스를 선택 영역으로 전환합니다.

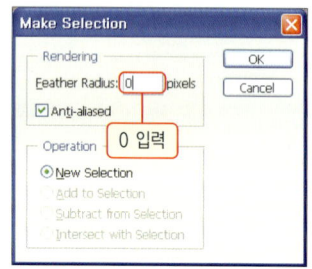

>> **궁금해요!**

선택 영역 전환 메뉴

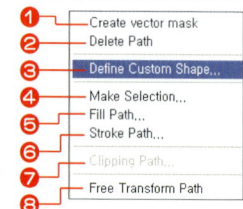

❶ Create vector mask : 패스에 벡터 마스크가 적용된 새 레이어를 만듭니다.
❷ Delete Path : 만들어진 패스를 지웁니다.
❸ Define Custom Shape : 현재의 패스를 쉐이프 형태로 저장합니다.
❹ Make Selection : 패스를 선택 영역으로 전환합니다.
❺ Fill Path : 패스를 지정한 색으로 채웁니다.
❻ Stroke Path : 패스를 브러시 툴 또는 펜 툴의 드로잉으로 전환합니다.
❼ Clipping Path : 패스를 벡터 상태로 이미지에 첨부, 저장합니다.
❽ Free Transform : 패스를 자유롭게 변형합니다.

6 Edit → Copy 메뉴를 이용해 선택한 표지판 이미지를 복사합니다.

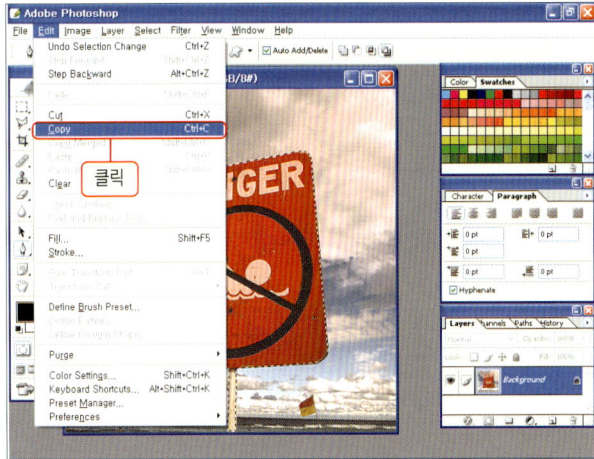

7 File → Open 메뉴로 'No Swim-02.psd' 파일을 엽니다.

8 Edit → Paste 메뉴로 복사해 두었던 표지판 이미지를 붙입니다.

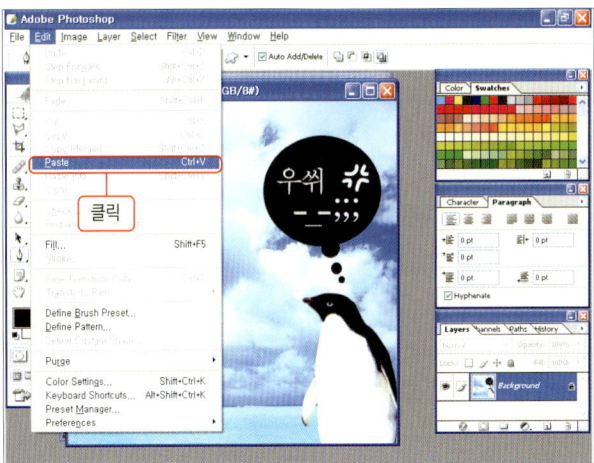

9 툴 박스에서 이동 툴을 선택하여 표지판 이미지를 적절한 위치로 이동시킨 뒤 File → Save As 메뉴에서 'No Swim-03.psd'를 입력하여 작업 파일을 포토샵 포맷으로 저장합니다.

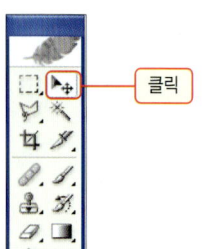
클릭

>> 궁 금 해 요 !

패스를 쉐이프로 전환하기

패스로 그린 이미지를 쉐이프로 전환하여 저장한 뒤 필요할 때마다 선택해 사용할 수 있습니다.

1) 패스를 그린 뒤 마우스 오른쪽 버튼을 클릭하여 Define Custom Shape... 메뉴를 선택합니다.

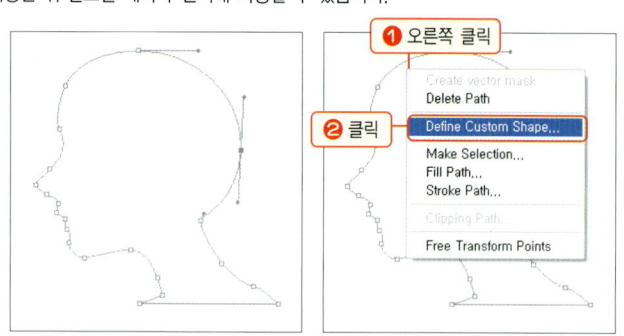

2) 대화상자에 패스의 이름을 지정한 뒤 [OK] 버튼을 클릭합니다.

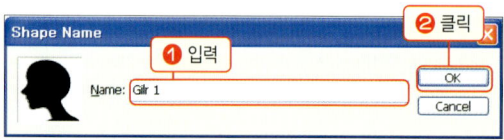

3) 옵션 바에서 Custom Shape Tool을 선택한 뒤 쉐이프 샘플 옵션을 클릭하고 패스를 전환한 쉐이프를 선택합니다.

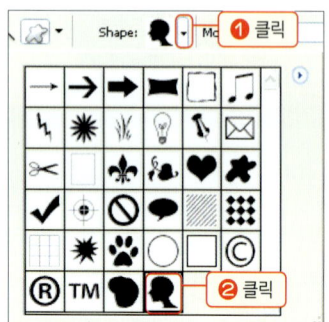

4) 쉐이프를 이용해 이미지를 만듭니다.

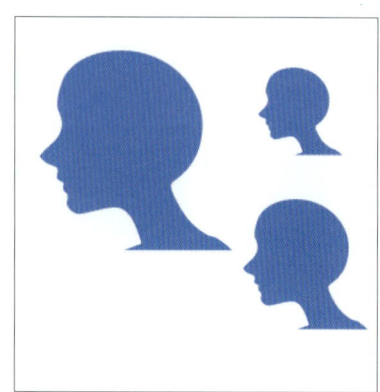

02 펜 툴로 이미지 드로잉하기

펜 툴의 가장 강력한 기능 중 하나인 드로잉 기능을 배워보겠습니다. 펜 툴을 이용한 드로잉은 같은 방식의 작업이 반복되는 지루한 것일 수도 있지만 섬세한 작업이 가능하기 때문에 좋은 결과물을 얻을 수 있습니다.

부록 CD〉예제파일〉Part 1〉
Toony01.psd

1 펜 툴을 이용해 강아지 캐릭터를 그려보겠습니다. File → Open 메뉴에서 'Toony01.psd' 파일을 열고 툴 박스에서 펜 툴을 선택합니다.

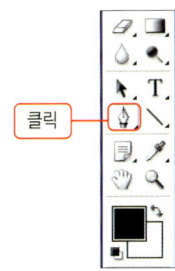

클릭

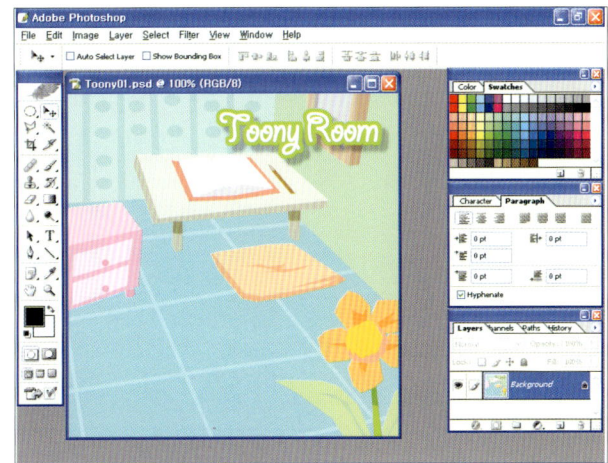

hot key

새 레이어 : Ctrl + N

2 레이어 팔레트에서 새 레이어 아이콘을 클릭하여 새 레이어를 만듭니다.

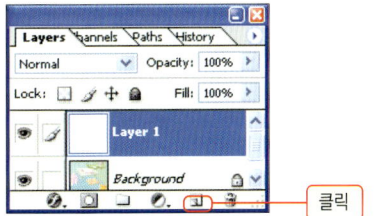

클릭

3 펜 툴을 이용해 타원형의 강아지 얼굴을 그립니다.

4 마우스 오른쪽 버튼을 클릭하여 Make Selection 메뉴를 선택하고 대화상자의 [OK] 버튼을 클릭하여 패스를 선택 영역으로 전환합니다.

5 컬러 팔레트에서 분홍색을 선택하고 Edit → Fill 메뉴로 선택 영역을 채색한 뒤 Select → Deselect 메뉴로 선택 영역을 해제합니다.

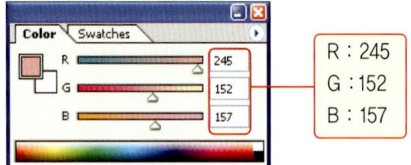

R : 245
G : 152
B : 157

6 펜 툴로 강아지의 양쪽 귀 부분의 패스를 그린 뒤 선택 영역으로 전환합니다. 컬러 팔레트에서 보라색을 선택하여 Edit → Fill 메뉴로 채색하고 Select → Deselect 메뉴로 선택 영역을 해제합니다.

R : 161
G : 134
B : 190

7 펜 툴로 강아지의 몸통 부분을 그리고 선택 영역으로 전환한 뒤 얼굴과 같은 분홍색으로 채색합니다.

R : 245
G : 152
B : 157

8 툴 박스에서 브러시 툴을 선택한 뒤 브러시 옵션에서 Size 50px, Hardness 50%으로 설정하고 Mode는 Multiply를 선택합니다. 강아지 목 부분을 드로잉해서 음영을 만듭니다.

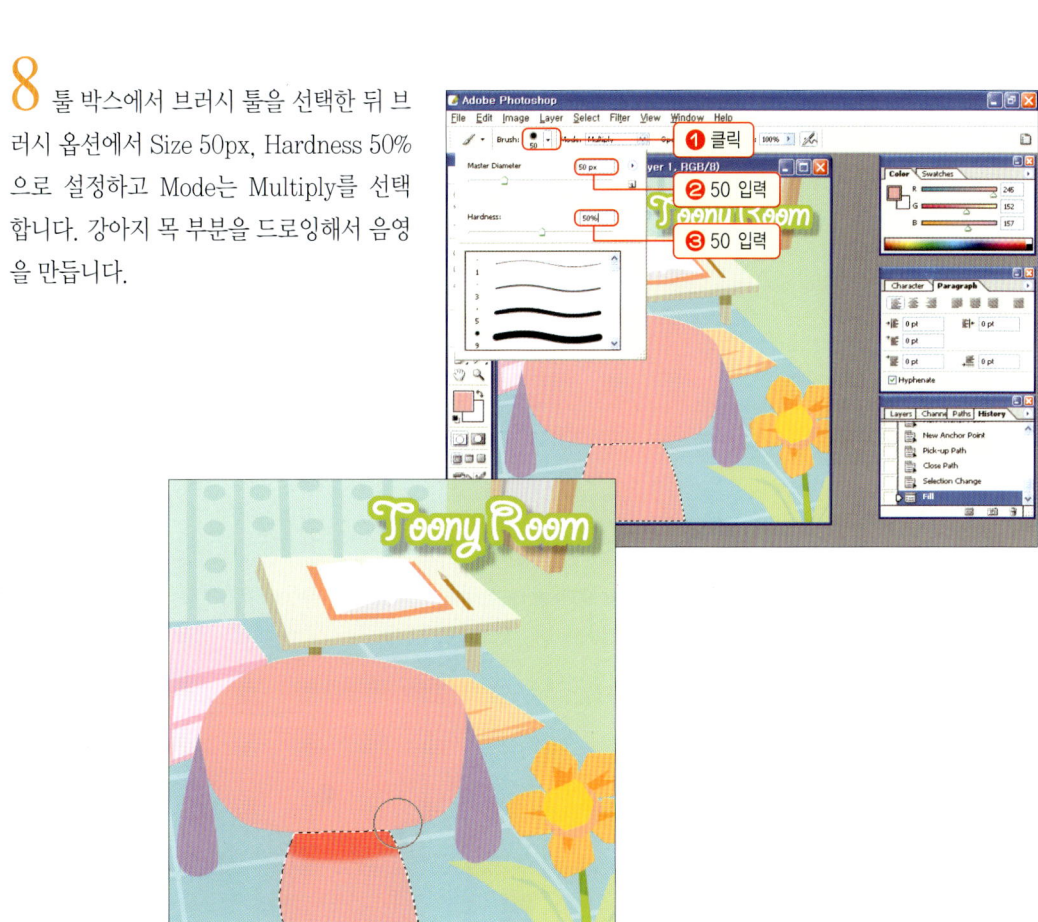

9 툴 박스에서 원형 선택 툴을 선택한 뒤 강아지 눈의 흰자위 부분을 선택하고 Edit → Fill 메뉴에서 Background Color를 선택, [OK] 버튼을 클릭합니다.

10 같은 방식으로 강아지의 왼쪽 눈과 배 부분을 흰색으로 채색합니다.

hot key

전경색/배경색 전환 :
Shift + X

11 툴 박스 하단의 전경색/배경색 아이콘 우측 상단의 화살표를 클릭하여 전경색/배경색의 기본 모드로 바꾼 뒤 브러시 툴을 선택하여 눈동자를 그립니다.

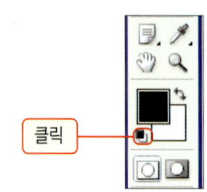

12 툴 박스에서 펜 툴을 선택한 뒤 강아지의 입 모양을 그려 넣습니다. 패스를 선택 영역으로 전환한 뒤 컬러 팔레트에서 색을 선택하고 Edit → Fill 메뉴로 채색합니다.

R : 158
G : 0
B : 93

13 완성된 작업 파일을 File → Save As 메뉴에서 'Toony02.psd'를 입력하여 포토샵 포맷으로 저장합니다.

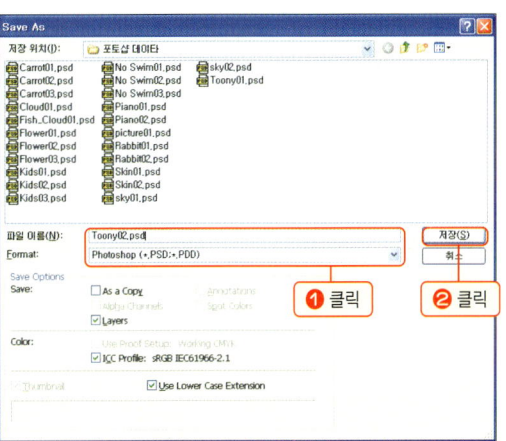

03 벡터 쉐이프 툴로 드로잉하기

벡터 쉐이프 툴의 기본적인 구조는 일러스트레이터와 아주 흡사하기 때문에 드로잉 툴로서는 부족함이 없습니다. 또한 기본적으로 제공하고 있는 쉐이프 샘플들도 유용하게 사용할 수 있기 때문에 상당히 드로잉 활용도가 높다는 점을 알아두시기 바랍니다.

1 쉐이프 툴을 이용해 간단한 편지지를 만들어 보겠습니다. File → New 메뉴로 새 도큐먼트를 엽니다. 이때 Background Contents를 Transparent를 선택하여 Background를 빈 레이어 상태로 만듭니다.

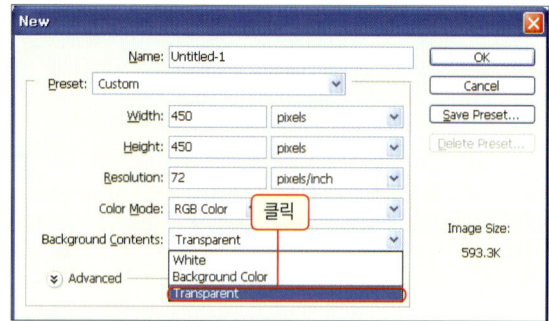

2 툴 박스에서 타원형 쉐이프 툴을 선택합니다.

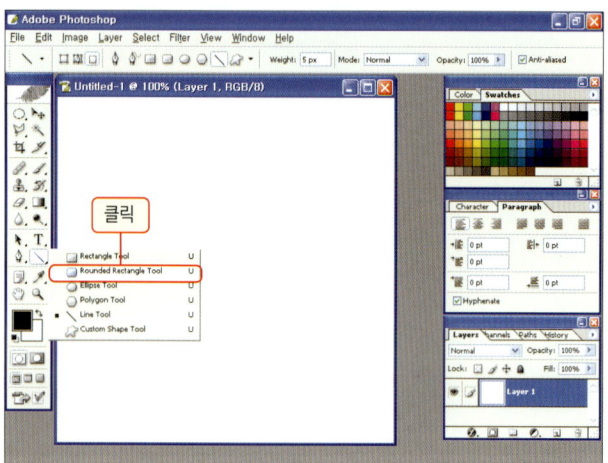

3 윈도우 상단의 쉐이프 옵션 바에서 Fill Pixels 옵션을 선택하고 Radius에 10px을 입력한 뒤 컬러 팔레트에서 분홍색을 선택합니다.

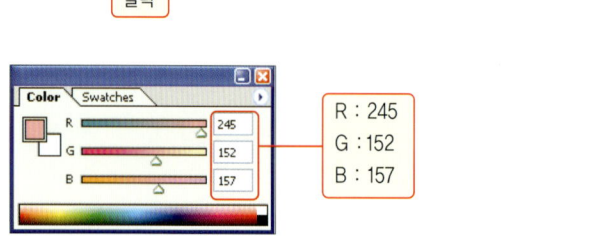

R : 245
G : 152
B : 157

>> 궁금해요!

Shape 옵션 바

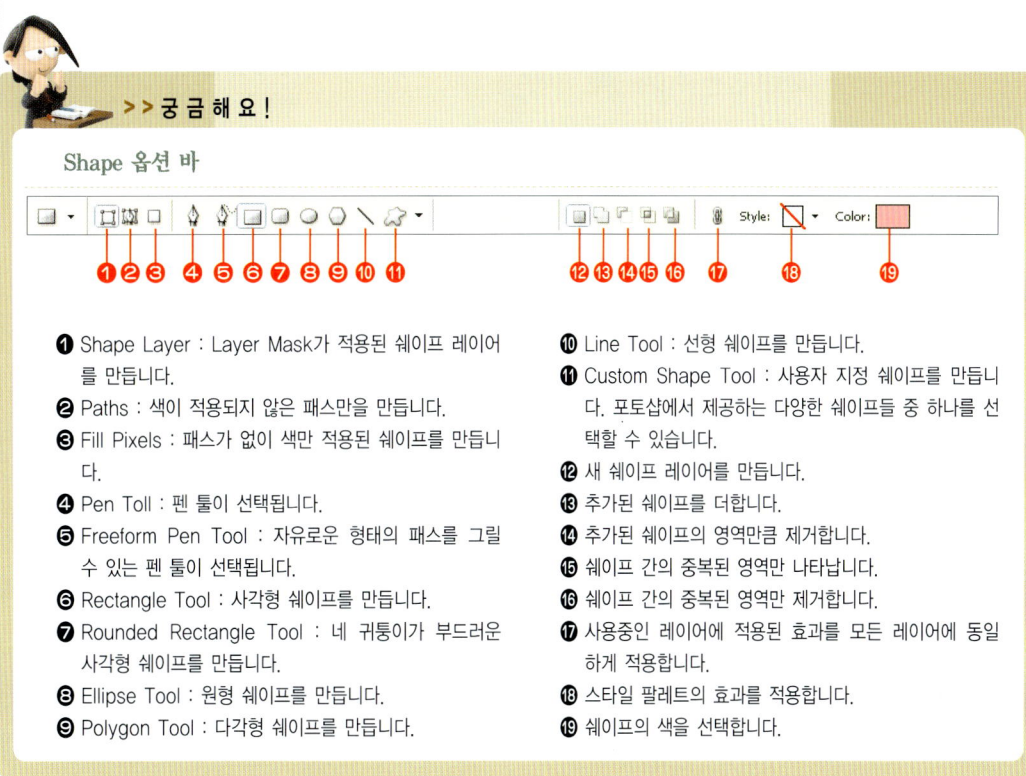

❶ Shape Layer : Layer Mask가 적용된 쉐이프 레이어를 만듭니다.

❷ Paths : 색이 적용되지 않은 패스만을 만듭니다.

❸ Fill Pixels : 패스가 없이 색만 적용된 쉐이프를 만듭니다.

❹ Pen Toll : 펜 툴이 선택됩니다.

❺ Freeform Pen Tool : 자유로운 형태의 패스를 그릴 수 있는 펜 툴이 선택됩니다.

❻ Rectangle Tool : 사각형 쉐이프를 만듭니다.

❼ Rounded Rectangle Tool : 네 귀퉁이가 부드러운 사각형 쉐이프를 만듭니다.

❽ Ellipse Tool : 원형 쉐이프를 만듭니다.

❾ Polygon Tool : 다각형 쉐이프를 만듭니다.

❿ Line Tool : 선형 쉐이프를 만듭니다.

⓫ Custom Shape Tool : 사용자 지정 쉐이프를 만듭니다. 포토샵에서 제공하는 다양한 쉐이프들 중 하나를 선택할 수 있습니다.

⓬ 새 쉐이프 레이어를 만듭니다.

⓭ 추가된 쉐이프를 더합니다.

⓮ 추가된 쉐이프의 영역만큼 제거합니다.

⓯ 쉐이프 간의 중복된 영역만 나타납니다.

⓰ 쉐이프 간의 중복된 영역만 제거합니다.

⓱ 사용중인 레이어에 적용된 효과를 모든 레이어에 동일하게 적용합니다.

⓲ 스타일 팔레트의 효과를 적용합니다.

⓳ 쉐이프의 색을 선택합니다.

4 도큐먼트 좌측 상단을 클릭하고 우측 하단의 대각선 방향으로 드래그합니다.

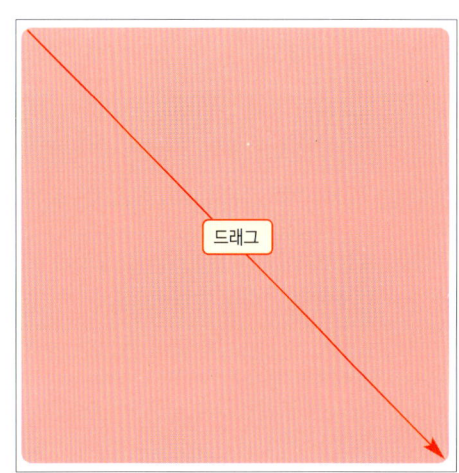

5 컬러 팔레트에서 좀 더 옅은 분홍색을 선택하여 처음 그린 쉐이프보다 조금 작은 타원형 쉐이프를 그립니다.

R : 245
G : 189
B : 196

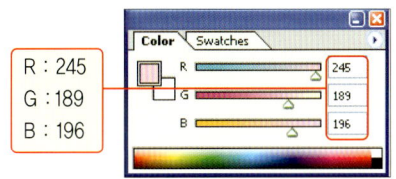

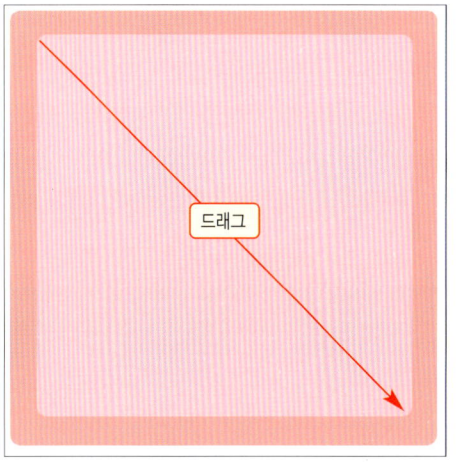

6 쉐이프 옵션 바에서 선형 쉐이프를 선택하고 컬러 팔레트에서 분홍색을 선택한 뒤 Shift 키를 누른 채 편지지의 빈 칸을 그립니다.

클릭

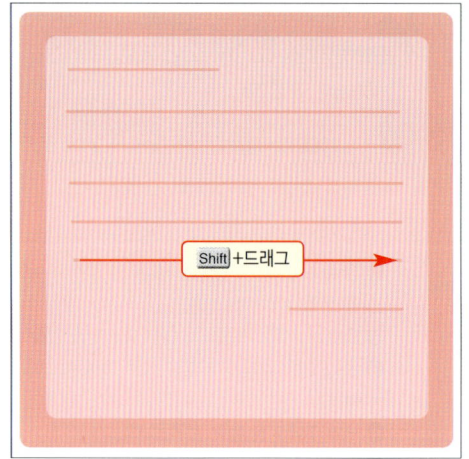

Shift +드래그

7 쉐이프 옵션 바에서 Custom Shapen Tool을 선택한 뒤 쉐이프 샘플 아이콘을 클릭하고 샘플상자 우측의 작은 삼각형 메뉴 아이콘을 클릭하여 Nature 메뉴를 선택합니다.

❶ 클릭

8 대화상자에서 [OK] 버튼을 클릭하고 쉐이프 샘플 중 하나를 선택합니다.

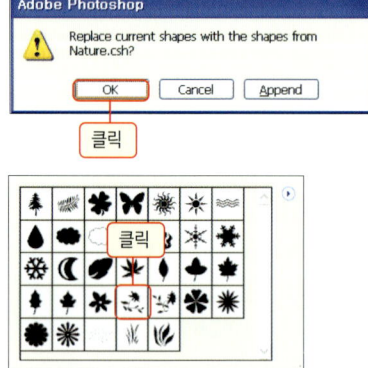

클릭

클릭

참고하세요!

쉐이프 추가 대화상자
OK : 기존의 쉐이프 샘플들이 선택한 쉐이프 샘플로 전부 대치됩니다.
Append : 기존의 쉐이프 샘플에 선택한 쉐이프 샘플이 추가됩니다.

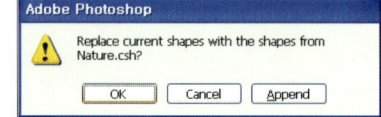

9 레이어 팔레트에서 새 레이어 아이콘을 클릭하여 새 레이어를 만들고 마우스로 클릭, 드래그하여 꽃 쉐이프를 그립니다.

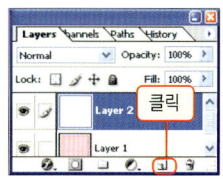

10 다른 쉐이프들을 선택하여 장식한 뒤 File → Save As 메뉴에서 'Letter-01.psd'를 입력하여 포토샵 파일 포맷으로 저장합니다.

99 page ★ 오려둔 것 펼쳐보기

펜 툴의 기본 사용법

1 베지어(Bezier) 곡선 : 펜 툴을 이용해 만들어진 패스를 베지어 곡선이라고 합니다. 그려진 패스는 베지어 곡선 상에 나타나는 앵커 포인트와 핸들을 이용하여 수정합니다. 각 세그먼트와 앵커 포인트는 일반적인 픽셀로 구성된 비트맵 이미지가 아니라 수학적인 함수에 의해 위치 값이 저장된 벡터 이미지이기 때문에 부드러운 곡선을 그리는 것이 가능합니다.

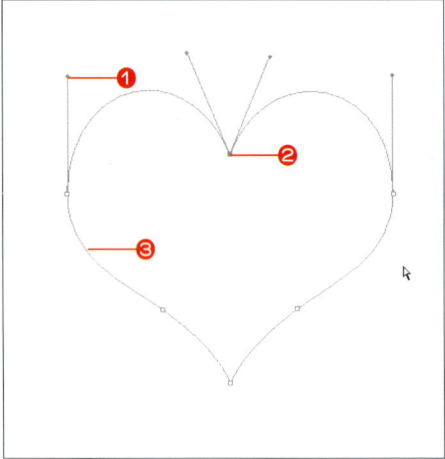

❶ Handle(핸들) : 펜 툴로 그린 패스의 모양을 수정하기 위한 조절 바입니다.

❷ Anker Point(앵커 포인트) : 베지어 곡선을 연결하는 연결점으로 꼭지점이라고 부릅니다.

❸ Segment(세그먼트) : 꼭지점과 꼭지점 사이의 선을 말합니다.

2 패스 그리기 : 펜 툴을 이용하여 그리는 기본적인 패스에 대해 알아보겠습니다.

1) 직선 그리기 : 펜 툴로 일정 지점을 한번씩 클릭하면 각 클릭 지점 사이에 선이 생깁니다.

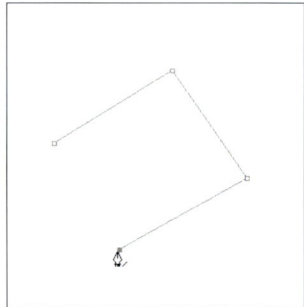

2) 곡선 그리기 : 그려 나가려는 방향의 포인트에서 마우스로 클릭하여 드래그를 하면 드래그 하는 방향의 반대 방향으로 곡선 세그먼트가 생깁니다.

3) 패스 닫기 : 마지막 포인트를 시작점과 동일한 위치에 클릭하면 지금까지 그려온 패스가 닫히면서 하나의 닫힌 패스를 만듭니다.

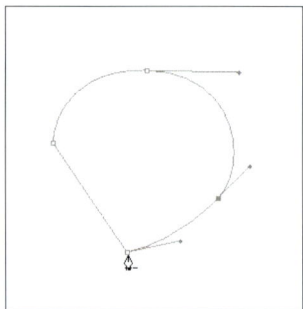

③ 패스 변형하기

1) 꼭지점 추가 : 기본 펜 툴
(🖊) 상태에서 이미 그려져
있는 패스의 세그먼트 상에
펜 툴 커서를 가져가면 작은
+ 기호(🖊₊)가 생깁니다. 이 +
기호가 나타난 상태에서 세그
먼트를 클릭하면 클릭한 지점
에 새로운 꼭지점이 생깁니다.

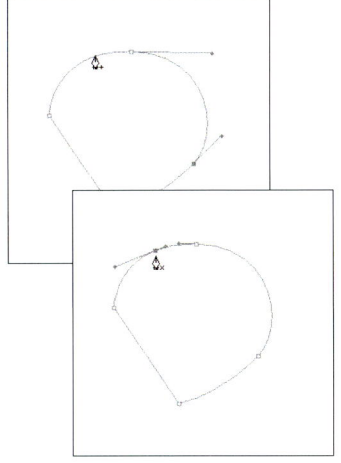

4) 꼭지점 전환 : 펜 툴 상태에
서 Alt 키를 누르거나 툴
박스에서 꼭지점 전환 툴
(🖊)을 선택한 뒤 핸들이
있는 곡선 세그먼트 상의
꼭지점을 클릭하면 그 꼭지
점을 기준으로 핸들이 없어
지면서 직선 세그먼트의 꼭
지점으로 변합니다.

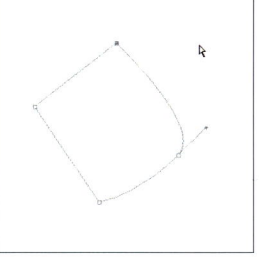

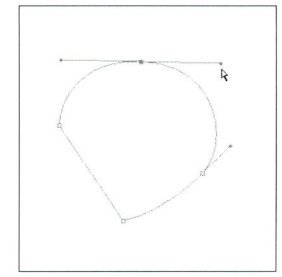

2) 꼭지점 이동 : 꼭지점을 패
스 선택 툴(▶)로 선택하
면 원하는 방향으로 이동할
수 있습니다. 이때 이동하
는 꼭지점을 따라 연결된
세그먼트가 확장되거나 축
소, 변형됩니다.

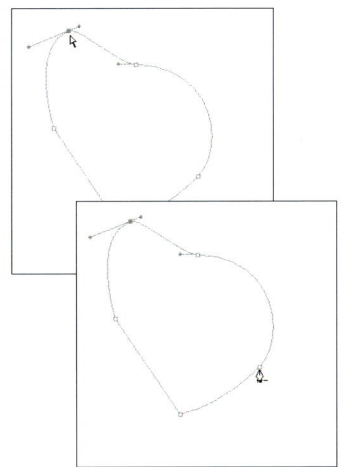

5) 핸들을 이용해 패스 변형하
기 : 패스 선택 툴을 이용해
핸들을 클릭하여 드래그하
면 기존의 패스 모양을 변
형할 수 있습니다.

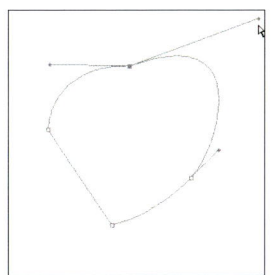

3) 꼭지점 삭제 : 기존의 꼭지
점에 펜 툴의 커서를 가져
가면 작은 -기호(🖊₋)가 생
깁니다. 이 - 기호가 있는
상태에서 꼭지점을 클릭하
면 꼭지점이 사라지면서 좌
우의 꼭지점들이 서로 연결
된 곡선이 만들어집니다.

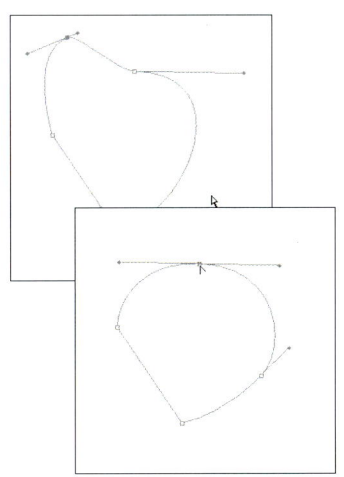

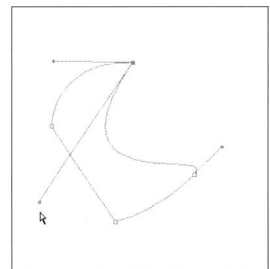

Photoshop CS

>>08

포토샵 핵심 툴 10가지

색상 채우기와 연출의 마법사 버킷 툴

버킷 툴은 채색의 기본을 담당하는 툴입니다. 단순히 색만을 채워 넣는 것이 아니라 사용자가 직접 만든 패턴이나 기존의 패턴들을 지정된 영역에 채워 넣을 수 있기 때문에 다양한 표현이 가능합니다.

✚ Tool Preview

그라디언트 툴
연속적인 색의 변화를 표현하는 그라데이션을 만드는 툴

버킷 툴
지정된 색으로 채색하는 툴

✚ Image Preview

◀ 버킷 툴을 이용한 이미지 채색

01 버킷 툴로 채색하기

사각형의 영역을 선택하여 이미지를 잘라내고 붙이는 편집 작업을 해보겠습니다.

1 File → Open 메뉴로 'Carrot01.psd' 파일을 열고 툴 박스에서 버킷 툴을 선택합니다.

2 윈도우 상단의 버킷 툴 옵션 바에서 Tolerance에 60을 입력합니다.

60 입력

3 컬러 팔레트에서 주황색을 선택합니다.

클릭

R : 246
G : 142
B : 85

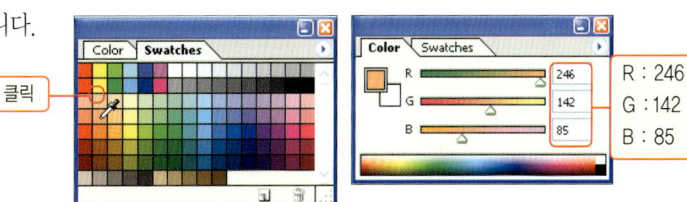

4 얼굴 가면을 포함한 옷 부분을 클릭하여 채색합니다.

클릭

클릭

5 옅은 분홍색을 선택하여 얼굴을 채색합니다.

R : 253
G : 198
B : 137

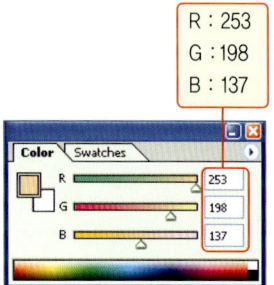

6 노란색을 선택하여 가슴의 로고를 채색합니다.

R : 255
G : 212
B : 0

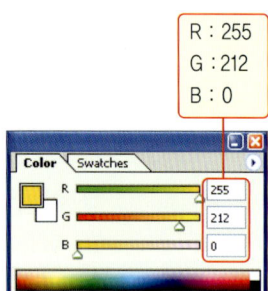

>> 궁금해요!

버킷 툴의 옵션바

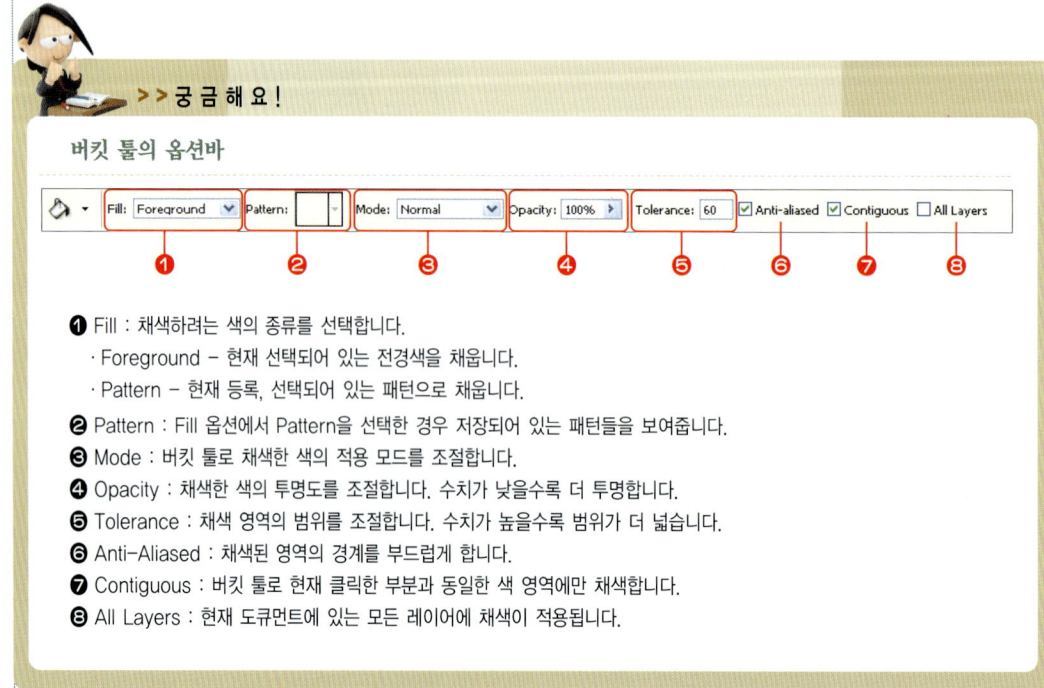

❶ Fill : 채색하려는 색의 종류를 선택합니다.
· Foreground – 현재 선택되어 있는 전경색을 채웁니다.
· Pattern – 현재 등록, 선택되어 있는 패턴으로 채웁니다.

❷ Pattern : Fill 옵션에서 Pattern을 선택한 경우 저장되어 있는 패턴들을 보여줍니다.

❸ Mode : 버킷 툴로 채색한 색의 적용 모드를 조절합니다.

❹ Opacity : 채색한 색의 투명도를 조절합니다. 수치가 낮을수록 더 투명합니다.

❺ Tolerance : 채색 영역의 범위를 조절합니다. 수치가 높을수록 범위가 더 넓습니다.

❻ Anti-Aliased : 채색된 영역의 경계를 부드럽게 합니다.

❼ Contiguous : 버킷 툴로 현재 클릭한 부분과 동일한 색 영역에만 채색합니다.

❽ All Layers : 현재 도큐먼트에 있는 모든 레이어에 채색이 적용됩니다.

02 패턴을 이용하여 채색하기

벽지나 옷의 무늬 등 일정하게 반복되는 패턴의 만드는 방법에 대해 알아보겠습니다.
패턴의 원형이 되는 이미지를 만들어서 저장하는 방식에 따라 결과물이 모두 달라질 수 있기 때문에 패턴 저장 단계에 주의할 필요가 있습니다.

1 File → New 메뉴로 가로, 세로 20 Pixels인 새 도큐먼트를 엽니다.

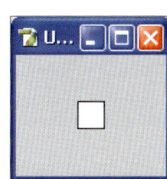
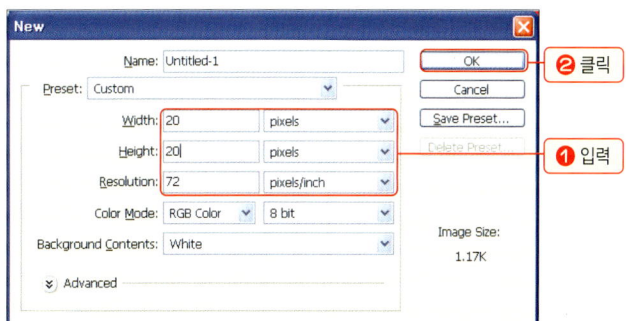

2 컬러 팔레트에서 짙은 녹색을 선택하고 버킷 툴로 도큐먼트를 채색합니다.

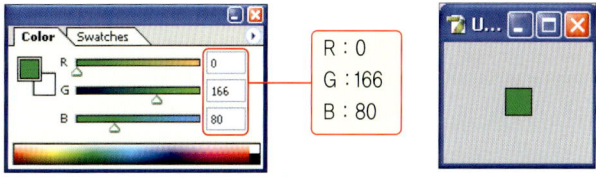

R : 0
G : 166
B : 80

3 툴 박스에서 브러시 툴을 선택합니다. 브러시 옵션 바의 Brush Size 아이콘을 클릭하여 브러시 크기로 5px을 입력합니다.

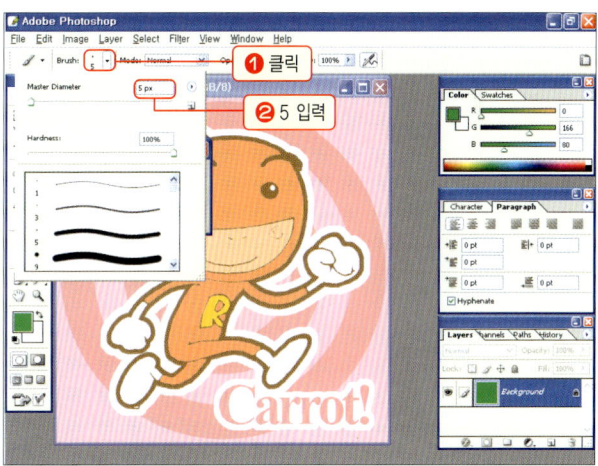

4 컬러 팔레트에서 연한 녹색을 선택한 뒤 도큐먼트 중앙을 클릭합니다.

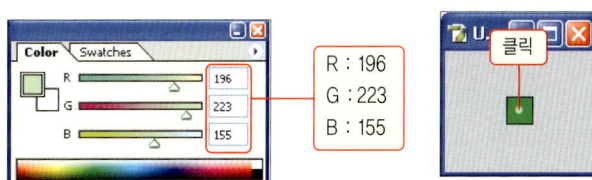

R : 196
G : 223
B : 155

5 Select → All 메뉴를 선택한 뒤 Edit → Define Pattern 메뉴를 선택하고 패턴 이름으로 'Carrot01'을 입력합니다.

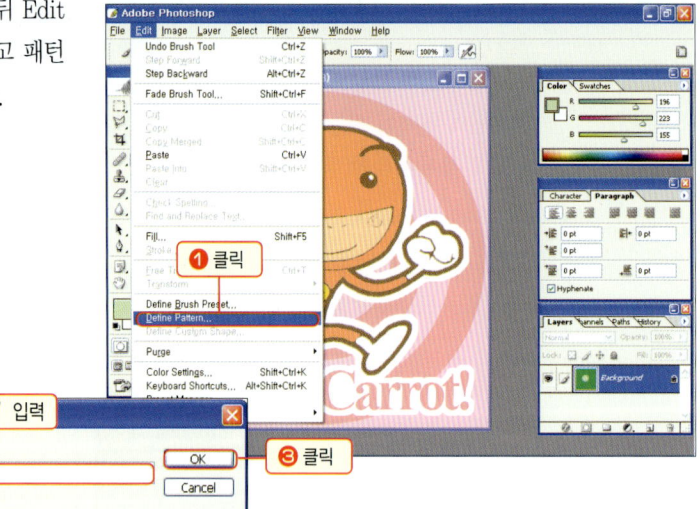

6 패턴용 도큐먼트 뒤에 있는 원래의 작업 도큐먼트를 선택합니다.

열려 있는 윈도우가 많을 때는 윈도우 상단의 Window 메뉴에서 원하는 도큐먼트의 파일명을 선택할 수 있습니다.

7 툴 박스에서 마술봉 툴을 선택하고 Shift 키를 클릭한 채 이미지의 나머지 흰 부분을 모두 선택합니다.

8 Edit → Fill 메뉴를 선택하고 Fill 대화상자의 Use 메뉴에서 Pattern을 선택합니다.

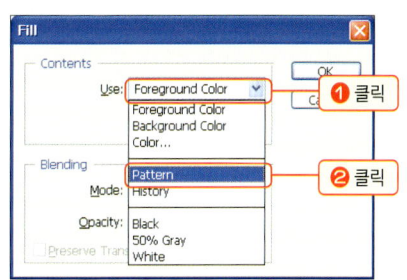

9 Custom Pattern 아이콘을 클릭하여 조금전 저장했던 패턴을 선택한 뒤 [OK] 버튼을 클릭합니다.

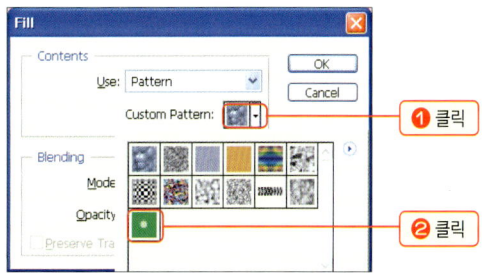

10 선택한 패턴이 바르게 적용되었는지 확인합니다.

11 Select → Deselect 메뉴로 선택 영역을 해제한 후 File → Save As 메뉴에서 'Carrot02.psd'를 입력하여 포토샵 파일로 저장합니다.

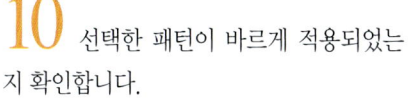
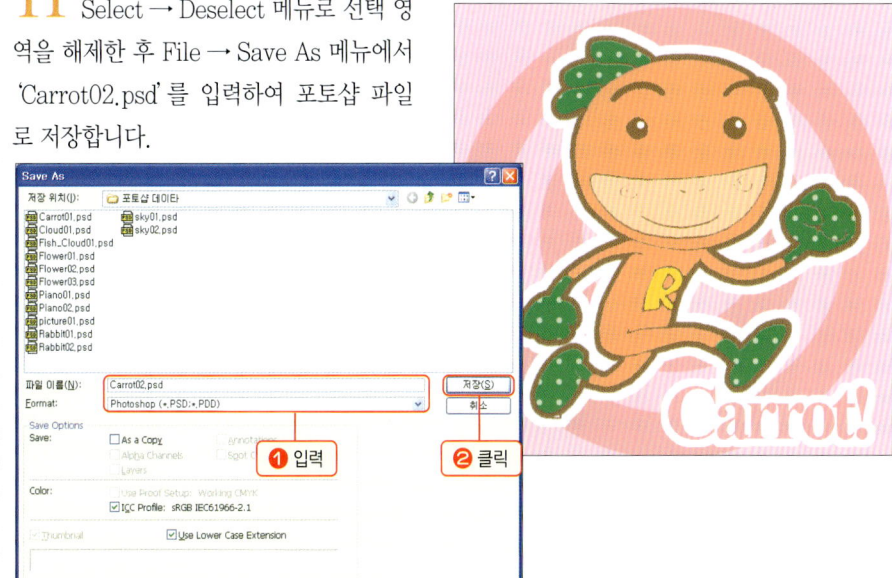

>> 궁금해요!

Fill 메뉴의 대화상자

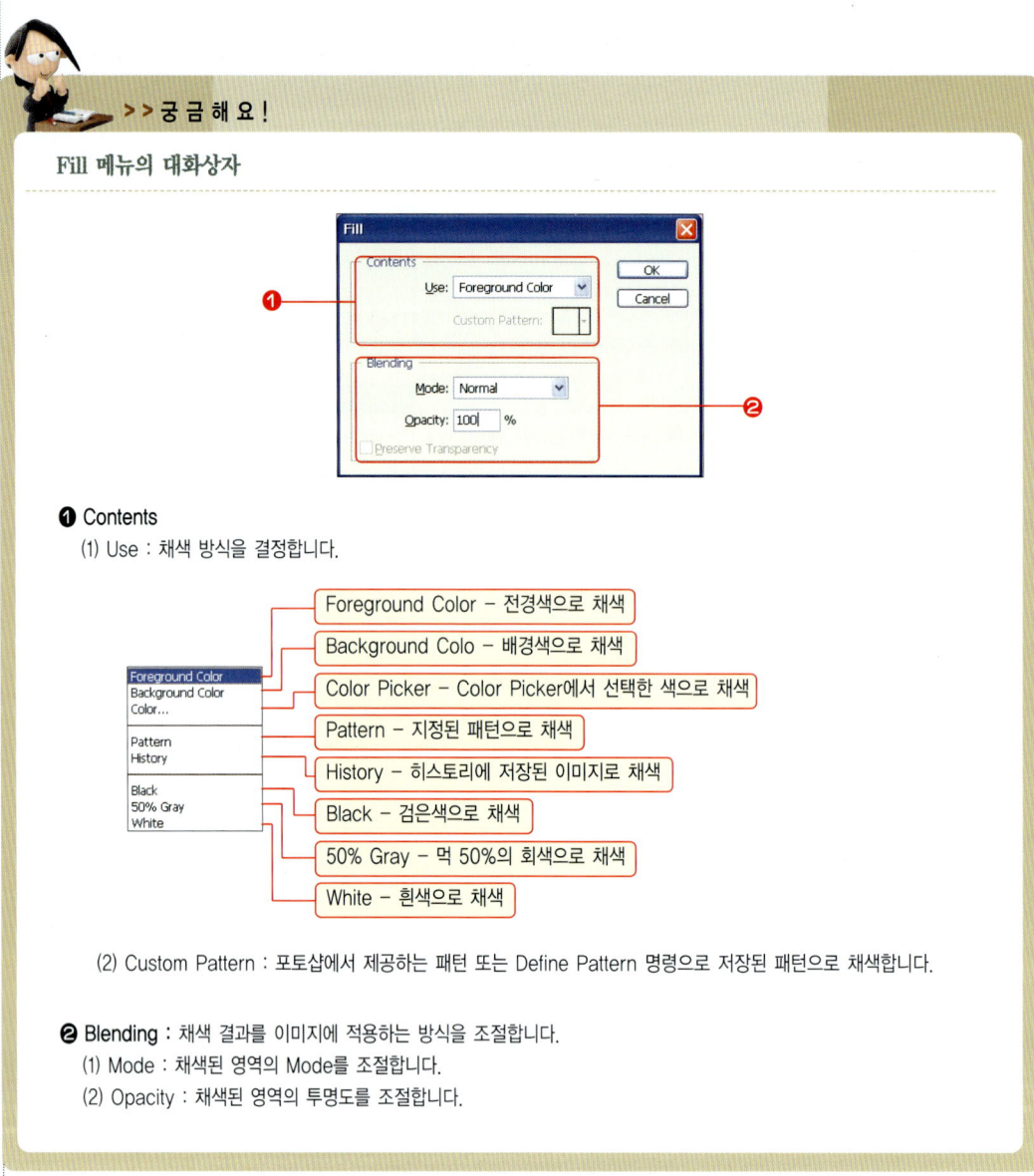

❶ Contents

(1) Use : 채색 방식을 결정합니다.

Foreground Color – 전경색으로 채색

Background Colo – 배경색으로 채색

Color Picker – Color Picker에서 선택한 색으로 채색

Pattern – 지정된 패턴으로 채색

History – 히스토리에 저장된 이미지로 채색

Black – 검은색으로 채색

50% Gray – 먹 50%의 회색으로 채색

White – 흰색으로 채색

(2) Custom Pattern : 포토샵에서 제공하는 패턴 또는 Define Pattern 명령으로 저장된 패턴으로 채색합니다.

❷ Blending : 채색 결과를 이미지에 적용하는 방식을 조절합니다.

(1) Mode : 채색된 영역의 Mode를 조절합니다.

(2) Opacity : 채색된 영역의 투명도를 조절합니다.

03 스포이트 툴로 색 추출하기

스포이트 툴을 사용하여 간단한 클릭 한 번으로 다른 이미지의 색을 추출하는 방법을 알아보겠습니다.

>>CD-ROM
부록 CD〉예제파일〉Part 1〉
Carrot03.psd

1 작업이 끝난 'Carrot02.psd' 도큐먼트를 열어둔 채 File → Open 메뉴로 'Carrot03.psd' 파일을 엽니다.

○ hot key

스포이트 툴 : S

2 툴 박스에서 스포이트 툴을 선택합니다.

3 'Carrot02.psd' 도큐먼트의 주황색 옷 부분을 스포이트 툴로 클릭하여 전경색을 녹색에서 주황색으로 바꿉니다.

4 툴 박스에서 버킷 툴을 선택한 뒤
'Carrot03.psd'의 빈 공간을 클릭하여 채
색합니다.

>> 궁 금 해 요 !

Tab 키와 Caps Lock 키

1) Tab 키를 이용한 팔레트 전환

포토샵을 이용한 그래픽 작업을 하다보면 도큐먼트 주변의 팔레트가 방해되어 작업에 지장을 줄 경우가 있습니다. 이때
Tab 키를 한 번 눌러 전체 팔레트를 보이지 않게 할 수 있습니다. 팔레트들을 다시 보려면 Tab 키를 다시 누르면 됩니다.

▲ 작업 화면이 팔레트에 가린 상태

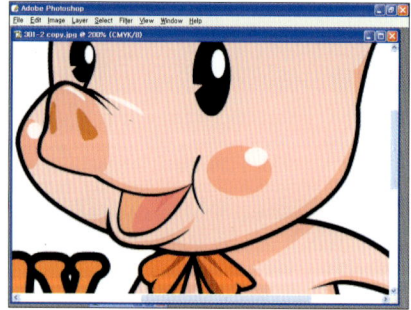

▲ Tab 키를 눌러 팔레트들이 사라진 상태

2) Caps Lock 키를 이용한 툴 아이콘 전환

기본 설정 상태에서는 선택한 툴의 아이콘 모양이 나타난 상태( )로 작업을 하게 됩니다. 이때 툴의 성격상 아이콘 형태의
툴로는 섬세한 작업을 할 수 없는 경우가 있습니다. 이럴 때 Caps Lock 키를 한 번 누르면 툴의 아이콘 모양이 십자 모양의
포인터( )로 변하여 좀 더 섬세한 작업이 가능하게 됩니다.

▲ 아이콘 상태로 보이는 버킷 툴

▲ Caps Lock 키를 눌러 포인터로 바뀐 버킷 툴

Powerpoint 2003

>>09

포토샵 핵심 툴 10가지

이미지에 멋진 글자를 넣어주는 문자 툴

포토샵 CS 버전에서는 마치 일러스트레이터를 사용하는 것처럼 패스의 곡선을 따라 문자를 입력할 수 있는 기능이 추가되었습니다. 덕분에 벡터 쉐이프 툴, 펜 툴 등과 함께 사용하면 굳이 일러스트레이터를 사용하지 않더라도 훌륭한 벡터 이미지를 만들 수 있습니다.

✚ Tool Preview

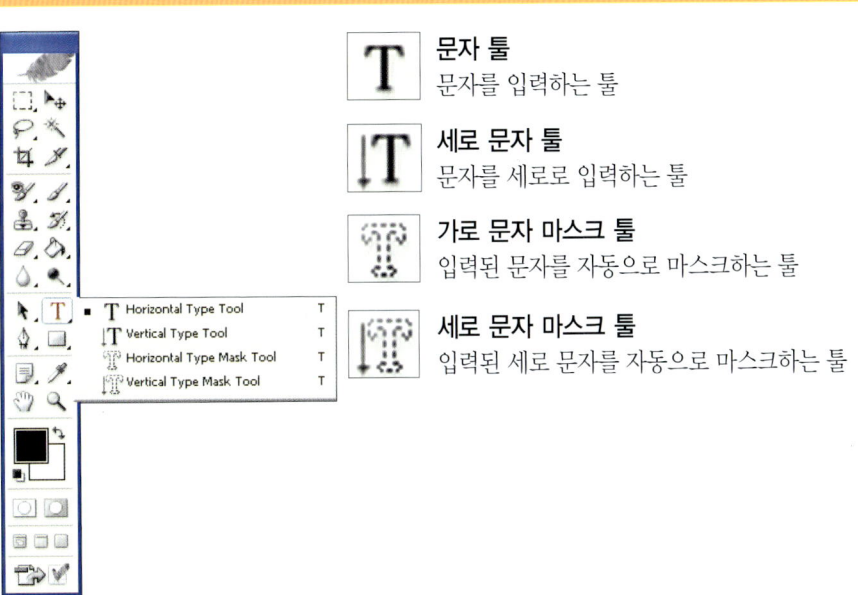

T 문자 툴
문자를 입력하는 툴

T 세로 문자 툴
문자를 세로로 입력하는 툴

가로 문자 마스크 툴
입력된 문자를 자동으로 마스크하는 툴

세로 문자 마스크 툴
입력된 세로 문자를 자동으로 마스크하는 툴

✚ Image Preview

▲ 문자 툴의 정렬 기능

▲ 패스를 따라 문자 입력하기

01 문자 툴로 문자 입력하기

기본 서체와 정렬 방식을 이용해 간단한 문자 입력 방법을 알아보겠습니다.

>>CD-ROM
부록 CD〉예제파일〉Part 1〉
Kids01.psd

1 디카로 직접 찍은 이미지에 간단한 시를 입력해 보겠습니다. File → Open 메뉴로 'Kids01.psd' 파일을 열고 문자 팔레트를 선택합니다.

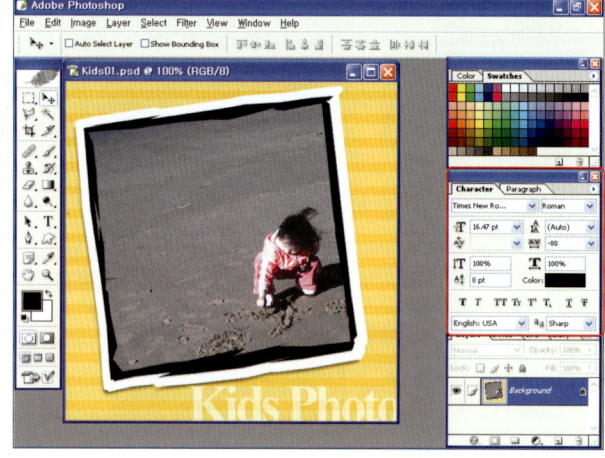

참고하세요!

전경색과 배경색을 서로 바꾸는 단축키는 X

2 툴 박스에서 문자 툴을 선택하고 툴 박스 하단의 전경색/배경색 아이콘 우측 상단의 화살표를 클릭해 전경색을 흰색으로 바꿉니다.

참고하세요!

밝은 배경에는 어두운 색의 글꼴을, 어두운 배경에는 밝은 색의 글꼴을 사용해야 잘 보입니다.

🔵 hot key

문자 툴 : T

3 이미지의 빈 공간에 마우스를 클릭하고 제목 문자를 입력한 뒤 윈도우 우측 상단의 편집 완료 버튼을 클릭합니다.

참고하세요!

문자 입력 모드에서 빠져나오려면

1) 윈도우 우측 상단의 옵션 바의 문자 편집 완료 버튼 (✔)을 클릭합니다.

2) 키보드의 넘버패드에 있는 엔터 키(Return)를 칩니다.

4 문자 옵션 바에서 문자 조절 아이콘을 클릭하여 'HY신명조체'를 선택합니다.

5 얇은 글씨를 굵게 하기 위해 문자 팔레트에서 볼드 옵션을 선택합니다.

>> 궁금해요!

문자 옵션 바

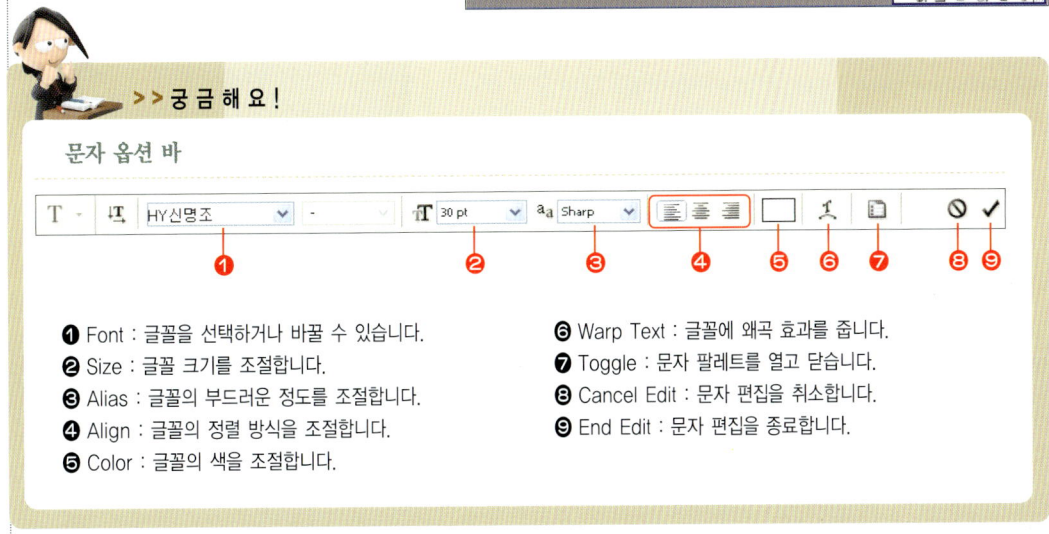

❶ Font : 글꼴을 선택하거나 바꿀 수 있습니다.

❷ Size : 글꼴 크기를 조절합니다.

❸ Alias : 글꼴의 부드러운 정도를 조절합니다.

❹ Align : 글꼴의 정렬 방식을 조절합니다.

❺ Color : 글꼴의 색을 조절합니다.

❻ Warp Text : 글꼴에 왜곡 효과를 줍니다.

❼ Toggle : 문자 팔레트를 열고 닫습니다.

❽ Cancel Edit : 문자 편집을 취소합니다.

❾ End Edit : 문자 편집을 종료합니다.

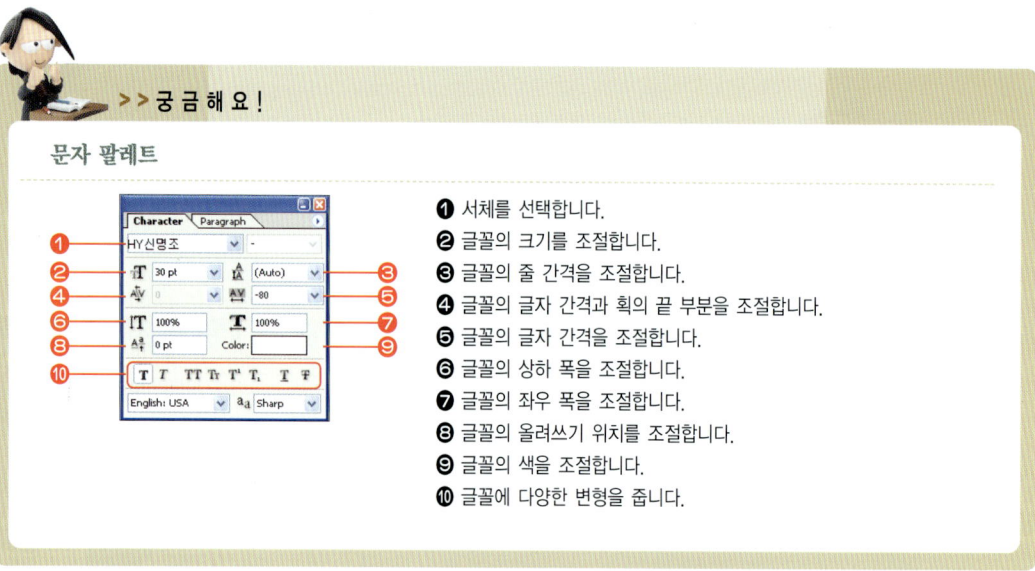

>>궁금해요!

문자 팔레트

❶ 서체를 선택합니다.
❷ 글꼴의 크기를 조절합니다.
❸ 글꼴의 줄 간격을 조절합니다.
❹ 글꼴의 글자 간격과 획의 끝 부분을 조절합니다.
❺ 글꼴의 글자 간격을 조절합니다.
❻ 글꼴의 상하 폭을 조절합니다.
❼ 글꼴의 좌우 폭을 조절합니다.
❽ 글꼴의 올려쓰기 위치를 조절합니다.
❾ 글꼴의 색을 조절합니다.
❿ 글꼴에 다양한 변형을 줍니다.

6 다시 빈 공간을 클릭하여 본문 내용을 입력한 뒤 문자 편집 완료 버튼을 클릭하여 입력을 마칩니다.

❷ 클릭

❶ 내용 입력

7 문자 팔레트에서 글꼴의 크기를 조절합니다.

참고하세요!

줄 간격 옵션을 Auto로 하면 글꼴 크기에 맞춰 자동으로 줄 간격이 조절됩니다.

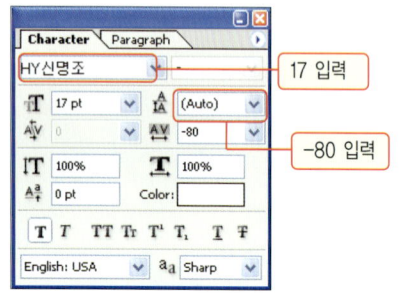

17 입력

−80 입력

8 이동 툴을 선택하여 편집이 완료된 문자를 적절한 위치로 이동합니다.

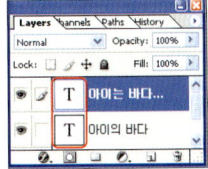
9 File → Save As 메뉴에 'Kids-02.psd'를 입력하여 작업한 파일을 포토샵 포맷으로 저장합니다.

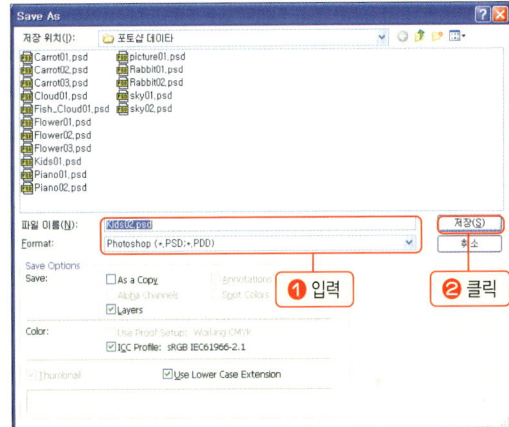

참고하세요!

레이어에 T자가 있는 상태에서 포토샵 포맷(PSD)으로 저장하고 도큐먼트를 닫은 뒤 다시 열고 T자가 있는 문자 레이어를 선택하면 문자 팔레트에 글꼴 정보가 그대로 다시 나타납니다.

그러나, Flatten Image, Merge Layer 등 레이어를 결합하는 명령을 수행하면 문자 레이어의 T자가 사라지며 레이어 팔레트이 글꼴 정보 역시 다시 불러올 수 없습니다.

02 문자 입력상자에 문자 입력하기

입력해야 할 문자가 많을 경우에는 개별 문자를 입력하는 것 보다는 문자 입력상자를 이용해 정렬하는 것이
정렬하기 쉽고 보기에도 좋습니다. 문자 입력상자의 사용법에 대해 알아보겠습니다.

1 레이어 팔레트에서 문자가 입력된 레
이어를 각각 클릭하고 레이어를 휴지통 아
이콘으로 드래그하여 버립니다.

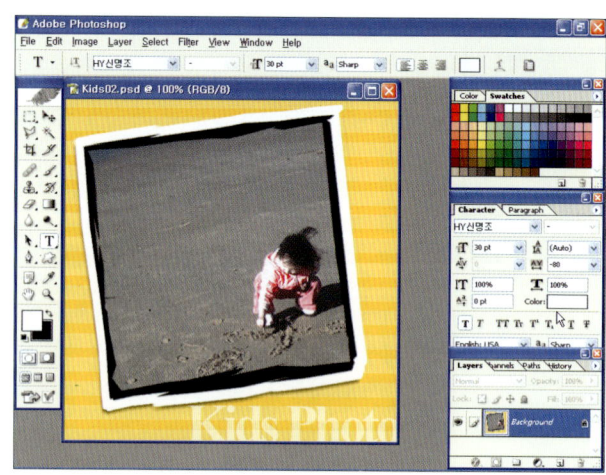

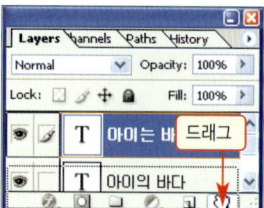

2 툴 박스에서 문자 툴을 선택한 뒤 마우
스를 클릭하여 이미지 좌측 상단에서 우측
하단으로 드래그하여 점선으로 된 문자 입
력상자를 만듭니다.

3 문자 팔레트에서 HY신명조를 선택하
고 글꼴 크기는 15pt, 줄 간격은 18pt를 입
력한다.

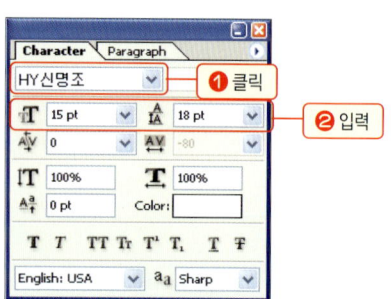

4 문자 입력상자에 내용을 입력한 뒤 윈도우 상단의 문자 편집 완료 버튼을 클릭합니다.

>> 궁 금 해 요 !

문자 입력 상자의 수정

문자 입력상자를 사용하면 긴 내용의 문장도 한 번에 정렬 방식을 수정할 수 있습니다. 문자 입력상자가 있는 레이어를 선택한 상태에서 문자 팔레트의 글꼴 정보를 수정하면 해당 레이어의 전체 글꼴을 바꿀 수 있습니다.
단, 문자 입력 툴이 아닌 Free Transform 등의 메뉴를 이용해 문자 입력상자의 형태를 바꾸면 글꼴도 같이 왜곡 변형되므로 주의해야 합니다.

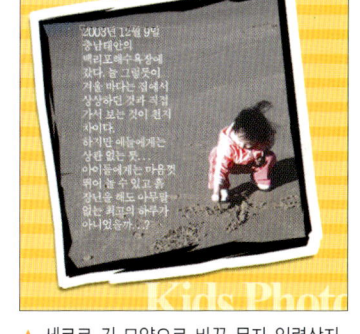

▲ 세로로 긴 모양으로 바꾼 문자 입력상자

◀ 가로로 긴 모양으로 바꾼 문자 입력상자

◀ 이동 툴이 선택 된 상태에서 Free Transform 명령으로 문자 정렬 상태를 변형한 경우

129

03 패스를 따라 문자 입력하기

포토샵 CS의 새로운 기능 중 가장 유용한 기능의 하나가 바로 이 패스에 문자 입력 기능입니다. 어떤 형태의 패스에도 문자를 입력할 수 있기 때문에 포토샵에서도 자유로운 형태의 문자열을 만드는 것이 가능해 졌습니다.

>> CD-ROM
부록 CD〉예제파일〉Part 1〉
Skin01.psd

1 File → Open 메뉴로 'Skin01.psd' 파일을 엽니다.

2 툴 박스에서 펜 툴을 선택한 뒤 인물의 등 곡선을 따라 패스를 그립니다.

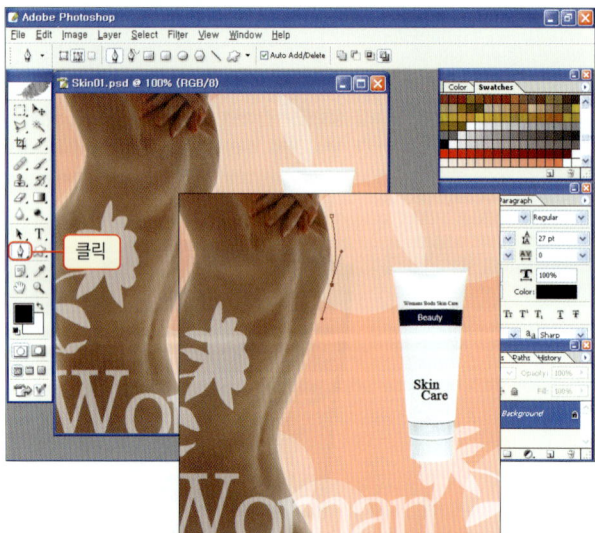

참고하세요!

문자가 입력된 패스를 선택한 뒤 앵커 포인트를 클릭해 이동시키면 변하는 패스를 따라 문자의 입력 모양도 바뀝니다.

3 문자 팔레트에서 Time New Roman 글꼴을 선택하고 글꼴 크기는 40pt로 입력한 뒤 문자를 입력합니다.

4 툴 박스 하단의 전경색/배경색 아이콘 우측 상단의 화살표를 클릭하여 전경색을 흰색으로 바꾼 뒤 Edit → Fill 메뉴로 입력한 문자를 채색합니다.

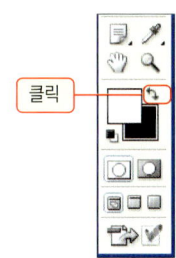

클릭

 **참고하세요!**

패스 팔레트를 살펴보면 펜 툴로 그린 패스와 텍스트가 입력된 패스가 각각 생긴 것을 볼 수 있습니다.

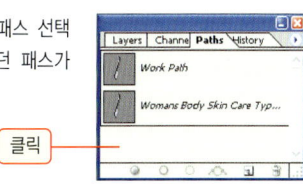

이때 패스 레이어 밑의 빈 공간을 클릭하여 패스 선택을 해제하면 도큐먼트의 문자 밑에 남아 있던 패스가 사라집니다.

클릭

5 File → Save As 메뉴에서 'Skin02-.psd'를 입력하여 작업 파일을 포토샵 포맷으로 저장합니다.

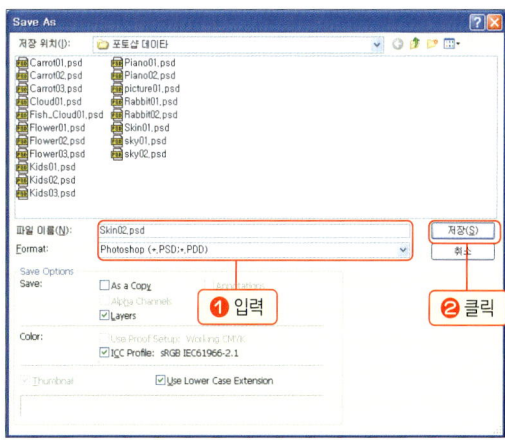

❶ 입력

❷ 클릭

Photoshop CS

>>10

포토샵 핵심 툴 10가지

단계별 색상 조화를 위한 그라디언트 툴

여러 가지 색의 단계를 연결해서 채색할 수 있는 그라디언트 툴은 그라디언트 내부의 색 단계를 어떻게 지정하느냐에 따라 대단한 효과를 줄 수 있는 툴입니다. 또한 퀵 마스크 모드 상태에서 사용하면 이미지를 좀 더 자연스럽게 합성할 수 있기 때문에 레이어와 같이 사용하여 이미지 합성에 많이 쓰입니다.

✚ Tool Preview

그라디언트 툴
연속적인 색의 변화를 표현하는 그라데이션을 만드는 툴

버킷 툴
지정된 색으로 채색하는 툴

✚ Image Preview

▲ 그라디언트 툴을 이용한 입체 이미지 그리기

▲ 퀵 마스크와 그라디언트 툴을 이용한 이미지 합성

01 그라디언트 툴로 입체 이미지 만들기

포토샵은 기본적으로 2D 이미지를 편집하는 프로그램이지만 그라디언트 효과를 잘 이용하면 3D 이미지 효과를 낼 수 있습니다. 간단한 도형들을 통해 그라디언트 툴 사용법을 알아보겠습니다.

1 File → New 메뉴의 대화상자에서 가로, 세로를 450pixels로 입력하고 Background Contents를 Transparent로 선택합니다.

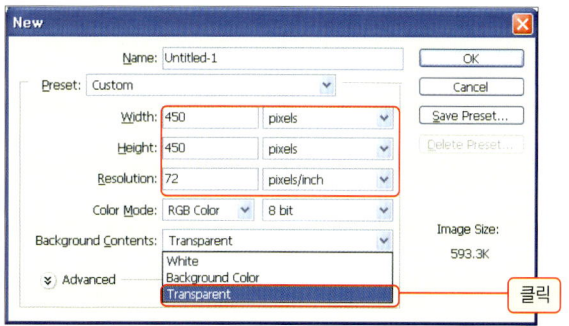

2 툴 박스에서 그라디언트 툴을 선택하고 윈도우 상단의 옵션 바의 그라디언트 샘플을 클릭해 편집 대화상자를 엽니다.

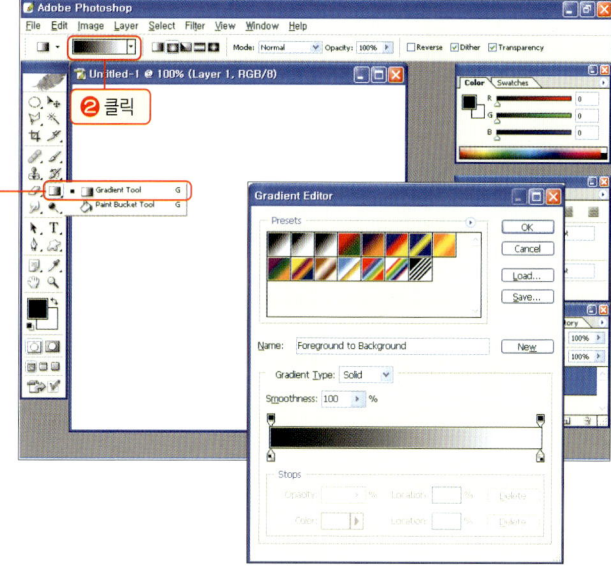

3 대화상자 중간의 그라디언트 좌측의 Color Stop 아이콘을 더블클릭하여 Color Picker 대화상자를 엽니다.

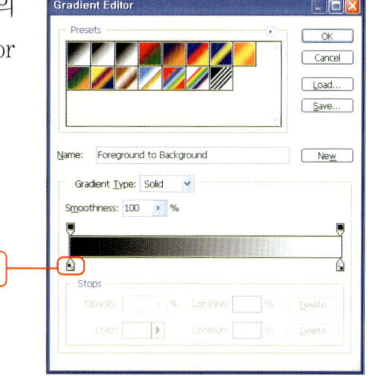

>> 궁 금 해 요 !

그라디언트 옵션 바

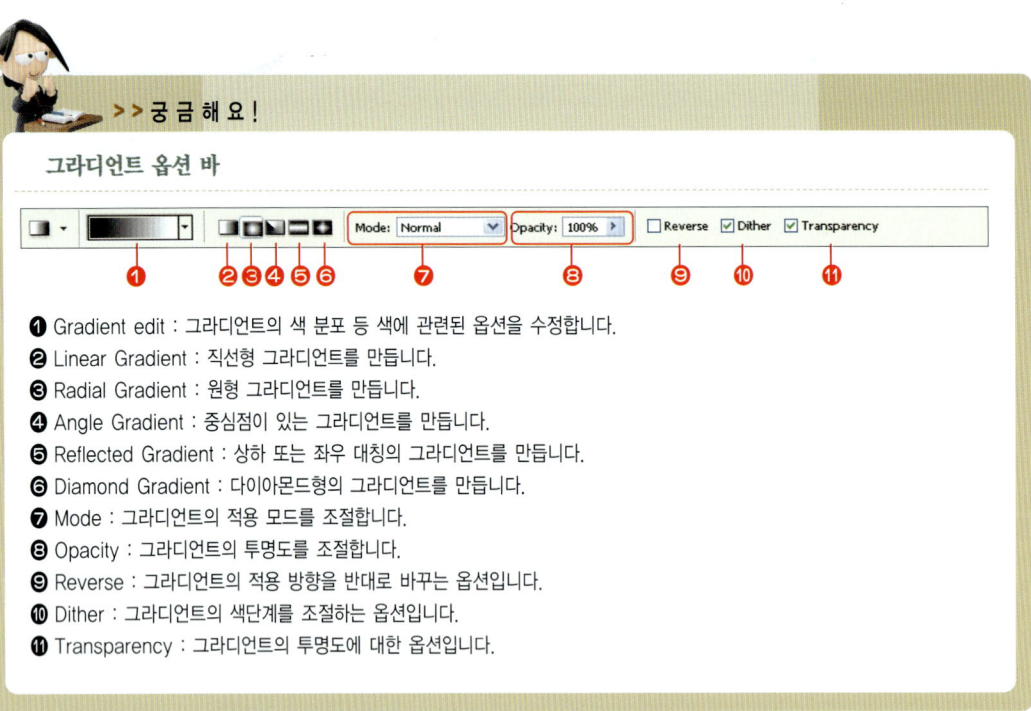

❶ Gradient edit : 그라디언트의 색 분포 등 색에 관련된 옵션을 수정합니다.
❷ Linear Gradient : 직선형 그라디언트를 만듭니다.
❸ Radial Gradient : 원형 그라디언트를 만듭니다.
❹ Angle Gradient : 중심점이 있는 그라디언트를 만듭니다.
❺ Reflected Gradient : 상하 또는 좌우 대칭의 그라디언트를 만듭니다.
❻ Diamond Gradient : 다이아몬드형의 그라디언트를 만듭니다.
❼ Mode : 그라디언트의 적용 모드를 조절합니다.
❽ Opacity : 그라디언트의 투명도를 조절합니다.
❾ Reverse : 그라디언트의 적용 방향을 반대로 바꾸는 옵션입니다.
❿ Dither : 그라디언트의 색단계를 조절하는 옵션입니다.
⓫ Transparency : 그라디언트의 투명도에 대한 옵션입니다.

참고하세요!

정확히 선택하기 위해 Color Picker 우측 하단에 직접 수치를 입력해도 됩니다.

4 Coloro Picker 대화상자에서 옅은 코발트 블루를 선택합니다.

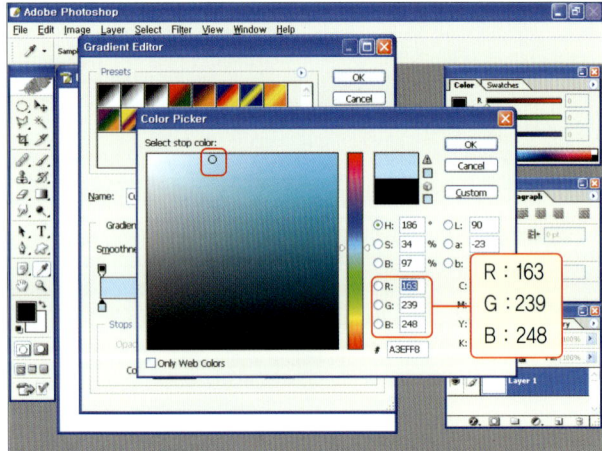

R : 163
G : 239
B : 248

5 대화상자 중간의 그라디언트 우측의 Color Stop 아이콘을 더블클릭하여 Color Picker 대화상자를 열고 조금 짙은 코발트 블루를 선택합니다.

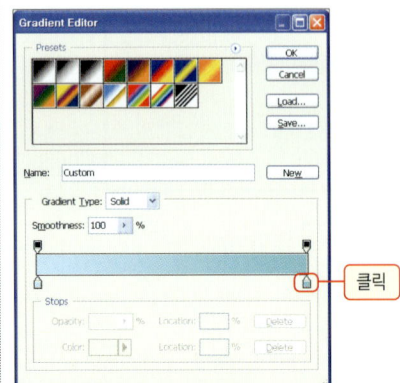

클릭

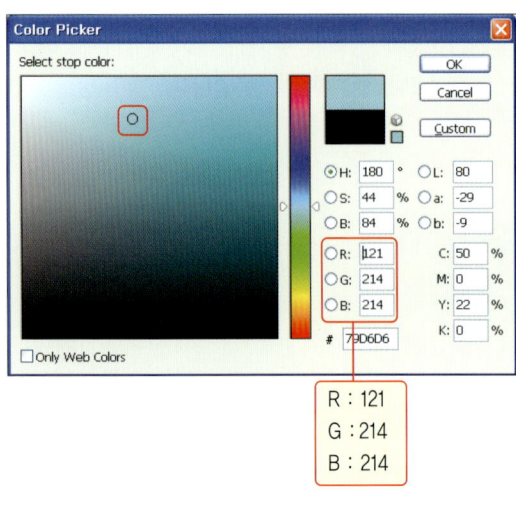

R : 121
G : 214
B : 214

>> 궁금해요!

그라디언트 옵션상자

❶ Preset : 포토샵에서 기본으로 제공하는 그라디언트 샘플. 다른 샘플들을 불러오거나 직접 만든 그라디언트를 저장할 수 있습니다.

❷ Name : 그라디언트에 이름을 붙일 수 있습니다.

❸ Gradient Type : 단순한 형태의 Solid 그라디언트와 RGB 컬러로 채도를 조절하는 복잡한 형식의 Noise 그라디언트가 있습니다.

❹ Smoothness : 그라디언트 색 단계의 부드러움 정도를 조절할 수 있습니다.

❺ Gradient Editor : 그라디언트의 색과 분포를 조절할 수 있는 슬라이드입니다.

❻ Stops : Gradient Editor 슬라이드에 분포해 있는 Color Stop에 대한 옵션입니다.

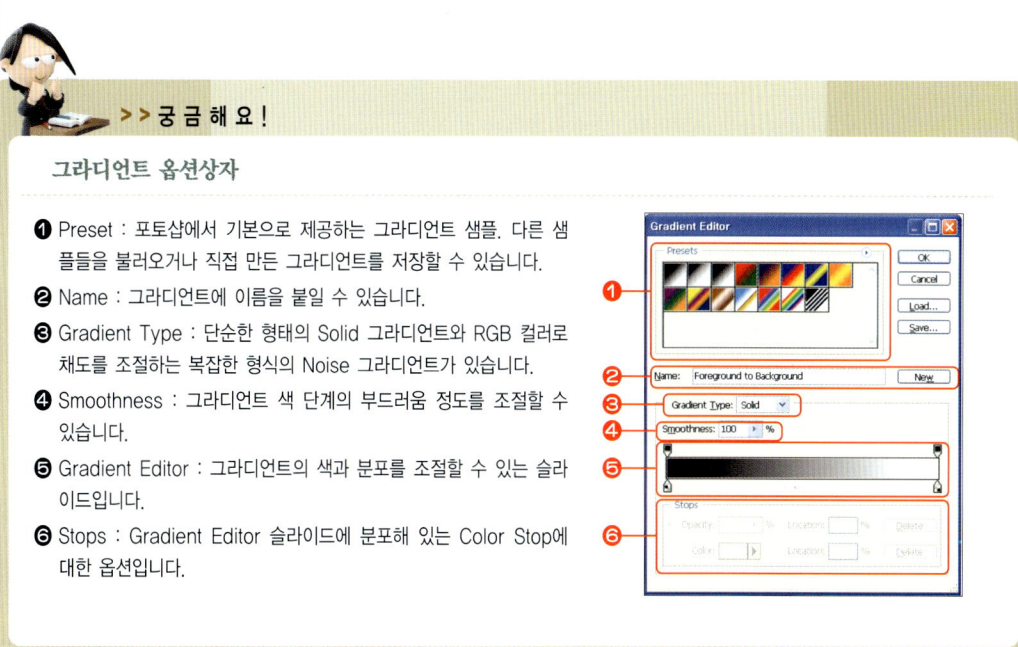

6 Shift 키를 누른 채 도큐먼트 상단에 마우스를 클릭한 다음 하단으로 드래그합니다.

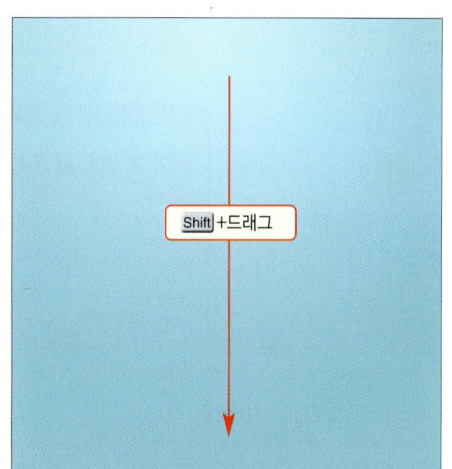

Shift+드래그

7 레이어 팔레트에서 새 레이어 아이콘을 클릭하여 새 레이어를 만든 뒤 툴 박스에서 원형 선택 툴을 선택합니다.

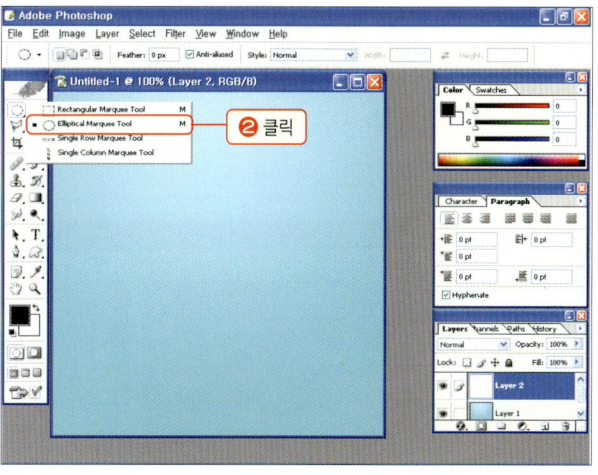

❷ 클릭

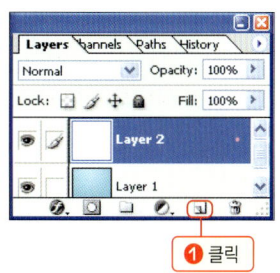

❶ 클릭

8 도큐먼트 좌측 상단에 클릭한 뒤 Shift 키를 누른 채 우측 하단을 향해 드래그해 가로, 세로가 똑같은 정 원을 만듭니다.

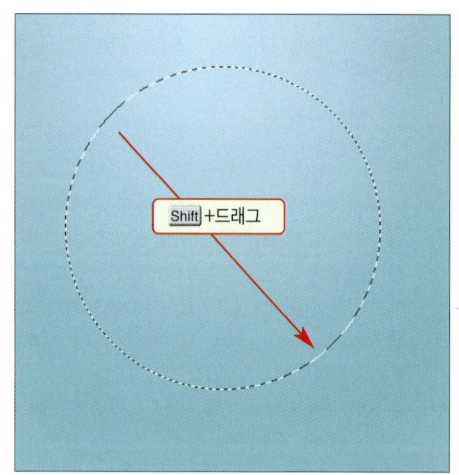

Shift +드래그

9 툴 박스에서 그라디언트 툴을 선택하고 윈도우 상단의 그라디언트 옵션 바에서 그라디언트 샘플을 클릭해 편집 대화상자를 엽니다.

❶ 클릭
❷ 클릭

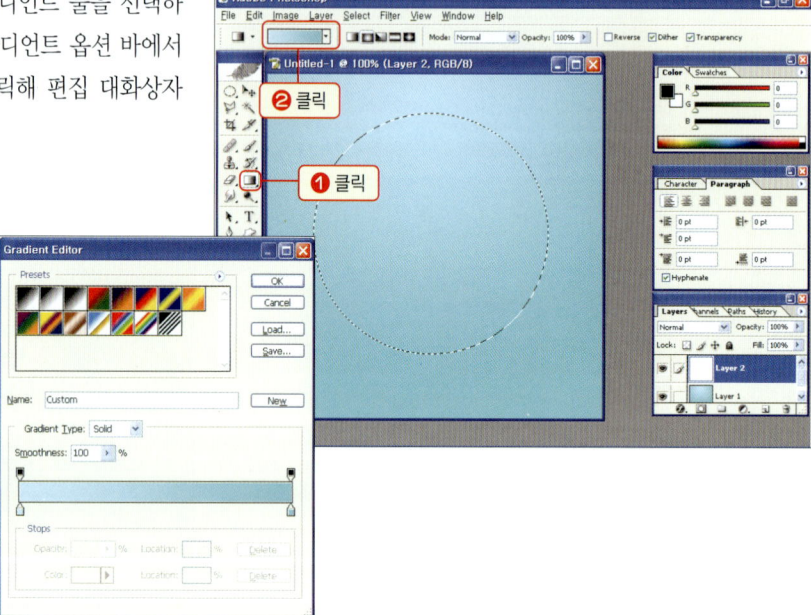

10 대화상자 중간의 그라디언트 좌/우측의 Color Stop 아이콘을 각각 더블클릭하여 Color Picker 대화상자에서 푸른색과 짙은 푸른색을 선택합니다.

R : 113
G : 171
B : 248

R : 82
G : 112
B : 182

11 그라디언트 편집 슬라이드에서 우측 Color Stop을 클릭하여 좌측으로 조금 이동합니다.

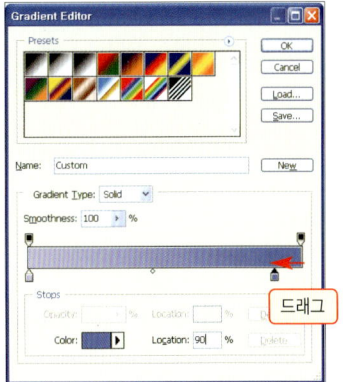

12 우측 Color Stop 옆의 빈 공간을 클릭한 뒤 다시 한 번 더블클릭하여 Color Picker를 열고 중간 정도의 푸른색을 선택한 뒤 [OK] 버튼을 클릭합니다.

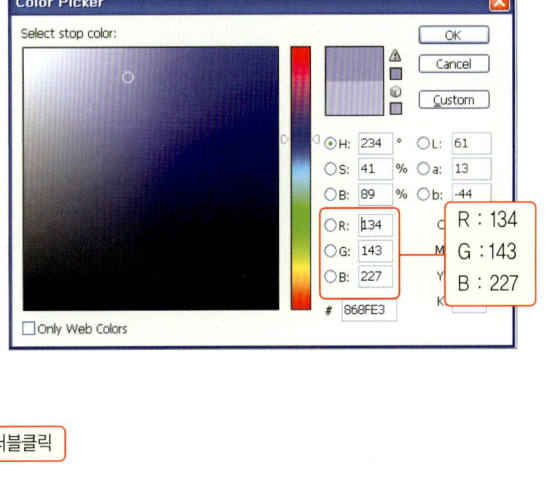

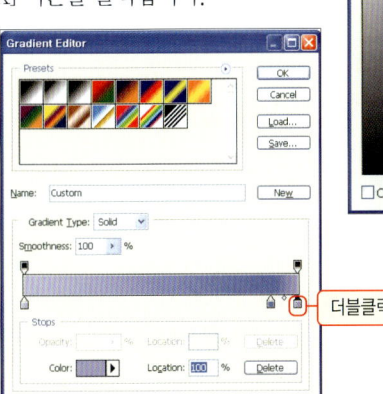

13 윈도우 상단의 옵션 바에서 Radial Gradient를 선택한 뒤 원형 선택 영역의 좌측 상단을 클릭하고 좌측 대각선 하단을 향해 대각선으로 마우스를 드래그합니다.

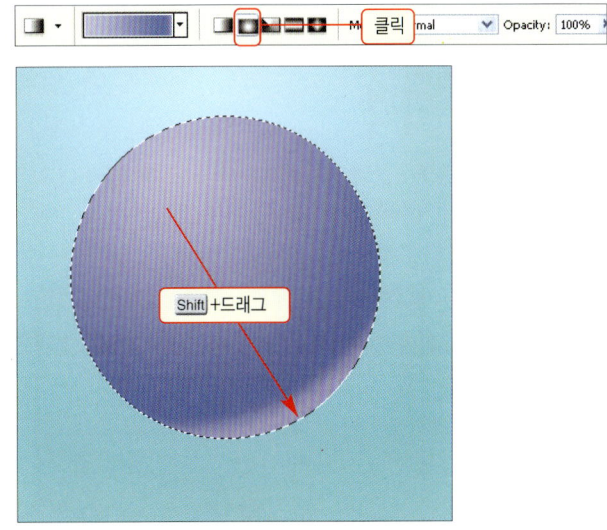

그라디언트의 중심점 이동

그라디언트 편집 대화상자의 슬라이드를 보면 각각의 Color Stop들 사이에 조그만 다이아몬드 모양의 아이콘이 있습니다. 이 아이콘은 각각의 Color Stop의 중심점을 의미하는데 이 중심점을 이동시키면 실제 적용되는 그라데이션에서도 색 단계의 중심이 이동됩니다.

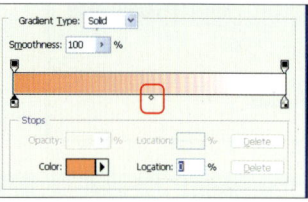
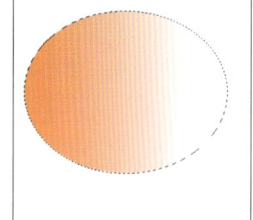

▲ 중심점이 가운데 있는 경우

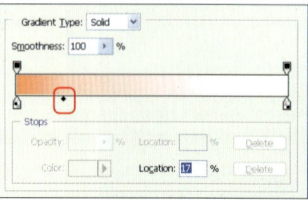
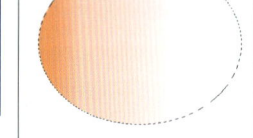

▲ 중심점이 왼쪽으로 치우쳐 있는 경우

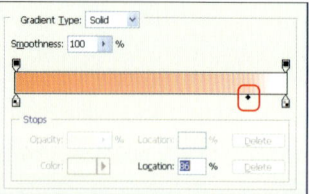
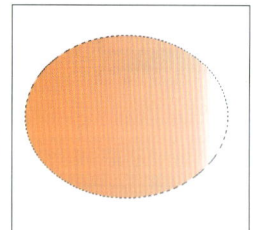

▲ 중심점이 오른쪽으로 치우쳐 있는 경우

14 Select → Deselect 메뉴를 선택하여 선택 영역을 해제하고 File → Save As 메뉴에 'Sphere01.psd'를 입력하여 포토샵 포맷으로 저장한다.

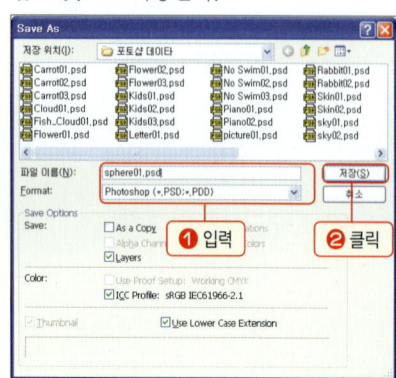

02 그라디언트 툴로 퀵 마스크하기

레이어 팔레트에 있는 퀵 마스크 기능과 그라디언트를 결합하여 이미지에 마스크를 씌워 보겠습니다.

1 File → Open 메뉴로 'Mask02.psd', 'Mask01.psd' 파일을 순서대로 엽니다.

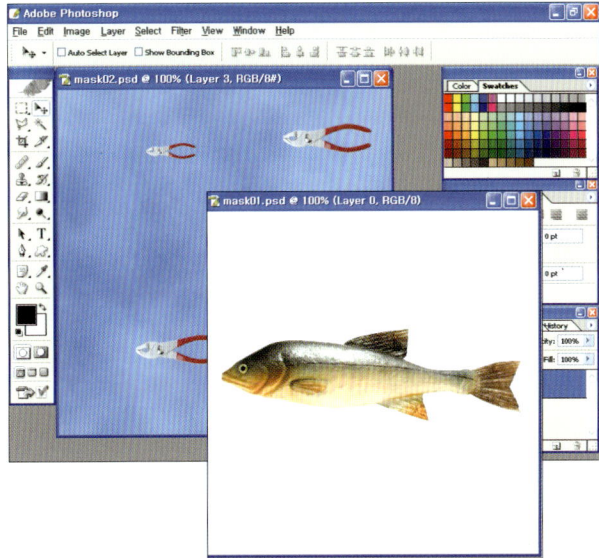

2 툴 박스에서 이동 툴을 선택한 다음 'Mask01.psd' 도큐먼트의 물고기 이미지를 클릭하여 'Mask01.psd' 파일 윈도우 위로 드래그해 옮깁니다.

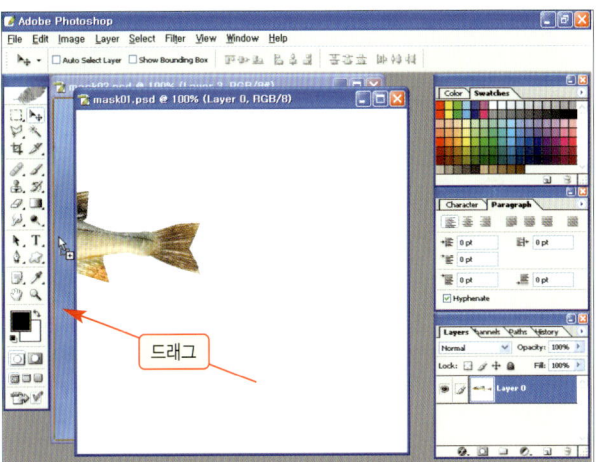

3 물고기 이미지의 꼬리 중간 부분이 펜치 이미지의 목 부분에 오도록 겹쳐 놓습니다.

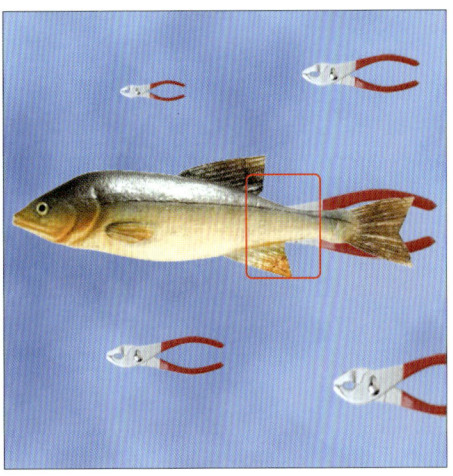

4 레이어 팔레트 하단의 퀵 마스크 아이콘을 클릭하여 레이어에 마스크를 적용합니다.

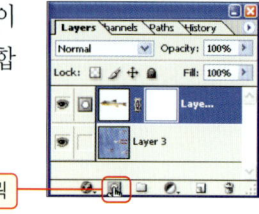

클릭

5 툴 박스의 그라디언트 툴을 선택한 다음 화살표로 표시된 부분만큼 좌에서 우로 드래그합니다.

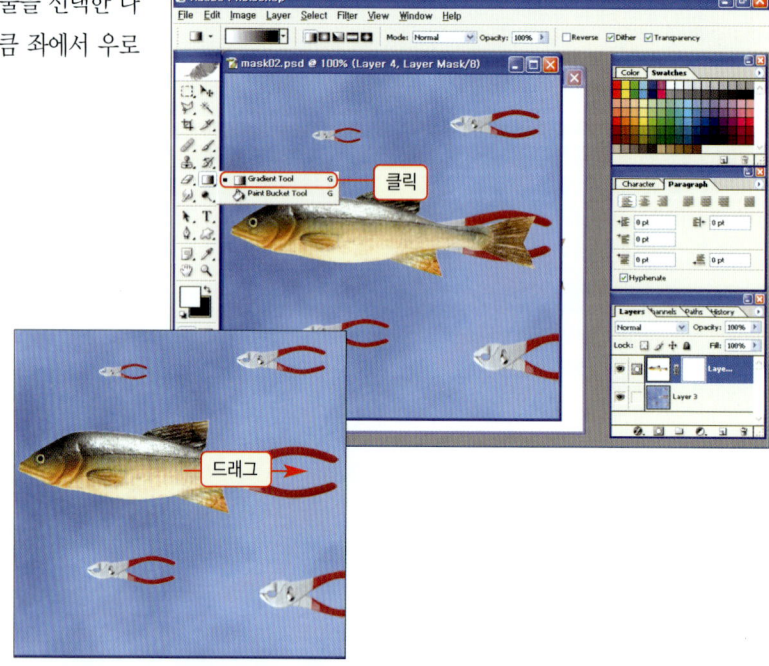

클릭

드래그

6 그라데이션이 드래그한 부분만큼 밑에 있는 레이어에 마스크로 적용된다는 것을 알 수 있습니다.
File → Save As 메뉴에 'Mask03.psd'를 입력하고 [OK] 버튼을 클릭합니다.

레이어 팔레트에 퀵 마스크 그라데이션이 적용된 모습

>> 11

포토샵 핵심 툴 10가지

이미지의 수정과 복원를 위한 도장 툴

도장 툴의 핵심 원리는 주변부의 비슷한 색 분포를 원하는 부분으로 복제하는 것입니다. 때문에 초기에 복제하려는 부분을 잘 선정하는 것이 중요하며 단축키를 이용하여 함께 수시로 주변의 적절한 색 분포 부분을 복제하고 브러시 사이즈를 바꾸는 방식으로 작업하기 때문에 연습이 필요한 툴입니다.

➕ Tool Preview

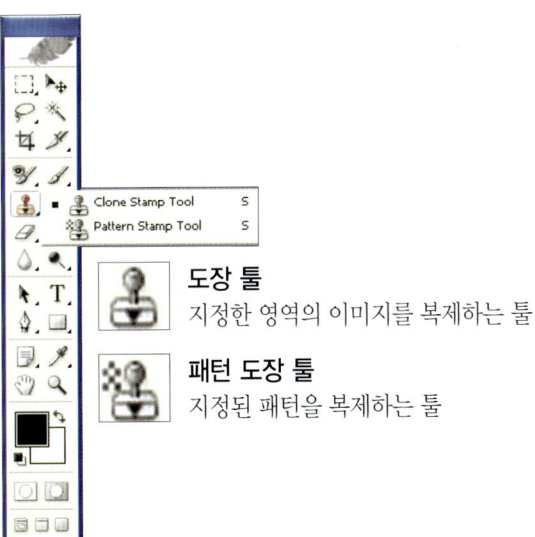

Clone Stamp Tool	S
Pattern Stamp Tool	S

도장 툴
지정한 영역의 이미지를 복제하는 툴

패턴 도장 툴
지정된 패턴을 복제하는 툴

➕ Image Preview

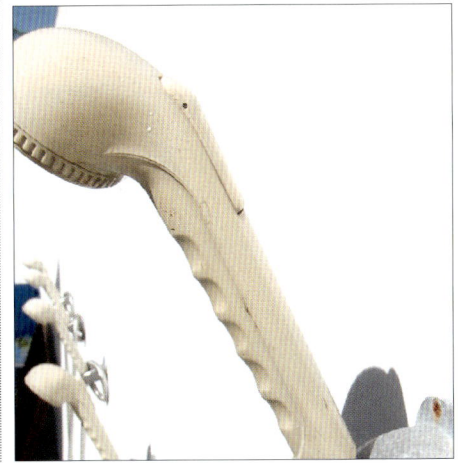

▲ 도장 툴을 이용한 잡티 제거

▲ 패턴 도장 툴을 이용한 패턴 그리기

01 사진의 흠집 제거하기

스탬프 툴의 주된 용도인 이미지 보정의 하나로 사진의 흠집을 제거하는 과정을 알아보겠습니다.

>>CD-ROM
부록 CD〉예제파일〉Part 1〉
Stamp01.psd

1 디지털 카메라로 찍은 이미지의 흠을 지워보겠습니다. File → Open 메뉴로 'Stamp01.psd' 파일을 엽니다.

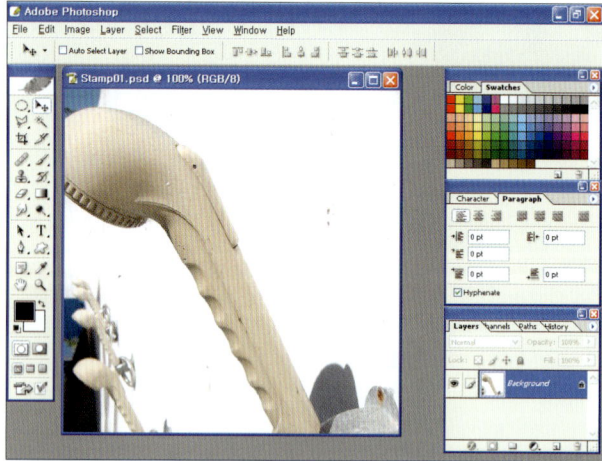

2 툴 박스에서 도장 툴을 선택합니다.

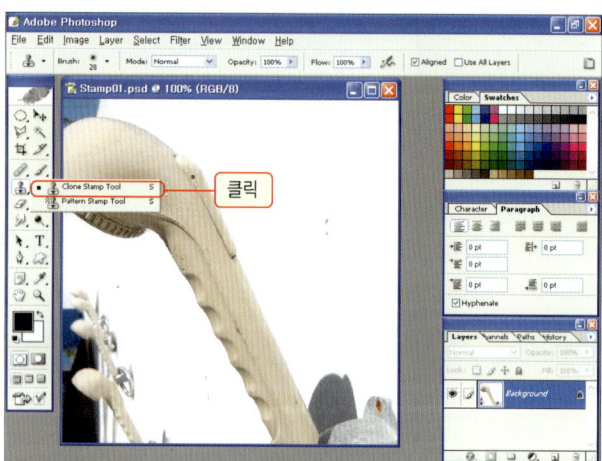

3 윈도우 상단의 도장 옵션 바의 Size 아이콘을 클릭하고 Master Diameter에 30px, Hardness에 0%를 입력합니다.

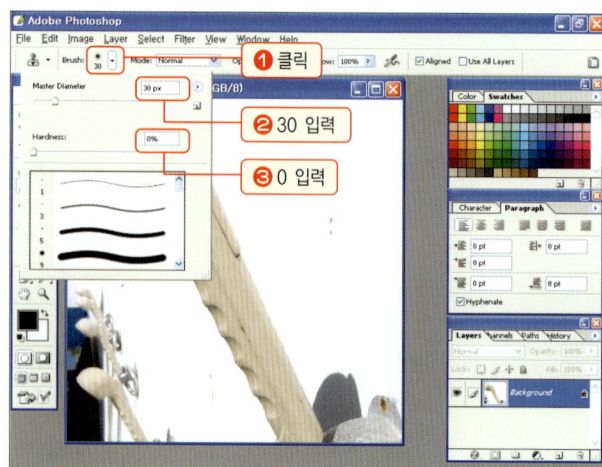

4 제거하려는 얼룩 바로 옆의 깨끗한 부분에 도장 툴 커서를 올려놓은 뒤 Alt 키를 누른 채 클릭하여 복제할 부분을 지정합니다.

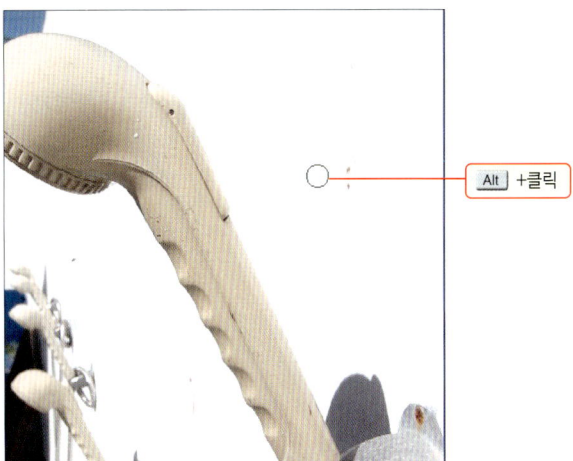

Alt +클릭

5 제거할 부분의 얼룩 위를 드래그하여 얼룩을 지웁니다.

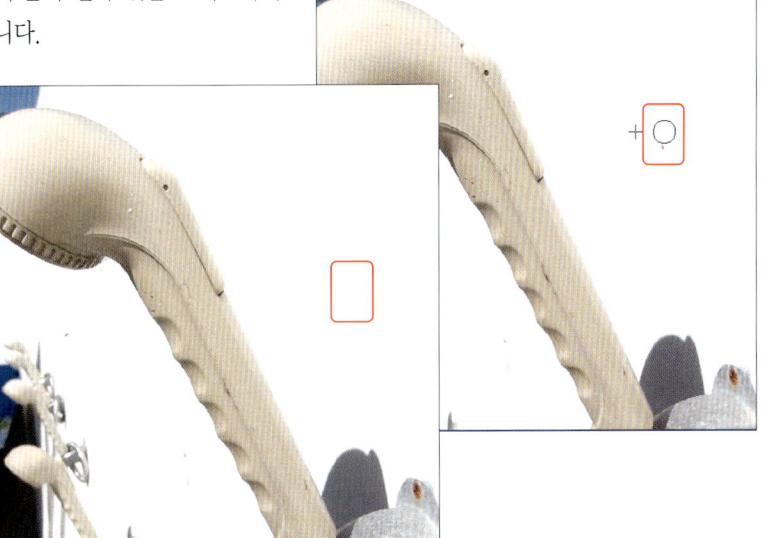

참고하세요!

이때 도장 툴 커서 옆에 4)번에서 저장했던 위치에 십자가(+) 표시가 나타나는데 이 부분이 현재 복제하고 있는 부분의 소스를 의미합니다.

6 같은 방식으로 바로 위에 있는 얼룩과 샤워기 손잡이 왼쪽의 얼룩 역시 제거합니다.

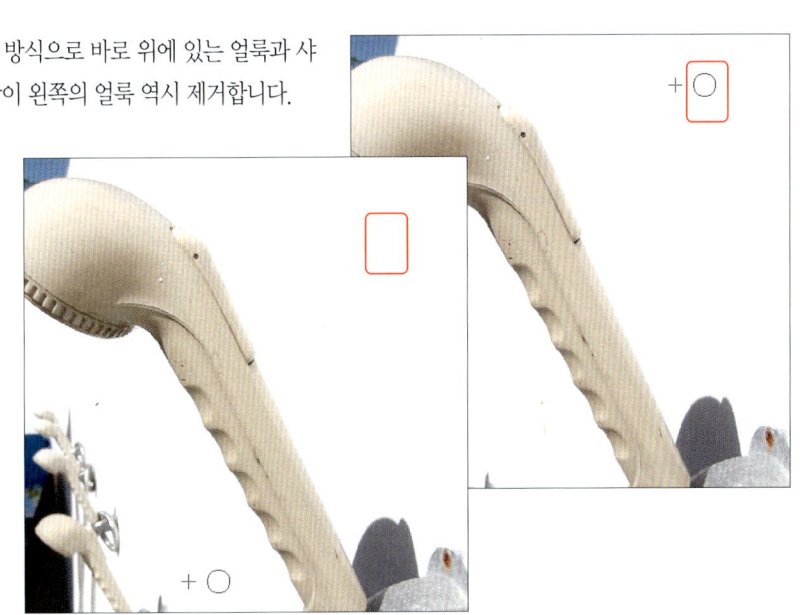

7 이미지 왼쪽 부분에 있는 얼룩의 경우 얼룩 왼쪽에 복제하려는 색과는 다른 색 영역이 있기 때문에 복제하려는 소스를 얼룩 오른쪽에서 복제해 오는 것이 좋습니다.
얼룩 오른쪽에 도장 툴 커서를 위치하고 [Alt] 키를 누른 채 클릭하여 소스로 지정합니다.

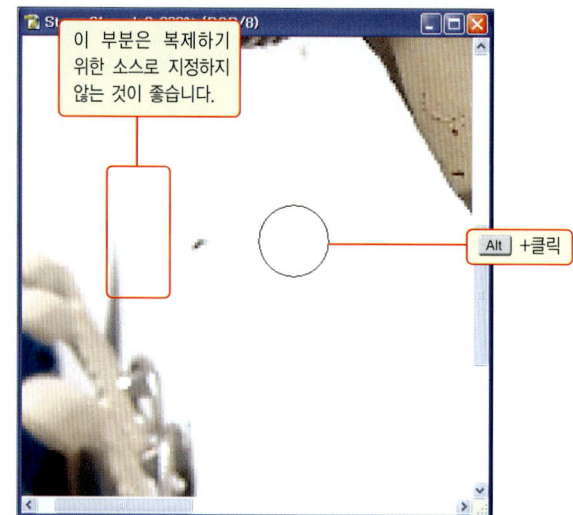

8 얼룩 부분에 드래그하여 얼룩을 지웁니다.

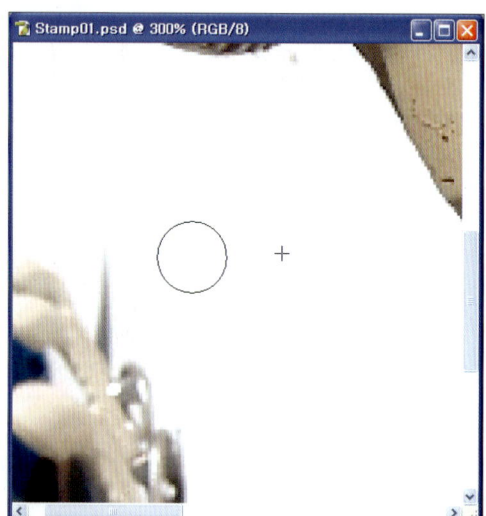

9 수정이 완성된 이미지를 File → Save As 메뉴에서 'Stamp02.psd'를 입력하여 포토샵 포맷으로 저장합니다.

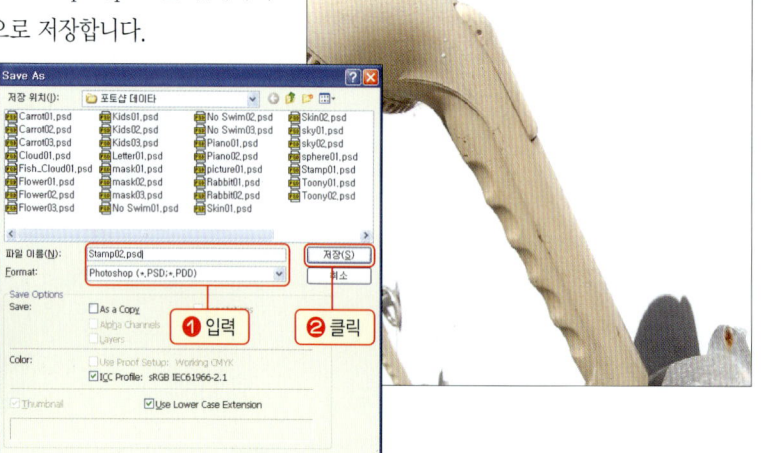

02 패턴 도장 툴 이용하기

같은 모양의 이미지를 도장처럼 여러 부분에 사용하고 싶을 때 도장 툴 패턴 기능이 위력을 발휘합니다. 패턴 도장에 이용되는 이미지를 직접 만들 수도 있기 때문에 좀 더 강력한 효과를 낼 수 있습니다.

1 File → Open 메뉴로 'Stamp03.psd' 파일을 엽니다.

2 툴 박스에서 패턴 도장 툴을 선택합니다.

3 윈도우 상단의 도장 툴 옵션 바에서 Size 아이콘을 클릭하고 Master Dia-meter에 30px, Hardness에 0%를 입력합니다.

4 도장 툴 옵션 바에서 샘플 패턴을 클릭
하여 저장되어 있는 패턴 중 하나를 선택합
니다.

5 마우스로 해바라기 씨 부분을 드래그
해 패턴으로 채색합니다.

6 같은 방식으로 나머지 꽃들의 꽃씨 부
분에 드래그하여 채색합니다.

7 완성된 이미지를 File → Save As 메뉴에서 'Stamp04.psd'를 입력하여 포토샵 포맷으로 저장합니다.

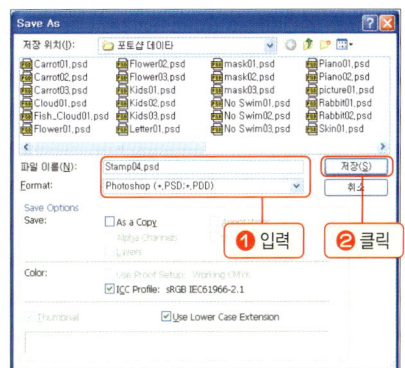

>> 12

포토샵 핵심 툴 10가지
평범한 이미지를 독특한 유화처럼 연출하는 스머지 툴

스머지 툴은 드로잉할 수 있는 필터에 가까운 툴입니다. 왜곡된 이미지를 만들거나 자연스러운 이미지의 효과를 낼 때 많이 사용됩니다. 드로잉에 따른 옵션들을 잘 조절해 사용하는 것이 중요합니다.

✚ Tool Preview

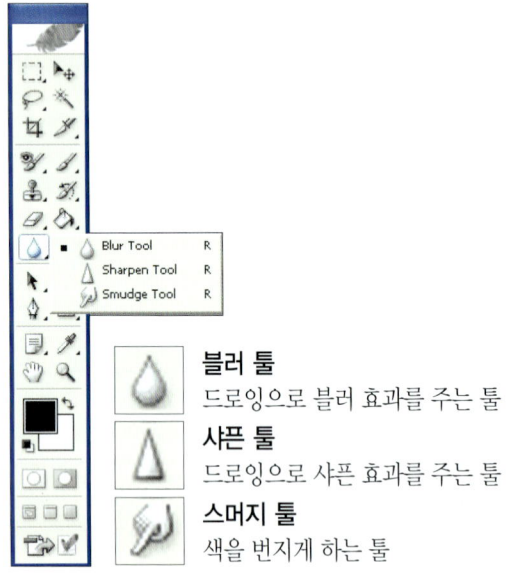

	Blur Tool	R
Sharpen Tool	R
Smudge Tool	R

블러 툴
드로잉으로 블러 효과를 주는 툴

샤픈 툴
드로잉으로 샤픈 효과를 주는 툴

스머지 툴
색을 번지게 하는 툴

✚ Image Preview

▲ 스머지 툴을 이용한 속도감 표현

▲ 스머지 툴을 이용한 털 질감 표현

01 스머지 툴로 속도감 표현하기

사각형의 영역을 선택하여 이미지를 잘라내고 붙이는 편집 작업을 해보겠습니다.

>> CD-ROM
부록 CD〉예제파일〉Part 1〉
Smudge01.psd, Smudge02.psd

1 File → Open 메뉴에서 'Smudge-01.psd' 파일과 'Smudge02.psd' 파일을 순서대로 엽니다.

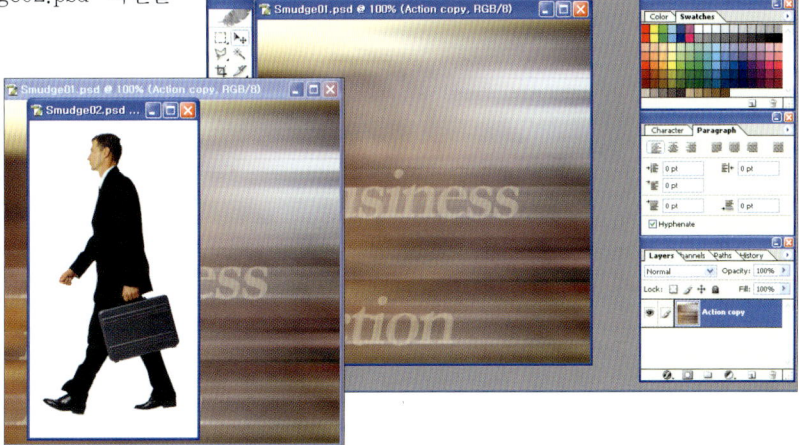

2 툴 박스에서 이동 툴을 선택하고 'Smudge02.psd'의 사람 이미지를 클릭하여 'Smudge01.psd' 도큐먼트 윈도우 위로 드래그합니다.

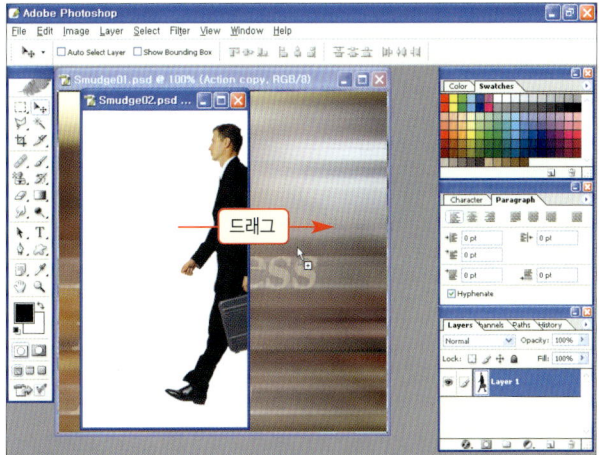

3 툴 박스에서 스머지 툴을 선택합니다.

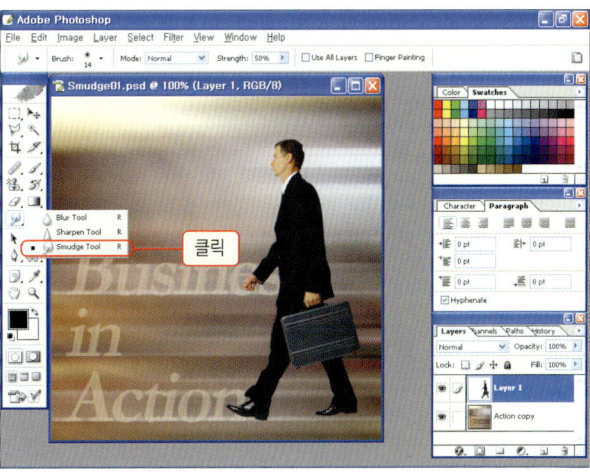

4 윈도우 상단의 스머지 옵션 바에서 Size 아이콘을 클릭하고 Master Diameter에 45px, Hardness에 0%를 입력합니다.

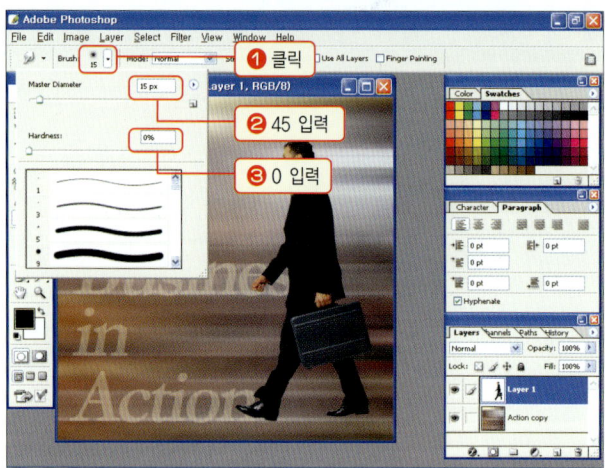

5 Strength에 50%를 입력합니다.

6 사람 이미지의 어깨 부분을 클릭한 다음 Shift 키를 누른 채 우측으로 드래그합니다.

 참고하세요!

옵션 바의 Strength 옵션은 한 번의 드래그로 변형할 수 있는 길이를 의미합니다.

7 같은 방식으로 사람 이미지의 뒤쪽에 여러 번 스머지 툴을 적용한 뒤 File → Save As 메뉴에서 'Smudge03.psd'를 입력하여 포토샵 파일 포맷으로 저장합니다.

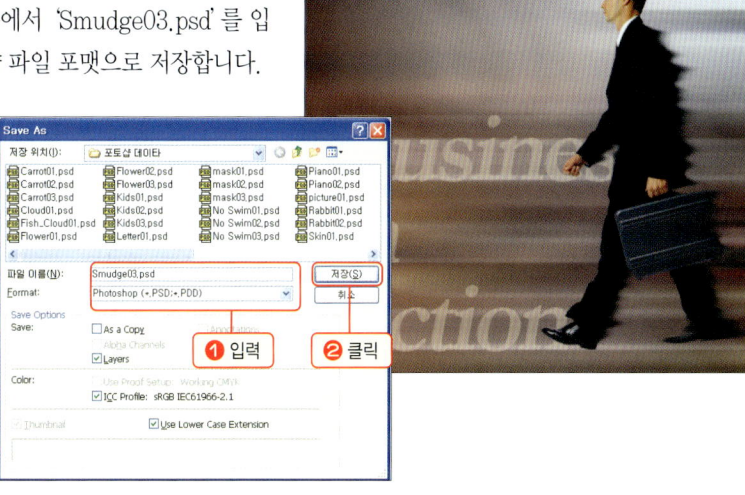

> > 궁 금 해 요 !

Smudge 툴을 사용하는 두 가지 팁

1) Strength 옵션은 스머지 툴의 적용 범위(길이)를 지정하는 옵션입니다.

2) 좀 더 강한 스머지 효과를 내려면 손으로 수채 물감 그림을 번지게 하는 것처럼 같은 위치에서 반복해서 스머지 작업을 하면 됩니다.

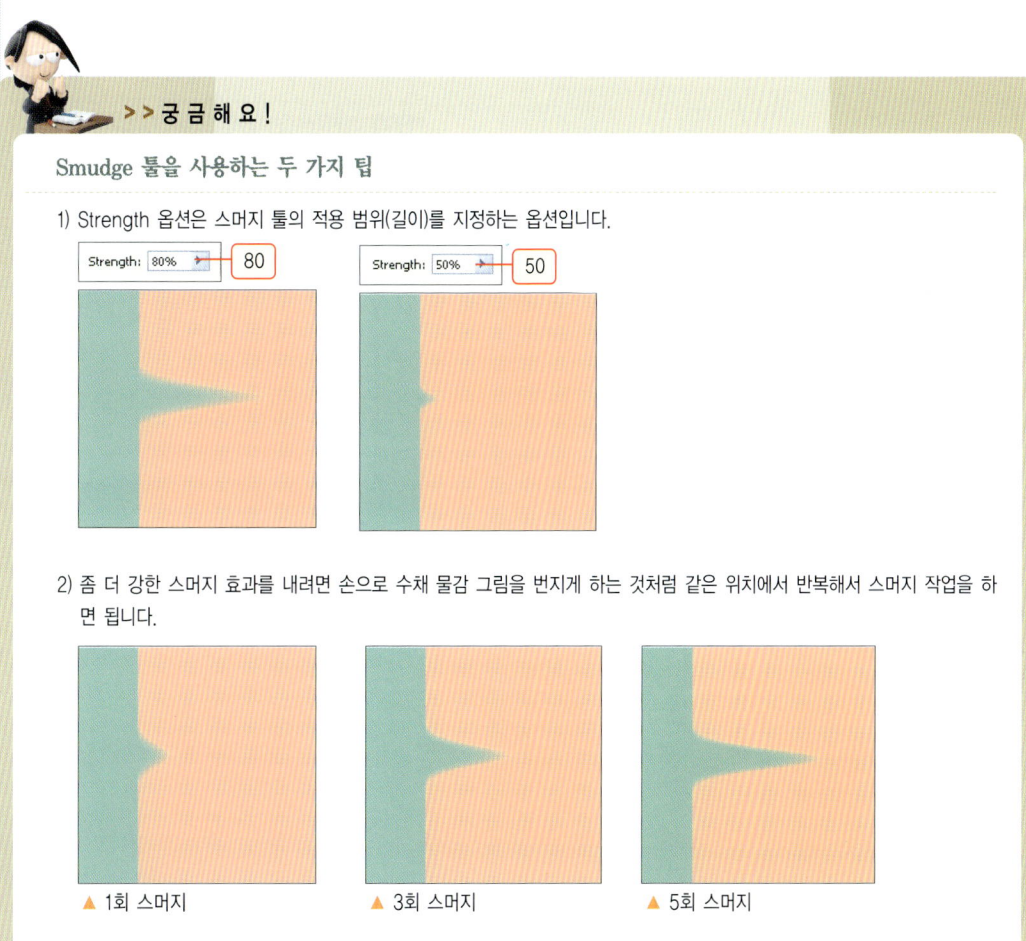

▲ 1회 스머지   ▲ 3회 스머지   ▲ 5회 스머지

02 부드러운 털 이미지 만들기

스머지 툴의 번짐 효과를 이용하면 펜 툴 등 그래픽 프로그램의 드로잉 툴로 일러스트를 그렸을 때 나타나는 경직된 느낌을 없앨 수 있습니다. 특히 동물이나 머리카락 등 부드럽고 불규칙한 이미지를 만들 때 매우 유용합니다.

1 File → Open 메뉴에서 'Ham-01.psd' 파일을 엽니다.

2 툴 박스에서 스머지 툴을 선택합니다.

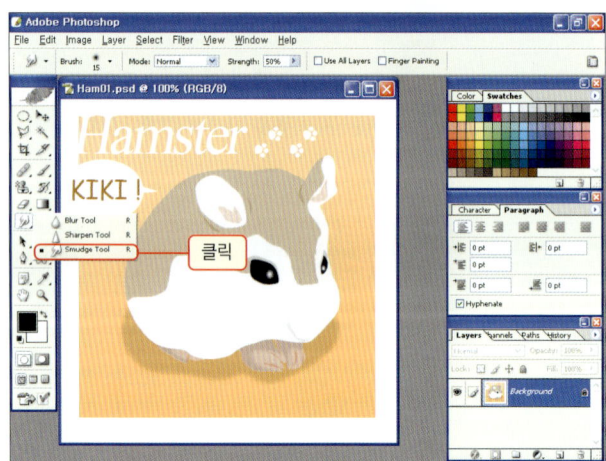

3 윈도우 상단의 옵션 바에서 Brush Size는 12px, Strength는 60%를 입력합니다.

참고하세요!

드래그 한 번에 하나의 스머지가 생깁니다.

4 햄스터 이미지 중 완만한 면적이 넓은 부분에 마우스를 클릭한 후 안쪽에서 바깥쪽을 향해 문지르듯이 드래그합니다.

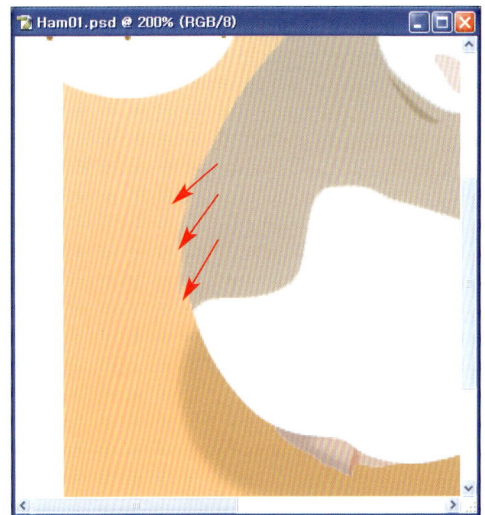

5 햄스터 털의 결을 고려하면서 스머지 방향을 조금씩 바꾸어 나갑니다.

6 햄스터 이미지 내부에 좀 더 섬세한 스머지 작업을 위해 작은 브러시로 바꿉니다. 윈도우 상단의 스머지 옵션 바에서 Size를 5px로 바꾸어 입력합니다.

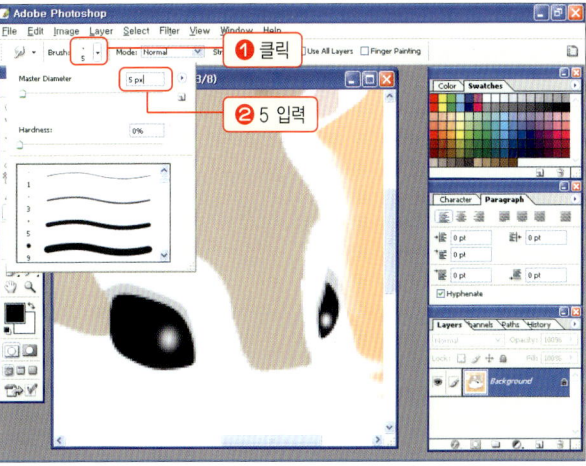

7 갈색과 흰색의 경계 부분을 지그재그로 문지르듯이 드래그합니다.

8 작업이 완성되면 File → Save As 메뉴에서 'Ham02.psd'를 입력하여 포토샵 포맷으로 저장합니다.

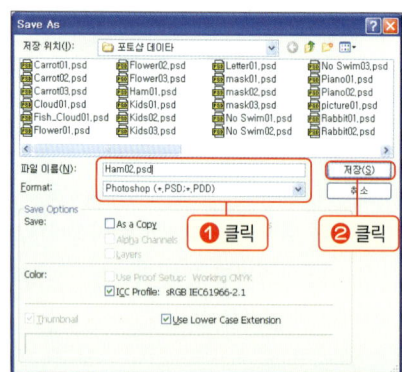

>>궁금해요!

Blur Tool, Sharpen Tool

스머지 툴과 같은 툴 묶음에 있는 블러 툴과 샤픈 툴 역시 종종 사용되는 툴입니다. 간단한 용도를 알아보겠습니다.

■	Blur Tool	R
	Sharpen Tool	R
	Smudge Tool	R

1. 블러 툴

브러시를 사용하여 이미지의 특정 부분을 드래그하면 블러 필터를 적용한 것과 같은 효과를 낼 수 있습니다.

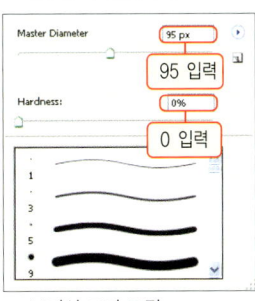

95 입력

0 입력

▲ 브러시 크기 조절

▲ 뒤에 있는 컵 이미지 위에 드로잉

▲ 원본 이미지

2. 샤픈 툴

브러시를 사용하여 이미지의 특정 부분을 드래그하면 샤픈 필터를 적용한 것과 같은 효과를 낼 수 있습니다.

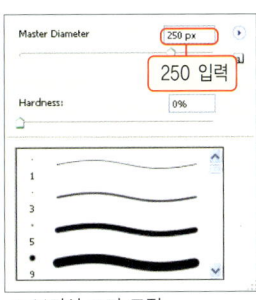

250 입력

▲ 브러시 크기 조절

▲ 앞에 있는 컵 이미지 위에 드로잉

▲ 원본 이미지

▲ 블러 툴과 샤픈 툴이 적용된 이미지

Photoshop **CS** & ImageReady **CS**

Part 2 포토샵 필수 테크닉

Part 1의 내용을 통해 포토샵의 기본적인 기능들을 학습했다면 포토샵을 '어느 정도' 사용할 줄 안다고 말할 수 있을 것입니다. 'Part 2 포토샵 필수 테크닉' 에서는 포토샵을 '꽤' 사용할 줄 안다고 말하기 위해 반드시 필요한 기능들에 대해 배워보겠습니다.

픽셀과 해상도

픽셀

'pixel'은 'picture element'를 줄인 말로써, 하나의 이미지를 구성하기 위한 가장 작은 최소단위를 뜻하는데 '화소'라고도 합니다. 필름이나 인화지에서는 은입자(銀粒子)의 크기를 말하며 컴퓨터 모니터 등과 같은 광학 장치는 아주 작은 사각형의 점을 이용하여 전체 이미지를 구성해 내기 때문에 이러한 광학 장치의 1픽셀(Pixel)은 바로 이 사각형의 점 하나를 의미하는 것입니다.

이 픽셀의 수가 많으면 많을수록 더 정교하고 선명한 이미지를 만들 수 있기 때문에 이미지의 선명도를 픽셀 수로 계산하여 표시하기도 합니다.

이와 같은 최소단위를 텔레비전이나 사진전송에서는 화소라고 합니다. 텔레비전이나 사진 등 화면의 재현을 하는 것에서는 반드시 이 화면의 최소단위가 있고, 사진에서는 필름이나 인화지 위의 은입자(銀粒子) 크기, 텔레비전에서는 브라운관 등의 전자빔 굵기가 한계입니다. 화면 전체의 화소수가 많으면 많을수록 정밀하고 상세한 재현 화면을 얻을 수 있습니다.

일반적으로 사진의 경우 35mm필름은 116만 525개, TV는 15만개로 구성되어 있습니다.

▲ 원본 이미지

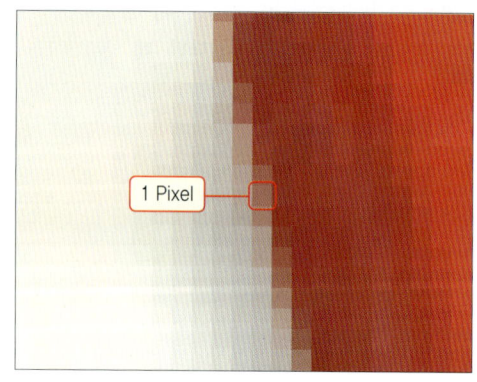

1 Pixel

▲ 1200% 확대 이미지. 작은 사각형 픽셀들이 이미지를 구성하고 있는 것을 볼 수 있습니다.

dpi와 해상도

'DPI'란 'dot per inch'의 약자로써 즉, 1인치당 포함되어 있는 픽셀(점, 화소)의 수를 의미합니다. 일정 범위(이 경우에는 1인치) 안에 들어 있는 픽셀의 수가 많을수록 좀 더 선명하고 고화질의 이미지를 표현할 수 있습니다.

해상도는 이 dpi의 수치가 어떻게 되느냐에 따라 '해상도가 높다', '해상도가 낮다'라는 식으로 분류가 됩니다. 당연히 dpi의 수치가 높을수록 해상도가 높습니다.

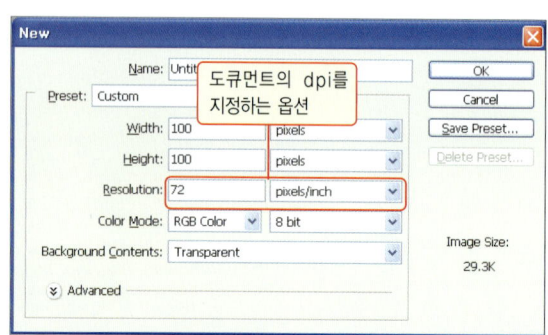

▲ 포토샵에서 새 도큐먼트를 만들 때 지정하는 대화상자

컴퓨터 모니터의 경우 '1024, 768' 이라거나 '800에 600' 이라는 말을 자주 듣게 되는데 이것은 모니터에서 화면을 표현하는 픽셀의 가로, 세로의 갯수, 즉 해상도를 말하는 것입니다.

800×600 해상도의 경우 모니터의 가로에 800개의 픽셀이, 세로에 600개의 픽셀이 있는 것이지요.

이때 종종 일반 사용자들이 잘못 생각하는 것 중 하나가 바로 이 dpi와 해상도의 개념인데 모니터의 크기가 작아도 1024×768 또는 그 이상의 해상도를 표현할 수 있습니다(이때 문제가 되는 것은 단지 그 모니터가 어느 정도까지의 해상도를 표현할 수 있도록 제작되었는가 하는 것입니다).

▲ 800×600dpi 상태의 모니터 전체 화면

결국 포토샵에서 새 도큐먼트를 만들 때 가로, 세로 cm 수치가 높다고 해서 출력용 고해상 이미지가 만들어지는 것이 아니라 dpi도 같이 높아야 하는 것입니다. 일반적인 출력용 이미지를 위한 해상도는 250~300dpi입니다.

반대로 웹용 이미지를 만들 때는 단순히 가로, 세로 cm 수치만 낮추는 것이 아니라 dpi도 같이 낮게 잡아야 합니다. 일반적인 웹용 이미지의 해상도는 72dpi입니다.

이 dpi는 이미지 파일의 용량에도 큰 영향을 미칩니다. 같은 가로, 세로 cm 또는 mm 크기를 갖는 이미지라고 하더라도 dpi가 높으면(가로, 세로 Pixel 수가 크면) 파일 용량이 커지기 때문입니다.

▲ 1024×768dpi 상태의 모니터 전체 화면

▲ 가로, 세로 크기가 10cmX10cm인 도큐먼트+72dpi인 이미지

▲ 가로, 세로 크기가 10cmX10cm인 도큐먼트+150dpi인 이미지

▲ 가로, 세로 크기가 5cmX5cm인 도큐먼트+72dpi인 이미지

▲ 가로, 세로 크기가 5cmX5cm인 도큐먼트+150dpi인 이미지

웹 컬러의 최적화

Adobe **Photoshop** CS with **ImageReady** CS

다수의 사용자가 다양한 종류의 모니터와 시스템을 사용하고 있고 이러한 모든 사용자들이 웹으로 연결되어 수많은 이미지들을 교환하고 있기 때문에 웹에 사용되는 그래픽 이미지의 색을 최적화하는 것은 포토샵을 이용한 그래픽 작업의 가장 큰 화두라고 할 수 있습니다.
포토샵에서 제공하고 있는 다양한 웹 컬러 최적화에 대해 알아보겠습니다.

Photoshop
CS Special ## 웹 안전색상

웹 안전색상이란 어떠한 사용자의 모니터에서도 이미지 제작자가 의도한 색상을 똑같이 표현할 수 있는 색의 범위를 의미합니다. RGB 즉, Red(빨강), Green(초록), Blue(파랑)의 빛의 삼원색을 각각 6단계의 채도로 나눠서 이를 조합한 총 216개의 색상을 웹 안전색상으로 지정하고 있습니다.
이것은 상당히 오래된 시스템의 256 컬러 모드로 작업을 한다고 하더라도 웹 상에서 표현할 수 없는 색을 만들어 낼 수 있다는 것을 의미합니다. 국내 사용자들의 시스템은 상당히 업그레이드되어 있지만 외국의 사용자들의 경우 아직까지 저사양의 시스템과 모니터를 사용하는 사람들이 많기 때문에 웹용 이미지를 만들 때 신중히 고려해야 하는 부분입니다.

컴퓨터에서의 색 값은 0, 1, 2, 3, 4, 5, 6, 7, 8, 9, A, B, C, D, E, F의 열여섯 가지 기호를 이용한 16진수의 조합인 헥사 코드(Hexa Code)에 의해 표현됩니다. 이 때 이러한 216가지의 색 중에서 0033FF, 3300FF, 00FF33, 33FF00의 네 가지 색은 익스플로러에서 표현되지 못하기 때문에 웹 안전색상의 진정한 개수는 212개라고 할 수 있습니다.

000000	333333	666666	999999	CCCCCC	FFFFFF
000033	333300	666600	999900	CCCC00	FFFF00
000066	333366	666633	999933	CCCC33	FFFF33
000099	333399	666699	999966	CCCC66	FFFF66
0000CC	3333CC	6666CC	9999CC	CCCC99	FFFF99
0000FF	3333FF	6666FF	9999FF	CCCCFF	FFFFCC
003300	336633	669966	99CC99	CCFFCC	FF00FF
006600	339933	66CC66	99FF99	CC00CC	FF33FF
009900	33CC33	66FF66	990099	CC33CC	FF66FF
00CC00	33FF33	660066	993399	CC66CC	FF99FF
00FF00	330033	663366	996699	CC99CC	FFCCFF
00FF33	330066	663399	9966CC	CC99FF	FFCC00
00FF66	330099	6633CC	9966FF	CC9900	FFCC33
00FF99	3300CC	6633FF	996600	CC9933	FFCC66
00FFCC	3300FF	663300	996633	CC9966	FFCC99
00FFFF	330000	663333	996666	CC9999	FFCCCC
00CCCC	33FFFF	660000	993333	CC6666	FF9999
009999	33CCCC	66FFFF	990000	CC3333	FF6666
006666	339999	66CCCC	99FFFF	CC0000	FF3333
003333	336666	669999	99CCCC	CCFFFF	FF0000
003366	336699	6699CC	99CCFF	CCFF00	FF0033
003399	3366CC	6699FF	99CC00	CCFF33	FF0066
0033CC	3366FF	669900	99CC33	CCFF66	FF0099
0033FF	336600	669933	99CC66	CCFF99	FF00CC
0066FF	339900	66CC33	99FF66	CC0099	FF33CC
0099FF	33CC00	66FF33	990066	CC3399	FF66CC
00CCFF	33FF00	660033	993366	CC6699	FF99CC
00CC33	33FF66	660099	9933CC	CC66FF	FF9900
00CC66	33FF99	6600CC	9933FF	CC6600	FF9933
00CC99	33FFCC	6600FF	993300	CC6633	FF9966
009933	33CC66	66FF99	9900CC	CC33FF	FF6600
006633	339966	66CC99	99FFCC	CC00FF	FF3300
009966	33CC99	66FFCC	9900FF	CC3300	FF6633
0099CC	33CCFF	66FF00	990033	CC3366	FF6699
0066CC	3399FF	66CC00	99FF33	CC0066	FF3399
006699	3399CC	66CCFF	99FF00	CC0033	FF3366

Color Picker에서 웹 안전색상 지정하기

1 툴 박스 하단의 전경색을 클릭하면
Color Picker 대화상자가 나타납니다.

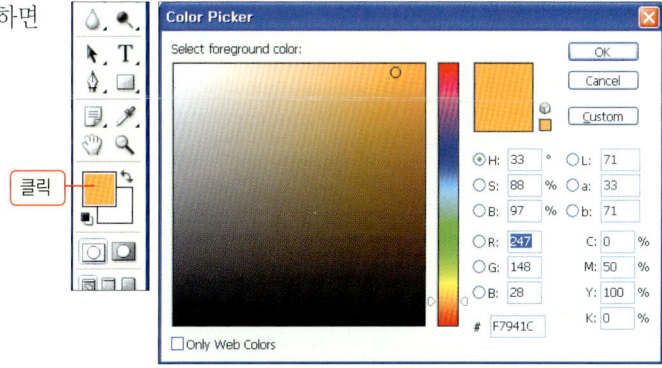

2 대화상자 왼쪽 하단의 Only Web
Color 옵션을 체크하면 대화상자 중앙의
색 상자의 그라데이션에 색 단계가 뚜렷하
게 나타납니다. 이 색 상자 상태에서 선택
하는 모든 색이 웹 안전색상입니다.

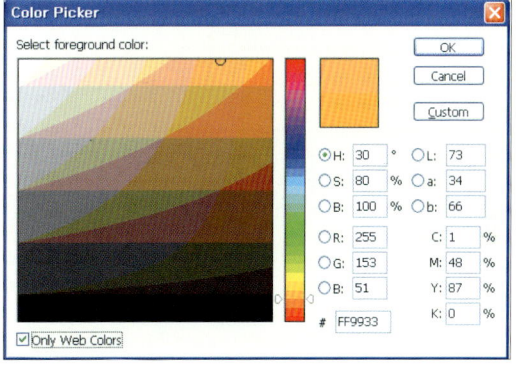

Color Palette에서 웹 안전색상 지정하기

1 컬러 팔레트 오른쪽 상단의 작은 삼각
형 아이콘을 클릭한 뒤 Web Color Slide
메뉴를 선택합니다.

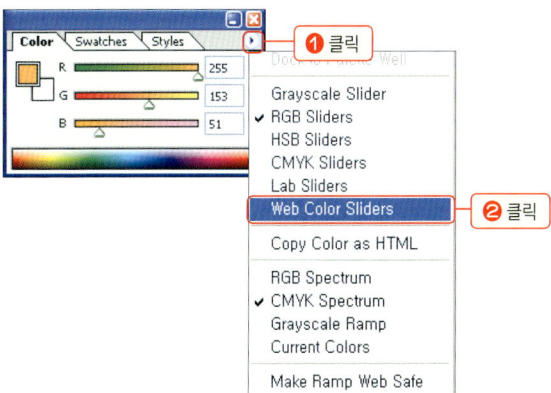

2 컬러 팔레트의 슬라이드에 작은 눈금이 나타나는데 이때 이 슬라이드의 범위 내에서 선택하는 색이 웹 안전색상입니다.

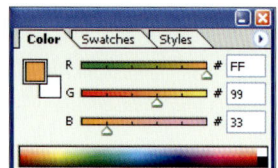

Swatch Palette에서 웹 안전색상 지정하기

1 스와치 팔레트 오른쪽 상단의 작은 삼각형 아이콘을 클릭한 뒤 Replace Swatch 메뉴를 선택합니다.

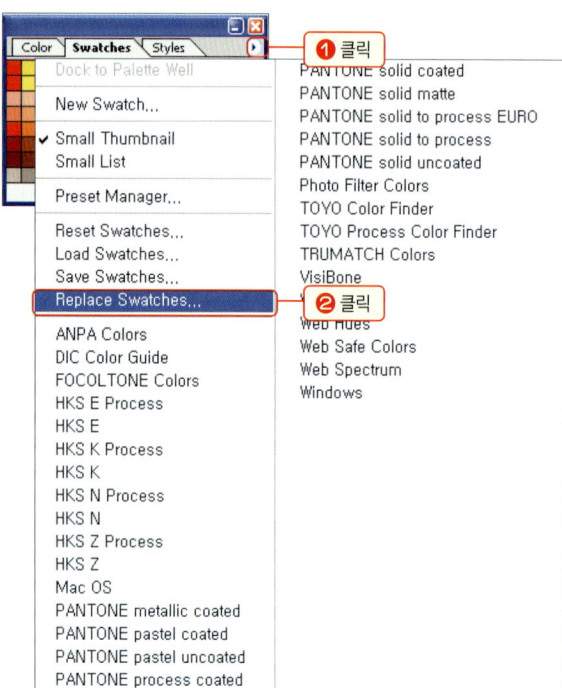

2 대화상자에서 Web Safe Color.aco 파일을 선택한 뒤 [Load] 버튼을 클릭합니다.

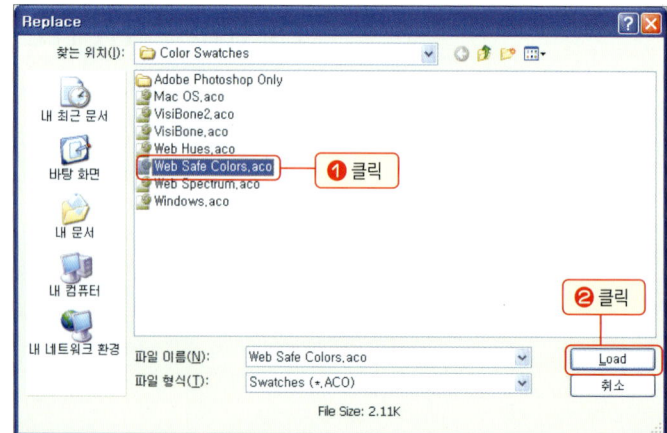

3 스와치 팔레트의 색 샘플이 바뀐 것을 볼 수 있습니다. 이 색 샘플들 내에서 색상을 선택하면 웹 안전색상을 사용할 수 있습니다.

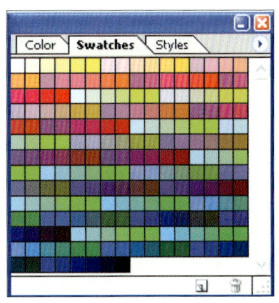

웹 안전색상 경고

Only Web Color 옵션이 체크되어 있지 않더라도 웹 안전색상인지의 여부를 알 수 있는 방법이 있습니다.

Color Picker 대화상자 오른쪽에 있는 작은 사각형의 색 미리보기 상자를 보면 현재 선택한 색상의 상태에 대한 경고 표시가 나타납니다. 이때 정육면체 모양의 아이콘이 나타나면 현재 선택한 색상이 웹 안전색상이 아니라는 것을 의미합니다. 그리고 경고 표시 밑에 나타나는 작은 색 상자는 현재 선택한 색이 안전색상이 되려면 어떤 색이어야 하는지를 보여줍니다. 이 경고 아이콘을 클릭하면 경고 표시가 없어지면서 자동으로 웹 안전색상으로 바뀝니다.

 ◀ 웹 안전색상 경고 아이콘

참고로 느낌표가 들어있는 노란색 작은 삼각형 아이콘은 현재 선택한 색이 인쇄물로 출력할 때 표현될 수 없는 색 즉, CMYK 값을 벗어나는 색이라는 것을 경고하는 의미입니다. 그리고 경고 아이콘 밑에 나타나는 작은 색 상자는 이 색을 갖는 이미지를 출력했을 때 어떤 색으로 출력된다는 것을 알려줍니다.

 ◀ CMYK 안전색상 경고 아이콘

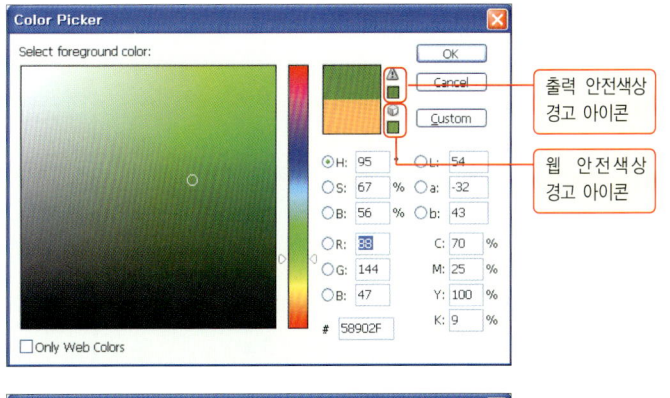

출력 안전색상 경고 아이콘

웹 안전색상 경고 아이콘

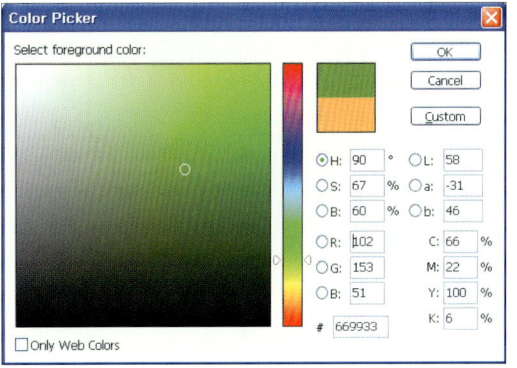

Photoshop CS

>> 01 포토샵의 핵심 – 레이어

포토샵을 오늘날의 독보적인 그래픽 프로그램의 강자로 만든 바탕에는 '레이어'가 있다고 해도 과언이 아닐 것입니다. 그만큼 포토샵의 레이어는 중요한 기능인 동시에 강력한 기능이기도 합니다. 때문에 포토샵을 이용한 그래픽 작업이 필요한 분이라면 레이어에 대한 많은 이해와 실제 작업 경험이 필요합니다.

Mode
레이어에 적용되는 모드의 선택 옵션입니다.

Opacity
레이어의 투명도를 조절합니다.

Fill
이미지 채도에 대한 투명도 옵션입니다.

Lock
레이어의 이미지에 대한 편집 옵션입니다.
⬜ Lock Transparent Pixels 이미지에만 편집이 가능 옵션입니다.
✏ Lock Image Pixels 드로잉이 불가능한 옵션입니다.
✛ Lock Position 이동이 불가능한 옵션입니다.
🔒 Lock All 어떠한 이미지 편집도 불가능한 옵션입니다.

Painting on Layer or Layer Mask
현재 작업중(선택중)인 레이어를 표시합니다.

T
문자 옵션이 살아있는 텍스트 레이어임을 표시합니다.

Layer Thumbnail
레이어 안의 이미지 미리 보기 창입니다.

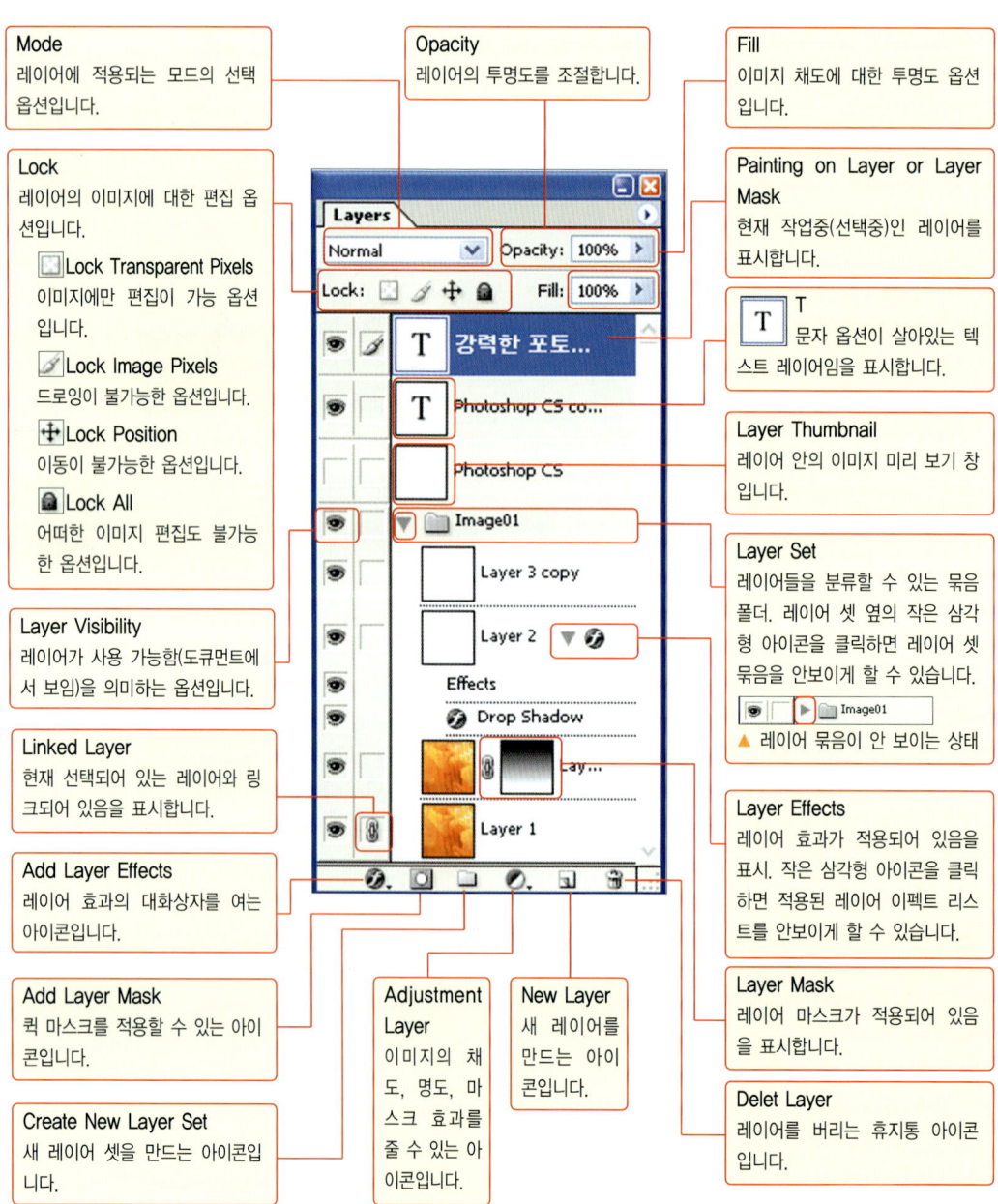

Layer Set
레이어들을 분류할 수 있는 묶음 폴더. 레이어 셋 옆의 작은 삼각형 아이콘을 클릭하면 레이어 셋 묶음을 안보이게 할 수 있습니다.
▲ 레이어 묶음이 안 보이는 상태

Layer Effects
레이어 효과가 적용되어 있음을 표시. 작은 삼각형 아이콘을 클릭하면 적용된 레이어 이펙트 리스트를 안보이게 할 수 있습니다.

Layer Visibility
레이어가 사용 가능함(도큐먼트에서 보임)을 의미하는 옵션입니다.

Linked Layer
현재 선택되어 있는 레이어와 링크되어 있음을 표시합니다.

Add Layer Effects
레이어 효과의 대화상자를 여는 아이콘입니다.

Add Layer Mask
퀵 마스크를 적용할 수 있는 아이콘입니다.

Adjustment Layer
이미지의 채도, 명도, 마스크 효과를 줄 수 있는 아이콘입니다.

New Layer
새 레이어를 만드는 아이콘입니다.

Layer Mask
레이어 마스크가 적용되어 있음을 표시합니다.

Delet Layer
레이어를 버리는 휴지통 아이콘입니다.

Create New Layer Set
새 레이어 셋을 만드는 아이콘입니다.

01 레이어 모드를 이용한 이미지 합성

여러 개의 이미지들을 서로 적절하게 합성하기 위해서 가장 많이 사용되는 기능이 레이어 모드입니다.
다양한 레이어 모드를 이용하여 이미지를 합성해 보겠습니다.

부록 CD〉예제파일〉Part 2〉
Layer01.psd

1 File → Open 메뉴에서 'Layer-
01.psd' 파일을 엽니다.

부록 CD〉예제파일〉Part 2〉
Layer02.psd

2 다시 File → Open 메뉴에서 'Layer-
02.psd' 파일을 엽니다.

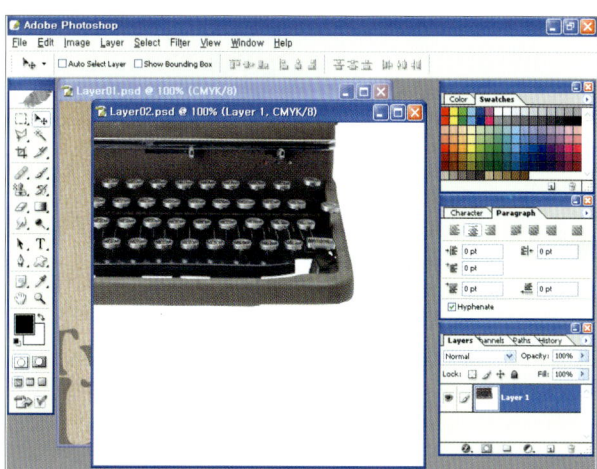

hot key

이동 툴 : ⊻

3 툴 박스에서 이동 툴을 선택한 후 타이
프라이터 이미지를 클릭한 뒤 'Lay-
er01.psd' 도큐먼트 위로 드래그해서 옮깁
니다.

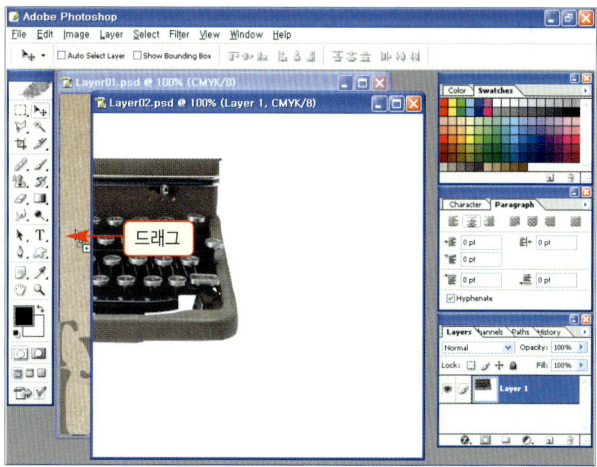

4 다시 이동 툴로 타이프라이터 이미지를 클릭하여 적절한 위치로 이동시킵니다.

드래그

>> 궁금해요!

레이어 팔레트 메뉴

❶ Dock to Palette Well : 레이어 팔레트를 윈도우 우측 상단의 Palette Well에 집어 넣는 단축키입니다.

❷ New Layer : 새 레이어를 만듭니다.

❸ Duplicate Layer : 레이어를 복제합니다.

❹ Delete Layer : 레이어를 삭제합니다.

❺ Delete Linked Layers : 링크되어 있는 모든 레이어를 삭제합니다.

❻ Delete Hidden Layer : 사람 눈 모양의 Layer Visibility 아이콘이 꺼져있는(이미지 도큐먼트에서 볼 수 없는) 레이어만 삭제합니다.

❼ New Layer Set : 새 레이어 셋을 만듭니다.

❽ New Set From Linked : 링크되어 있는 레이어들로 레이어 셋을 만듭니다.

❾ Lock All Linked Layer : 링크되어 있는 레이어들 모두 잠급니다. 대화상자에서 잠그는 방법을 선택할 수 있습니다.

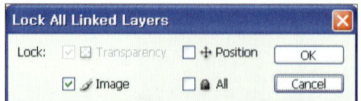

❿ Layer Properties : 레이어 이름과 분류용 색을 지정합니다.

⓫ Blending Options : 레이어 스타일 대화상자를 엽니다.

⓬ Merge Linked : 링크되어 있는 레이어들을 모두 합칩니다.

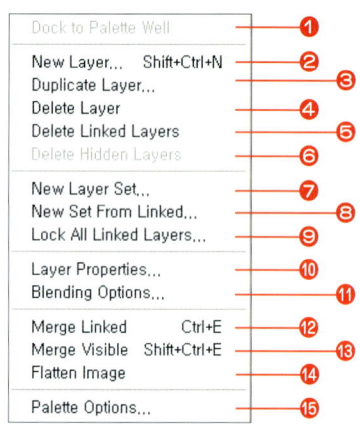

⓭ Merge Visible : 사람 눈 모양의 아이콘이 켜져 있는 레이어들을 모두 합칩니다.

⓮ Flatten Image : 모든 레이어를 한장의 Back-ground Layer로 만듭니다.

⓯ Palette Options : 레이어 이미지의 미리 보기 창에 대한 옵션을 조절합니다.

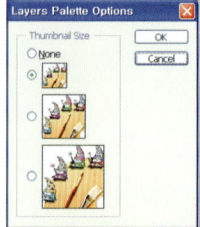

레이어 모드에 대하여

★ 178쪽 펼쳐보기

참고하세요!

Hard Light 모드는 해당 레이어의 이미지에 강한 빛을 비춘듯한 효과에 의해 생기는 음영을 밑에 있는 레이어에 적용합니다.

5 레이어 팔레트 상단의 레이어 모드 아이콘을 클릭하여 Hard Light 모드를 선택합니다.

6 File → Save As 메뉴에 'Layer-03.psd'를 입력하여 작업 파일을 포토샵 포맷으로 저장합니다.

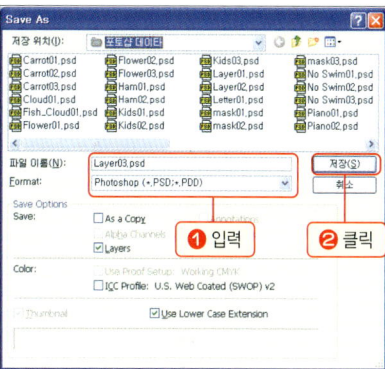

❶ 입력 ❷ 클릭

>>궁금해요!

레이어 스타일 단축 메뉴

레이어 스타일이 적용된 레이어에 커서를 놓고 마우스 오른쪽 버튼을 클릭하면 나타나는 메뉴입니다. 마스크 레이어, 텍스트 레이어 등 각각의 레이어 상태에 따라 나타나는 단축 메뉴가 조금씩 다르므로 상황에 따라 적용할 줄 알아야 합니다.

❶ Layer Style : 레이어 스타일을 단축 적용합니다.

❷ Copy Layer Style : 현재 선택된 레이어에 적용된 레이어 스타일을 복사합니다.

❸ Paste Layer Style : 복사한 레이어 스타일을 적용합니다.

❹ Paste Layer Style to Linked : 복사한 레이어 스타일을 링크된 모든 레이어에 적용합니다.

❺ Clear Layer Style : 적용된 레이어 스타일 제거합니다.

❻ Global Light : 전체 레이어에 조명 효과 적용합니다.

❼ Create Layers : 레이어와 레이어 스타일을 분리하여 원래의 레이어와 스타일만 적용된 레이어로 분리합니다.

❽ Hide All Effects : 레이어 스타일을 보이지 않게 합니다. 레이어 스타일을 없애는 것은 아닙니다.

❾ Scale Effects : 레이어 스타일의 적용 범위를 조절합니다.

02 레이어 마스크를 이용한 이미지 합성

레이어 팔레트에서 제공하는 퀵 마스크 모드를 사용하여 레이어들 간의 이미지 합성 방법을 배워보겠습니다.

>>CD-ROM
부록 CD〉예제파일〉Part 2〉
Layer04.psd

1 File → Open 메뉴에서 'Layer-04.psd' 파일을 엽니다.

>>CD-ROM
부록 CD〉예제파일〉Part 2〉
Layer05.psd

2 다시 File → Open 메뉴에서 'Layer-05.psd' 파일을 엽니다.

○ hot key
이동 툴 : V

3 툴 박스에서 이동 툴을 선택한 다음 이미지를 클릭하여 'Layer04.psd' 도큐먼트 위로 드래그해 옮깁니다.

4 이동 툴로 옮겨온 이미지를 도큐먼트
에 꼭 맞도록 이동시킵니다.

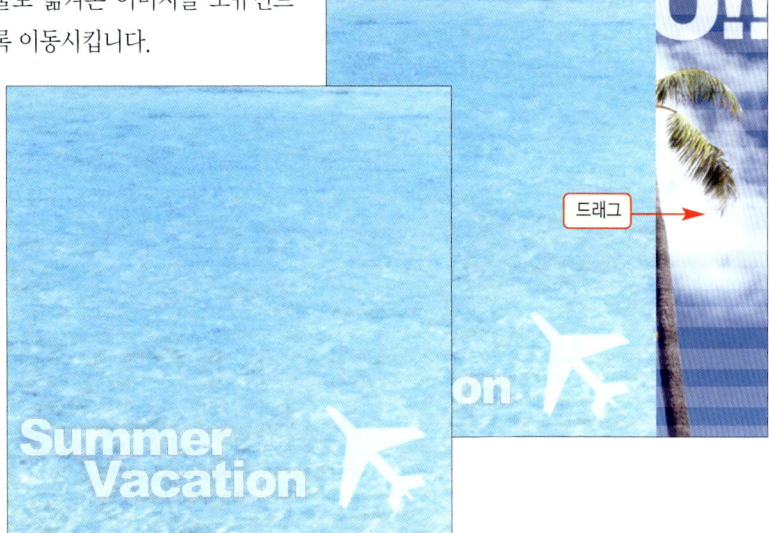

드래그

5 레이어 팔레트 하단의 퀵 마스크 아이
콘을 클릭합니다.

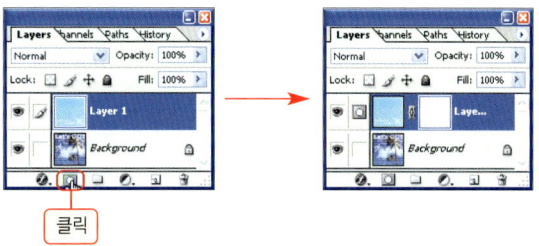

클릭

6 툴 박스에서 그라디언트 툴을 선택하
고 윈도우 상단의 그라디언트 옵션 바의 그
라디언트가 검은색에서 흰색으로 변하는
그라디언트인지 확인합니다.

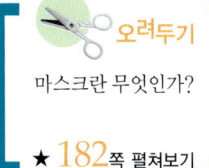

오려두기

마스크란 무엇인가?

★ 182쪽 펼쳐보기

클릭

참고하세요!

퀵 마스크 아이콘을 클릭하면 현재 레이어 미리 보기 옆에 링크 아이콘과 함께 조그만 창이 나타납니다. 이 창이 있으면 이 레이어
는 퀵 마스크가 적용되어 있다는 것을 알 수 있습니다.

참고하세요!

이때 나타나는 얇은 선은 현재 작업하고 있는 그래데이션이 적용되는 방향을 가리키고 있습니다.

7 마우스로 도큐먼트 상단을 클릭한 후 Shift 키를 누른 채 도큐먼트 아래쪽을 향해 드래그합니다.

8 File → Save As 메뉴에서 'Layer-06.psd'를 입력하여 작업 파일을 포토샵 포맷으로 저장합니다.

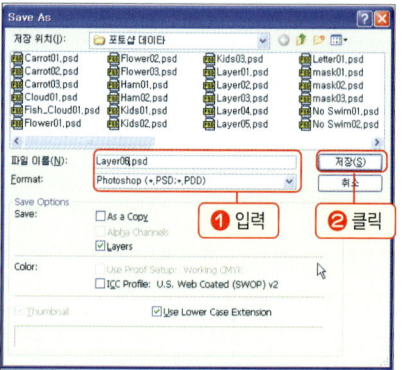

>> 궁금해요!

Shift 키와의 조합

1. Shift 키를 누른 채 그라데이션을 적용하면 수직, 수평 45도로 그라데이션을 적용할 수 있습니다.

 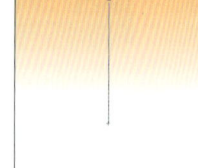 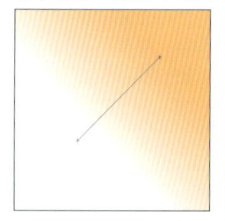 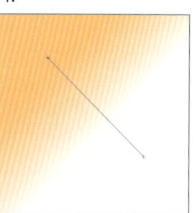

▲ Shift 키+가로로 드래그   ▲ Shift 키+세로로 드래그   ▲ Shift 키+대각선으로 드래그

2. 이 Shift 키는 그라데이션 뿐만 아니라 일반적인 드로잉이나 이미지를 이동시킬 때도 같은 효과를 내기 때문에 매우 유용합니다.

◀ Shift 키를 누른 채 브러시 툴로 그린 수직과 수평선

오려두기

원하는 레이어
빠르게 찾아가기

★ 185쪽 펼쳐보기

>> 궁금해요!

Layer Properties의 용법

1) 레이어에 색 지정하기

Layer Properties 메뉴를 이용하면 레이어에 색을 지정하여 중요한 레이어 또는 분류되어야 하는 레이어를 지정할 수 있습니다.

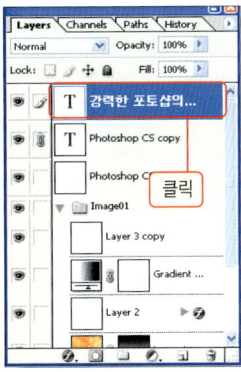

❶ 첫 번째 텍스트 레이어 선택

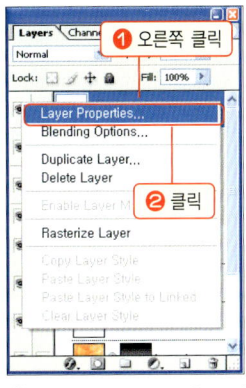

❷ 마우스 오른쪽 버튼을 클릭하여 Layer Properties 메뉴를 선택

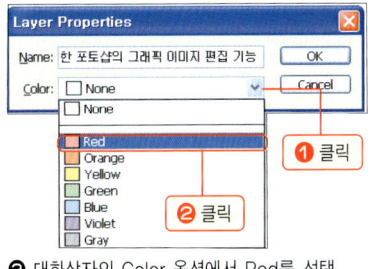

❸ 대화상자의 Color 옵션에서 Red를 선택

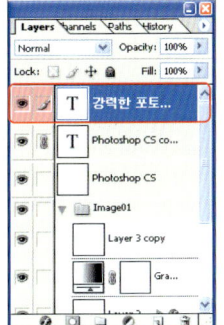

❹ 붉은색으로 분류된 텍스트 레이어

2) 레이어 셋을 이용한 채널 미리 보기

Layer Set Properties 메뉴를 이용하면 레이어 셋 안에 들어있는 이미지를 채널별로 분리하여 미리 보기할 수 있습니다.

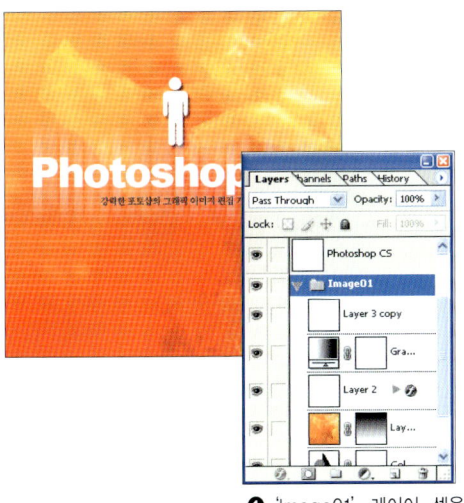

❶ 'Image01' 레이어 셋을 더블클릭

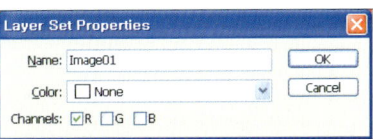

❷ 대화상자 하단의 Channel 옵션에서 G, B 옵션을 클릭하여 선택 해제

❸ Red 채널만 남은 'Image01' 레이어 셋의 이미지

03 레이어 스타일

여러 가지 레이어 스타일을 복합적으로 적용하는 것이 포토샵 초보자에게는 어려운 작업일 수 있습니다. 이때, 레이어 스타일 팔레트의 샘플들을 잘 이용하면 좀 더 쉽게 복잡한 효과들을 적용할 수 있습니다.

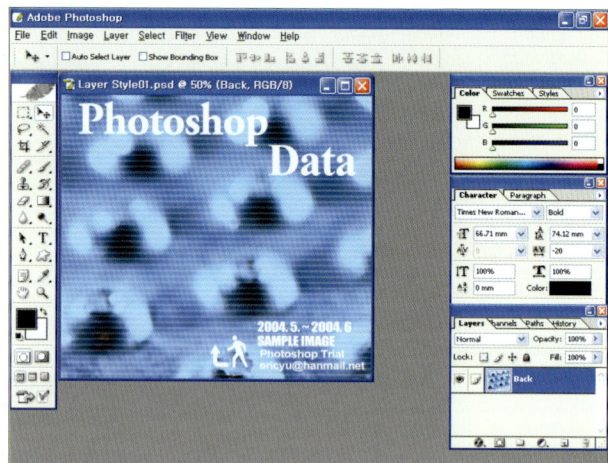

>> CD-ROM
부록 CD〉예제파일〉Part 2〉
Layer Style01.psd

1 File → Open 메뉴로 'Layer Style01.psd' 파일을 엽니다.

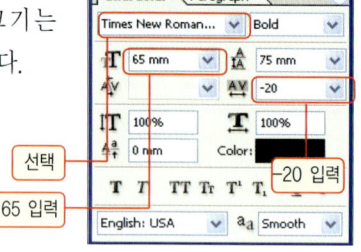
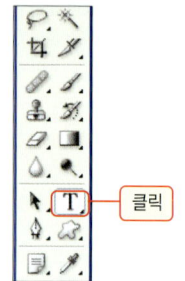

2 문자 팔레트에서 'Time New Roman...' 서체를 선택하고 크기는 '65pt', 자간은 '-20pt'를 지정합니다. 툴 박스에서 문자 툴을 선택합니다.

선택
-20 입력
65 입력
클릭

3 이미지의 'Photoshop' 문자열 밑을 클릭한 뒤 'CD'를 입력하고 Return 키를 쳐서 문자 입력 모드를 해제합니다.

4 레이어 스타일 팔레트 상단의 삼각형 아이콘 (▶)을 클릭한 뒤 'Web Rollover Styles' 메뉴를 선택합니다.

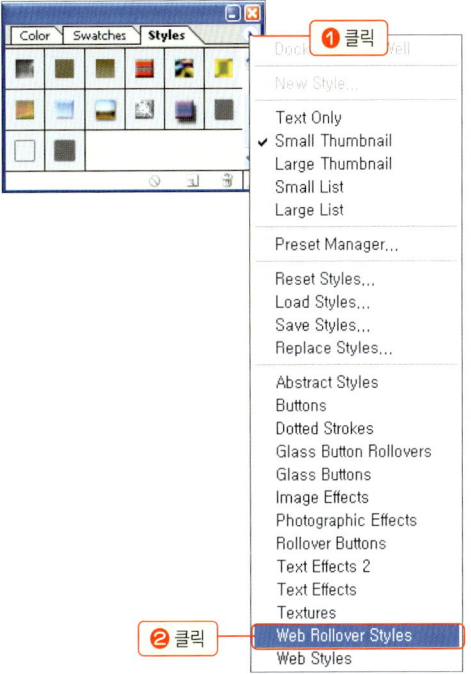

5 대화상자에서 [OK] 버튼을 클릭하면 초기 레이어 스타일의 내용이 Web Rollover Styles 샘플로 바뀝니다.

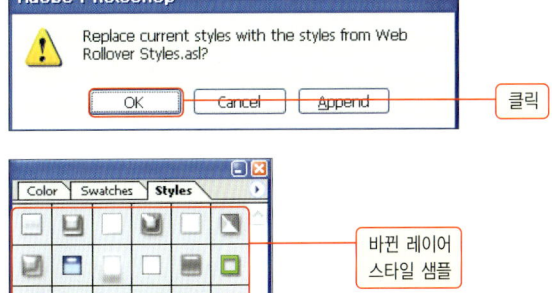

바뀐 레이어 스타일 샘플

6 레이어 스타일 샘플 중 'Crome Button' 샘플을 클릭합니다.

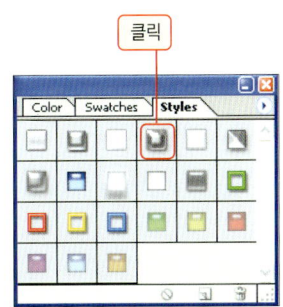

클릭

스타일이 적용된 문자

7 레이어 팔레트를 확인해보면 'CD' 문자 레이어 밑으로 적용된 스타일 내용이 나납니다. 이 스타일 내용 중 Drop Shadow 스타일을 더블클릭합니다.

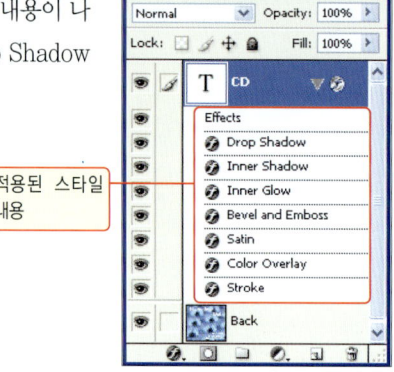

적용된 스타일 내용

더블클릭

8 Layer Style 대화상자에서 몇 가지 옵션을 바꾼 뒤 [OK] 버튼을 클릭합니다.

70 입력

25 입력

15 입력

30 입력

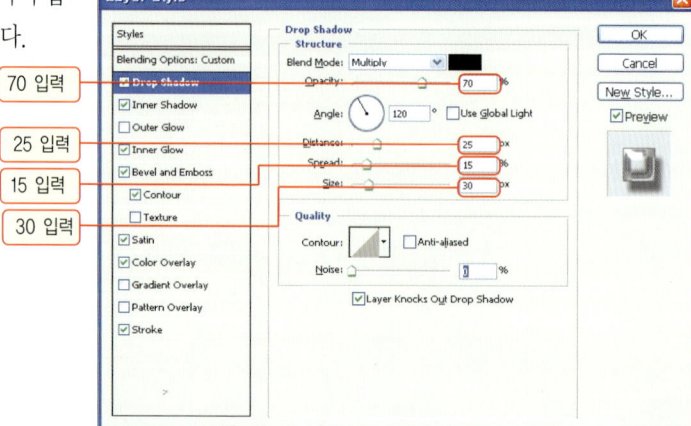

▲ 수정된 스타일이 적용되기 전 이미지

▲ 수정된 스타일이 적용된 후의 이미지

04 레이어 스타일 샘플들

포토샵에서 제공하는 레이어 스타일들 중 자주 사용되는 몇 가지 스타일을 알아보겠습니다.

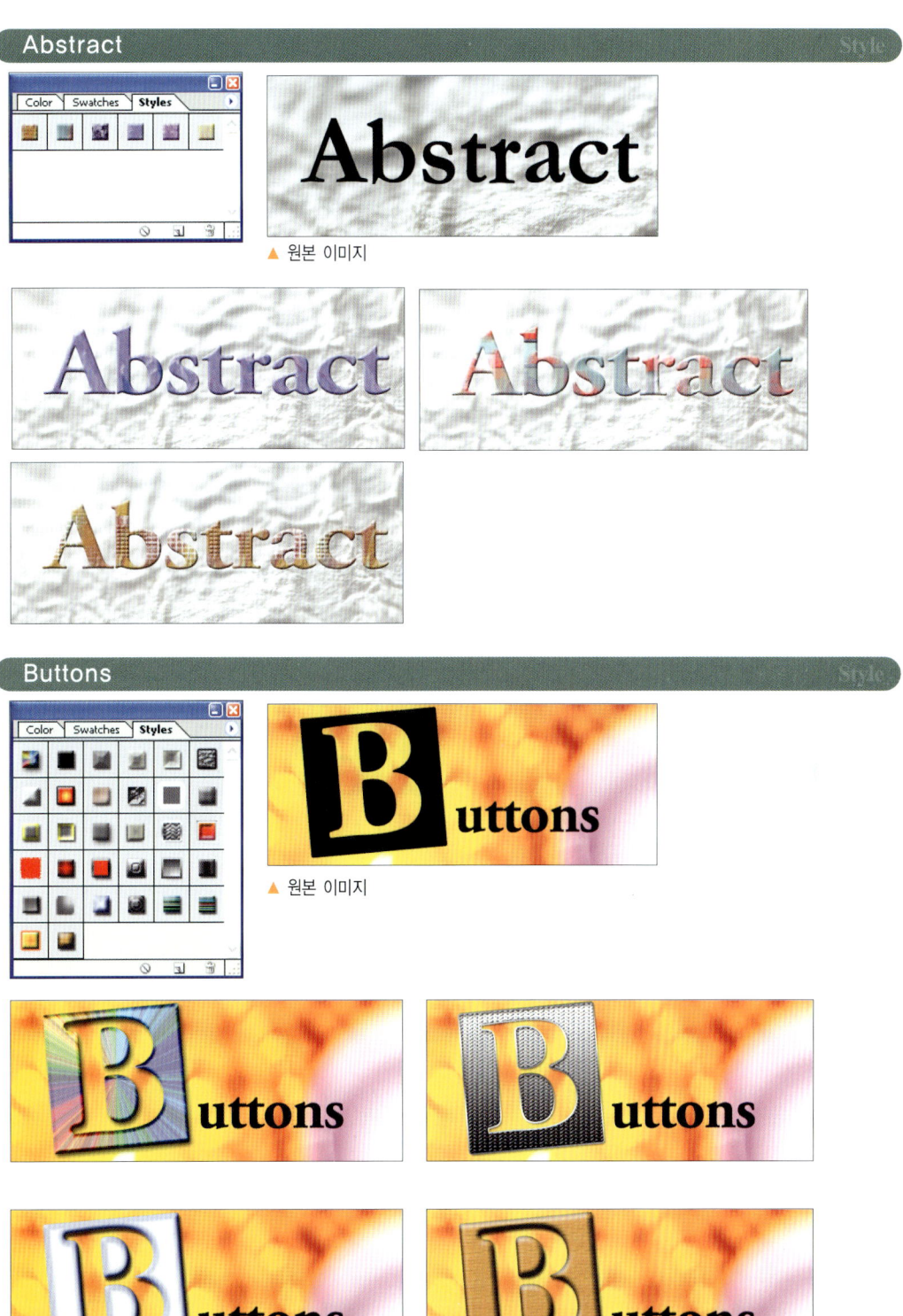

▲ 원본 이미지

▲ 원본 이미지

Dot Stroke

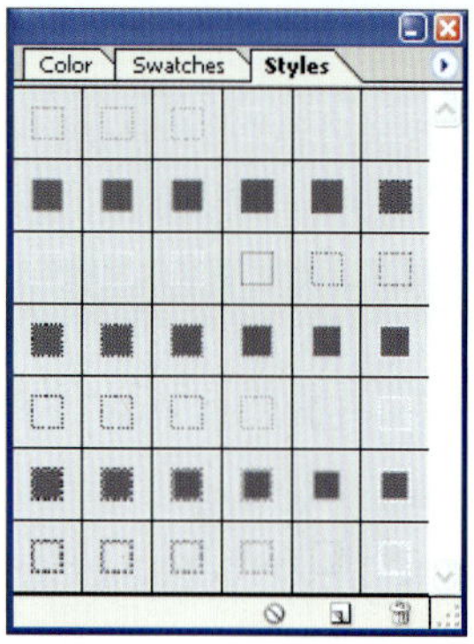

▲ 원본 이미지

Text Effect

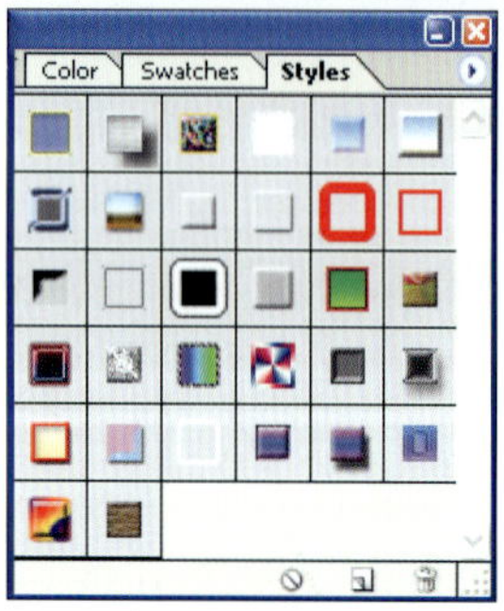

▲ 원본 이미지

Web Rollover

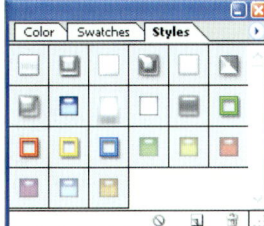

▲ 원본 이미지

Texture

▲ 원본 이미지

167 page ★ 오려둔 것 펼쳐보기

레이어 모드

레이어 팔레트의 레이어 블렌딩 모드를 이용하면 각각의 레이어에 있는 이미지들을 여러 가지 방법으로 합성할 수 있습니다. 포토샵에서 제공하고 있는 레이어 모드들에 대해 알아보겠습니다.

>>CD-ROM
부록 CD〉예제파일〉Part 2〉
Layer Sample03.psd

'Layer 1'

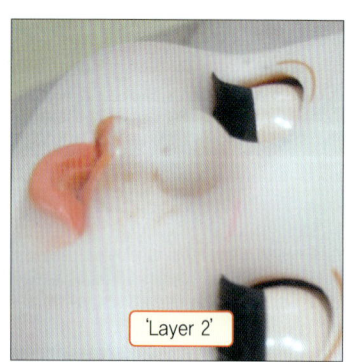
'Layer 2'

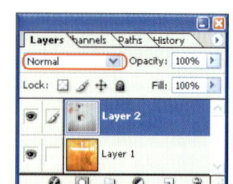

1 Dissolve : 픽셀 단위로 흩뿌린 듯한 효과로 표현합니다.

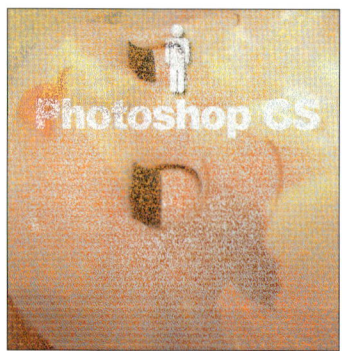

2 Darken : 어두운 부분은 Layer 2의 이미지를 밝은 부분은 Layer 1의 이미지를 표현합니다.

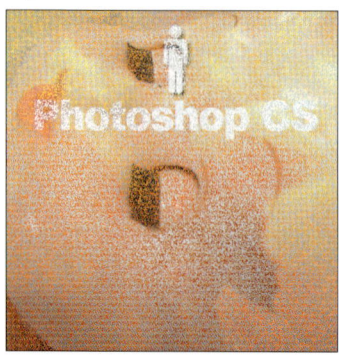

3 Multiply : 두 레이어의 이미지의 색 값을 섞는 효과로 어두운 부분은 더욱 어두워지고 밝은 부분은(추가할 색 값이 없으므로) 변화가 많지 않습니다.

4 Color Burn : 채도가 높아지는 방향으로 표현, 이미지가 추가될수록 어두워집니다.

⑤ Linear Burn : 밝은 부분이 감소하는 방향으로 표현됩니다.

⑥ Lighten : 조명이 비춰진 듯한 부분(밝은 부분)을 중심으로 표현됩니다.

⑦ Screen : 레이어의 위치가 위에 있는 이미지의 채도가 낮은 부분들 사이로 밑에 있는 레이어의 색 값이 걸러져 나타나는 효과입니다. 위에 있는 레이어의 채도와 명도가 낮을수록 밑에 있는 레이어가 두드러집니다.

⑧ Color Dodge : 채도가 낮고 명도가 높을수록 밝게 표현, 이미지를 겹칠수록 밝아집니다.

⑨ Linear Dodge : 어두운 부분을 감소시키는 방향으로 표현됩니다.

⑩ Overlay : 각 이미지의 채도가 결합하여 색 대비가 높아지는 효과입니다.

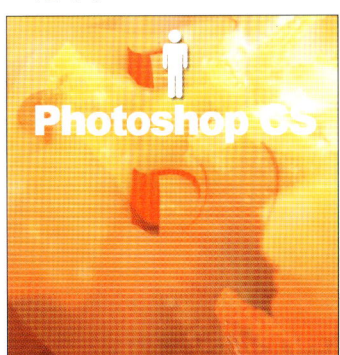

⑪ Soft Light : 위 레이어에 있는 이미지의 어두운 부분을 밝게 해주는 효과입니다.

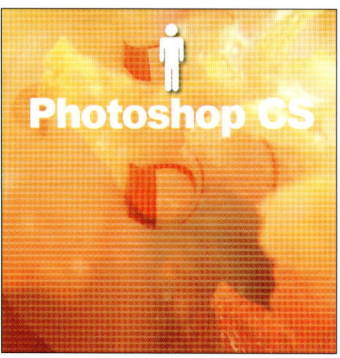

⑫ Hard Light : 위 레이어에 있는 이미지의 어두운 부분을 아주 밝게 해주는 효과입니다.

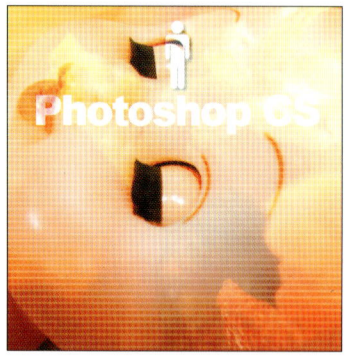

⑬ Vivid Light : Contrast를 많이 높이는 효과입니다.

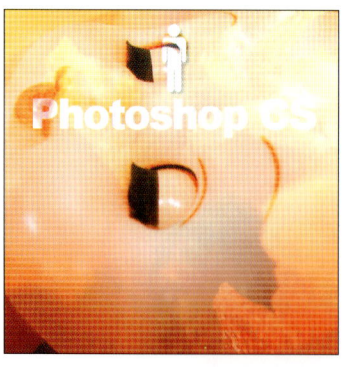

⑭ Linear Light : Contrast를 조금씩 높이는 효과입니다.

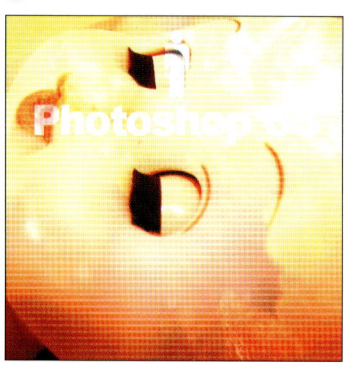

⑮ Pin Light : 어두운 부분은 밝게, 밝은 부분은 어둡게 만드는 효과입니다.

⑯ Hard Mix : 색 수를 줄이면서 거칠게 합성하는 효과입니다.

17 Difference : 명암과 채도를 반대로 적용하는 효과입니다.

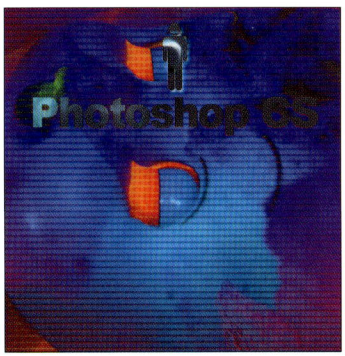

18 Exclusion : 좀 더 밝게 명암과 채도를 반대로 적용하는 효과입니다.

19 Hue : 명도 차의 단계를 줄이는 효과입니다.

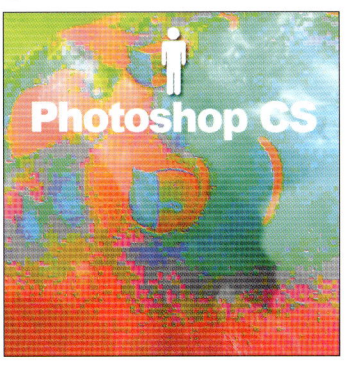

20 Saturation : 채도를 낮추는 효과로 낮은 채도인 부분에 더 많이 적용됩니다.

21 Color : 색 값을 떨어뜨리는 효과입니다.

22 Luminocity : 밑 레이어에 있는 이미지의 밝은 부분의 채도를 떨어뜨려 위의 레이어에 적용하는 효과입니다.

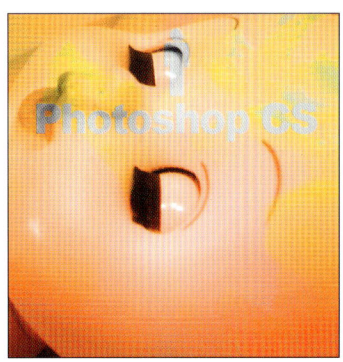

169page ★ 오려둔 것 **펼쳐보기**

Mask란 무엇인가?

Mask란 레이어 마스크 모드 또는 채널 상태에서 검은색 또는 흰색으로 채워진 부분에 의해 나타나는 효과를 말합니다. 이 마스크 효과는 기본적인 내용을 잘 이해할 수만 있다면 여러 가지로 응용이 가능한 유용한 효과이므로 숙지해 둘 필요가 있습니다.
Mask 효과는 레이어 마스크 모드의 Mask와 채널에서의 Mask 두 가지로 나뉩니다.

>> **CD-ROM**
부록 CD〉예제파일〉Part 2〉
Mask04.psd

레이어 마스크 모드에서의 Masking

실제로는 살아있는 이미지의 한 부분이지만 작업 과정에 부분적으로 가려할 부분을 가려주는 효과를 말합니다. 그래픽 작업을 하다보면 단번에 최상의 결과물이 나오는 것이 아니기 때문에 이런저런 시도들을 해보게 됩니다. 이때 당장 보이지 않았으면 좋겠지만 아예 없애버려서도 안되는 이미지의 일부분들을 레이어 마스크 효과를 이용해 가릴 수 있습니다.

▲ 기본적인 레이어 상태

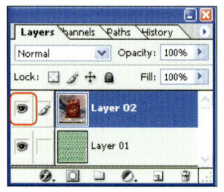

1 레이어 팔레트 하단의 퀵 마스크 아이콘을 클릭하면 레이어 미리 보기 옆에 작은 창이 생기면서 툴 박스의 전경색/배경색 아이콘이 흰색, 검은색으로 바뀝니다(이것은 마스크 효과가 흑백 상태에서만 적용되기 때문입니다).

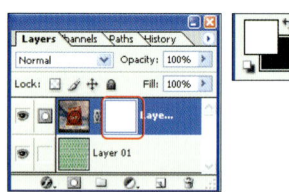

▲ Layer 02를 끈 상태

2 툴 박스에서 원형 선택 툴을 선택합니다. 전경색/배경색 아이콘 우측 상단의 화살표를 클릭해서 전경색을 검은색으로 바꾼 뒤 이미지에 둥근 영역을 선택합니다.

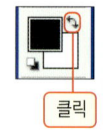

클릭

❸ Edit → Fill 메뉴에서 Foreground(전경색)을 선택하여 [OK] 버튼을 클릭합니다. 채색 영역 내부에 밑에 있는 레이어(Layer 01)의 패턴 이미지가 나타납니다.

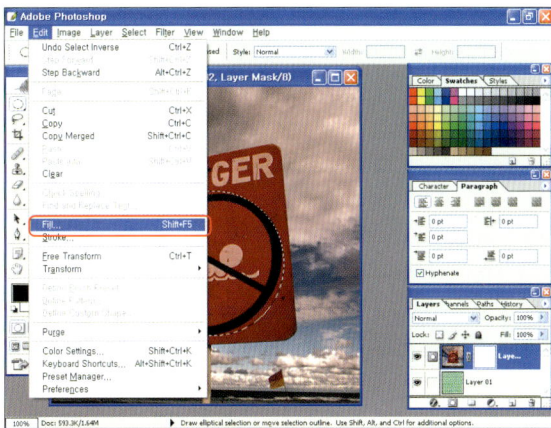

❹ 이때 레이어 팔레트를 살펴보면 레이어 미리 보기 옆의 흰 박스에 조금 전 검은색으로 채색했던 부분이 나타나고 레이어 미리 보기의 이미지에는 아무런 변화가 없습니다. 이것은 이미지 자체에는 어떠한 변형도 가해지지 않았지만 레이어 마스크 효과(검은색이 적용된 마스크)에 의해 마치 이 부분을 잘라낸 것 같은 효과를 주는 것입니다.

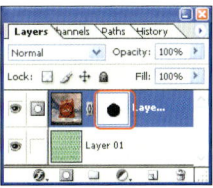

❺ Select → Deselect 메뉴로 선택 영역을 해제합니다. 툴 박스에서 붓 툴을 선택해 드로잉해보면 드로잉한 부분에 같은 레이어 마스크 효과가 나타납니다.

❻ 없어진 것처럼 보이는 이 부분을 다시 살리려면 레이어 마스크 미리 보기 창에 커서를 올려놓고 오른쪽 클릭을 하면 나타나는 메뉴에서 Disable Layer Mask 메뉴를 선택하면 됩니다.

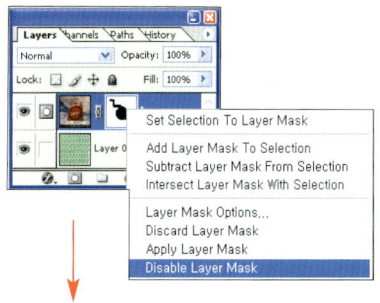

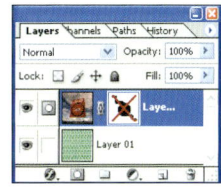

참고하세요!

Shift 키를 누른 채 퀵 마스크 미리 보기 창을 클릭하면 Disable Layer Mask/Enable Layer Mask 효과를 낼 수 있습니다.

>> CD-ROM
부록 CD〉예제파일〉Part 2〉
Mask_Channel01.jpg

채널에서의 Masking

채널에서의 마스크 작업은 선택 영역을 저장하는 기능이 있습니다. 섬세하게 작업된 선택 영역을 채널에 저장하여 Select → Load Select 메뉴로 언제든지 불러낼 수 있기 때문에 아주 유용한 방법입니다.

1 다각 선택 툴로 영역을 선택합니다.

2 채널 팔레트를 선택해 새 채널 만들기 아이콘을 클릭하여 알파 채널(Alpha 1)을 만듭니다.

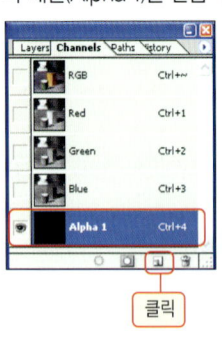

클릭

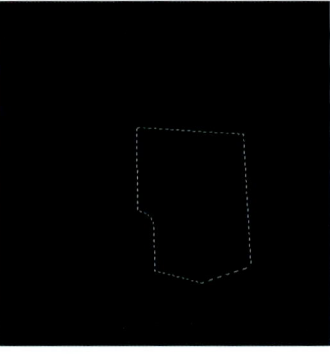

3 배경색이 흰색인 경우 Edit → Fill 메뉴에서 Background Color를 선택합니다. 선택 영역을 흰색으로 채운 뒤 Select → Deselect 메뉴를 선택해 선택 영역을 해제합니다.

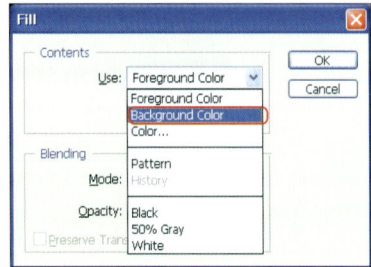

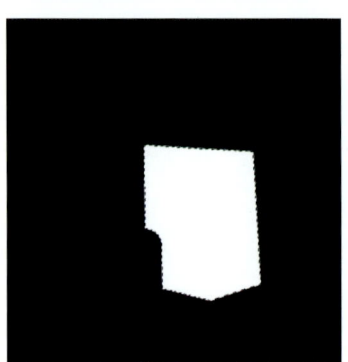

참고하세요!

알파 채널에서는 흰 부분만 선택 영역으로 저장됩니다.

4 레이어 팔레트에서 이미지가 있는 레이어를 클릭한 뒤 Select → Load Select 메뉴에서 선택 영역이 저장되어 있는 Alpha 1 채널을 선택하면 조금 전 해제했던 영역을 다시 불러올 수 있습니다.

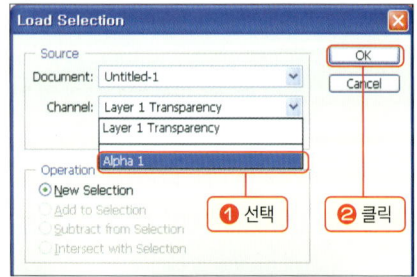

1 선택   **2** 클릭

171page ★ 오려둔 것 **펼쳐보기**

원하는 레이어 빠르게 찾아가기

레이어 수가 많아지면 현재 수정이 필요한 이미지의 한 부분이 어떤 레이어에 들어있는지 쉽게 알 수 없는 경우가 있습니다. 이때 레이어 팔레트를 보지 않고도 원하는 이미지가 있는 레이어를 바로 선택할 수 있는 두 가지 방법이 있습니다.

레이어 단축 메뉴 이용하기

이동 툴(➤+)이 선택된 상태에서 이미지의 원하는 부분에 커서를 놓고 마우스 오른쪽 버튼을 클릭하면 해당 이미지의 밑에 위치한 레이어들의 이름이 나타납니다. 이 중 하나의 레이어 이름을 선택하면 해당 레이어가 자동으로 선택됩니다.

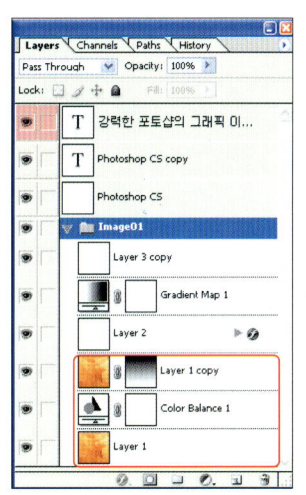

▲ 'Layer 3 copy' 레이어에 해당하는 이미지에 커서를 놓고 마우스 오른쪽 버튼을 클릭 하면 밑에 있는 레이어의 이름들이 나타납니다.

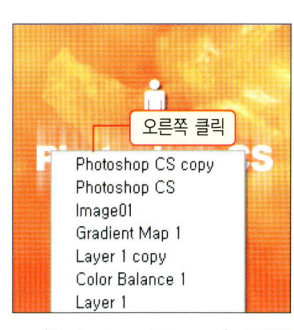

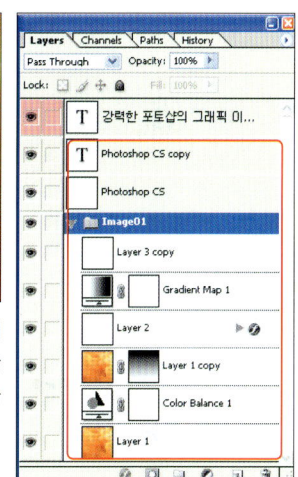

▲ 'Photoshop CS copy' 문자에 커서를 놓고 마우스 오른쪽 버튼을 클릭을 하면 밑에 있는 레이어 이름들이 나타납니다.

이동 툴을 이용해 직업 선택하기

이동 툴이 선택된 상태에서 윈도우 상단의 옵션 바에 있는 Auto Select Layer 옵션을 선택한 뒤 이동 툴로 원하는 이미지를 클릭하면 해당 레이어가 바로 선택됩니다.

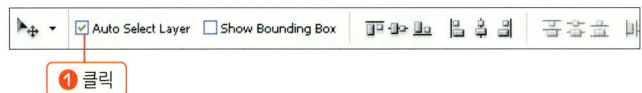

❶ 클릭

❷ 클릭

❸ 'Photoshop CS' 문자가 있는 레이어가 선택됩니다.

Photoshop CS

>>02 이미지를 자유자재로 −이미지 편집

포토샵의 이미지 편집 기능은 이미 널리 입증이 되었을 만큼 강력합니다. 이번 섹션에서는 이미지를 자르고, 키우고, 붙이는 등 이미지 변형과 편집 방법을 알아보겠습니다. 변형과 관련된 대부분의 메뉴는 Edit 메뉴에 들어 있다는 점을 알아두시기 바랍니다.

✚ Image Preview

 ✚  =

▲ Channel을 이용한 이미지 추출

 ✚  =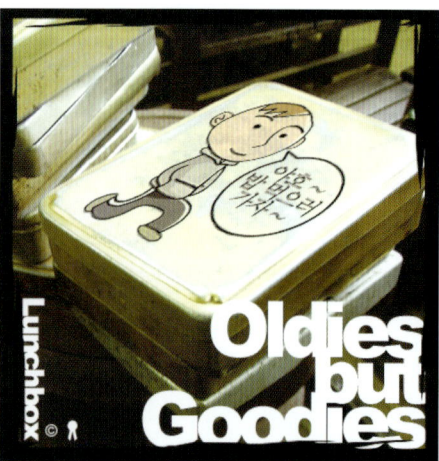

▲ free Transform 기능을 이용한 이미지 변형

01 이미지 추출하여 합성하기

아이의 이미지를 추출해서 다른 배경의 이미지와 합성하는 법을 배우겠습니다. 특히 소스 이미지에서 추출하려는 부분이 털이나 머리카락 등이 포함된 이미지의 경우 채널을 이용하는 방법이 가장 손쉽습니다.

1 File → Open 메뉴로 'Edit01.psd' 파일을 엽니다.

2 'Edit01.psd' 파일의 이미지는 모자에 달린 털 부분 때문에 일반적인 펜 툴이나 다각 선택 툴로 일일이 선택 하기가 어렵습니다. 이럴 때는 채널을 이용하여 좀 더 빠르고 간편하게 이미지를 추출할 수 있습니다. 채널 팔레트를 선택하여 RGB 채널 중 흑백 명암의 차이가 가장 큰 Blue 채널을 선택합니다.

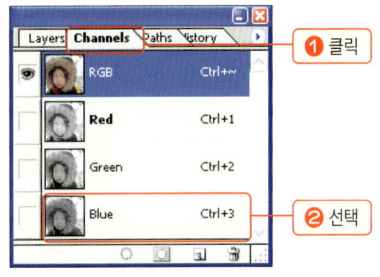

❶ 클릭

❷ 선택

▲ Red 채널을 선택했을 때의 이미지

▲ Green 채널을 선택했을 때의 이미지

▲ Blue 채널을 선택했을 때의 이미지

> > 궁금해요 !

Channel과 색 분해

채널이란 이미지의 색을 기본색으로 즉, 빛의 삼원색인 R, G, B나 색의 삼원색인 C, M, Y, K 로 분리하여 나타내는 것을 말합니다. 색 분해는 이미지의 선명도를 조절하거나 영역 선택, 출력 등 다양한 부분에서 유용하게 사용되기 때문에 대략적인 이해가 필요합니다.

RGB

Red, Green, Blue 세 가지 빛의 삼원색을 말합니다. 색이 더해질수록 밝아지기 때문에 가산혼합이라고도 합니다. 주로 비디오, 영상, TV 등 광학 출력에 사용됩니다. RGB 모드의 채널 팔레트는 RGB가 혼합된 채널을 포함해 네 개의 채널로 표시됩니다.

현재의 이미지가 RGB인지 CMYK인지 확인하는 방법은 두 가지입니다.

(1) 도큐먼트 상단에 표시된 현재 이미지의 Color Mode
(2) Image → Mode 메뉴에 체크되어 있는 모드

CMYK

Cyan, Magenta, Yellow, 세 가지 색(안료)의 삼원색에 blacK을 포함시킨 모드를 의미합니다. blacK이 들어간 이유는 사실상 CMY의 삼원색만으로는 완벽한(100%) Black 색을 표현할 수 없기 때문입니다. 색이 추가될수록 어두워지기 때문에 감산혼합이라고도 합니다.

주로 인쇄물의 출력과 관련되어 사용됩니다. CMYK 모드의 채널 팔레트는 CMYK가 혼합된 채널을 포함해 다섯 개의 채널로 표시됩니다.

예를 들어 CMYK 채널 중 Magenta 채널의 눈 모양의 아이콘(Channel Visibility)을 끄면 CMYK 혼합 채널의 눈 모양의 아이콘이 꺼지는 동시에 도큐먼트의 이미지에서 붉은 색이 제거된 이미지가 표시됩니다.

CMYK로 분리되어 인쇄를 할 경우에는 각각의 색 잉크(또는 안료)를 순서대로 뿌려나가면서 색을 추가하는 방식이 사용됩니다.

참고하세요!

Blue 채널의 이미지가 Multiply 모드로 중복 계산된 이미지를 의미합니다.

3 선택한 Blue 채널의 어두운 부분을 강조하기 위해 Image → Calculation 메뉴를 선택하고 대화상자에서 [OK] 버튼을 클릭합니다.

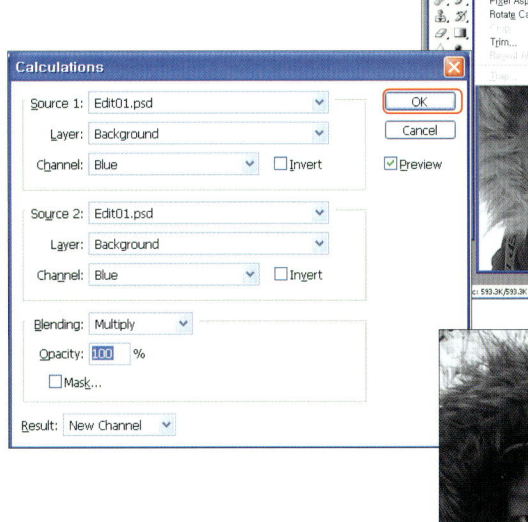

○ hot key

Curves : Ctrl + M

4 명암을 좀 더 강하게 하기 위해 Image → Curves 메뉴를 선택하고 대화상자의 그래프를 다음과 같이 조절한 뒤 [OK] 버튼을 클릭합니다.

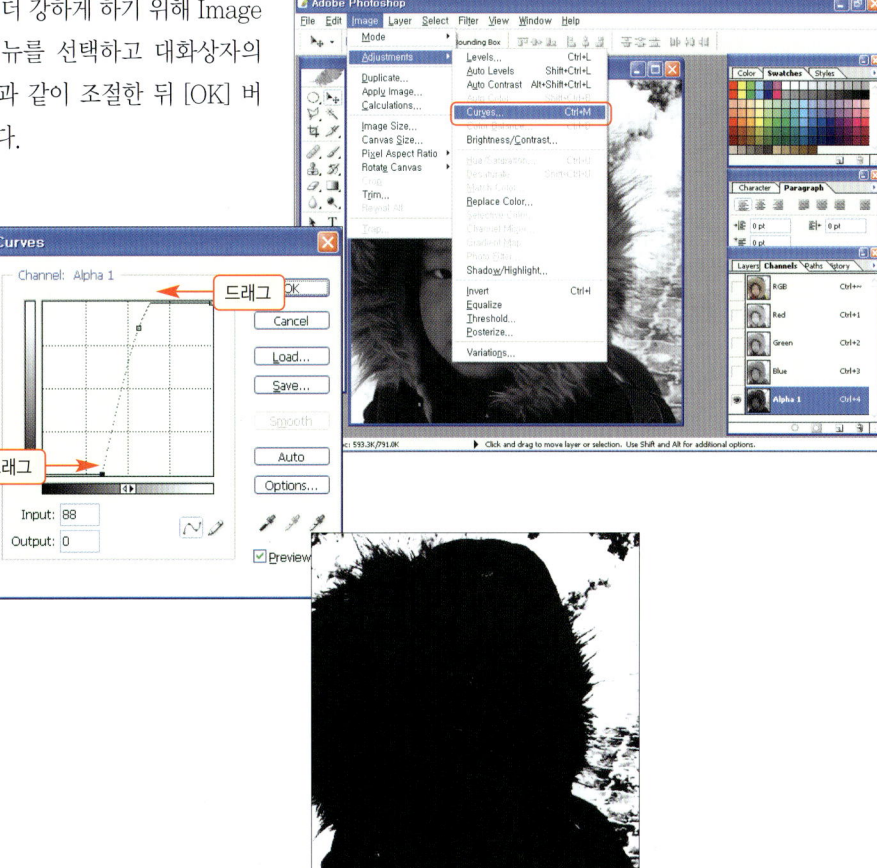

189

>> 궁 금 해 요 !

Curves 대화상자

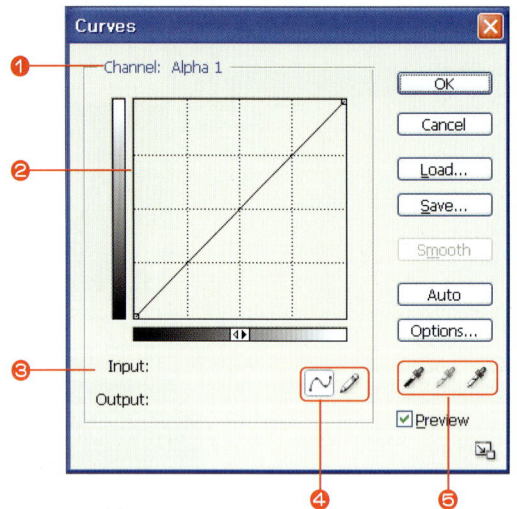

❶ Channel : 이미지의 각 채널 별로 Curves 메뉴를 적용할
수 있습니다.

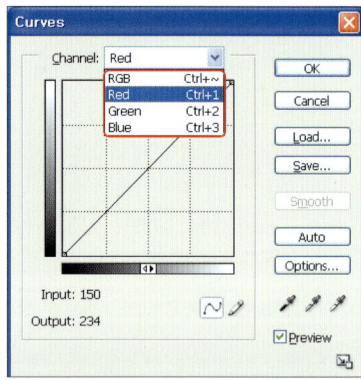

❷ Curves Graph : 그래프의 라인을 조절하여 이미지의 음영
에 따른 색을 조절합니다.

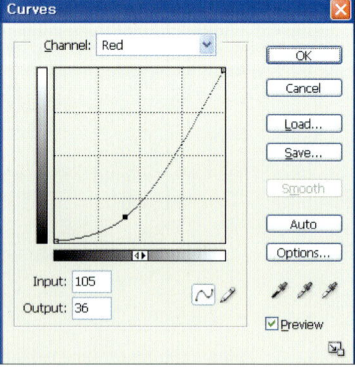

❸ Input/Output : Curves Graph를 수치 입력으로 조절하는 옵션입니다.
❹ Free Set : 연필 모양의 아이콘(   )으로 자유로운 음영 그래프를 그린 뒤 그래프 아이콘(   )으로 지정합니다.
❺ Black/Gray/White Set : 스포이트로 이미지에 직접 영역을 지정하여 그 영역의 음영을 조절하는 옵션입니다.

hot key

브러시 툴 : B

5 툴 박스에서 브러시 툴을 선택하고 전
경색을 검은색으로 선택한 뒤 추출하려는
이미지 내부에 있는 회색 얼룩들에 칠을 해
서 검은색을 만듭니다.

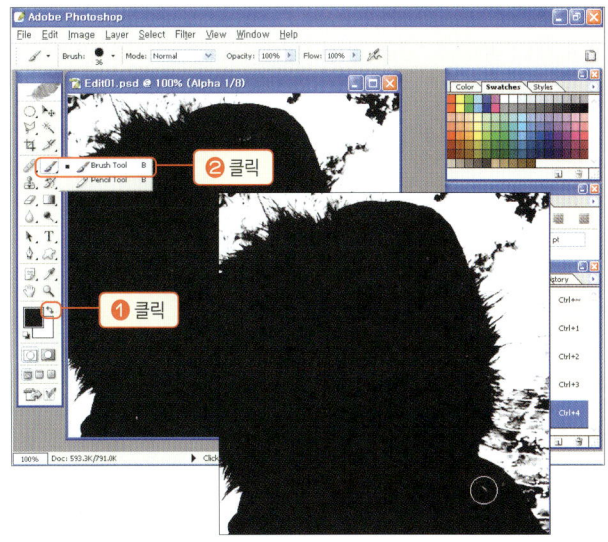

hot key

전경색/배경색 전환 :

Shift + X

6 툴 박스에서 전경색을 흰색으로 선택
한 뒤 추출하려는 이미지 외부의 검은색들
을 지웁니다.

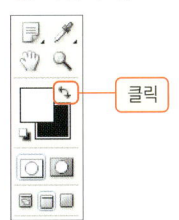

7 브러시 툴의 Size를 조절하면서 세부
적인 부분들을 흰색으로 지운 뒤 레이어 팔
레트를 선택하여 일반 모드로 바꿉니다.

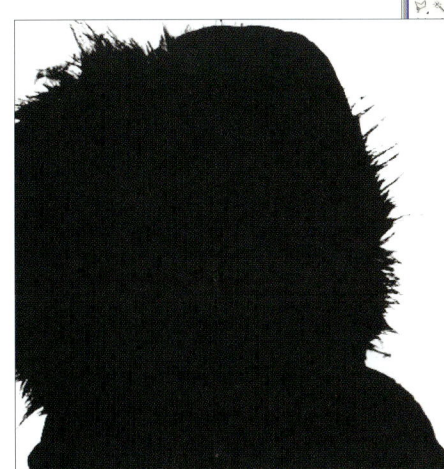

참고하세요!

채널 팔레트의 Alpha 1 채
널에서 흰색인 부분(추출하려
는 이미지를 제외한 부분)이
선택 영역으로 나타납니다.
때문에 채널 단계에서 미리
Image → Adjustments →
Invert 메뉴를 이용하여 흑
백을 전환해 두어도 됩니다.

✂ 오려두기

이미지 편집을 이용한
파노라마 이미지 만들기

★ 199쪽 펼쳐보기

🔵 hot key

선택 영역 전환 :

Ctrl + Shift + I

>>CD-ROM

부록 CD>예제파일>Part 02>
Edit02.psd

8 Select → Load Selection 메뉴를 선
택하고 Channel 옵션에서 Alpha 1 채널
을 선택한 뒤 [OK] 버튼을 클릭합니다.

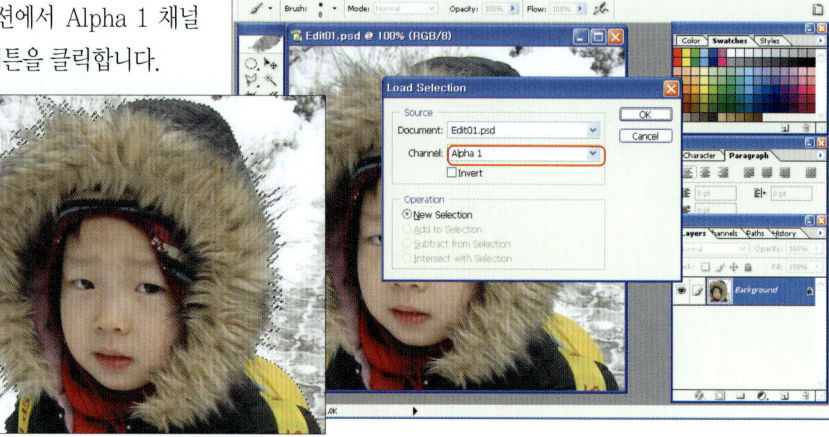

9 Select → Inverse 메뉴를 선택해 선
택 영역을 전환한 뒤 Edit → Copy 메뉴를
선택해 선택 영역을 복사합니다.

10 File → Open 메뉴로 'Edit02-
.psd' 파일을 열고 Edit → Paste 메뉴를
선택해 복사해 주었던 이미지를 붙여넣습
니다.

Free Trasform
옵션 바

★ 201쪽 펼쳐보기

○ hot key

Free Transform :
Ctrl + T

11 Edit → Free Transform 메뉴를 선택한 뒤 윈도우 상단의 옵션 바 중 가로, 세로 변형 옵션에 각각 70%를 입력하고 Commit Transform 아이콘을 클릭하여 Free Transform 모드를 종료합니다.

12 툴 박스에서 이동 툴을 선택하여 축소된 이미지를 적절한 위치로 이동시킵니다.
File → Save As 메뉴에서 'Edit03.psd'를 입력하여 포토샵 포맷으로 저장합니다.

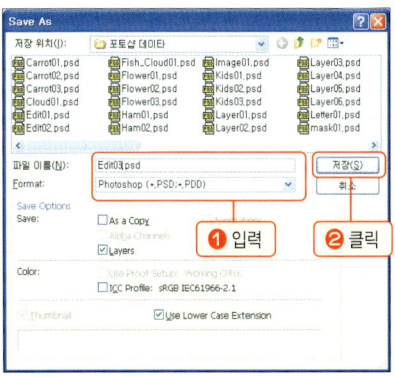

02 이미지 변형하여 합성하기

이미지의 왜곡된 면에 다른 이미지를 합성하기 위해 Free Transform 메뉴를 사용하여 변형, 합성해 보겠습니다.

1 File → Open 메뉴에서 'Edit-04.psd', 'Edit05.psd' 파일을 엽니다.

2 툴 박스에서 이동 툴을 선택한 뒤 'Edit05.psd'의 캐릭터 이미지를 클릭하여 'Edit04.psd' 도큐먼트 위로 드래그합니다.

3 'Edit04.psd' 도큐먼트를 선택한 뒤 이동 툴로 캐릭터 이미지를 클릭하여 도큐먼트 중앙으로 이동합니다.

드래그

Transform 명령 실행시 나타나는 테두리를 바운딩 박스라고 부릅니다.

hot key

Free Transform :
Ctrl + T

4 Edit → Free Transform 메뉴를 선택합니다.

>> 궁금해요!

Edit 메뉴의 Transform과 Image 메뉴의 Rotate Canvas

초보자의 경우 종종 혼란스러워 하는 Edit 메뉴의 Transform과 Image 메뉴의 Rotate Canvas 메뉴의 차이에 대해 알아보겠습니다.

(1) Edit → Transform → Rotate 180°, Rotate 90°CW, Rotate 90°CCW, Flip Horizontal, Flip Vertical : 현재 선택되어 있는 레이어의 이미지 또는 영역 선택이 되어 있는 부분만을 변형합니다.

(2) Image → Rotate Canvas → Rotate 180°, Rotate 90°CW, Rotate 90oCCW, Flip Canvas Hori-zontal, Flip Canvas Vertical : 레이어나 선택 영역 등에 상관없이 전체 이미지 즉 도큐먼트 자체를 변형합니다.

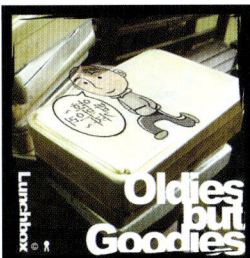

▲ Edit → Transform → Flip Horizontal 메뉴를 적용

▲ Image → Rotate Canvas → Flip Canvas Horizontal 메뉴를 적용

195

>> 궁금해요!

Transform의 종류

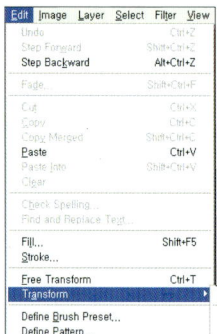

이미지를 형태를 변형하기 위해 사용되는 Transform 메뉴는 기본적인 변형 메뉴 모음인 Transform 메뉴와 이 변형 메뉴를 모두 모아 놓은 Free Transform 메뉴로 나뉩니다. Transform 메뉴를 통해 기본적인 변형 방법들을 알아보겠습니다.

원본 이미지 ▶

▲ Scale
이미지의 크기를 변형합니다.

▲ Rotate
이미지를 회전시키는 변형입니다.

▲ Skew
이미지를 한쪽 방향으로 기울이며 변형합니다.

▲ Distort
이미지의 네 귀퉁이를 움직여 변형합니다.

▲ Perspective
이미지의 한 변을 늘이거나 줄여서 변형합니다.

▲ Rotate 180°
이미지를 180도로 회전하는 변형입니다.

▲ Rotate 90° CW
이미지를 오른쪽으로 90도로 회전하는 변형입니다.

▲ Rotate 90° CCW
이미지를 왼쪽으로 90도 회전하는 변형입니다.

▲ Flip Horizontal
이미지의 좌우를 바꾸는 변형입니다.

▲ Flip Vertical
이미지의 상하를 바꾸는 변형입니다.

5 Ctrl 키를 누른 채 커서를 바운딩 박스의 한 귀퉁이 위에 올려놓으면 작은 삼각형 커서로 바뀝니다. 이 커서가 나타났을 때 바운딩 박스 네 귀퉁이를 차례로 도시락 이미지의 네 귀퉁이가 위로 이동합니다.

> > **궁금해요!**

Free Transform 옵션 바

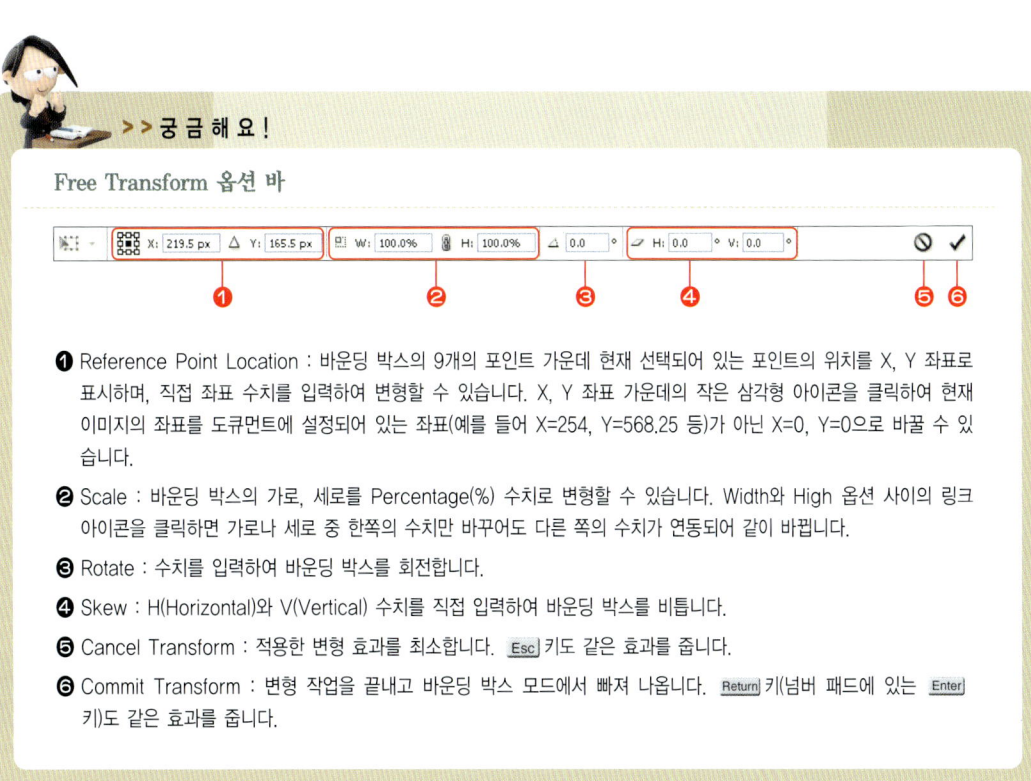

❶ Reference Point Location : 바운딩 박스의 9개의 포인트 가운데 현재 선택되어 있는 포인트의 위치를 X, Y 좌표로 표시하며, 직접 좌표 수치를 입력하여 변형할 수 있습니다. X, Y 좌표 가운데의 작은 삼각형 아이콘을 클릭하여 현재 이미지의 좌표를 도큐먼트에 설정되어 있는 좌표(예를 들어 X=254, Y=568.25 등)가 아닌 X=0, Y=0으로 바꿀 수 있습니다.

❷ Scale : 바운딩 박스의 가로, 세로를 Percentage(%) 수치로 변형할 수 있습니다. Width와 High 옵션 사이의 링크 아이콘을 클릭하면 가로나 세로 중 한쪽의 수치만 바꾸어도 다른 쪽의 수치가 연동되어 같이 바뀝니다.

❸ Rotate : 수치를 입력하여 바운딩 박스를 회전합니다.

❹ Skew : H(Horizontal)와 V(Vertical) 수치를 직접 입력하여 바운딩 박스를 비틉니다.

❺ Cancel Transform : 적용한 변형 효과를 최소합니다. Esc 키도 같은 효과를 줍니다.

❻ Commit Transform : 변형 작업을 끝내고 바운딩 박스 모드에서 빠져 나옵니다. Return 키(넘버 패드에 있는 Enter 키)도 같은 효과를 줍니다.

6 캐릭터 이미지가 도시락 뚜껑에 인쇄된 듯한 효과를 주기 위해 레이어 팔레트에서 레이어 모드를 Multiply로 선택합니다. File → Save As 메뉴에서 'Edit06.psd'를 입력하여 포토샵 파일 포맷으로 저장합니다.

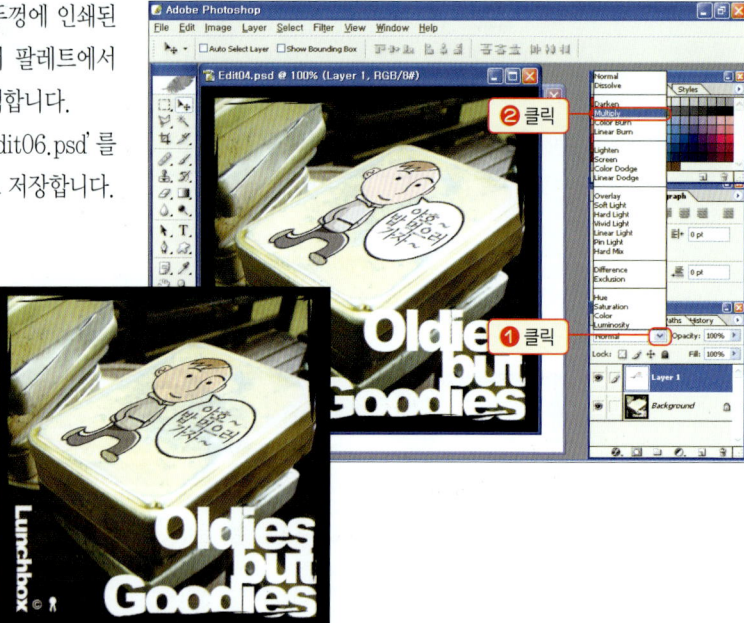

>> 궁 금 해 요!

텍스트 레이어의 Transform

문자를 입력한 레이어는 레이어 팔레트의 미리 보기 창에 T자가 나타나면서 문자의 여러 가지 속성이 저장되어 있습니다. 이런 경우 입력된 문자에 Free Transform 메뉴를 적용하면 Rotate, Skew 등 한정된 모양으로만 변형할 수 있습니다.

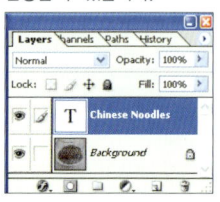

▲ 텍스트 레이어의 정보가 살아있는 경우의 Free Transform

텍스트 레이어의 문자를 자유자재로 변형하려면 텍스트 레이어를 선택한 후 마우스 오른쪽 버튼을 클릭한 뒤 Rasterize Layer 메뉴를 선택하여 문자를 일반 이미지처럼 만들어야 합니다.

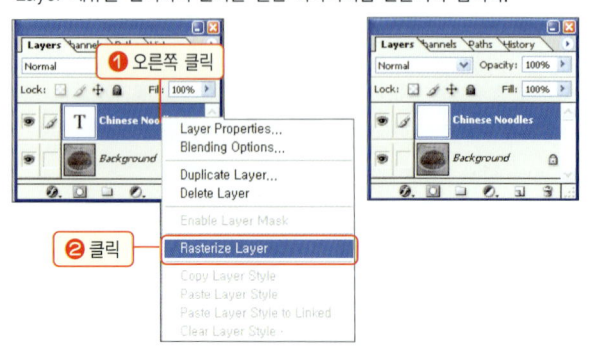

▲ Rasterize Layer 메뉴를 적용한 후의 Free Transform

192page★ 오려둔 것 펼쳐보기

파노라마 이미지 만들기

포토샵 CS의 새로운 기능인 파노라마 이미지 만들기에 대해 알아보겠습니다.

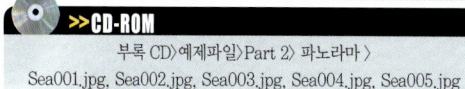

>>CD-ROM
부록 CD〉예제파일〉Part 2〉 파노라마 〉
Sea001.jpg, Sea002.jpg, Sea003.jpg, Sea004.jpg, Sea005.jpg

① 디지털 카메라로 나누어 찍은 풍경 이미지를 하나의 폴더 안에 jpg 파일 포맷으로 저장하여 모아둡니다.

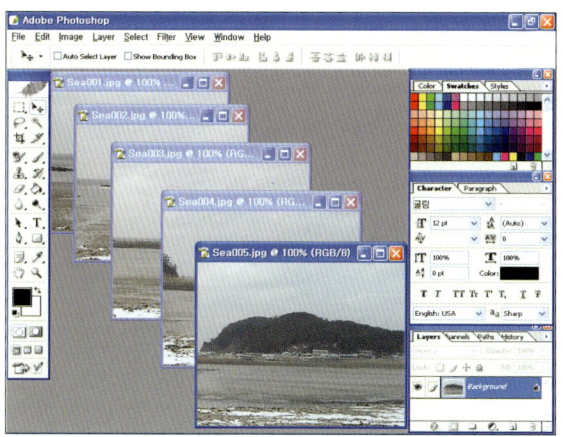

② File → Automate → Photomerge 메뉴를 선택합니다.

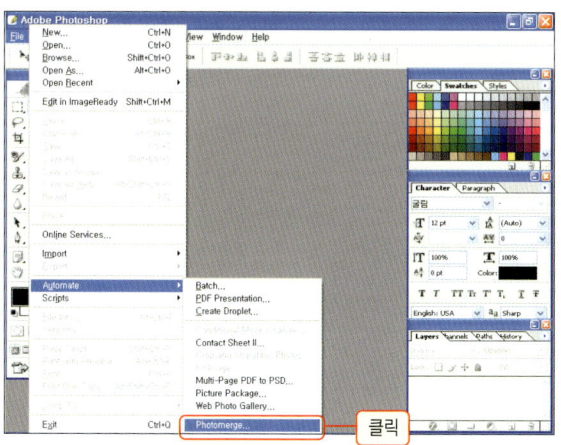

③ Photomerge 대화상자의 Use 옵션에서 File을 선택한 뒤 [Browse] 버튼을 클릭하여 파노라마를 만들려는 파일을 전부 선택합니다.

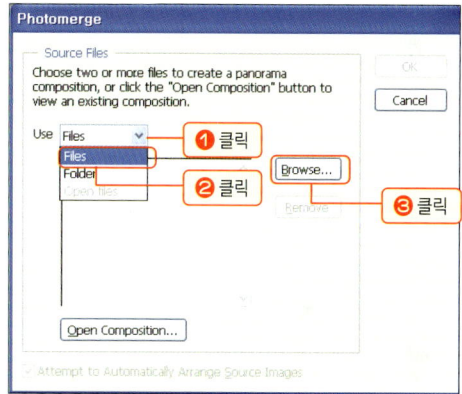

참고하세요!

파노라마 이미지를 만들기 위한 파일만 들어 있는 폴더라면 Use옵션에서 Folder 옵션을 선택하면 편리합니다.

④ 필요한 파일이 모드 선택 되었는지 확인한 후 [OK] 버튼을 클릭합니다.

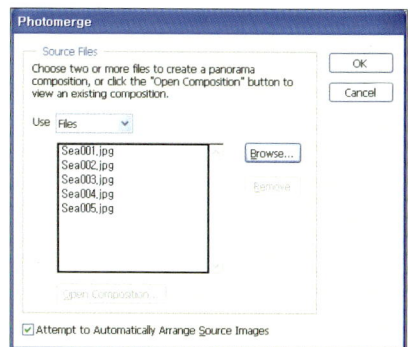

5 각 이미지의 연결 부위가 잘 맞는지 확인 한 후 [OK] 버튼을 클릭합니다.

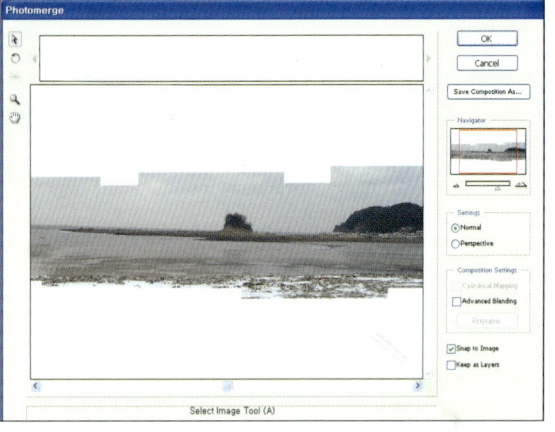

6 사각 선택 툴로 원하는 부분만을 선택한 뒤 Edit → Crop 메뉴를 선택하고 File → Save As 메뉴로 저장합니다.

▲ 원본 이미지들

▲ 최종 파노라마 이미지

193page ★ 오려둔 것 펼쳐보기

Free Transform 옵션바

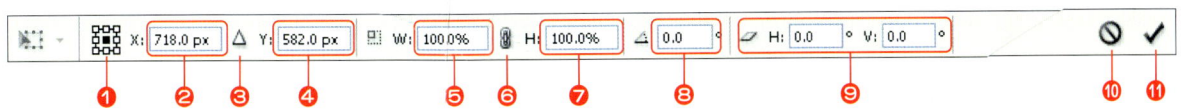

❶ Reference Point Location : 이미지 회전/변형의 중심 축이 되는 포인트를 지정하는 옵션입니다.

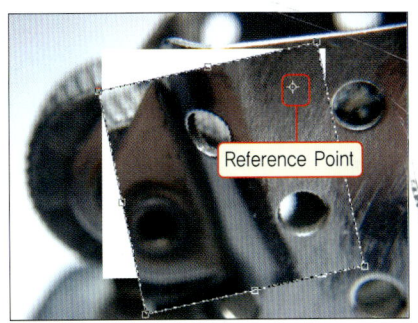
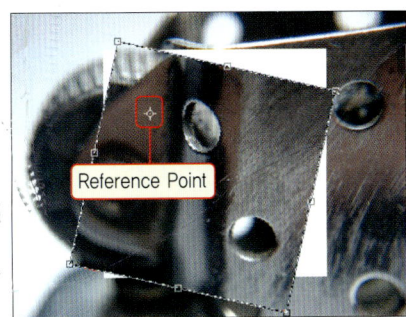

▲ Reference Point의 위치에 따라 이미지가 회전되는 중심축이 다릅니다.

❷ Horizontal Position of Reference Location : 이미지 회전/변형의 중심 축이 되는 포인트의 수평축 위치를 수치로 입력하는 옵션입니다.
❸ Relative Positioning for Reference Location : 중심 축의 수직, 수평 수치를 원점(0px, 0px)으로 잡아주는 옵션입니다.
❹ Vertical Position of Reference Location : 이미지 회전/변형의 중심 축이 되는 포인트의 수직축 위치를 수치로 입력하는 옵션입니다.
❺ Horizontal Scale : 수평 변형의 정도를 수치로 입력하는 옵션입니다.
❻ Maintain Aspect Ratio : 수직, 수평 변형을 같은 비율로 고정하는 옵션입니다.
❼ Vertical Scale : 수직 변형의 정도를 수치로 입력하는 옵션입니다.
❽ Rotate : 회전 각도를 수치로 입력하는 옵션입니다.
❾ Skew : 비틀기 각도를 수치로 입력하는 옵션입니다.

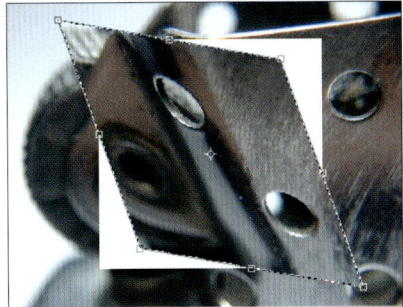

◀ H:20, V:10

❿ Cancel Transform : 이미지의 변형을 취소하는 옵션입니다.
⓫ Commit Transform : 이미지 변형을 완료하는 옵션입니다.

Photoshop CS

>>03 이미지를 내 맘대로 – 이미지 보정

이미지 보정은 포토샵의 핵심 기능을 이용한 작업이라고 할 수 있습니다. 포토샵의 다양한 툴과 메뉴들을 십분 활용하면 '이미지 보정'이라는 광범위한 정의 안에 이미지 리터칭, 수정, 편집 등 원본 이미지를 바꾸는 모든 그래픽 작업을 수행할 수 있습니다. 물론 각각의 상황 마다 필요한 작업 방법을 알고 있어야 겠죠. 이제부터 포토샵 이미지 보정의 강력한 기능을 알아보겠습니다.

✚ Image Preview

▲ 원본 이미지

◀ 분위기 있는 세피아 톤의 이미지

▲ 원본 이미지

◀ 색 대비가 강한 이미지

▲ 원본 이미지

◀ 원하는 부분만 색을 바꾼 이미지

01 고급스러운 흑백 사진 만들기

모드 변환과 필터를 이용하여 잡지 등에서 볼 수 있는 고급스러운 흑백 이미지를 만들어 보겠습니다.

>> CD-ROM
부록 CD〉예제파일〉Part 02〉
Image01.psd

1 File → Open 메뉴에서 'Image-01.psd' 파일을 엽니다.

2 Image → Mode → Grayscale 메뉴를 선택하고 대화상자에 [OK] 버튼을 클릭하여 컬러 이미지를 흑백으로 전환합니다.

참고하세요!

Grayscale 대화상자는 이미지를 흑백으로 전환할 것인지를 묻는 대화상자입니다. Don't show again 옵션을 클릭하면 이후 이미지를 흑백으로 전환할 때 Discard color information 대화상자를 더 이상 보이지 않게 합니다.

3 Image → Adjusts → Brightness-/Contrast 메뉴를 선택하고 대화상자에서 Brightness에 20, Contrast에 50을 입력하여 이미지의 명암 대비를 높입니다.

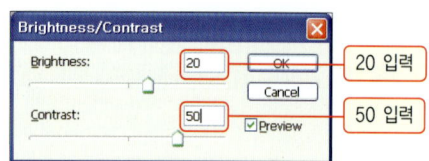

20 입력
50 입력

4 레이어 팔레트에서 Background 레이어를 클릭하고 새 레이어 아이콘 위로 드래그하여 Background 레이어를 복사합니다.

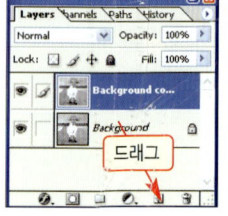

드래그

5 전체 이미지의 명암을 강하게 하기 위해 레이어 모드를 이용합니다. 레이어 팔레트 상단의 레이어 모드를 Soft Light로 바꾸고 Opacity(투명도)를 60%로 입력합니다.

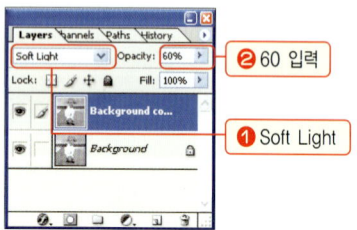

❷ 60 입력
❶ Soft Light

6 거친 흑백 입자를 조금 부드럽게 만들겠습니다. 레이어 팔레트에서 원래의 Background 레이어를 클릭하고 Filter → Blur → Blur 메뉴를 선택하여 이미지에 블러 효과를 줍니다.

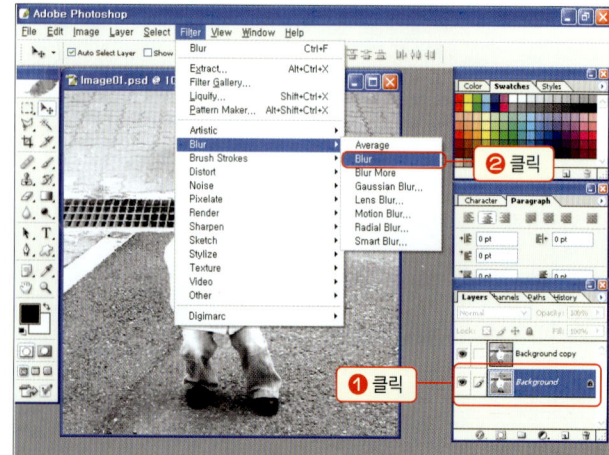

❷ 클릭
❶ 클릭

7 레이어 팔레트 우측 상단의 작은 삼각
형 아이콘을 클릭하고 Flatten Image 메
뉴를 선택하여 레이어를 합칩니다.
File → Save As 메뉴에서 'Image-
02.psd'를 입력한 뒤 [저장] 버튼을 클릭합
니다.

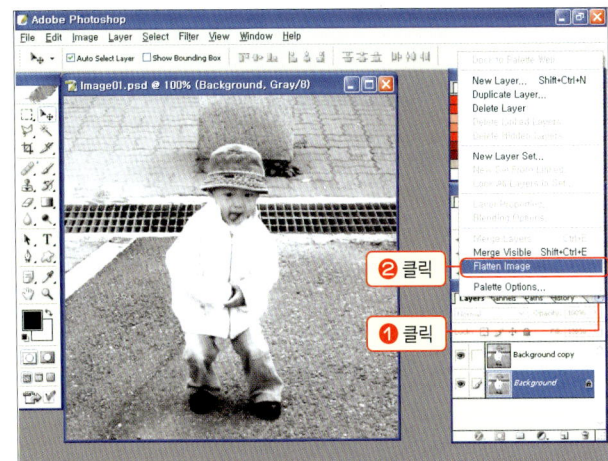

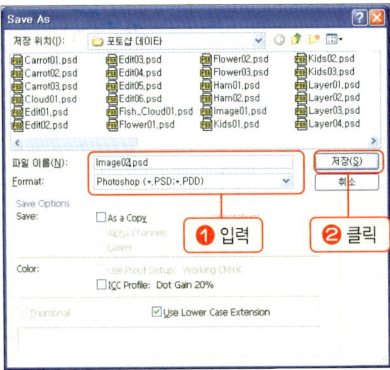

02 세피아 톤 이미지 만들기

한 가지 색 단계를 갖는 모노 톤(Monotone) 이미지를 만들어 보겠습니다.

1 Image → Mode → Duotone 메뉴를 선택합니다.

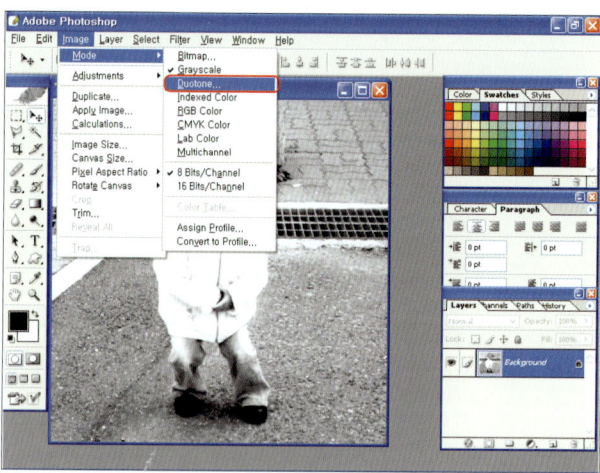

>> 궁금해요!

Duotone Option 대화상자

Duotone 효과는 이미지를 구성하는 컬러 수와 각각의 컬러 값을 임의로 지정하여 독특한 분위기의 이미지를 만드는 효과입니다. Monotone, Duotone, Tritone, Quadtone의 네 가지 옵션을 선택할 수 있습니다.

Monotone : 한 가지 색으로만 이루어진 이미지로 변환합니다.

Doutone : 두 가지 색으로만 이루어진 이미지로 변환합니다.

Tritone : 세 가지 색으로만 이루어진 이미지로 변환합니다.

Quadtone : 네 가지 색으로만 이루어진 이미지로 변환합니다.

Type : 변환하려는 색 수를 선택하는 옵션입니다.

Ink 1, Ink 2, … : 각각의 컬러 값을 지정하는 옵션입니다.

Overprint Colors : 인쇄와 관련된 옵션입니다. 색 분판을 했을 때 덮어 쓰려는 색을 지정합니다.

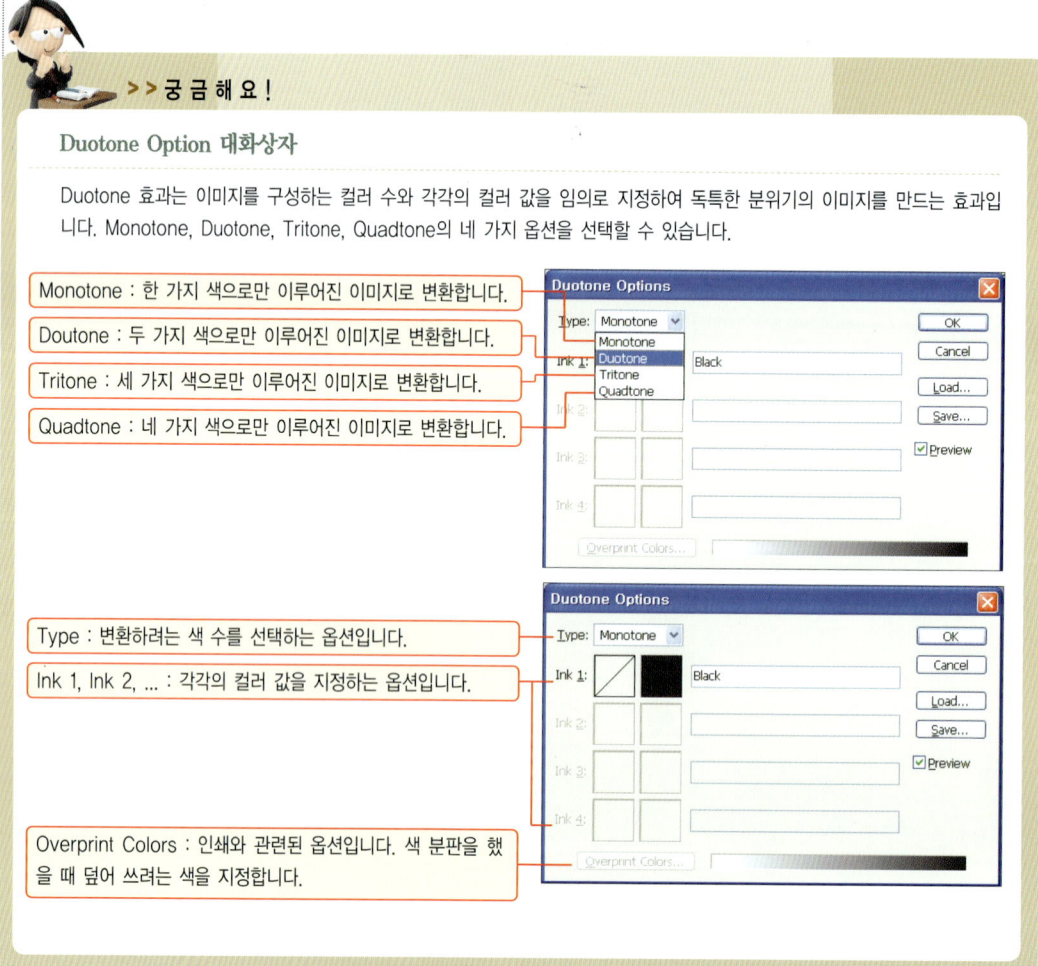

2 대화상자의 Type 옵션에서 Duotone 을 선택하고 Ink 2의 컬러 상자를 클릭하 여 Color Picker 대화상자를 연 후 연한 갈 색을 선택합니다.

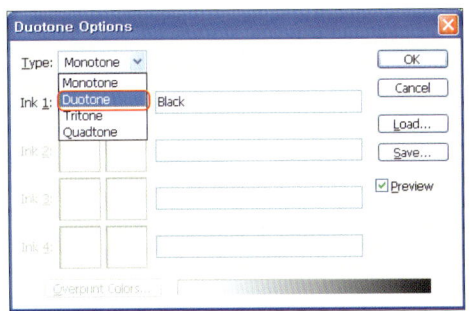

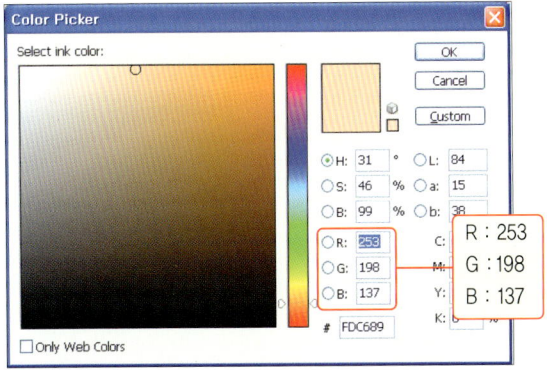

참고하세요!

Color Picker 대화상자 가 운데 부분의 RGB 값을 직 접 입력해도 됩니다.

3 Color Picker 대화상자의 [OK] 버튼 을 클릭한 뒤 Duotone 대화상자의 Ink 2 에 색 이름으로 Light Brown을 입력하고 [OK] 버튼을 클릭합니다.

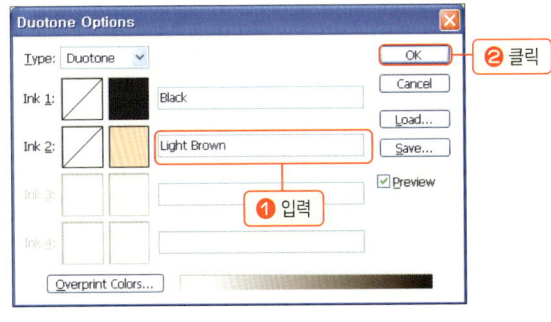

참고하세요!

각각의 Ink 컬러 상자 옆의 빈 칸에 지정한 색의 이름이 입력되지 않으면 Duotone Option 대화상자를 종료할 수 없습니다.

4 이미지를 조금 더 밝고 선명하게 바꿉니다. Image → Adjustments → Brightness/Contrast 메뉴를 선택하여 Brightness에 20, Contrast에 5를 입력하고 [OK] 버튼을 클릭합니다.

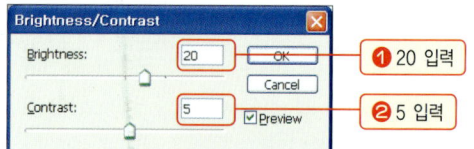

5 File → Save As 메뉴에서 'Image-03.psd'를 입력하고 [저장] 버튼을 클릭하여 작업 이미지를 포토샵 파일 포맷으로 저장합니다.

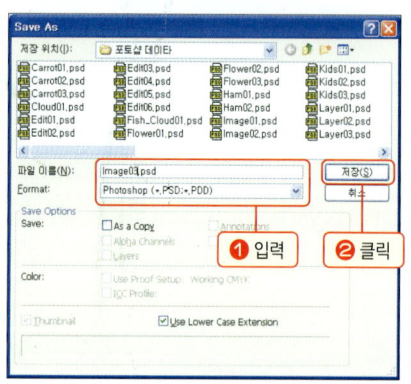

03 색 대비가 큰 이미지 만들기

색 대비가 큰 이미지는 이미지 자체를 선명하게 하지만 색을 과장되게 보여주기 때문에 자칫 잘못하면 울긋불긋하게 안좋은 이미지가 될 수 있습니다. 이 점에 주의하면서 이미지의 색 대비를 높여 보겠습니다.

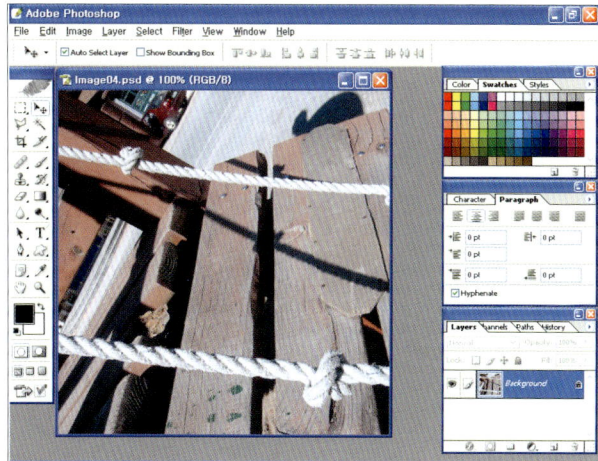

>>CD-ROM
부록 CD〉예제파일〉Part 2〉
Image04.psd

1 Apply Image 메뉴를 사용한 예를 배워 보겠습니다. File → 'Image04.psd' 파일을 엽니다.

2 Image → Adjustments → Bright-ness/Contrast 메뉴를 선택한 뒤 Brightness : 50, Contrast : 15를 입력한 뒤 [OK] 버튼을 클릭합니다.

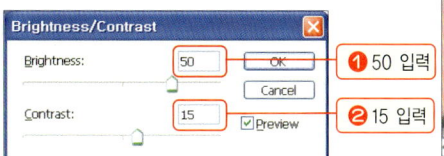

❶ 50 입력
❷ 15 입력

3 Image → Apply Image 메뉴를 선택하고 대화상자의 Channel에서 Blue 채널을 선택한 뒤 [OK] 버튼을 클릭합니다.

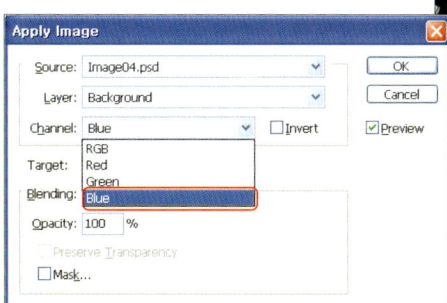

4 이미지의 색감을 부각하기 위해서
Image → Adjustments → Brightness-
/Contrast 메뉴를 선택한 뒤 Brightness :
15, Contrast : 40을 입력하고 [OK] 버튼
을 클릭합니다.
File → Save As 메뉴에서 'Image-
05.psd'를 입력하여 포토샵 파일 포맷으로
저장합니다.

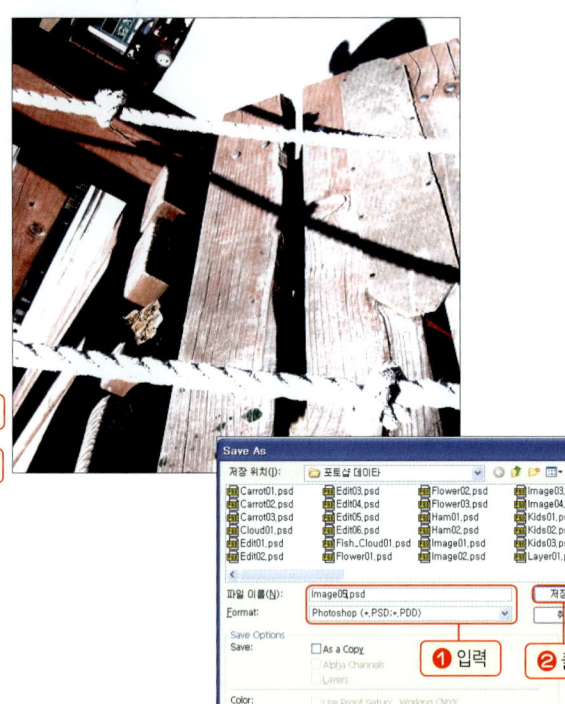

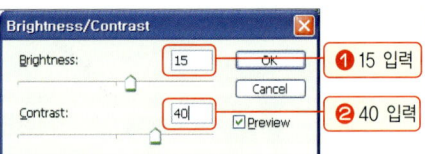

❶ 15 입력
❷ 40 입력

❶ 입력   ❷ 클릭

> > 궁금해요!

Apply Image 대화상자

Apply Image 메뉴는 원하는 채널을 선택하여 현재의 이미지에 블렌딩 모드를 선택하여 적용하는 효과입니다.
따라하기 3)의 경우, '작업중인 이미지에 투명도 100%인 Multiply 모드로 Blue 채널을 적용한다' 라는 뜻이 됩니다.

❶ Source : 채널을 가져 올 이미지를 선택. 포토샵에 여러 개의 도큐먼트가 열려 있을 경우 그 중 하나를 선택할 수 있습니다.

❷ Layer : 채널을 블렌딩할 레이어를 선택합니다.

❸ Channel : 블렌딩할 채널을 선택. RGB의 경우 RGB 전체, Red, Green, Blue의 네 가지를 적용할 수 있습니다.

❹ Invert : 선택한 채널의 명암을 반전하여 블렌딩할 수 있습니다.

❺ Target : Source 옵션에서 선택한 이미지의 채널을 적용 할 이미지 즉, 현재 작업중인 이미지를 의미합니다.

❻ Blending : 선택한 채널에 적용하는 방식을 선택합니다.

❼ Opacity : 블렌딩한 채널의 투명도를 선택합니다.

❽ Preserve Transparency : 채널의 이미지가 없는 영역을 보호하는 옵션입니다.

❾ Mask : 채널의 영역으로 마스크 효과를 선택합니다.

04 원하는 색만 골라서 바꾸자

여러 가지 색으로 구성된 이미지에서 특정 부분의 원하는 색만을 선별적으로 바꾸는 법을 배워보겠습니다.

>>CD-ROM
부록 CD〉예제파일〉Part 2〉
Image06.psd

1 이미지의 푸른색 부분만 골라 녹색으로 전환하겠습니다. File → Open 메뉴에서 'Image06.psd' 파일을 엽니다.

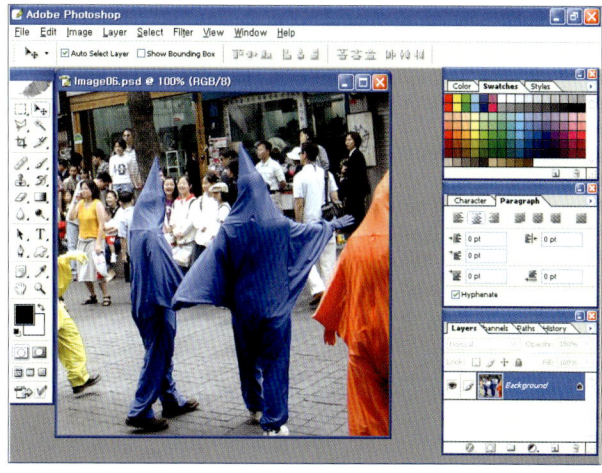

hot key
Hue/Saturation :
Ctrl + U

2 Image → Adjustments → Hue-/Saturation 메뉴를 선택하고 대화상자의 Edit 옵션을 클릭하여 Blue를 선택합니다.

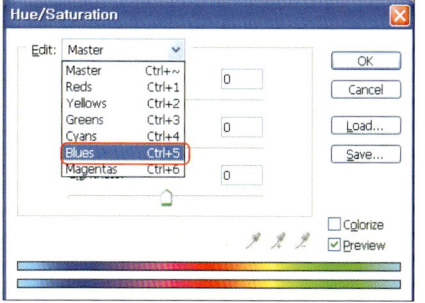

3 대화상자의 Hue 옵션에 -115를 입력하고 [OK] 버튼을 클릭합니다.

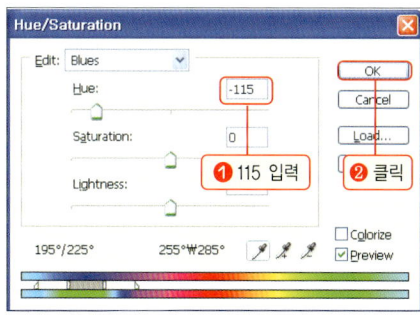

❶ 115 입력
❷ 클릭

4 File → Save As 메뉴에서 'Image-07.psd'를 입력하여 포토샵 파일 포맷으로 저장합니다.

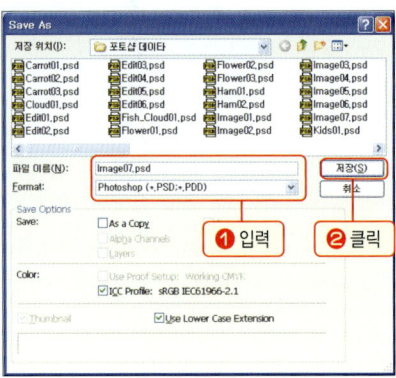

>>궁금해요!

Hue/Saturation 대화상자

Hue/Saturation 메뉴는 포토샵의 이미지 보정 기능 중 중추에 해당할 정도로 중요한 메뉴입니다. 이미지의 혼합되어 있는 색을 현재의 모드(RGB 또는 CMYK 등)에 해당되는 각각의 색으로 분류하여 각각의 다른 색으로 바꿀 수 있는 메뉴입니다. 즉, 이미지의 푸른색만을 골라 모두 노란색으로 바꾸는 것이 가능하다는 것을 의미합니다.

이 메뉴를 이용하면 다양한 방식의 색 보정이 가능합니다.

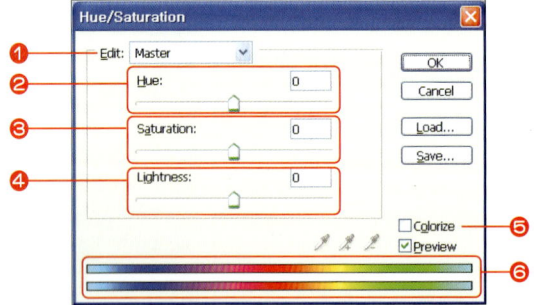

❶ Edit : 수정할 색 요소를 선택합니다. RGB 이미지의 경우 Red, Green, Blue 중 하나를 선택해야 수정을 할 수 있습니다. Master 상태에서는 이미지 전체에 색 수정이 적용됩니다.

❷ Hue : 선택한 색의 채도를 조절합니다.

❸ Saturation : 선택한 색의 선명도를 조절합니다.

❹ Lightness : 선택한 색의 명도를 조절합니다.

❺ Colorize : 전체 이미지를 선택한 색으로만 구성된 Monotone 이미지로 바꾼 상태에서 채도를 조절합니다.

❻ 컬러 슬라이드와 스포이트 : 선택한 색의 범위를 조절. 스포이트를 이용하면 수정 하려는 색을 직접 이미지에서 추출할 수 있습니다 (: 추출하려는 색 추가, : 선택한 색에서 제거).

05 어두운 이미지 보정하기

디지털 카메라가 상용화된 최근에 가장 많이 사용되는 이미지 보정 방식 중의 하나인 어두운 이미지 보정하기를 Level 메뉴를 이용해 배워보겠습니다.

참고하세요!

포토샵 CS의 새로운 기능인 Shadow/Highlight 기능을 이용하면 너무 어둡거나 밝게 찍힌 이미지의 노출 보정을 손쉽게 할 수 있습니다.

이 Shadow/Highlight 기능에 대한 것은 215페이지에서 배우도록 하겠습니다.

🔵 hot key

Levels : Ctrl + L

1 File → Open 메뉴에서 'Image-08.psd'를 엽니다.

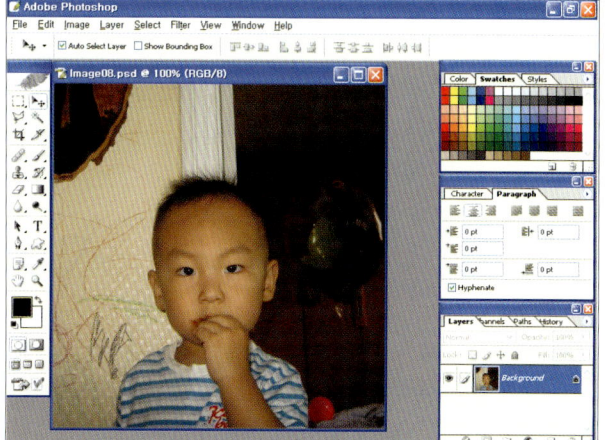

2 Image → Adjustments → Levels 메뉴를 선택하여 Levels 대화상자를 엽니다.

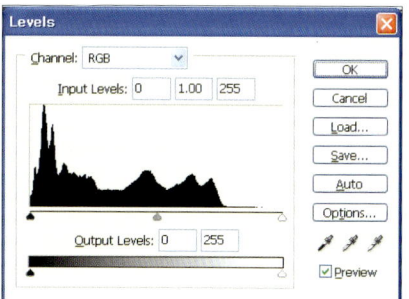

3 Input Levels에 0, 1.00, 195를 입력하고 Output Levels에 22, 255를 입력합니다.

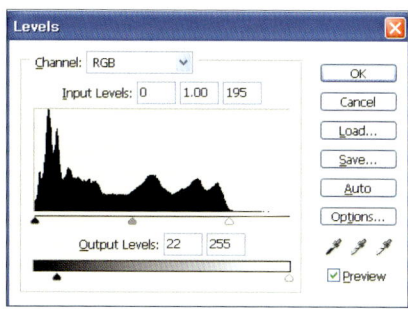

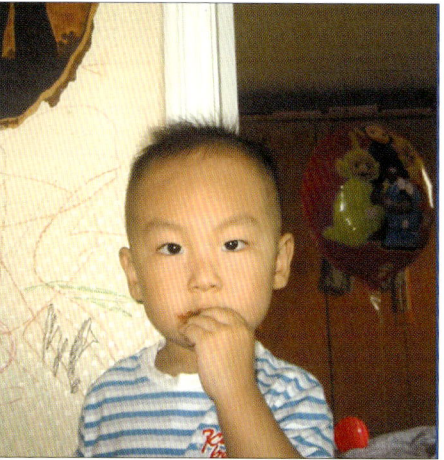

213

Brightness 등의 메뉴를 이용하여 단순히 이미지를 밝게 하면 어두운 부분은 밝아지지만 동시에 원래 밝은 부분도 지나치게 밝아지기 때문에 노출이 너무 많이 된 사진처럼 됩니다. 때문에 Levels의 Output Levels에서 어두운 부분의 삼각형을 오른쪽으로 조금씩 옮겨가며 어두운 부분만을 선택적으로 조절할 수 있습니다.

 **4** File → Save As 메뉴에 'Image-09.psd'를 입력하여 포토샵 파일 포맷으로 저장합니다.

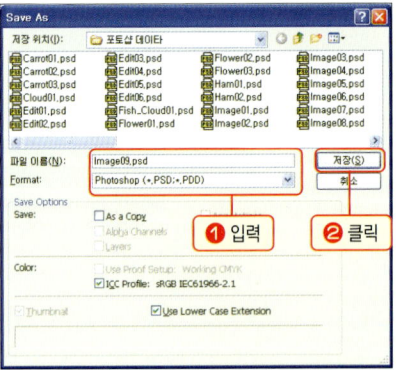

>> 궁금해요!

Levels 대화상자

Levels 메뉴는 이미지의 색 분포를 나타내는 히스토그램을 보면서 직접 각 분포 또는 채널에 따라 명도와 색상, 감마 값을 조절하는 기능을 합니다.

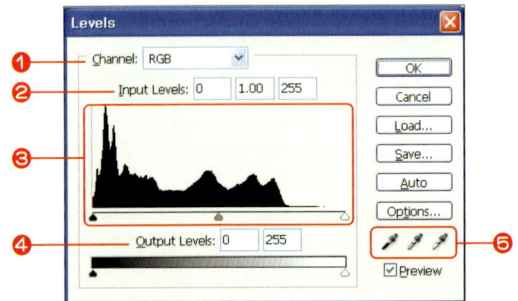

❶ Channel : RGB 또는 CMYK 등의 채널 중 하나를 선택하여 이미지를 수정합니다.
❷ Input Levels : 이미지 명도와 색상 등을 수치 입력으로 수정, 히스토그램과 연동하여 변합니다.
❸ Histogram : 이미지의 색 분포를 그래프로 표현. 하단의 세 개의 작은 삼각형의 위치를 이동하여 이미지를 수정합니다.
❹ Output Levels : 이미지의 명도를 조절. 검은 쪽의 슬라이드는 이미지의 어두운 부분, 흰 쪽의 슬라이드는 이미지의 밝은 부분을 조절합니다.
❺ 스포이트 툴 : 해당 이미지의 한 부분을 직접 클릭하여 수정하고 싶은 색 분포를 선택하고 수정합니다.

>> 궁금해요!

Shadow/Highlight 기능을 이용한 노출 보정

포토샵 CS의 신기능 중의 하나인 이미지 노출 보정용 메뉴인 Shadow/Highlight 메뉴를 이용하면 어둡게 찍힌 디지털 카메라 이미지도 손쉽게 수정할 수 있습니다.

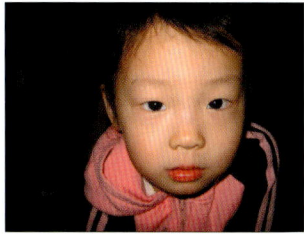

◀ 원본 이미지.
빛이 적은 장소에서 플래시를 이용해 촬영했기 때문에
어두운 상태

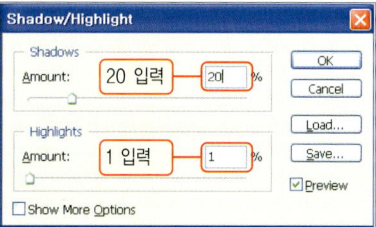
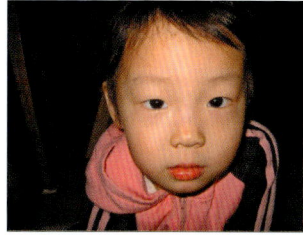

◀ 원본 이미지에 비해 적당한 노출로 보정된 이미지

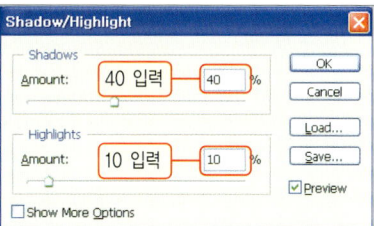
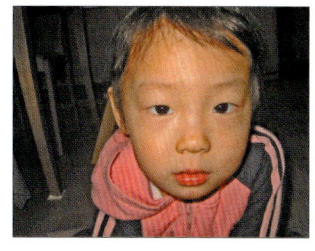

◀ 밝은 부분이 너무 많이 드러나도록 수정이 된 이미지

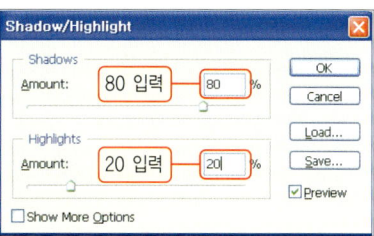
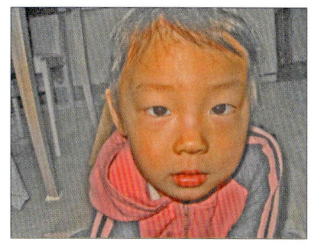

◀ 과다한 노출이 된 것처럼 보이게 수정된 이미지

이미지 파일의 용도와 종류

포토샵에서 다룰 수 있는 이미지 파일의 종류는 상당히 많지만 여기서는 일반적으로 가장 많이 사용되는 몇 가지 종류에 대해서만 알아보겠습니다.

Jpeg (*.jpg)

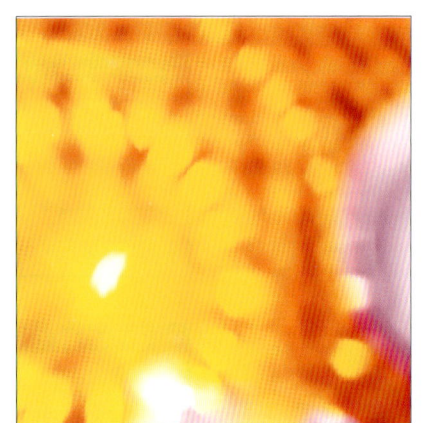

인터넷에서 가장 광범위하게 사용되는 jpeg 파일 포맷은 Joint Photographic Experts Group(JPEG)에서 제정한 압축 방법을 이용해 만들어진 포맷입니다. 기본적으로 압축되어 있는 파일 포맷이기 때문에 압축되어 있지 않은 다른 이미지 포맷에 비해 화질이 떨어지는 것이 사실이지만 출력용 이미지가 아니라면 사용상 불편함이 전혀 없고 용량도 적습니다. 그만큼 높은 효율로 압축된다고 볼 수도 있지만 한편으로는 저용량을 위해 필요 이상의 높은 압축률을 지정하면 원래의 이미지를 알아 볼 수 없을 정도로 화질이 떨어질 수도 있기 때문에 포토샵에서 jpeg 파일 포맷으로 저장하기 위해 압축률을 지정할 때 주의해야 합니다.

그라데이션 즉, 연속적인 색 단계를 가지는 이미지 등 복잡한 이미지를 효과적으로 압축, 전송할 수 있기 때문에 디지털 카메라 이미지 등을 웹에 올릴 때 사용됩니다.

GIF

jpeg 파일 포맷과 더불어 웹에서 가장 많이 사용되고 있는 그래픽 파일 포맷의 하나입니다. Graphics Interchange Format의 준말이기도 한 GIF 파일 포맷 역시 높은 압축률을 자랑한다는 면에서는 jpeg 파일 포맷과 비슷하지만 기능적으로 차이가 많아 용도가 많이 다릅니다.

GIF 파일 포맷은 단순하고 반복적인 방식으로 색이 사용된 이미지, 즉 아이콘이나 만화, 단순 일러스트 등과 같은 색 변화의 단계가 뚜렷하여 눈에 띄는 이미지에 많이 사용됩니다. 또한 투명 영역을 표현할 수 있고 여러 개의 이미지를 압축하여 Animation으로 보여 줄 수도 있기 때문에 저용량의 슬라이드 이미지나 움직이는 아이콘 등에 적합합니다.

PSD

PSD는 Periscope Debbuger Def.의 약자로써, 어도비사의 포토샵 프로그램을 위한 전용 파일 포맷입니다. 기본적으로는 포토샵에서만 열 수 있지만 단순히 이미지를 브라우징 하는 정도라면 페인트샵 프로 또는 ACD See 등의 간단한 프로그램에서도 열람할 수 있습니다.

중요한 점은 PSD 파일 포맷은 단순히 이미지를 열어 볼 수 있기만 해서는 아무 의미가 없다는 것입니다. 이 PSD 파일 포맷은 포토샵에서 작업한 각종 레이어 및 입력 문자의 수치, 레이어 스타일, 마스크 효과 등을 같이 저장하고 있기 때문에 그래픽 작업의 일정 단계에서 저장된 psd 파일은 나중에 아무 때나 다시 열어도 작업 당시의 환경을 그대로 다시 불러올 수 있기 때문입니다.

여러 가지 작업 환경에 관한 정보를 포함하고 있기 때문에 상대적으로 같은 내용을 가진 다른 파일 포맷에 비해 파일 용량이 큽니다.

PSD 파일 포맷은 레이어 팔레트의 정보를 유지합니다. ▶

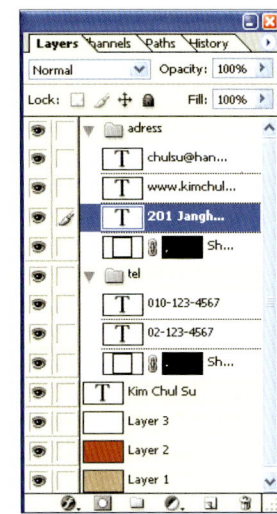

BMP

BMP 파일 포맷은 GIF와 함께 가장 대표적인 비트맵 방식의 이미지 압축 파일 포맷입니다. 압축한 뒤에도 압축에 따르는 이미지 손실이 적기 때문에 용량이 크고 다루기 힘든 면이 있어서 BMP 파일 포맷 자체로는 홈페이지 등에 올릴 수 있지만 잘 사용되지는 않습니다.

PNG

W3C(World Wide Web Consortium)에서 웹에 쓰이는 이미지 파일의 통합 규격 자리를 노리고 만든 파일 포맷으로 Portable Network Graphic의 약자입니다. 비손실 압축 기술을 사용했기 때문에 기술적으로는 BMP 파일 포맷과 유사하지만 그에 비해서는 압축률이 높기 때문에 용량 면에서는 jpeg 파일 포맷과 견줄 만 합니다.

여러 가지 면에서 상당히 유용한 파일 포맷이지만 몇몇 홈페이지에서 구현이 안되고 특정 브라우저에서 지원이 안되는 등의 단점을 가지고 있습니다. 그러나 색상 정보를 포함하고 있기 때문에 여러 사용자의 다양한 모니터 상에서도 균일한 색감을 표현할 수 있다는 점에서 주목받고 있는 파일 포맷입니다.

그 외의 그래픽 파일 포맷

이 외에도 포토샵에서는 이미지 손실이 거의 없고 빠른 출력이 가능한 TIFF, 가장 광범위하게 출력용 이미지를 지원하는 EPS, PC 기종의 기본적인 그래픽 파일 포맷으로 만들어진 Targa 등 다양한 파일 포맷이 존재합니다. 그러나 이들 파일 포맷은 용량이 너무 크거나 기타 이유로 인해서 인터넷이 사용자의 중심을 차지하고 있는 현재는 잘 사용되고 있지 않습니다.

>> 04 최고의 자동화 기능 – 액션과 브라우징

디지털 카메라로 찍은 수많은 이미지들을 한꺼번에 관리하면서, 포토샵으로 하나씩 열어서 이미지를 수정하고 파일 크기 조절한 뒤 홈페이지 등록하는 단순하고 반복적인 과정을 간편하게 하고싶다면 포토샵의 액션 기능과 브라우징 기능을 사용하면 됩니다.

▲ 파일 브라우저

포토샵 CS의 눈에 띄는 업그레이드 내용 중 하나인 파일 브라우저는 이전 버전에서 보였던 고질적인 속도 저하를 개선하는 것 외에도 브라우저 내에 이미지 편집 기능들을 포함시켜 편리함을 더했습니다. 특히 기본적인 이미지 편집 기능은 포토샵 초기 버전에 해당한다고 할만큼 기능적으로 유용하기 때문에 많은 수의 이미지 파일을 한눈에 비교하면서 편집과 분류를 할 수 있게 되었습니다.

많은 수의 이미지를 모두 동일한 방법으로 수정해야 할 경우 액션 기능을 이용하면 한꺼번에 일괄 처리할 수 있습니다. 포토샵 초보 사용자들에게는 액션 기능의 사용법이 복잡해 보이기 때문에 그 편리함에 비해 많이 사용되지 않습니다. 그러나 작업 순서와 원리만 이해하면 디지털 카메라의 광범위한 보급과 개인 홈페이지나 블로그가 발달된 지금의 시기에 가장 필수적인 기능이라고 할 수 있습니다.

01 | 액션 만들기

액션 기능을 사용하기 위해서는 자동으로 진행될 작업들을 순서대로 액션 팔레트에 저장해야 합니다. 마치 비디오 카메라로 녹화하는 듯한 방식으로 진행되기 때문에 조금만 주의하면 직관적으로 액션을 만들어 저장할 수 있습니다.

여기에서는 디카로 찍은 어두운 이미지를 밝게 수정하고 이미지 크기를 줄인 후에 Sharpen 필터를 적용해 선명하게 만든 뒤 저장하는 작업을 액션으로 만들어 보겠습니다.

>> CD-ROM
부록 CD〉예제파일〉Part 2〉
Action05.psd

1 File → Open 메뉴로 'Action05.psd' 파일을 엽니다.

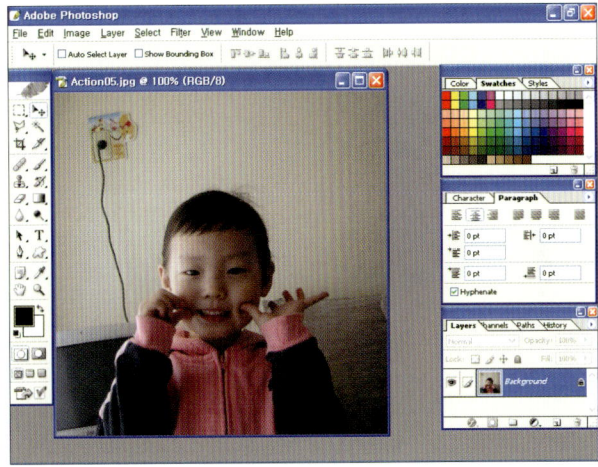

2 Windows → Actions 메뉴로 액션 팔레트를 엽니다.

참고하세요!

액션 팔레트 하단의 새 액션 아이콘을 클릭해도 됩니다.

3 액션 팔레트 오른쪽 상단의 삼각형 아이콘을 클릭하여 New Action 메뉴를 선택합니다.

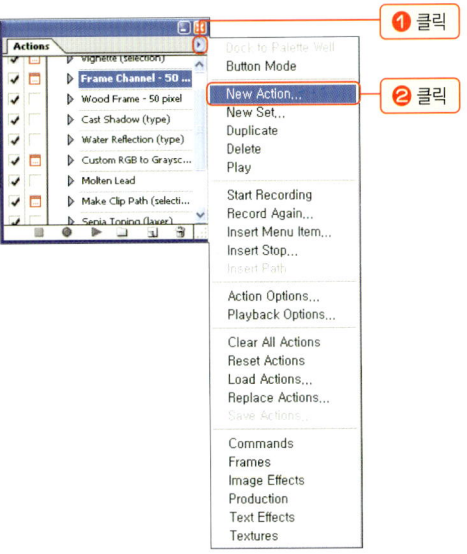

4 New Action 대화상자에서 Name에 'Image Resize 01'을 입력하고 [Record] 버튼을 클릭하여 액션의 저장을 시작합니다.

액션 아이콘이 붉은색일 때는
액션이 저장중이라는 뜻입니다.

> > 궁 금 해 요 !

Action 팔레트

액션 기능을 수행하는 팔레트입니다. 각각의 액션들과 액션 셋(set)으로 구성되어 있어 레이어 팔레트와 흡사합니다. 액션의 동작을 조절하는 아이콘들은 직관적으로 비디오 플레이어의 작동 버튼처럼 구성되어 있어 간단하게 액션을 저장(recording)하고 재생(playing), 정지(stop)할 수 있습니다.

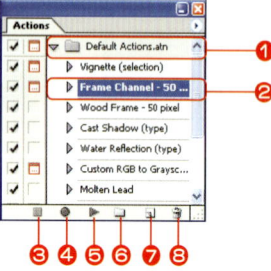

액션 저장 작업 도중 필요없는 작업을 수행하게 되면 그 작업도 고스란히 액션에 저장이 되어 액션 작동 시간이 길어집니다.
때문에 액션 저장 작업을 시작하기 전에 저장하려는 작업 전체를 순서대로 미리 한번 연습해 두면 실제 액션 저장 작업에서 쓸모없는 액션이 추가되는 것을 막을 수 있습니다.

❶ Action Set : 유사한 기능 또는 연결된 기능을 갖는 액션들의 모음. set 이름 옆의 작은 삼각형 아이콘을 클릭하면 set 내용을 보거나 감출 수 있습니다.

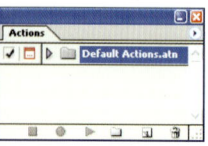

❷ Action : 일련의 포토샵 기능을 자동으로 수행. 액션 이름 옆의 작은 삼각형 아이콘을 클릭하면 해당 액션의 작업 내용을 보거나 감출 수 있습니다.

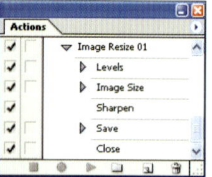

❸ Stop playing/recording : 액션의 작동이나 저장을 멈추게 하는 아이콘입니다.
❹ Begin recording : 액션을 저장하는 아이콘입니다.
❺ Play selection : 선택한 액션을 작동하는 아이콘입니다.
❻ Create new set : 새 액션 set을 만드는 아이콘입니다.
❼ Create new action : 새 액션을 만드는 아이콘입니다.
❽ Delete : 선택한 액션 또는 액션 set을 지우는 아이콘입니다.

참고하세요!

Levels 대화상자에 익숙해지면 직접 수치를 입력하기보다는 Levels 대화상자 오른쪽 하단의 Preview 옵션을 체크한 뒤 그래프 하단의 작은 삼각형 아이콘을 움직여서 이미지의 변화를 직접 살펴보면서 조절하는 경우가 많습니다.

🔵 **hot key**

Levels : `Ctrl` + `L`

5 Image → Adjustments → Levels 메뉴를 선택하여 Input Levels에 0, 1, 190을 입력하고 Output Levels에 28, 255를 입력하여 이미지를 밝게 수정합니다.

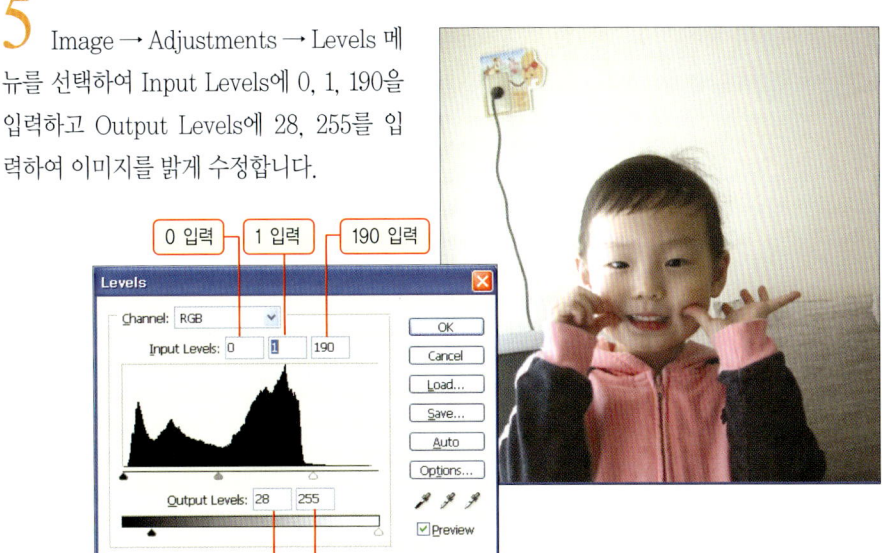

참고하세요!

액션 저장 중 하나의 작업을 저장하고 나서 액션 팔레트를 살펴보면 Levels 작업이 액션 팔레트에 추가된 것을 볼 수 있습니다.

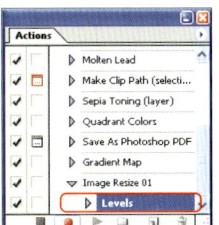

6 Image → Image Size 메뉴에서 Width를 150Pixels로 수정합니다.

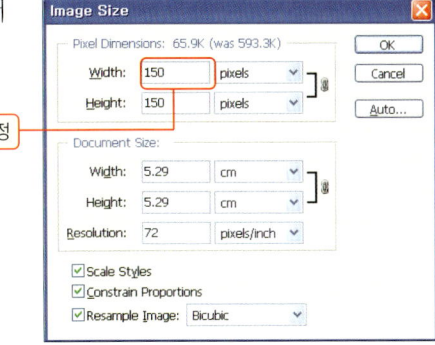

참고하세요!

Width 옵션과 Height 옵션이 링크(🔗)되어 있기 때문에 Width 옵션만 수정해도 Height 옵션 역시 자동으로 수정됩니다.

7 이미지 사이즈가 작아지면서 Image Size 작업이 액션 팔레트에 추가됩니다.

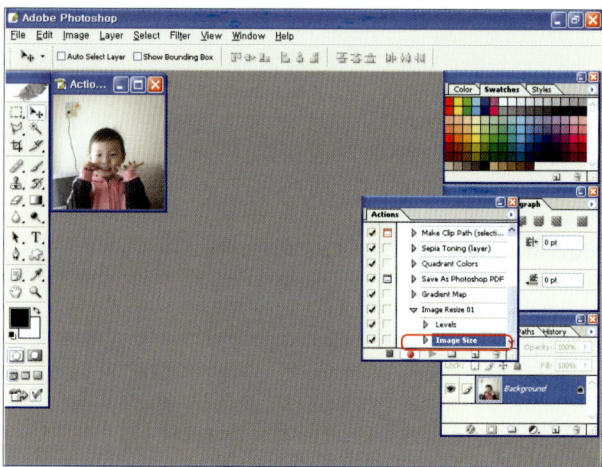

8 Filter → Sharpen → Sharpen 메뉴를 선택하여 이미지를 선명하게 수정합니다.

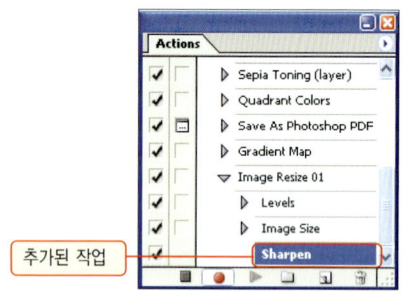

추가된 작업

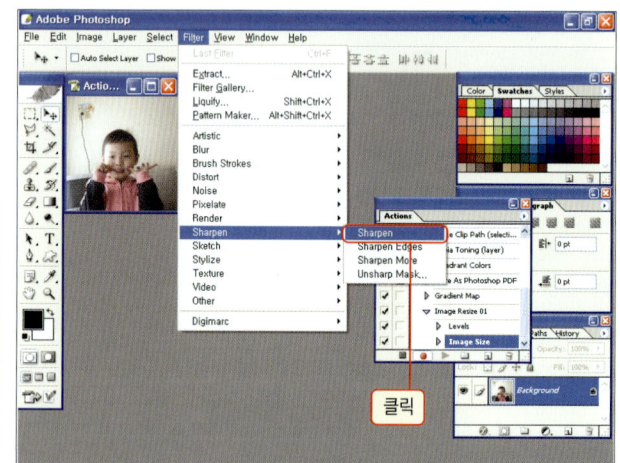

9 File → Save As 메뉴로 대화상자를 연 뒤 대화상자 오른쪽 상단의 새 폴더 아이콘을 클릭하여 새 폴더를 만든 뒤 'Action Resize'라고 이름을 입력합니다.

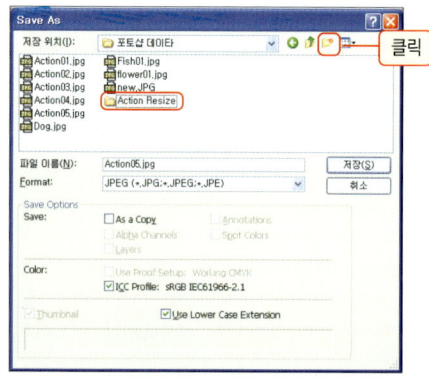

10 Action Resize 폴더를 더블클릭하여 들어간 뒤 [OK] 버튼을 클릭합니다.
jpeg 옵션 대화상자에서 [OK] 버튼을 클릭하여 같은 이름의 jpg 파일 포맷으로 저장합니다.

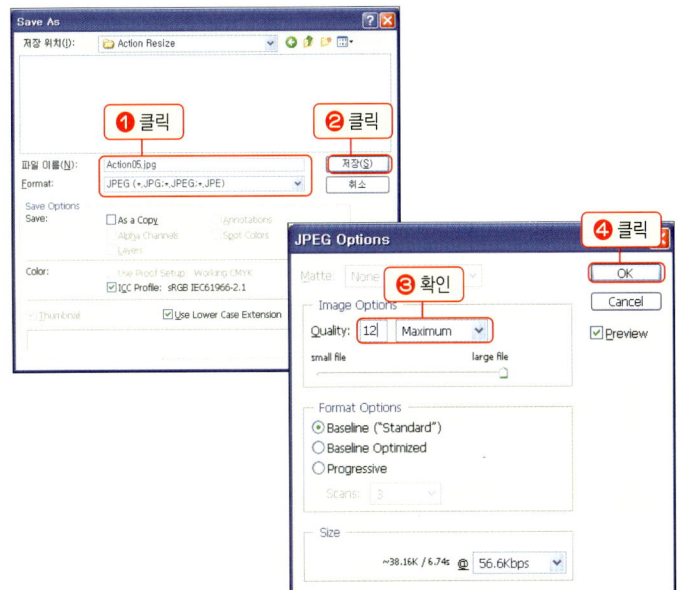

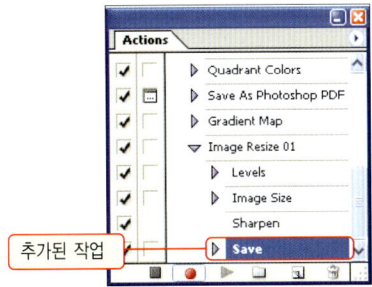

추가된 작업

11 File → Close 메뉴로 작업한 도큐먼트를 닫은 후 레코딩 정지 아이콘(■)을 클릭해 액션 저장작업을 마칩니다.

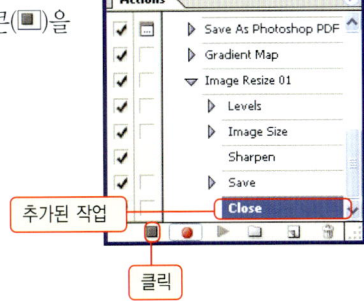

추가된 작업

클릭

참고하세요!

작업 도큐먼트를 닫는 것까지 액션에 저장하지 않으면 액션 작업을 적용한 모든 도큐먼트가 액션 동작에 맞춰 포토샵 윈도우 안에 열리게 되어 복잡하게 될 우려가 있습니다. 때문에 가능한 Close 작업까지 액션에 저장하는 것이 편리합니다.

02 | 액션 작동하기

저장한 액션을 실행시켜 보겠습니다. 불러올 파일이 있는 폴더와 액션 작업이 끝난 파일을 저장할 폴더를 잘 구분해야 하기 때문에 대화상자의 내용을 잘 이해하고 있어야 합니다.

1 저장해 둔 액션을 준비된 파일들에 적용하여 일괄 작업을 수행하겠습니다. File → Automate → Batch 메뉴를 선택해 배치(Batch) 대화상자를 엽니다.

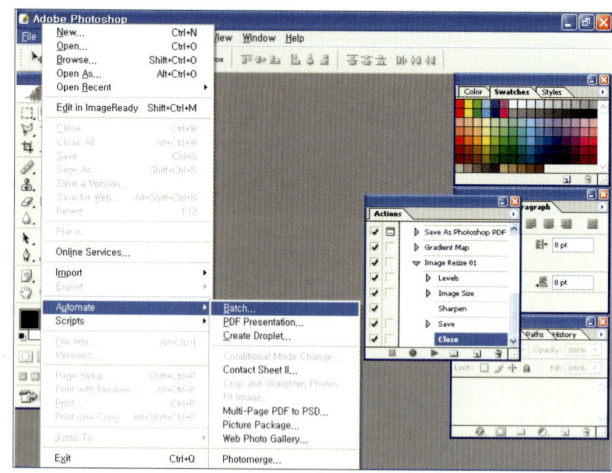

2 배치 대화상자 상단의 Action 옵션의 작은 삼각형 아이콘을 클릭하여 조금 전 저장했던 'Image Resize 01' 액션을 선택합니다.

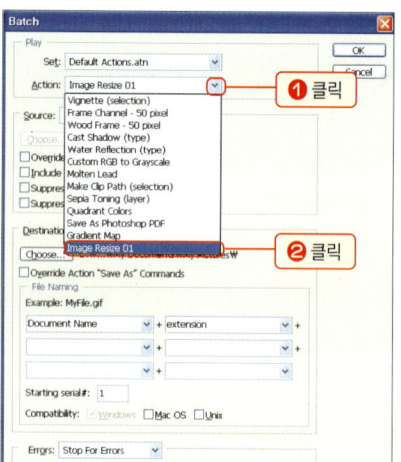

3 Source 옵션에서 배치 작업을 적용할 파일들이 들어있는 폴더를 지정합니다.

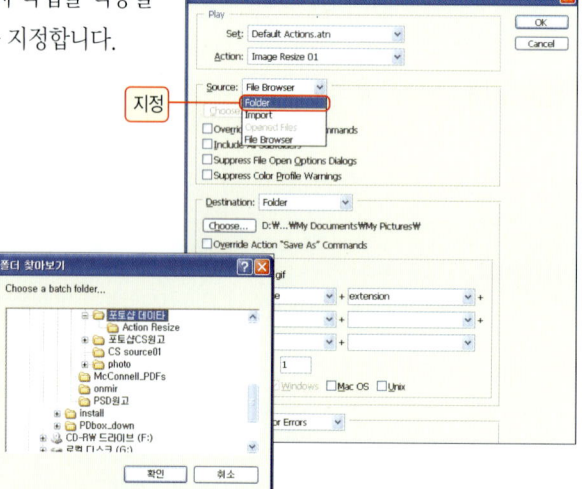

4 Destination 옵션에서 배치 작업이 적
용된 파일을 저장할 폴더를 지정합니다.

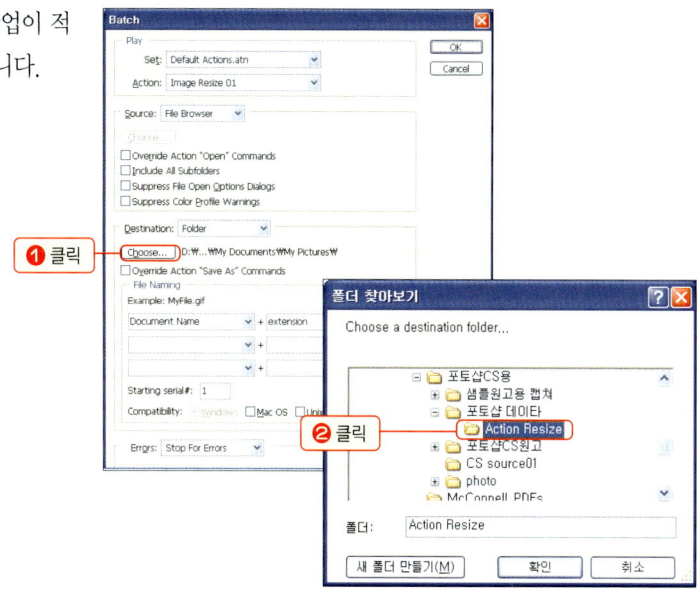

❶ 클릭

❷ 클릭

> > 궁 금 해 요 !

Batch 대화상자

대부분의 액션 작업은 다량의 파일을 일괄 작업하는 것이
기 때문에 작업한 파일들을 같은 자리에 같은 이름으로 덮
어 쓰거나 다른 새 폴더를 만들어 새로 저장하는 방식으로
진행됩니다. 배치 대화상자의 옵션들을 이용하면 액션 작
업을 해야할 파일들이 들어 있는 폴더를 지정하거나 저장
해야할 새로운 폴더를 지정하는 등의 세부사항을 지정할
수 있습니다.

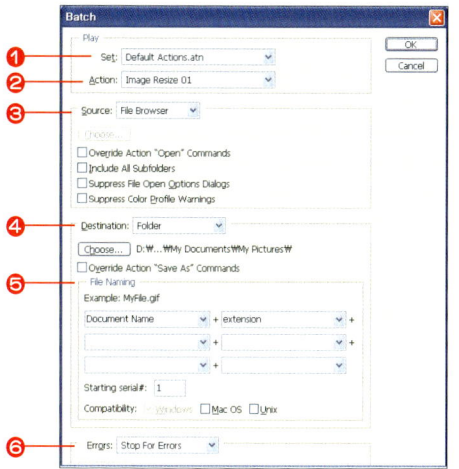

❶ Set : 배치 작업에 적용할 액션이 포함되어 있는 액션 set을 지정합니다.
❷ Action : 배치 작업에 적용할 액션을 지정합니다.
❸ Source : 액션을 적용할 소스 파일에 대한 옵션을 지정합니다.
❹ Destination : 액션이 적용된 파일에 대한 옵션을 지정합니다.
❺ File Naming : 액션이 적용된 파일을 저장할 때 필요한 파일명과 확장자를 지정합니다.
❻ Errors : 배치 작업중 에러가 발생했을 때의 작동 내용을 지정합니다.

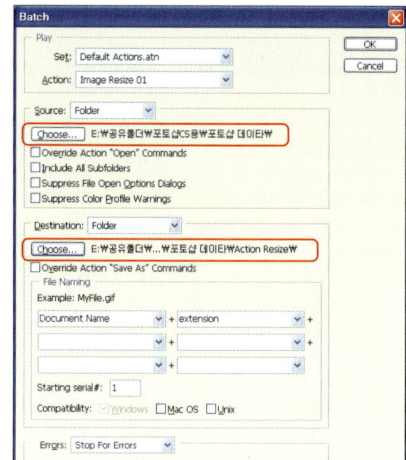

5 Source 옵션과 Destination 옵션에서 각각의 폴더 경로가 제대로 지정되었는지 확인한 뒤 [OK] 버튼을 클릭합니다. 지정한 폴더의 파일들이 순서대로 자동으로 열리면서 액션에 저장된 작업을 빠른 속도로 수행한 뒤 닫히는 것을 볼 수 있습니다.

참고하세요!

배치 작업이 진행중일 때는 액션과 상관없는 사소한 작동으로도 배치 에러가 날 수 있기 때문에 배치 작업이 끝날 때까지 가능한 키보드를 누르거나 마우스를 클릭하지 않는 것이 좋습니다.

hot key
File Browser :
Ctrl + Shift + O

6 Windows → File Browser 메뉴를 선택하여 파일 브라우저를 열고 Destination 폴더를 선택해 배치 작업이 완료된 파일을 확인합니다.

참고하세요!

파일 브라우저 왼쪽 하단의 Metadata 클립을 클릭하면 이미지 축소된 파일의 용량과 크기 등 파일관련 정보를 한눈에 확인할 수 있습니다.

> > 궁금해요!

Tab 키를 이용한 화면 정리

키보드 왼쪽 중간에 있는 Tab 키를 누르면 포토샵 작업 화면에 복잡하게 나타나있는 툴 박스 및 팔레트들과 툴 옵션 바를 한 번에 없앨 수 있습니다.

특히, 파일 브라우저를 사용할 때는 툴 박스나 기타 팔레트들이 방해가 될 수가 있습니다. 이때 Tab 키를 누르시면 툴 박스와 기타 팔레트들, 윈도우 상단의 툴 옵션 상자 등이 모두 사라지기 때문에 훨씬 수월하게 파일 브라우저를 이용할 수 있습니다.

모든 팔레트들을 다시 나타나게 하려면 다시 한번 Tab 키를 누르시면 됩니다.

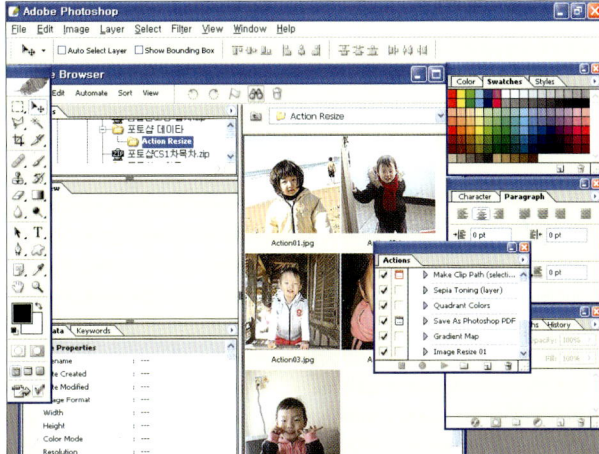

◀ 각종 팔레트들과 파일 브라우저

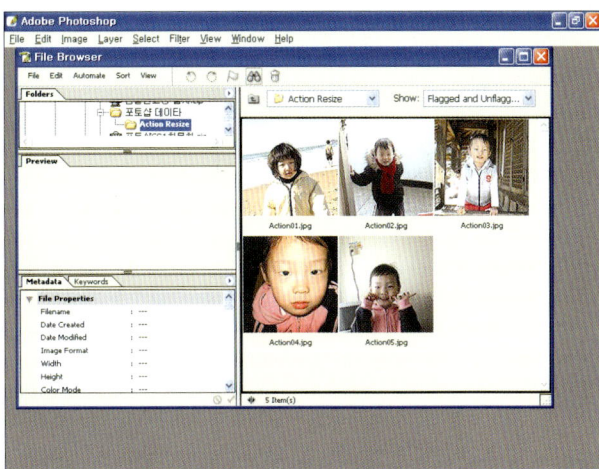

◀ Tab 키를 눌러 팔레트와 옵션 바를 없앤 화면

03 파일 브라우저에서의 배치(Batch) 작업

액션 기능의 주된 사용처가 다수의 파일을 일괄적으로 관리하는 것이기 때문에 파일 브라우저에서도 일괄작업(Batch)을 직접 관리할 수 있습니다. 파일 브라우저의 배치 작업에 대해 알아보겠습니다.

hot key
File Browser :
Ctrl + Shift + O

1 Windows → File Browser 메뉴를 선택하여 파일 브라우저를 엽니다. 그리고 Tab 키를 눌러 포토샵 작업 화면의 팔레트들을 모두 보이지 않게 하고 파일 브라우저 오른쪽 상단의 아이콘 중 전체 화면 아이콘을 눌러 파일 브라우저를 전체 화면으로 전환합니다.

2 'Action01.jpg' 파일을 클릭하고 Ctrl 키를 누른 채 'Action05.jpg' 파일을 클릭하여 배치 작업을 할 파일들을 중복 선택한 뒤 파일 브라우저 상단의 Flag( ) 아이콘을 클릭합니다.

참고하세요!

Flag된 파일은 브라우저의 미리 보기 이미지 하단에 작은 깃발 모양의 아이콘으로 표시됩니다.

> > 궁 금 해 요 !

File Browser

포토샵 7 버전부터 사용된 파일 브라우저 기능은 포토샵 CS 버전에서는 파일 관리 기능을 한층 업그레이드하고 있습니다. 대량의 파일을 브라우징할 때 나타나던 지연 시간이 대폭 줄었으며, 브라우저 상에서 직접 파일을 조절할 수 있는 메뉴가 늘어났습니다.

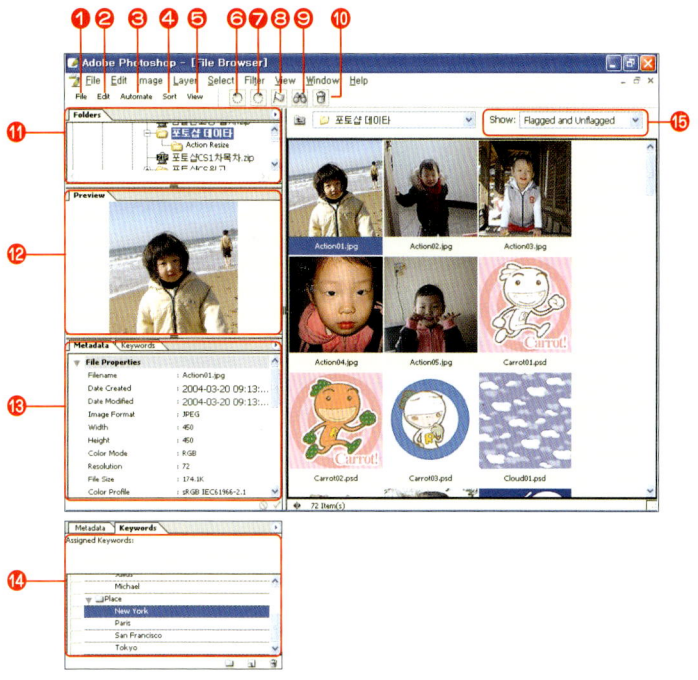

❶ File : 파일 열기, 새 폴더 만들기 등 파일 관리에 필요한 기본 메뉴입니다.

❷ Edit : 파일 선택, 이미지 회전, 메타 데이터 수정 등 파일 수정에 관한 메뉴입니다.

❸ Automate : 배치(Batch) 작업 메뉴입니다.

❹ Sort : 파일 정렬 방식에 관한 메뉴입니다.

❺ View : 이미지 미리 보기에 관한 메뉴입니다.

❻ Rotate Counter-Clock Wise : 이미지를 시계 반대 방향으로 90도씩 회전하는 단축 아이콘입니다.

❼ Rotate Clock Wise : 이미지를 시계 방향으로 90도씩 회전하는 단축 아이콘입니다.

❽ Flag File : 이미지 중복 선택 상태를 일시적으로 고정하는 아이콘입니다.

❾ Search... : 이미지 검색 아이콘입니다.

❿ Delete File : 이미지 삭제 아이콘입니다.

⓫ Folder : 현재 브라우저에 나타나는 이미지가 들어 있는 폴더를 탐색기 형식으로 표시합니다.

⓬ Preview : 이미지 미리 보기입니다.

⓭ Metadata : 파일명, 생성일, 파일 포맷, 용량 등 이미지 파일 관련 정보를 표시합니다.

⓮ Keyword : 사용자가 지정하는 이미지 관련 정보(장소, 내용 등)로 하단의 New Keyword Set, New Keword, Delete Keyword 아이콘으로 키워드 카테고리를 추가, 삭제할 수 있습니다.

⓯ Show : 브라우저에 나타나게 할 파일 지정합니다. 파일 브라우저 상단의 Flag File 아이콘을 이용해 전체 파일, Flag된 파일, Flag되지 않은 파일로 나누어 표시할 수 있습니다. Flag된 파일을 브라우저의 미리 보기 이미지 하단에 작은 깃발 모양의 아이콘이 표시됩니다.

Flagged and Unflagged
Flagged Files
Unflagged Files

3 파일 브라우저 오른쪽 상단의 Show 옵션을 클릭하여 Flagged Files를 선택하여 Flagged된 이미지만을 나타나도록 합니다.

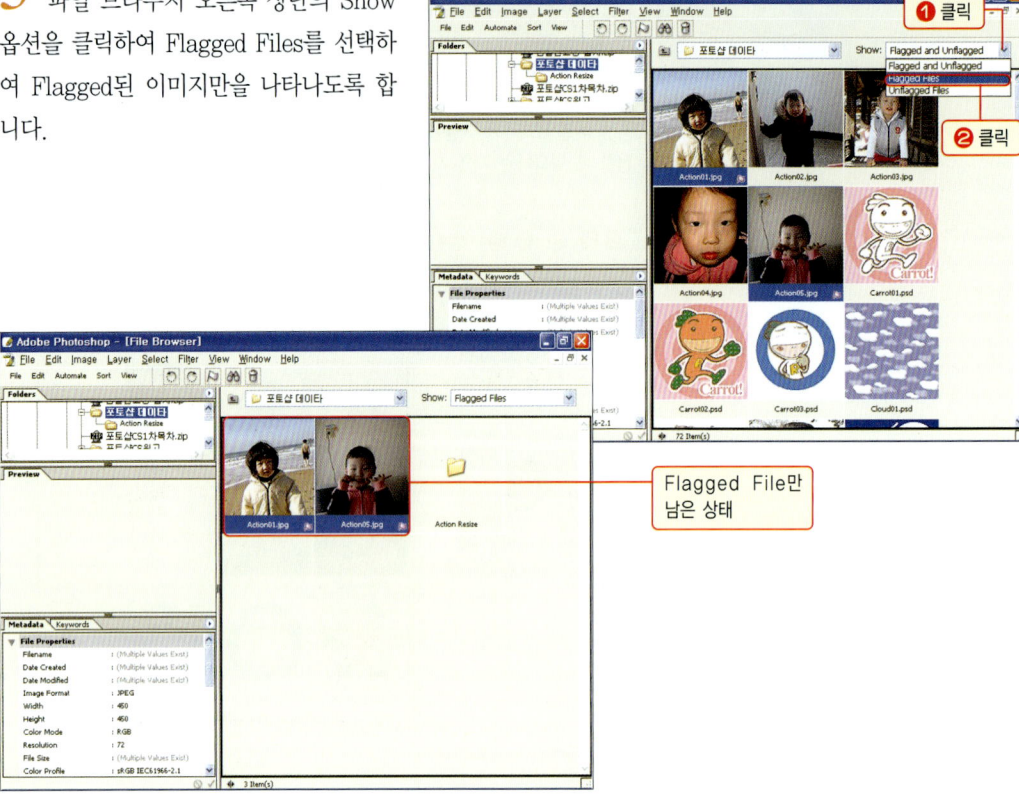

Flagged File만
남은 상태

4 이번에는 포토샵에서 제공하는 기본 액션 샘플 중 하나를 선택해 배치 작업을 해 보겠습니다. 파일 브라우저 왼쪽 상단의 메뉴 중 Automate → Batch 메뉴를 선택합니다. Batch 대화상자를 열고 Action 옵션을 클릭하여 Custom RGB to Grayscale 옵션을 선택합니다.

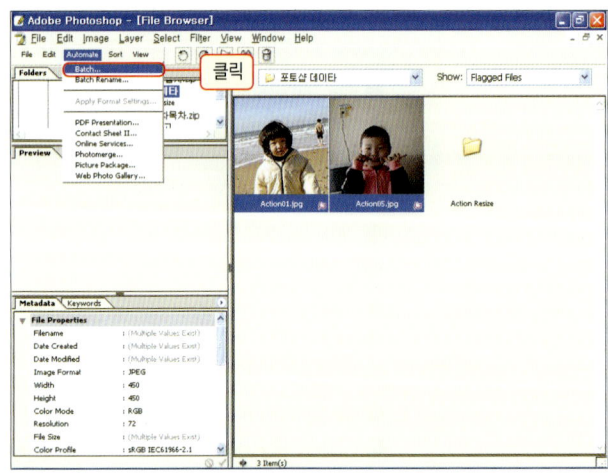

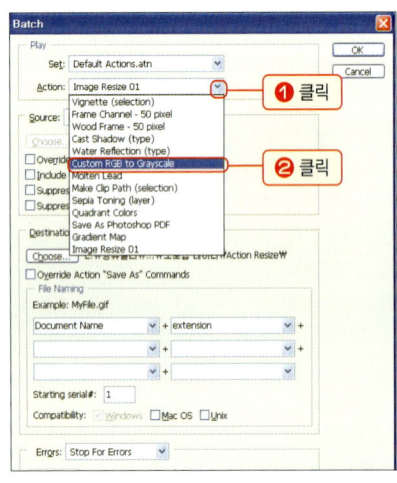

5 Destination 옵션에서 Folder를 선택하고 Choose 아이콘을 선택한 뒤 새 폴더 만들기를 클릭합니다.
Action Gray라는 이름의 폴더를 만들고 [확인] 버튼을 클릭합니다.

6 Source 옵션과 Destination 옵션이 제대로 지정되었는지 확인한 후 [OK] 버튼을 클릭합니다.

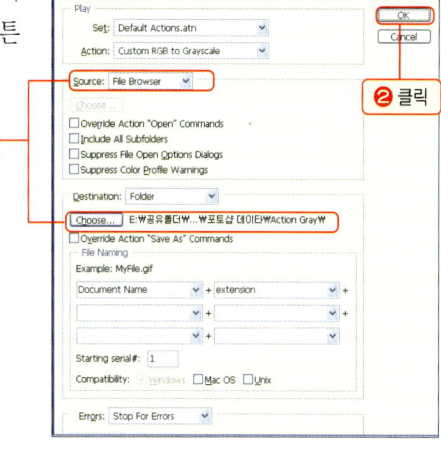

 **참고하세요!**

각 수치의 의미는 이미지의 RGB 채널 중에서 각각의 수치만큼 흑백 이미지를 불러와 섞는다는 것을 뜻합니다.

7 이미지가 열릴 때 마다 나타나는 Channel Mixer 대화상자에서 Red, Green, Blue 옵션 창에 각각 50, 50, 10을 입력합니다.

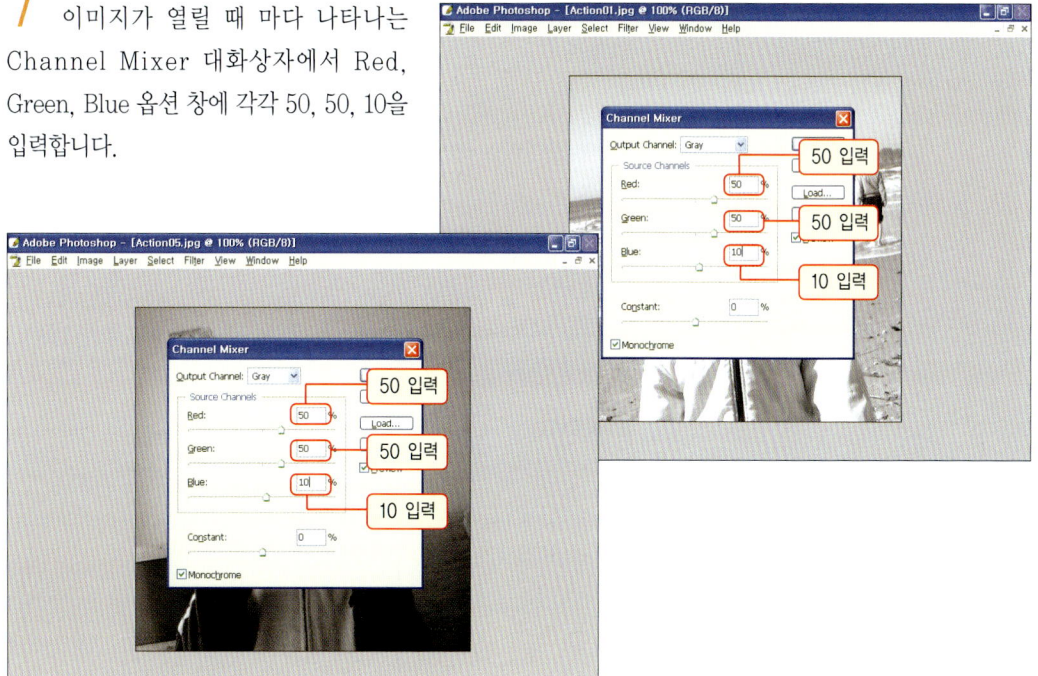

8 배치 작업이 끝나면 파일 브라우저에
Action Gray 폴더가 새로 생겨난 것을 볼
수 있습니다. 이 폴더를 더블클릭하면 폴더
안에 방금 배치 작업을 끝낸 파일이 들어있
습니다.

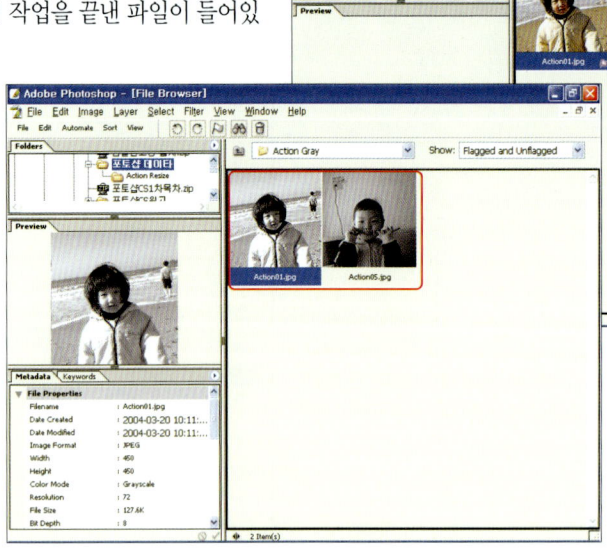

더블클릭

>>궁금해요!

Channel Mixer 대화상자

Channel Mixer는 이미지의 각 채널을 사용자가 원하는 비율로 섞을 수 있는 기능입니다. Image → Adjustments →
Channel Mixer 메뉴에서도 선택할 수 있습니다.

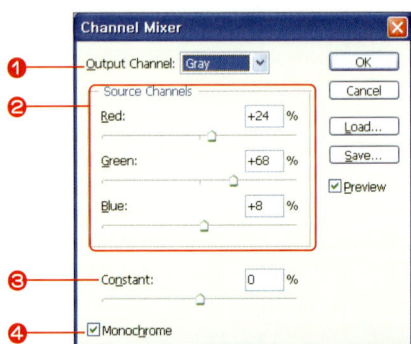

❶ Channel : 채널을 섞은 결과 이미지를 선택. 대화상자 하단의
Monochrome 옵션이 체크되어 있다면 Output Channel에는
Gray 옵션만 나타납니다.

❷ Source Channel : 섞기 위한 각각의 채널 소스를 퍼센티지
(%)로 선택합니다.

❸ Constant : 채널이 섞이는 비율과 상관없이 전체 이미지의 명
암을 조절할 수 있는 상수(常數)입니다.

❹ Monochrome : 컬러, 흑백 이미지를 결정하는 옵션입니다.

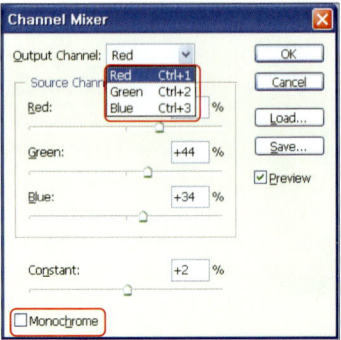

◀ Monochrome 옵션을 체크하지 않은 경우. Output Channel
에 Red, Green, Blue의 세 가지 옵션이 나타납니다.

>> 궁 금 해 요 !

File Browser의 옵션상자

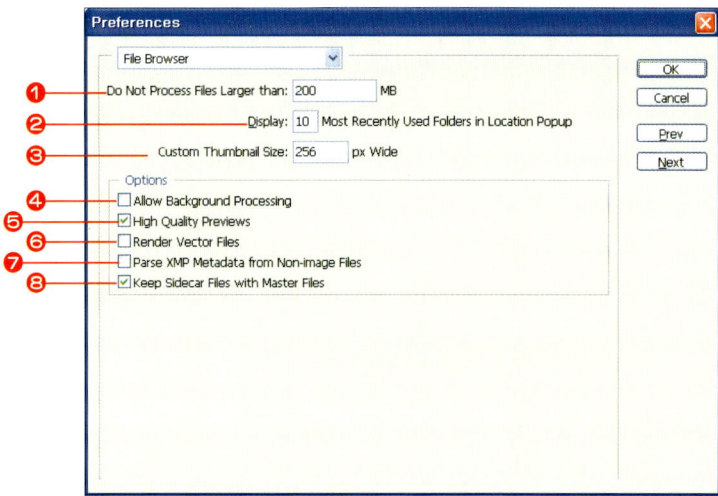

❶ 썸네일로 보여줄 이미지의 파일 용량을 제한하는 옵션입니다.

❷ 브라우저 왼쪽의 탐색기에서 최근 접근했던 지정된 횟수의 폴더 내용을 보여주는 옵션입니다.

❸ 현재 썸네일 이미지의 가로 펙셀 수를 지정하는 옵션입니다.

❹ 미리 보기 이미지 또는 메타데이터 등과 같은 추가 옵션에 대한 작업 여부를 지정합니다.

❺ 미리 보기 이미지의 선명도를 지정합니다.

❻ EPS 등과 같은 벡터 이미지를 보이게 하는 옵션입니다.

❼ 이미지가 아닌 파일에 대한 메타 데이터를 표시할지의 여부에 대한 옵션입니다.

❽ 최초 원본 파일과 관련 보호 파일의 이동, 복사, 삭제 등에 대한 옵션입니다.

Photoshop CS

최강의 복구 기능
– Undo, Redo, History

포토샵의 Undo 기능은 사용자가 그 횟수를 지정할 수 있습니다. 자신의 컴퓨터 하드의 용량과 메모리 상태를 고려하여 적정 횟수의 Undo를 지정해야 하는데 작업의 내용에 따라 지정해둔 Undo의 횟수가 적을 경우 특정 작업 단계로 되돌리기 힘든 상황이 발생하게 됩니다. 이때 히스토리 팔레트의 스냅샷 기능을 이용하면 쉽게 원하는 작업 단계로 돌아올 수 있습니다.

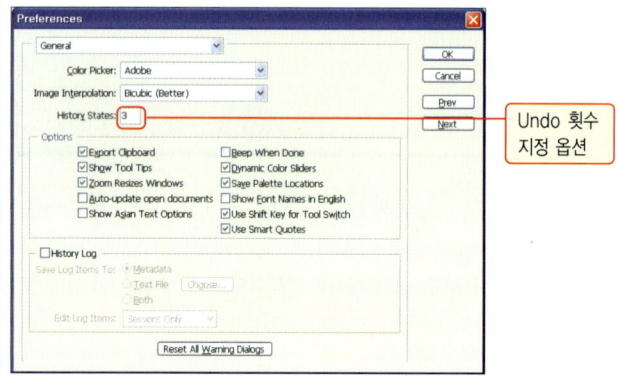

▲ 포토샵 환경설정 대화상자

Undo와 Redo는 기본 환경설정의 설정 방법과 시스템의 하드, 램 용량과 밀접한 관계가 있습니다. Scratch Disk 설정을 통해 지정된 하드 공간을 임시 저장소로 사용할 수 있지만 빠른 속도로 작업 하면서 충분히 히스토리 기능을 사용하고자 한다면 시스템 사양이 높을수록 유리합니다.

하지만 모든 사용자가 높은 사양의 시스템을 구비할 수 있는 것이 아니기 때문에 기본적인 히스토리 옵션에 대해 이해하고 제한된 범위 안에서 상황에 맞게 바른 설정을 하여 적절히 운용한다면 적은 Undo 횟수로도 충분한 효과를 낼 수 있습니다.

▲ 히스토리 팔레트

히스토리 팔레트의 스냅샷 기능으로 지정한 스냅샷은 도큐먼트가 열려있는 상태에서는 계속 엑세스 할 수 있지만 일단 도큐먼트를 닫으면 없어지는 한시적인 것입니다. 때문에 이 스냅샷 기능 자체는 유용하지만 이 기능만으로는 안전하지 않으며, 작업 과정에서 사용자가 판단하여 충분히 백업을 해 두는 것이 중요합니다.

01 | Undo와 Redo의 기본 사용법

Undo와 Redo의 기본적인 사용법과 히스토리 팔레트에 나타나는 작업 과정에 대한 이해를 위해 간단한 작업 과정을 따라해 보겠습니다.

참고하세요!

History States 옵션의 수치는 Undo 할 수 있는 횟수를 의미합니다. 일반적으로 히스토리 횟수는 20회 정도를 사용합니다. 그러나 자신의 컴퓨터 하드 용량이 충분하거나 메모리가 많은 경우 이 수치를 더 높여 쓰는 것이 좋습니다.

1 Edit → Preference → General 메뉴를 선택하여 포토샵의 환경설정 대화상자를 열고 History States 옵션에 3을 입력합니다.

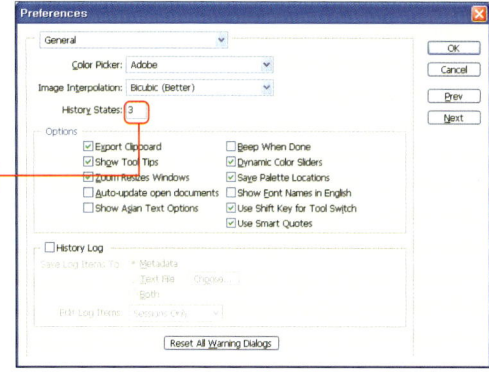

2 File → Open 메뉴에서 'History-01.psd' 파일을 열고 레이어 팔레트와 같이 있는 히스토리 팔레트를 클릭합니다.

3 Image → Adjustments → Brightness/Contrast 메뉴를 선택하여 대화상자에 Brightness : 20, Contrast : 10을 입력합니다.

4 대화상자의 [OK] 버튼을 클릭하고 히
스토리 팔레트를 살펴보면 방금 작업한
Brightness/Contrast가 히스토리 팔레트
에 나타납니다.

5 툴 박스에서 문자 툴을 선택하고 툴 박
스 하단의 전경색/배경색 아이콘 오른쪽
상단의 화살표를 클릭하여 전경색을 흰색
으로 바꿉니다.

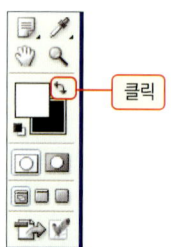

클릭

6 문자 팔레트에서 서체를 Time New
Roman으로 바꾸고 서체 크기, 글자 간격
을 각각 50pt, −50으로 입력합니다.

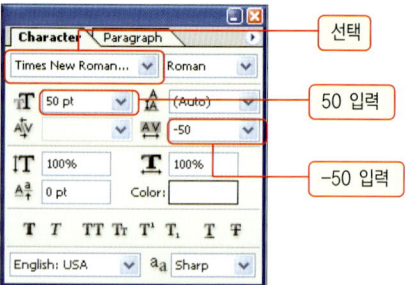

선택

50 입력

−50 입력

7 마우스로 이미지 하단을 클릭한 뒤 문
자를 입력하고 Return 키(숫자 패드의
Enter 키)를 쳐서 문자 입력 모드를 해제합
니다. 히스토리 팔레트에는 Type Tool 작
업이 표시됩니다.

>> 궁금해요!

History 팔레트

히스토리 팔레트는 작업이 진행될 때마다 작업 내용이 하나씩 추가됩니다. Undo 또는 Step Backward 메뉴를 이용하면 작업 내용이 히스토리 팔레트에서 사라지지만, 마우스를 이용하여 이전 작업 중 하나를 클릭하면 해당 작업으로 이미지가 바뀌더라도 히스토리 팔레트 안에는 희미하게 이후의 작업들이 남아 있습니다.

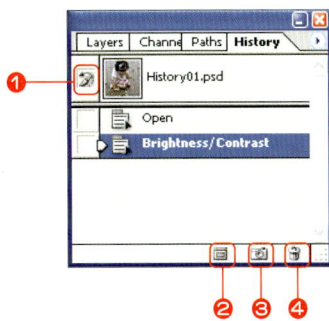

❶ Source for The History Brush : 툴 박스의 히스토리 브러시(　)를 쓸 때 사용되는 소스 이미지를 의미하는 아이콘입니다. 히스토리 작업 내용 중 임의의 다른 작업 과정을 히스토리 브러시의 소스로 지정할 수도 있습니다.

▲ 다른 작업에 지정된 히스토리 브러시 지정 아이콘

❷ Create New Document from Currunt State : 현재 선택되어 있는 작업 단계와 똑같은 내용을 가진 새 도큐먼트를 생성합니다. 내용상으로는 스냅샷과 비슷하지만 스냅샷이 많거나 이미지를 비교하면서 작업해야 할 경우 자주 사용되는 메뉴입니다.

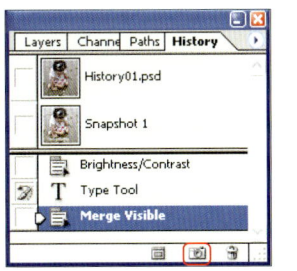

▲ New Document from Currunt State 아이콘을 클릭

▲ Merge Visible 작업 단계의 이름을 가진 새 도큐먼트. 히스토리 팔레트의 작업 이름이 Duplicate State로 되어 있습니다.

❸ New Snapshot : 새 스냅샷을 만드는 아이콘입니다.
❹ Delete Currunt State : 히스토리 작업 단계를 지우는 아이콘입니다.

8 Edit → Undo → Undo Type Tool 메뉴를 선택하거나 Ctrl + Z 키를 누르면 방금 입력한 문자가 없어지면서 히스토리 팔레트에서 Type Tool 작업이 없어집니다.

참고하세요!

Edit → Step Backward 메뉴를 선택해도 같은 효과를 나타냅니다. 단, Undo와 Redo 메뉴를 선택하면 작업 취소, 복구를 한 번밖에 하지 못하지만 Step Backward/Forward 메뉴를 사용하면 Preference의 History State에 입력한 횟수만큼 작업을 취소, 복구를 할 수 있습니다.

9 다시 Ctrl + Z 키를 누르면 입력했던 문자가 나타납니다.

02 | Snapshot 기능 사용하기

스냅샷 기능은 말 그대로 작업 과정 중의 일정 부분을 사진기로 찍듯이 저장해 두는 것을 의미합니다. 시스템의 한계로 인해 많은 수의 Undo를 지정하지 못할 경우 또는 작업의 어느 한 과정으로 반복적으로 돌아가야 하는 경우에 유용한 기능입니다.

참고하세요!

Preference의 History State에 3을 입력했기 때문에 3회 이상의 작업인 Merge Visible 명령이 나타난 히스토리 팔레트에서 최초의 Open 작업이 없어진 것을 알 수 있습니다.

hot key
Preference :
Ctrl + K

1 Shift + Ctrl + E 키를 누르면 Background 레이어와 문자 레이어가 Merge Visible 명령에 의해 합쳐집니다.

2 Preference의 History State에 3을 입력했기 때문에 히스토리 팔레트의 작업이 3회가 넘어가면 되돌아 올 수 없기 때문에 Snapshot 명령으로 현재의 작업을 저장하는 것이 좋습니다. 히스토리 팔레트의 오른쪽 상단의 작은 삼각형 아이콘을 클릭하여 New Snapshot 메뉴를 선택합니다.

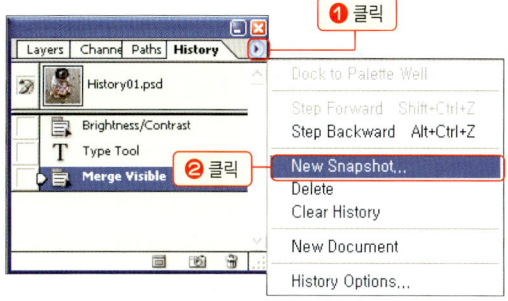

3 New Snapshot 대화상자에서 [OK] 버튼을 클릭하면 히스토리 팔레트에 Snapshot 1이 나타납니다.

 참고하세요!

히스토리 팔레트 하단의 사진기 모양의 아이콘(📷)을 클릭해도 됩니다.

4 Image → Mode → Grayscale 메뉴
를 선택해 흑백 이미지로 수정합니다.

5 Image → Adjustments → Bright-
ness/Contrast 메뉴를 선택하고 대화상자
에서 Brightness, Contrast에 각각 50,
40을 입력하고 [OK] 버튼을 클릭합니다.

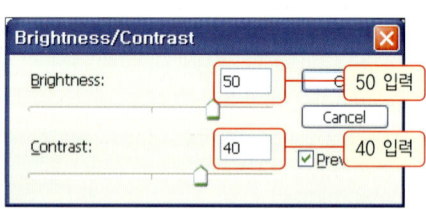

>>궁금해요!

New Snapshot 대화상자

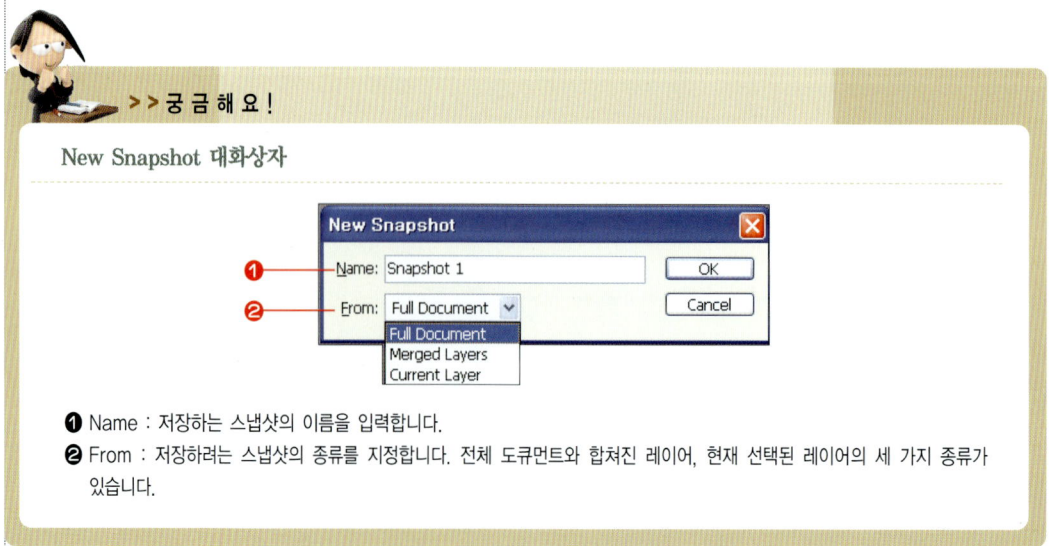

❶ Name : 저장하는 스냅샷의 이름을 입력합니다.
❷ From : 저장하려는 스냅샷의 종류를 지정합니다. 전체 도큐먼트와 합쳐진 레이어, 현재 선택된 레이어의 세 가지 종류가
있습니다.

6 Image → Image Size 메뉴를 선택하여 대화상자에서 Width, Height 옵션에 각각 200을 입력하여 이미지 크기를 줄입니다.

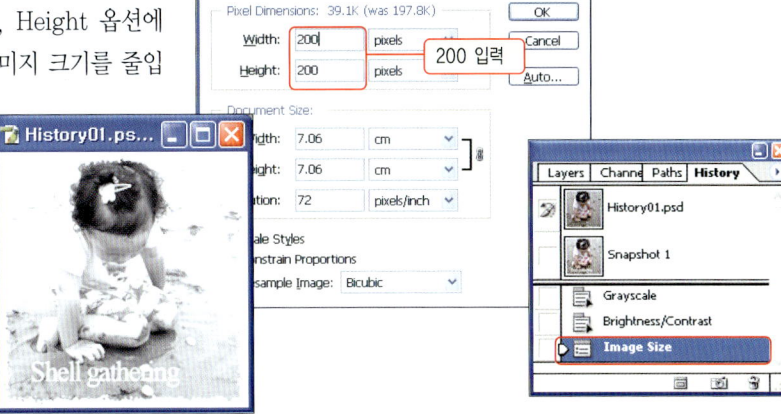

참고하세요!

이 작업을 마치면 이미 Merge Visible 작업이 히스토리 팔레트에서 사라집니다. 때문에 스냅샷으로 저장해 두지 않았다면 Merge Visible 작업 단계의 이미지로는 돌아갈 수 없었을 것입니다.

7 File → Save As 메뉴에서 'History-02.psd'를 입력하여 포토샵 파일 포맷으로 저장합니다.

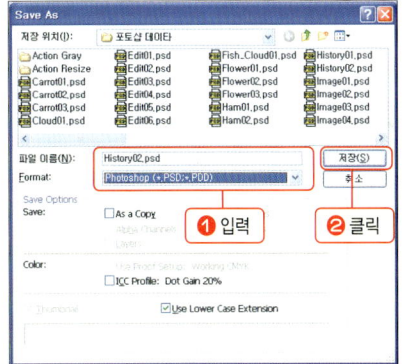

8 다시 컬러 이미지로 돌아가서 채도와 명도가 강한 이미지로 재수정하는 작업을 해보겠습니다. 히스토리 팔레트에서 Snapshot 1을 클릭하여 이미지를 스냅샷에 저장해 두었던 이미지로 바꿉니다.

241

○ hot key
Curves :
Ctrl + M

9 Image → Adjustments → Curves 메뉴를 선택하여 다음과 같이 그래프를 수정한 뒤 [OK] 버튼을 클릭합니다.

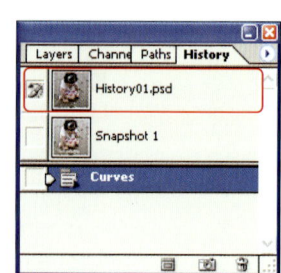

 **참고하세요!**

히스토리 팔레트에서 기존의 히스토리 작업들은 모두 없어지고 새롭게 Curves 작업 단계가 추가되는 것을 알 수 있습니다.

10 File → Save As 메뉴에서 'History03.psd'를 입력하여 포토샵 파일 포맷으로 저장합니다.

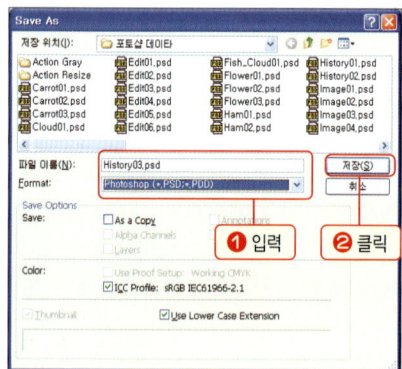

>>궁금해요!

히스토리 팔레트의 히스토리 브러시 옵션

히스토리 팔레트의 원본 미리 보기 창의 왼쪽을 보면 작은 붓 모양의 아이콘이 있습니다.
이 아이콘이 있는 히스토리 레이어가 히스토리 브러시를 사용할 때의 원본이 됩니다.

◀ 원본 이미지

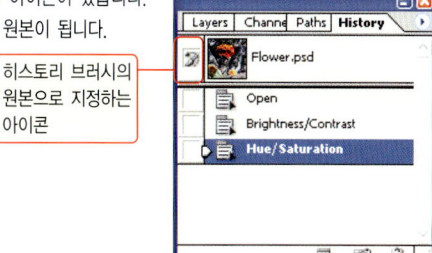

히스토리 브러시의
원본으로 지정하는
아이콘

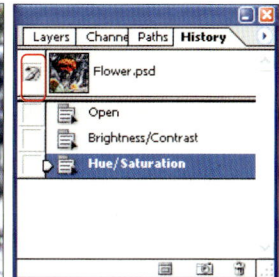

▲ Image → Adjustments →
Hue/saturation 메뉴를 이용해 부
분적으로 색이 변형된 이미지입니다.

▲ 히스토리 팔레트
현재의 히스토리 팔레트 소스는
원본 이미지입니다.

▲ 색이 변형된 이미지를 스냅샷으로 지정
합니다.

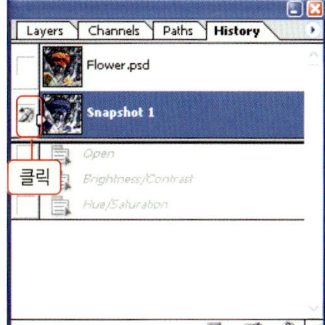

◀ 색이 변형된 이미지의 스냅샷 옆의
히스토리 블러시 소스 아이콘을 클릭합니다.

푸른색의 변형된 이미지의
색이 적용된 부분

▲ 이미지를 흑백으로 전환한 뒤 히스토리 브러시 ( )로 드래그하면 원본 이미지의 색
이 아닌 색이 변형된 이미지의 색이 적용됩니다.

Photoshop CS

>> 06 웹디자인의 최적화 – 이미지레디

이미지레디는 개인 홈페이지 시대에 들어 그 위상이 한층 높아진 프로그램입니다. 대부분의 그래픽 사용자들이 포토샵으로 그래픽 공부를 시작한다는 점을 감안하면 포토샵과 똑같은 인터페이스에 각종 옵션들과 단축키, 편집 기능을 공유하고 있는 이미지레디의 강점은 더이상 말할 필요가 없을 것입니다. 간단한 롤 오버 아이콘과 애니메이션 만들기에 대해 알아보겠습니다.

✚ Roll Over Icon Preview

◀ Normal :
마우스가 아이콘 이외의 지점에 위치해 있는 상태

◀ Over :
마우스가 아이콘 위에 위치한 상태

◀ Down :
마우스로 아이콘을 클릭한 상태

✚ Animation Preview

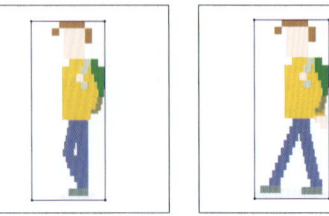

▲ 애니메이션 연속 동작

배경이 추가된 이미지 ▶

01 롤 오버 버튼 만들기

이미지레디의 롤 오버 기능은 포토샵에서 불러들인 레이어의 눈 아이콘 () 활성 상태를 조절하는 것만으로도 간단하게 마우스 액션에 반응하는 롤 오버 버튼을 만들 수 있습니다.

>> CD-ROM
부록 CD〉예제파일〉Part 2〉
Piggy_Roll01.psd

1 File → Open 메뉴로 'Piggy_Roll-01.psd' 파일을 엽니다.

2 Web Content 팔레트 오른쪽 상단의 작은 삼각형 아이콘을 클릭하여 Create Layer-Based Rollover 메뉴를 선택합니다.

참고하세요!

액션 팔레트 하단의 새 액션 아이콘을 클릭해도 됩니다.

3 Rollover States에 자동으로 Over 레이어가 만들어집니다.

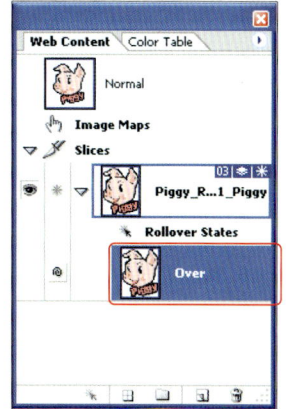

4 레이어 팔레트에서 Piggy 레이어의
눈 아이콘(👁)을 클릭하여 보이지 않게 한
뒤 Piggy Over 레이어의 눈 아이콘을 클
릭하여 보이도록 합니다.

5 Web Content 팔레트에서 Over 레이
어가 선택 된 상태에서 Web Content 팔레
트 하단의 Create rollover state 아이콘을
클릭하여 Down 레이어를 만듭니다.

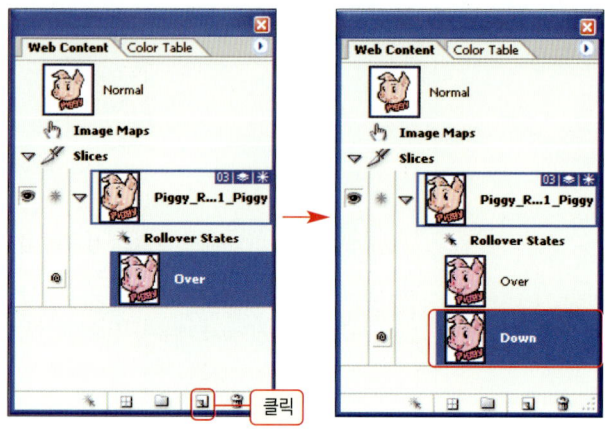

> > 궁 금 해 요 !

마우스 액션의 종류

간략하게 마우스 액션은 다음의 세 가지로 나뉩니다.

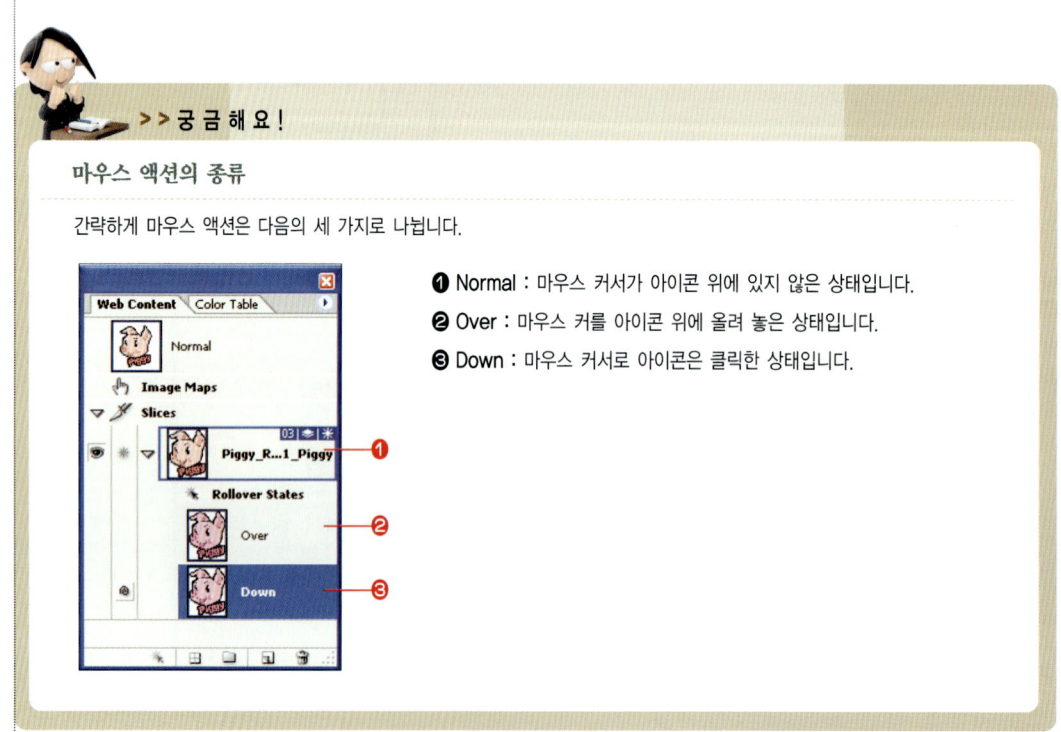

❶ Normal : 마우스 커서가 아이콘 위에 있지 않은 상태입니다.

❷ Over : 마우스 커를 아이콘 위에 올려 놓은 상태입니다.

❸ Down : 마우스 커서로 아이콘은 클릭한 상태입니다.

6 레이어 팔레트에서 Piggy Over 레이어의 눈 아이콘(◉)을 클릭하여 보이지 않게 한 뒤 Piggy Down 레이어의 눈 아이콘을 클릭하여 보이도록 합니다.

7 툴 박스 하단의 미리 보기 버튼을 클릭하여 마우스 액션에 반응하는 것을 확인합니다.

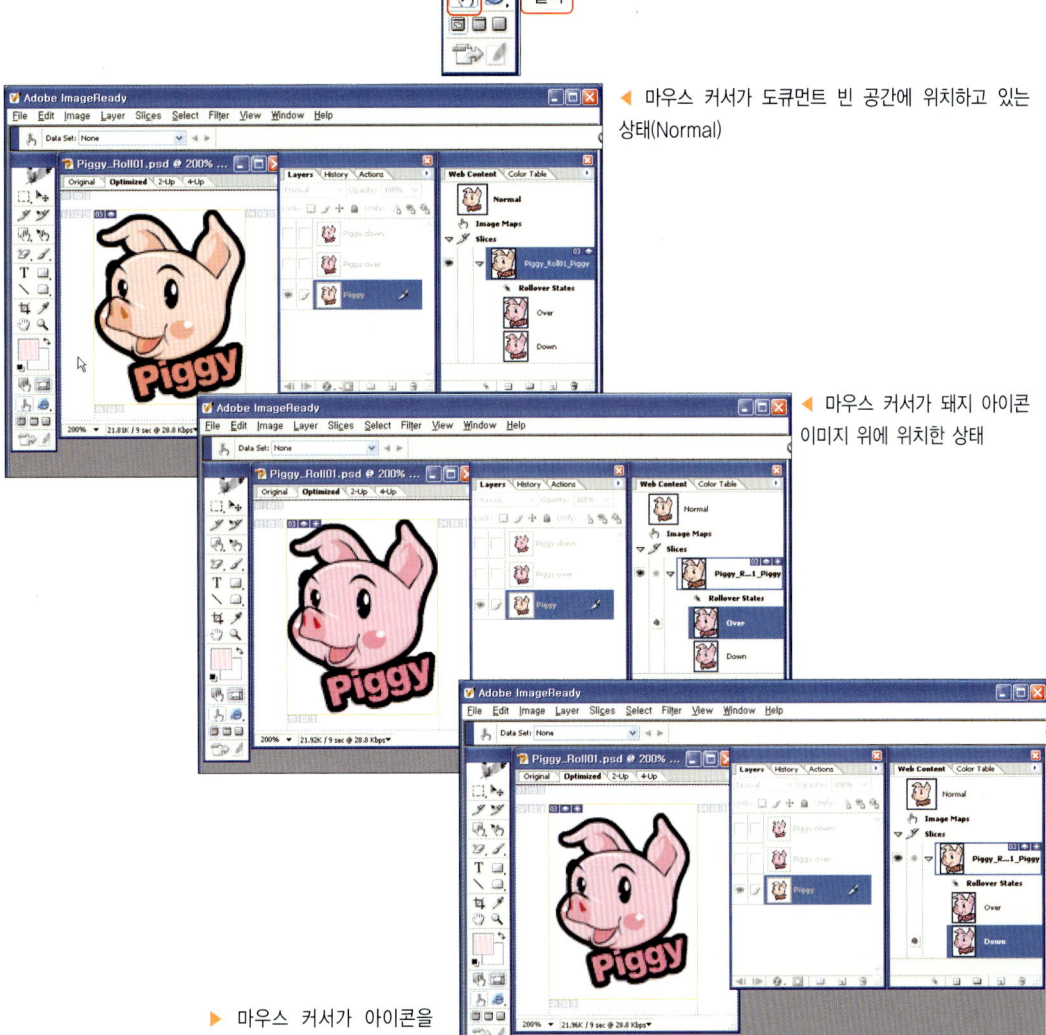

◀ 마우스 커서가 도큐먼트 빈 공간에 위치하고 있는 상태(Normal)

◀ 마우스 커서가 돼지 아이콘 이미지 위에 위치한 상태

▶ 마우스 커서가 아이콘을 클릭한 상태

02 애니메이션 이미지 만들기

이미지레디의 애니메이션 기능을 이용하여 간단한 움직임이 있는 이미지를 만들어 보겠습니다.

>> CD-ROM
부록 CD〉예제파일〉Part 2〉
Walk001.psd

참고하세요!

전체 애니메이션 동작은 네 가지로 나뉘지만 Layer 3 에 해당하는 동작은 중복되는 것이므로 레이어는 모두 3개 입니다.

1 File → Open 메뉴로 'Walk001.psd' 파일을 엽니다.

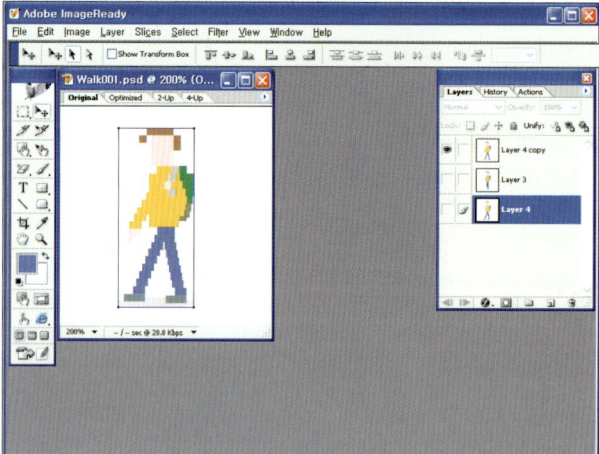

2 Window → Animation 메뉴를 선택하여 애니메이션 팔레트를 엽니다.

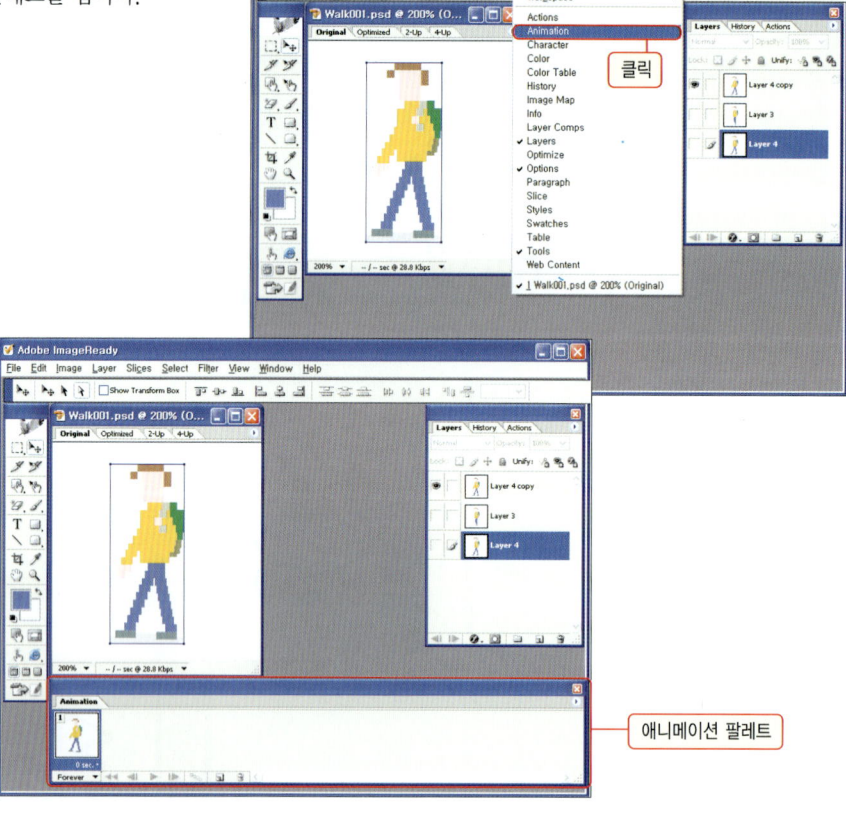

애니메이션 팔레트

3 애니메이션 팔레트 하단의 새 프레임 아이콘 (🔲)을 클릭하여 2번 프레임을 만듭니다.

4 Layer 4 copy 레이어의 눈 아이콘을 꺼 보이지 않게 한 뒤 Layer 3 레이어의 눈 아이콘을 클릭합니다.

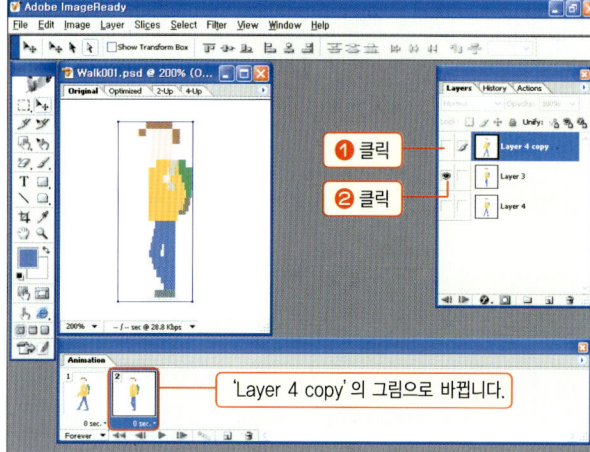

5 새 프레임 아이콘(🔲)을 다시 클릭합니다.

6 Layer 3 레이어의 눈 아이콘을 꺼 보이지 않게 한 뒤 Layer 4 레이어의 눈 아이콘을 클릭합니다.

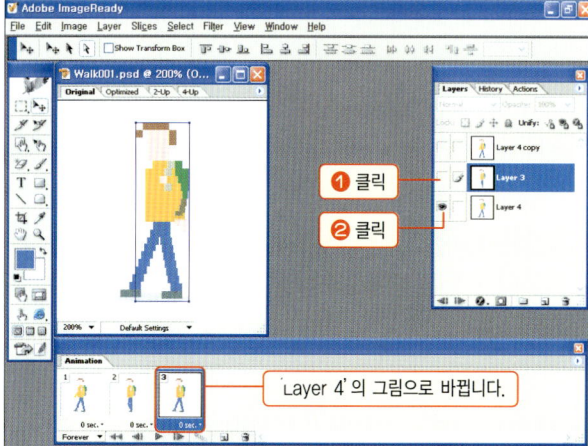

7 새 프레임 아이콘을 다시 클릭합니다.

클릭

8 Layer 4 레이어의 눈 아이콘을 꺼 보이지 않게 한 뒤 Layer 3 레이어의 눈 아이콘을 클릭합니다.

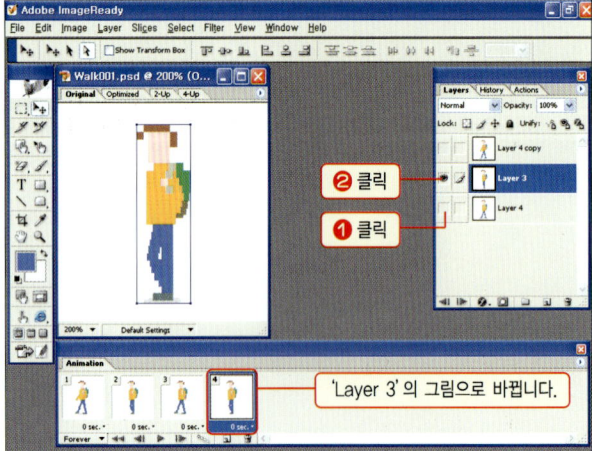

❷ 클릭

❶ 클릭

'Layer 3'의 그림으로 바뀝니다.

9 애니메이션 팔레트 하단의 플레이 버튼(▶)을 클릭하면 각각의 프레임이 차례로 선택되면서 걷는 동작을 볼 수 있습니다.

클릭

10 다시 플레이 버튼 자리의 정지 버튼(■)을 클릭하면 걷는 동작을 멈출 수 있습니다.

클릭

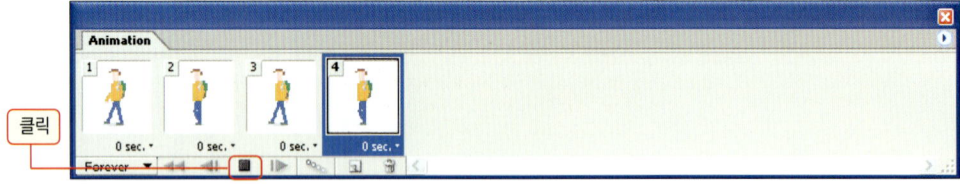

11 웹에서 작동되는 애니메이션 상태를 확인하려면 툴 박스의 '미리 보기' 아이콘(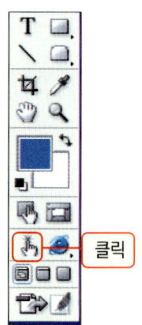)을 클릭하면 됩니다.

클릭

12 실제 브라우저에서 확인하려면 '브라우저 미리 보기' 아이콘()을 클릭하면 됩니다.

클릭

▲ 브라우저에서 작동하는 애니메이션

13 애니메이션 동작의 속도를 조절해 보도록 하겠습니다.
애니메이션 팔레트의 첫 번째 프레임을 클릭합니다.

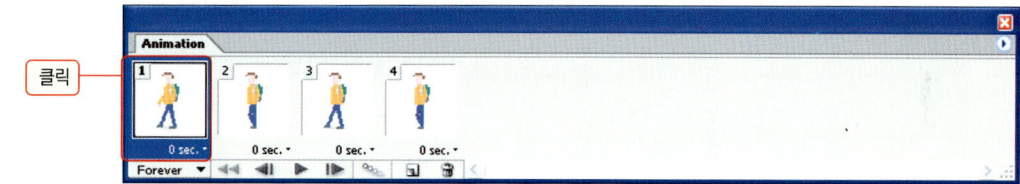

클릭

14 Shift 키를 누른 채 마지막 프레임을 클릭하여 모든 프레임을 선택합니다.

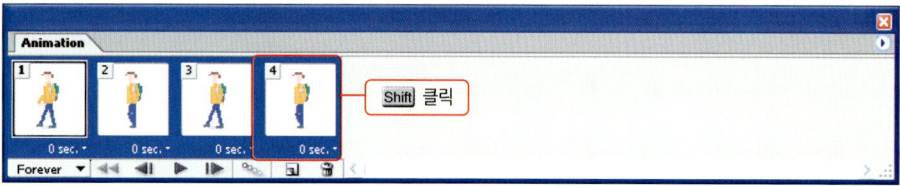

Shift 클릭

15 현재 0초로 되어있는 프레임 속도를 0.5초로 바꾸겠습니다.
프레임 하단의 '0 sec.' 옵션을 클릭한 뒤 0.5 메뉴를 선택합니다.

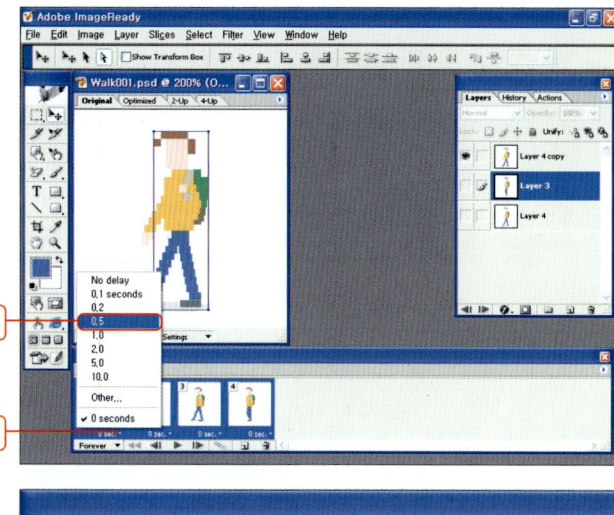

모든 프레임이 0.5초로 바뀌었습니다.

16 File → Save Optimized As 메뉴를 선택한 뒤 파일명을 입력하고 GIF 옵션을 저장한 뒤 [저장] 버튼을 클릭합니다.

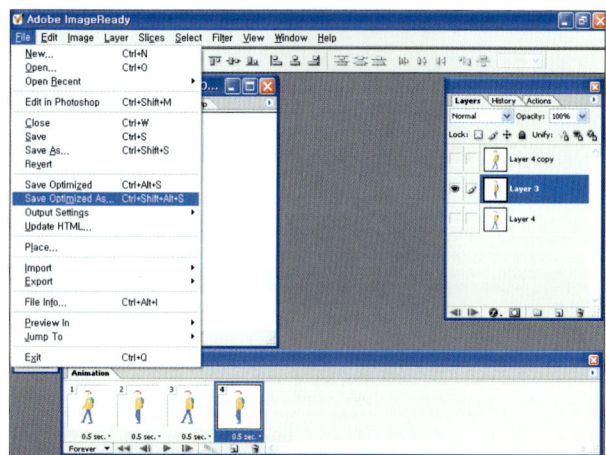

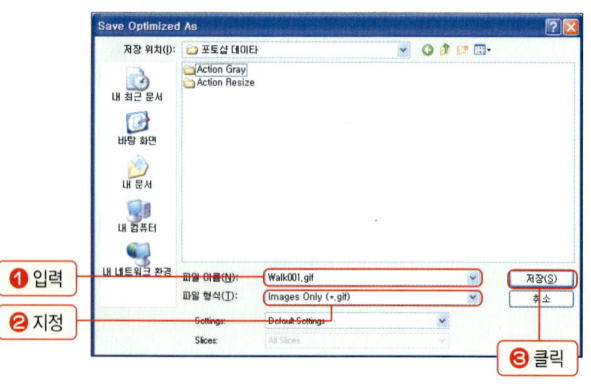

>> 궁 금 해 요 !

애니메이션 Play 횟수 조절

애니메이션 팔레트의 옵션을 이용하면 브라우저에서 애니메이션이 동작하는 횟수를 조절할 수 있습니다.

❶ Once : 브라우저에서 읽은 후 한 번만 움직이는 옵션입니다.
❷ Forever : 브라우저가 닫힐 때까지 계속 반복 동작하는 옵션입니다.
❸ Other : 사용자가 반복 횟수를 지정할 수 있는 옵션입니다.

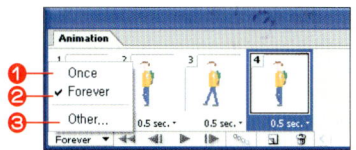

>> 궁 금 해 요 !

애니메이션 작업의 수정

작업된 애니메이션에 배경을 추가하는 등 수정작업을 할 경우 추가 이미지를 새 레이어에 만들어 넣은 후 저장하면 자동으로 전체 애니메이션에 추가됩니다.

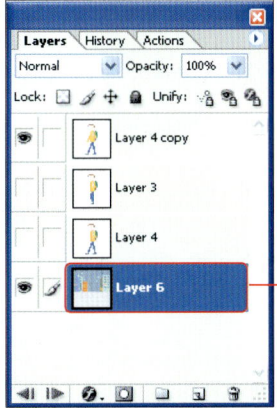

◀ 새 레이어에 배경을 만들어 넣은 후 제일 하단으로 위치를 이동합니다.

배경 레이어

▲ 배경이 추가된 상태

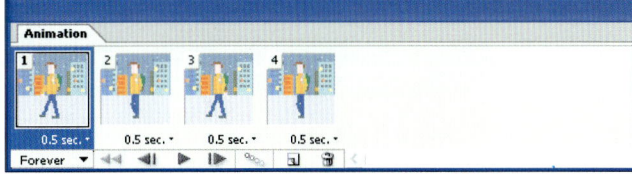

▲ 애니메이션 팔레트에도 자동으로 추가됩니다.

>> 07 환상의 리터칭 – 필터

포토샵을 그래픽 최강의 위치에 올려놓은 중요한 기능 중 하나가 필터입니다. 포토샵 자체에서 제공하는 기본 필터들도 물론 강력하지만 Plug-In으로 쓸 수 있는 수많은 외부 필터들 덕분에 포토샵으로 작업하는 그래픽 이미지의 질을 높일 수 있기 때문입니다.

✚ Image Preview

▲ 원본 이미지
배경과 인물에 거의 비슷한 포커스가 맞춰져 있습니다.

▲ 수정 이미지
배경과 인물의 포커스가 달라 심도가 깊은 아웃 포커스 이미지처럼 바뀌었습니다.

◀ 수작업 이미지의 느낌을 주는 필터들
필터를 이용해 디지털 카메라로 촬영한 이미지들을 변형할 때 가장 많이 사용되는 것이 '수작업 느낌이 나는 필터'들 입니다.
포토샵의 Artistic Filter, Brush Stroke Filter들을 사용하면 손으로 그린듯한 이미지를 만들어 낼 수 있습니다.

01 블러를 이용한 아웃 포커스

포토샵의 블러 필터를 이용해 수동 카메라의 피사계 심도를 이용한 Out Focus 효과를 내 보겠습니다.

1 File → Open 메뉴로 'Blur01.psd' 파일을 엽니다.

2 툴 박스에서 사각 선택 툴을 선택합니다. 인물 앞쪽에 위치한 이미지들에 블러 필터를 적용하기 위해 이미지 왼쪽의 3분의 1정도를 선택합니다.

3 채널 팔레트 오른쪽 상단의 삼각형 아이콘을 클릭하여 New Channel 메뉴를 선택합니다.

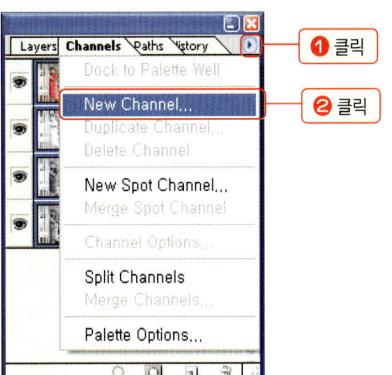

4 New Channel 대화상자에서 [OK] 버
튼을 클릭하면 검은색의 새 채널이 생기면
서 도큐먼트도 채널 화면으로 전환됩니다.

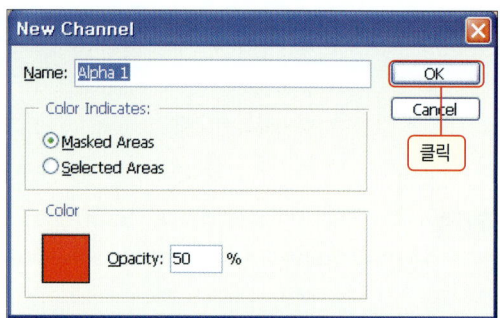

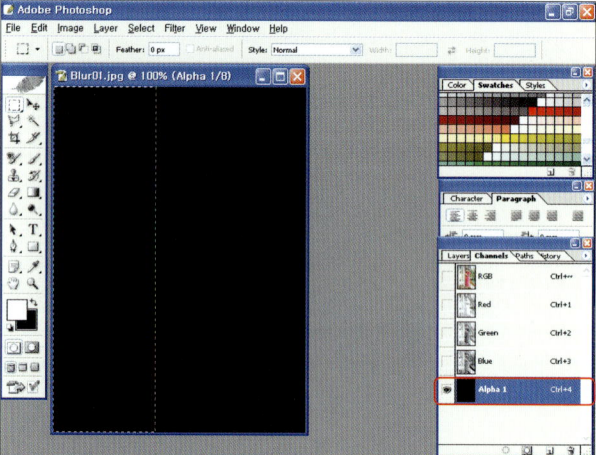

5 툴 박스에서 그라디언트 툴을 선택한
뒤 Shift 키를 누른 채 도큐먼트의 선택 영
역 내부의 왼쪽에서 오른쪽으로 드래그합
니다.

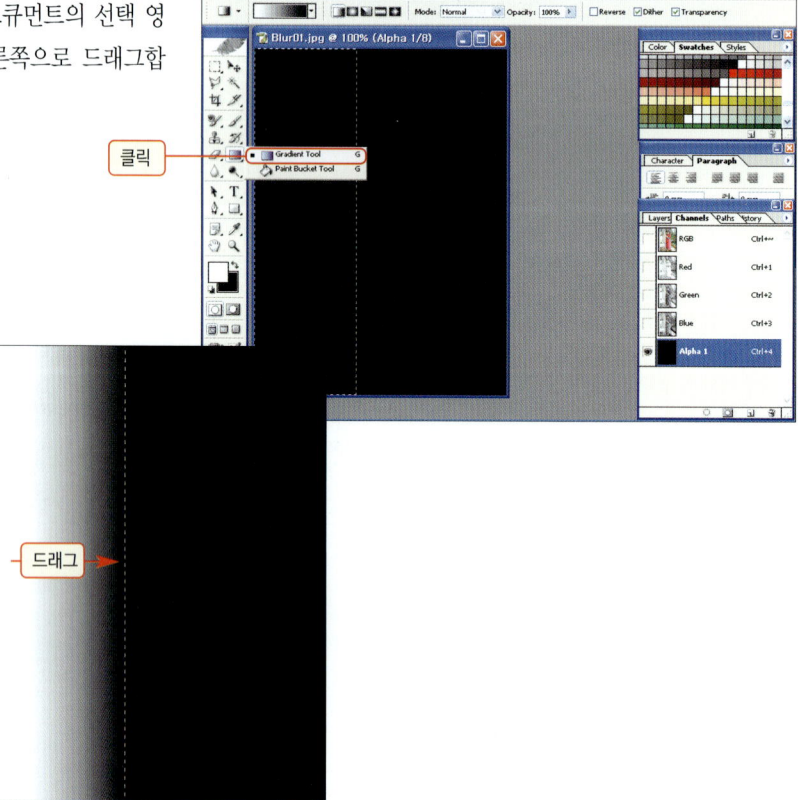

6 레이어 팔레트의 Background 레이
어를 선택한 뒤 Select → Load Selection
메뉴를 선택합니다.

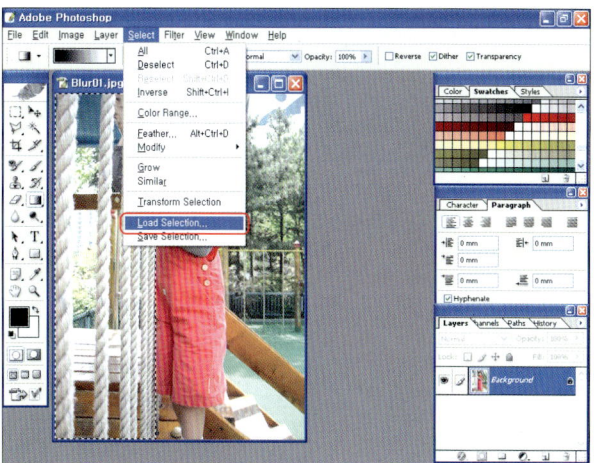

7 Load Selection 대화상자에서 Cha-
nnel 옵션이 새로 만든 채널의 이름인
Alpha 1 인지 확인한 뒤 [OK] 버튼을 클릭
합니다.

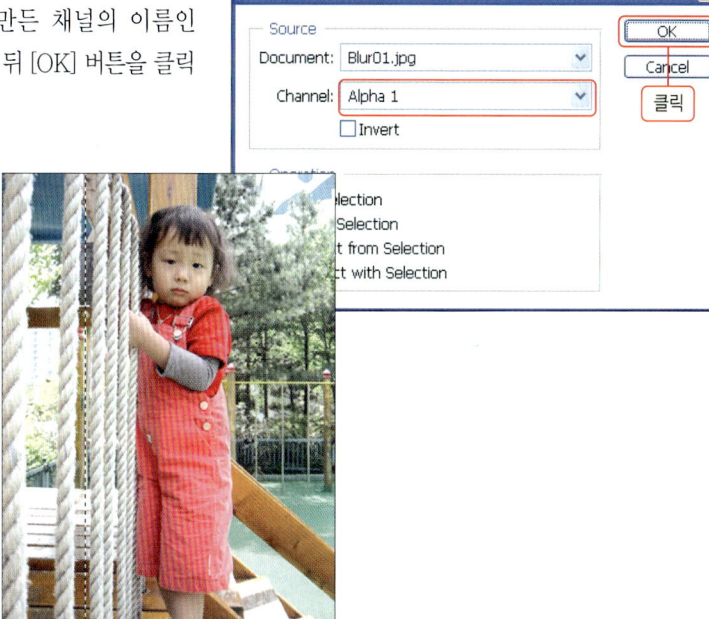

8 Filter → Blur → Gaussian Blur 메
뉴를 선택합니다.

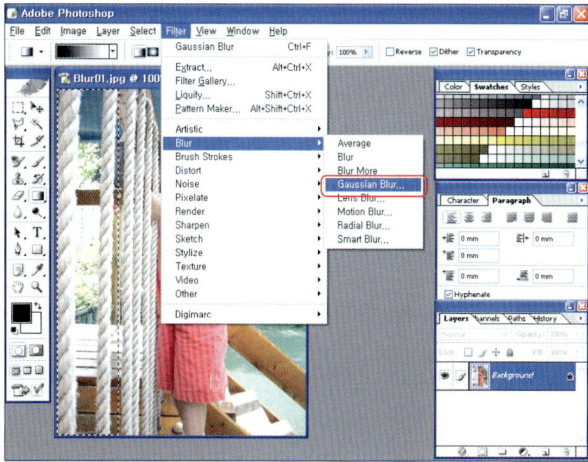

9 Blur 대화 상자에서 Radius 옵션에 3.0을 입력한 뒤 [OK] 버튼을 클릭합니다.

10 툴 박스에서 다각 선택 툴을 선택한 뒤 인물 배경의 나무 부분을 선택합니다.

11 Select → Feather 메뉴를 선택하고 Feather Selection 대화상자에서 15를 입력한 뒤 [OK] 버튼을 클릭합니다.

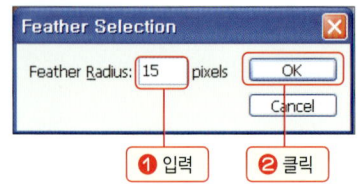

12 배경이 모두 선택 되었는지, Feather 값에 의해 인물이나 근거리 이미지가 선택 영역에 침범당했는지를 확인하고 Filter → Blur → Gaussian Blur 메뉴를 선택합니다.

13 Gaussian Blur 대화상자의 Radius 옵션에 1.5를 입력한 뒤 [OK] 버튼을 클릭합니다.

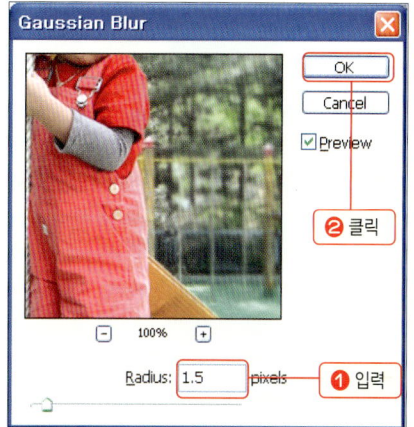

14 포커스의 중심이 되는 인물을 제외한 원거리, 근거리 이미지들에 블러가 적용되어 심도가 깊은 이미지로 바뀌었습니다. 심도가 부족할 경우 각 영역별로 Gaussian Blur 대화상자의 Radius 옵션 수치를 높이면 됩니다.

02 수작업 느낌의 필터들 – Artistic 필터

수작업 느낌을 주는 필터 몇 가지를 간단하게 살펴보겠습니다.
Artistic 필터는 이미지를 미술 작품처럼 보이도록 바꿔주는 필터들의 모음입니다.

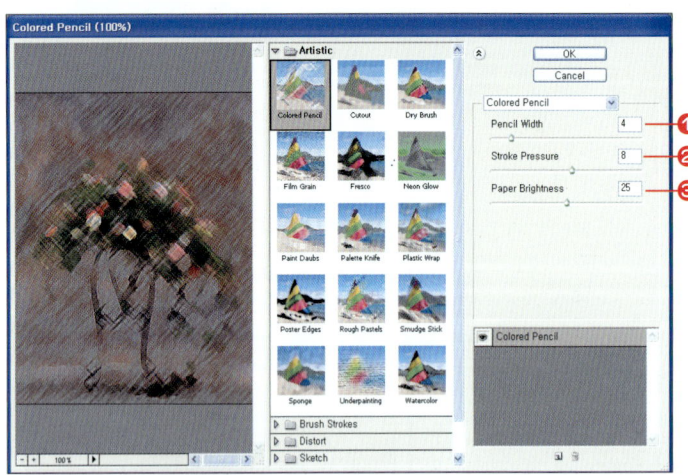

Color Pencil 필터

연필로 그린 듯한 효과

❶ Pencil Width : 연필의 두께

❷ Stroke Pressure : 연필 선의 거친 정도를 조절

❸ Paper Brightness : 종이 느낌이 나는 배경색 조절

Cutout 필터

색 단계를 줄이는 효과

❶ No of Levels : 색 단계를 조절

❷ Edge Simplicity : 색 경계의 단순한 정도를 조절

❸ Edge Fidelity : 색 경계의 복잡한 정도를 조절

Dry Brush 필터

물기가 적은 브러시로 그린 듯한 효과

❶ Brush Size : 브러시 크기를 조절

❷ Brush Detail : 브러시의 세부적인 표현을 조절

❸ Texture : 음영을 조절

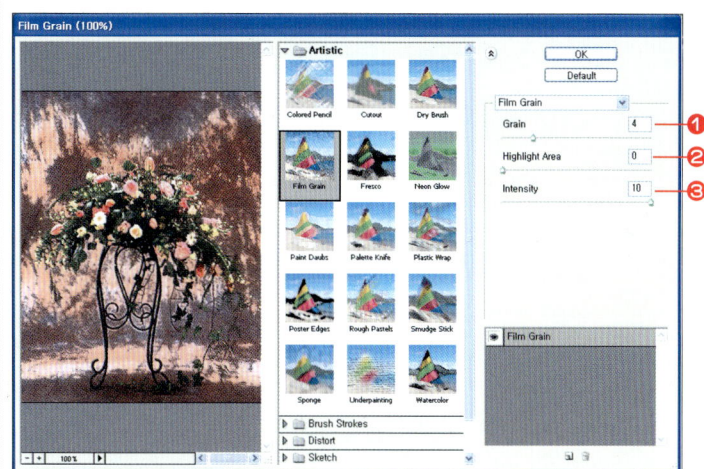

Film Grain 필터

인화된 사진처럼 보이는 효과

❶ Grain : 잡티의 범위를 조절

❷ Highlight Area : 이미지의 밝은 부분의 분포를 조절

❸ Intensity : 어두운 부분일수록 잡티의 범위를 높이는 효과

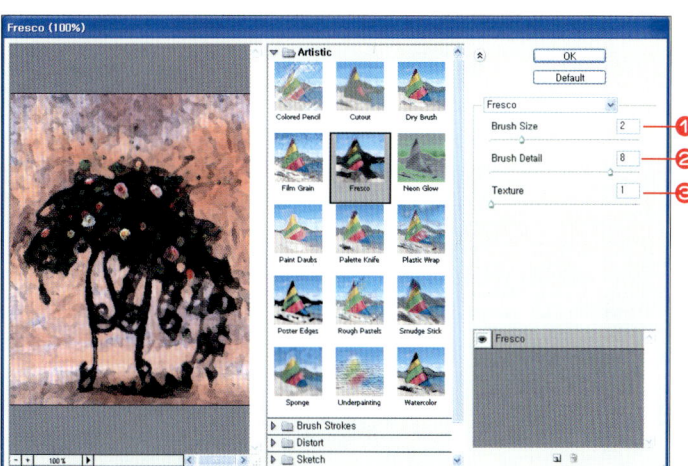

Fresco 필터

프레스코 그림처럼 보이는 효과

❶ Brush Size : 브러시 효과의 크기를 조절

❷ Brush Detail : 브러시의 세부적인 표현을 조절

❸ Texture : 텍스처의 적용 정도를 조절

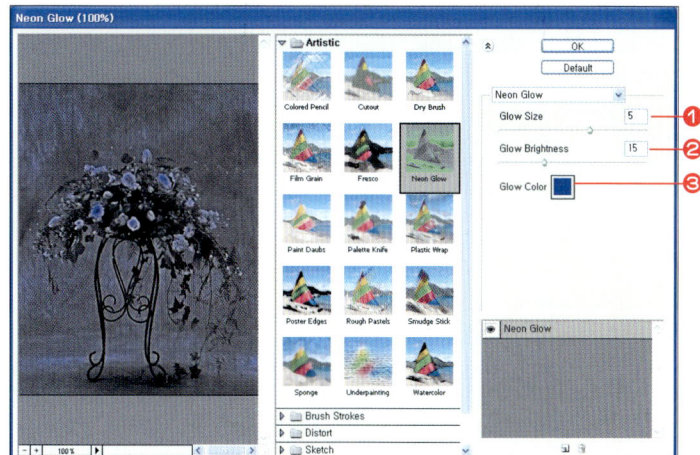

Neon Glow 필터

네온 효과

❶ Grow Size : 밝은 부분의 분포를 조절

❷ Grow Brrightness : 밝은 부분의 정도를 조절

❸ Grow Color : 네온 효과가 적용될 색을 지정

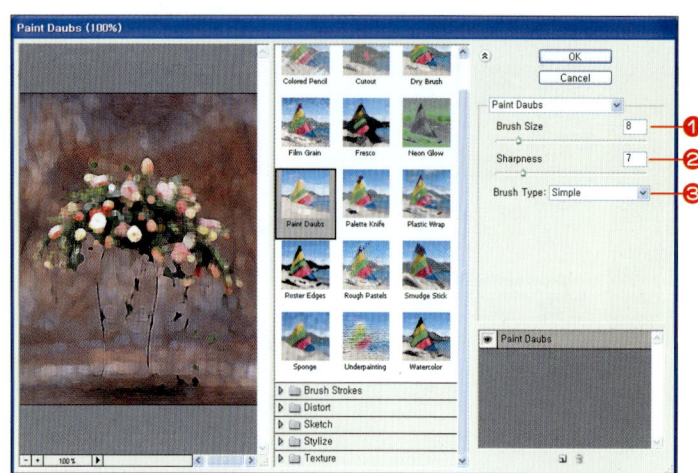

Paint Daubs 필터

수작업의 유화같은 효과

❶ Brush Size : 브러시 크기 조절

❷ Sharpness : 이미지의 선명도를 조절

❸ Brush Type : 6개의 서로 다른 브러시 종류를 지정

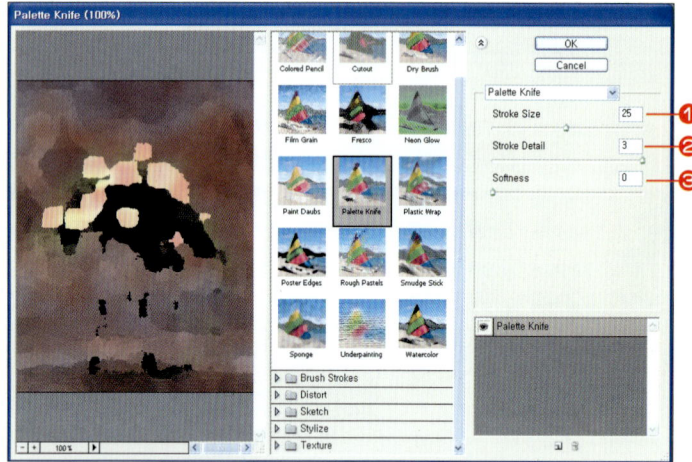

Palette Knife 필터

팔레트 나이프로 그린 효과

❶ Stroke Size : 팔레트 나이프의 크기 조절

❷ Stroke Detail : 팔레트 나이프 효과의 섬세한 정도를 조절

❸ Softness : 이미지의 부드러운 정도를 조절

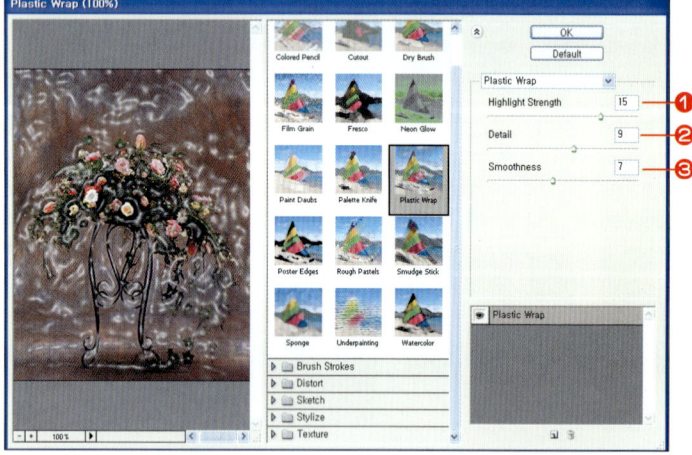

Plastic Wrap 필터

플라스틱 비닐을 씌운 듯한 효과

❶ Highlight Strength : 비닐의 반사광 효과의 범위 조절

❷ Detail : 비닐의 밀착 정도를 조절

❸ Smoothness : 비닐 반사광의 부드러운 정도를 조절

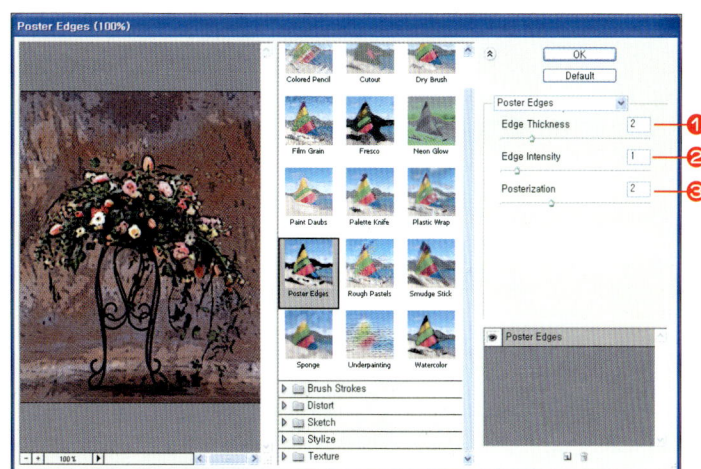

Poster Edges 필터

색 단계를 조절하는 효과

❶ Edge thickness : 색 경계의 두꺼운 정도를 조절

❷ Edge Intensity : 이미지의 선명한 정도를 조절

❸ Posterization : 색 농도 조절

Rough Pastels 필터

파스텔화 효과

❶ Stroke Length : 파스텔 효과의 길이를 조절

❷ Stroke Detail : 파스텔 효과의 섬세한 정도를 조절

❸ Texture : 텍스처 효과 조절

❹ Scaling : 거친 효과의 정도 조절

❺ Relief : 입체 효과의 정도 조절

❻ Light Direction : 빛의 방향 조절

❼ Invert : 전체 효과를 반전하여 음각 효과 조절

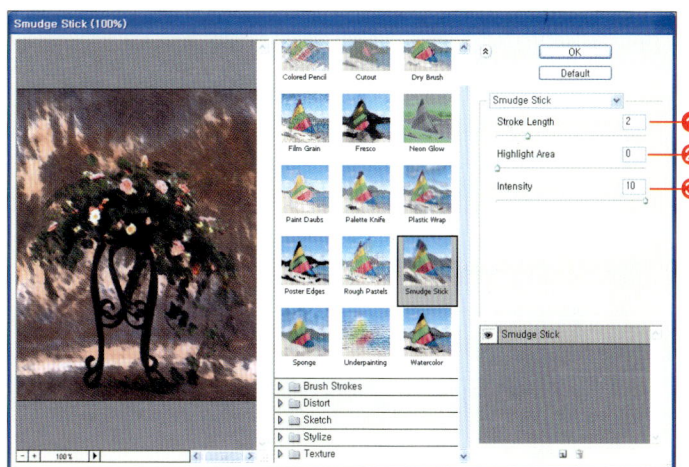

Smudge Stick 필터

번짐 효과

❶ Stroke Length : 번짐의 길이 조절

❷ Highlight Area : 반사광 범위 조절

❸ Intensity : 효과 적용 범위 조절

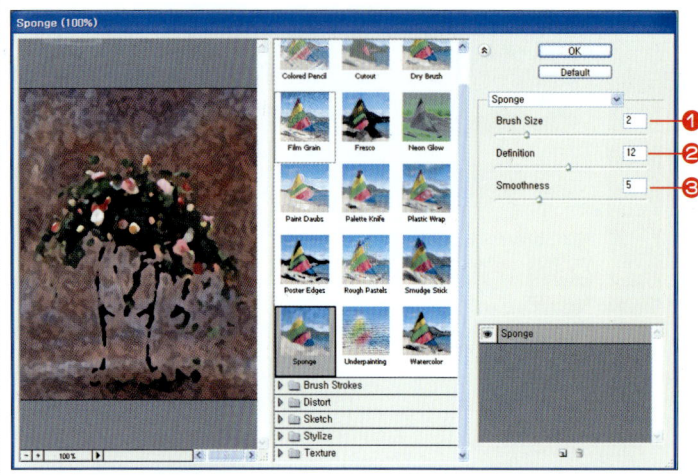

Sponge 필터
스펀지로 찍는 그림 효과

❶ Brush Size : 스펀지 효과의 범위 조절

❷ Definition : 스펀지 효과의 밀도를 조절

❸ Smoothness : 스펀지 효과의 부드러운 정도를 조절

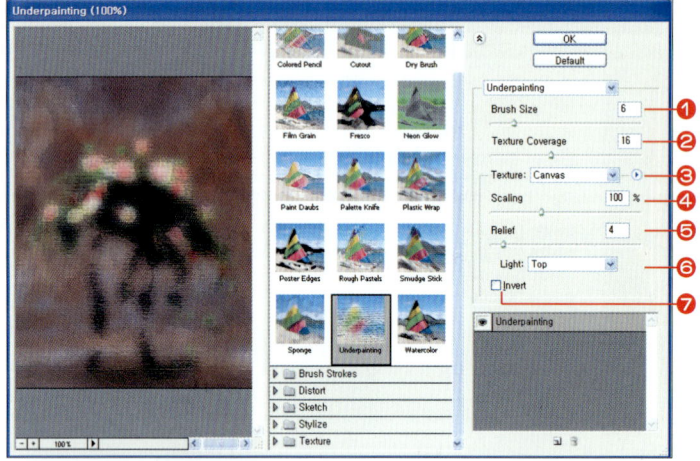

Underpainting 필터
텍스처 효과와 페인팅 효과를 결합한 필터

❶ Brush Size : 페인팅 효과의 브러시 크기 조절

❷ Texture Coverage : 텍스처 효과의 범위를 조절

❸ Texture : 텍스처 효과의 종류를 지정

❹ Scale : 텍스처 효과의 크기 지정

❺ Relief : 텍스처 효과의 질감 조절

❻ Light Direction : 빛의 방향 조절

❼ Invert : 적용 효과 반전

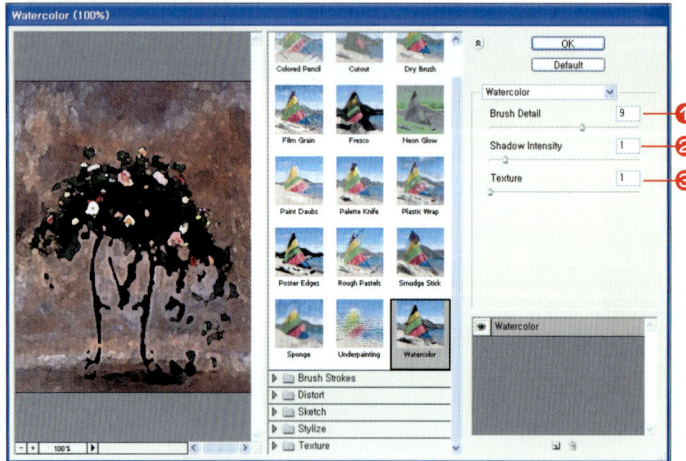

Watercolor 필터
수채화 물감 효과

❶ Brush Detail : 브러시의 세밀함 조절

❷ Shadow Intensity : 어두운 부분의 정도를 조절

❸ Texture : 텍스처 효과의 정도 조절

03 붓으로 그린 그림같은 효과 – Brush Stroke 필터

브러시로 그린듯한 수작업 효과를 내는 필터들의 모음입니다.

Accented Edge 필터
색 경계를 강조하는 효과

❶ Edge Width : 브러시의 두께를 조절

❷ Edge Brrighttness : 경계선의 밝기 조절

❸ Softness : 경계선의 부드러움을 조절

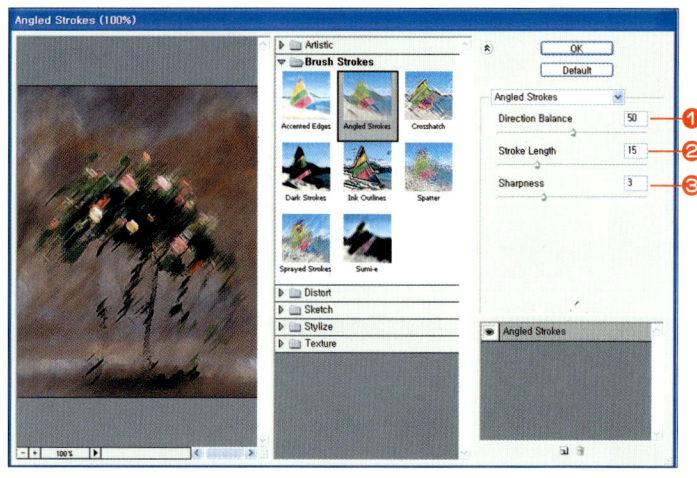

Angled Strokes 필터
대각선으로 브러시를 움직인 듯한 효과

❶ Distriction Balance : 브러시의 대각선 방향을 조절

❷ Stroke Length : 브러시의 길이를 조절

❸ Sharpness : 브러시의 세밀한 정도를 조절

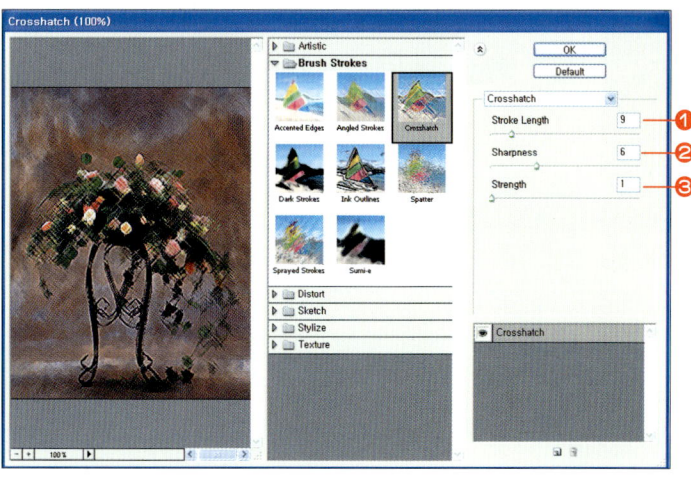

Crosshatch 필터
연필로 좌우 대각선으로 강하게 그은듯한 효과

❶ Stroke Length : 브러시 길이 조절

❷ Sharpness : 브러시의 섬세한 정도를 조절

❸ Strength : 브러시의 강도를 조절

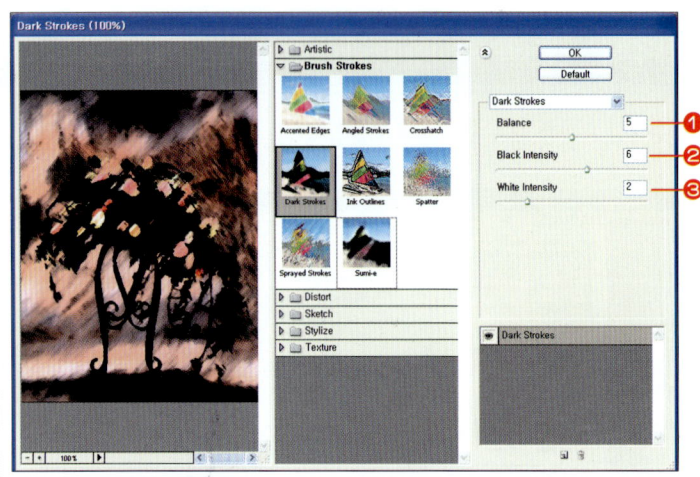

Dark Strokes 필터

연필로 음영을 강하게 그린듯
한 효과

❶ Balance : 어둡고 밝은 부분의
비율 조절

❷ Dark Intensity : 어두운 부분을
조절

❸ White Intensity : 밝은 부분을 조절

Ink Outlines 필터

펜으로 그린듯한 효과

❶ Stroke Length : 브러시 드로잉
길이를 조절

❷ Dark Intensity : 어두운 부분을
조절

❸ White Intensity : 밝은 부분을 조절

Spatter 필터

물감을 흩뿌려 그린듯한 효과

❶ Sapny Radius : 흩뿌린듯한 효과
의 범위 조절

❷ smoothness : 부드러운 정도를
조절

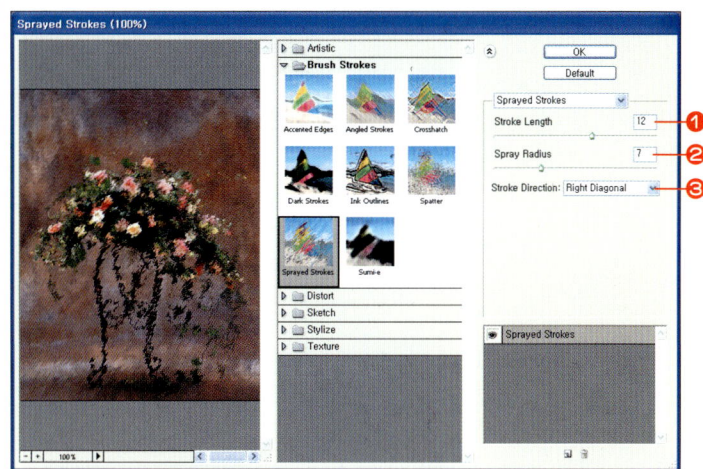

Sprayed Stroke 필터

스프레이로 그린듯한 효과

❶ Stroke Length : 스프레이로 뿌리는 길이를 조절

❷ Spray Radius : 스프레이로 뿌리는 범위를 조절

❸ spray Directtion : 스프레이로 뿌리는 방향을 조절

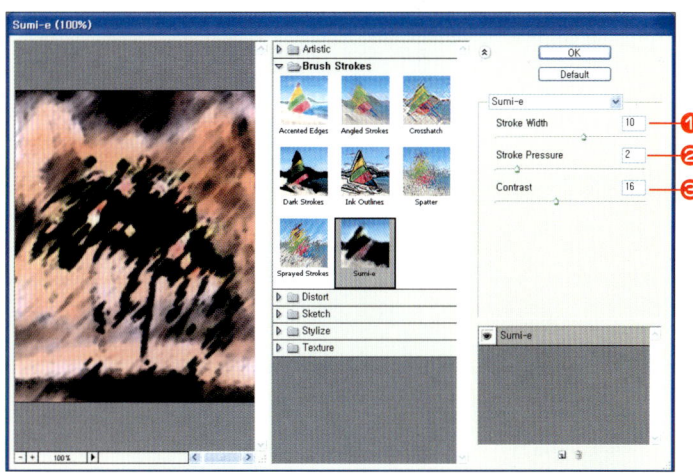

Sumi-e 필터

일본 풍의 수묵화 느낌을 만드는 효과

❶ Stroke Width : 브러시의 넓이 조절

❷ Stroke Pressure : 브러시의 강조를 조절

❸ Contrast : 이미지의 음영 대비를 조절

Photoshop **CS** & ImageReady **CS**

Photoshop Practice

Part 3 포토샵에 강해지는 예제들

포토샵의 기본적인 기능과 필수 기능들을 익혔다면 이제 'Part 3 포토샵에 강해지는 예제들' 로 여러 가지 기능들을 복합적으로 사용해 봅니다. 예제들을 통해 실전에 사용되는 포토샵 기술을 배울 것입니다.
포토샵 예제를 따라하면서 실무자들이 사용하는 포토샵 기법을 알아보겠습니다.

Photoshop CS

>> 01 톡톡 튀는 아바타! 도트 이미지 만들기

인터넷에서 자주 볼 수 있는 아바타 등의 작고 귀여운 도트 이미지를 포토샵을 이용해 그려보겠습니다. 도트 이미지들을 보면 단순하고 작기 때문에 쉽게 그릴 수 있으리라 생각하는 경우가 많습니다. 그러나 오히려 상당한 드로잉 실력과 색감, 균형 감각이 필요한 작업인 데다가 도트 이미지를 위한 기본적인 규칙들을 잘 알고 있어야 합니다. 도트 이미지를 만들어 가는 과정에서 이러한 기본 규칙들에 대해서도 배워보겠습니다.

➕ Image Preview

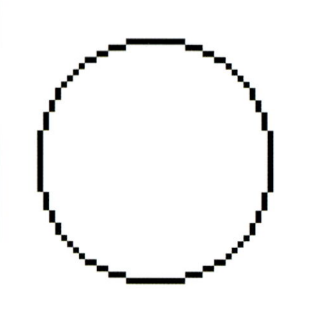  

▲ 작업중인 이미지들

▲ 완성 이미지

▲ 응용 이미지

01 얼굴 그리기

1 도트 형태의 간단한 원을 그려보겠습니다. File → New 메뉴로 대화상자를 엽니다. 가로, 세로가 각각 120, 170Pixels이고 72dpi인 새 도큐먼트를 만듭니다.

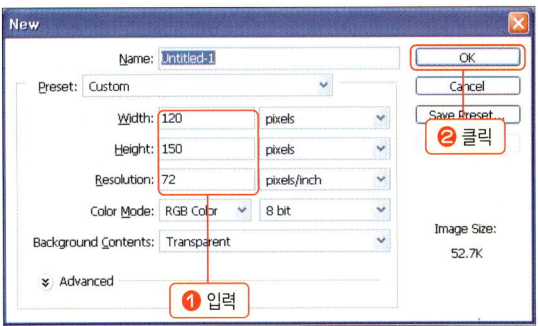

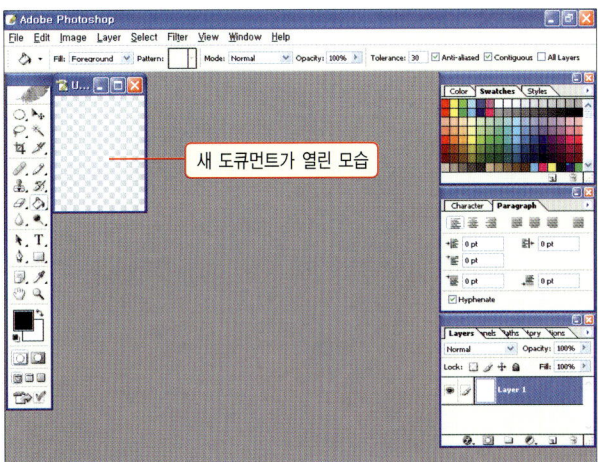

새 도큐먼트가 열린 모습

2 Ctrl + + 키를 7번 눌러 화면 확대 비율이 800%가 되도록 작업 화면을 확대합니다.

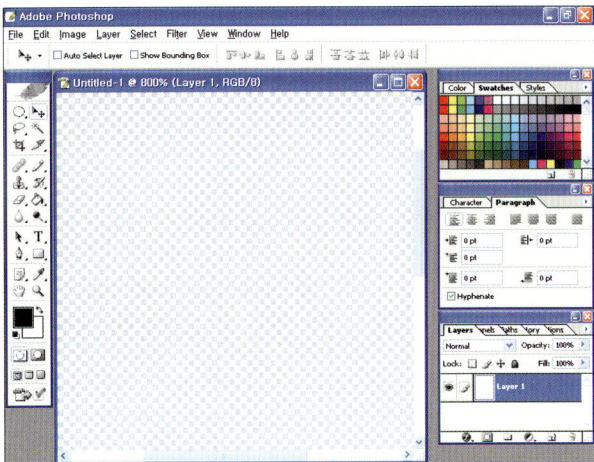

hot key
View Grid :
Ctrl + "

3 View → Show → Grid 메뉴를 선택
하여 작업 화면에 격자가 나타나게 합니다.

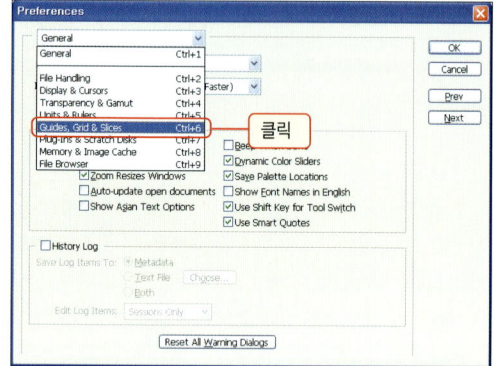

hot key
환경설정 : Ctrl + K

4 격자의 간격이 너무 크기 때문에 격자
의 기본 간격을 1Pixel로 줄이겠습니다.
Edit → Preference → General 메뉴를
선택한 뒤 Guides, Grid & Slices 메뉴를
선택합니다.

5 Grid 옵션에서 Gridline every 항목
에 1을 입력한 뒤 [OK] 버튼을 클릭합니다.

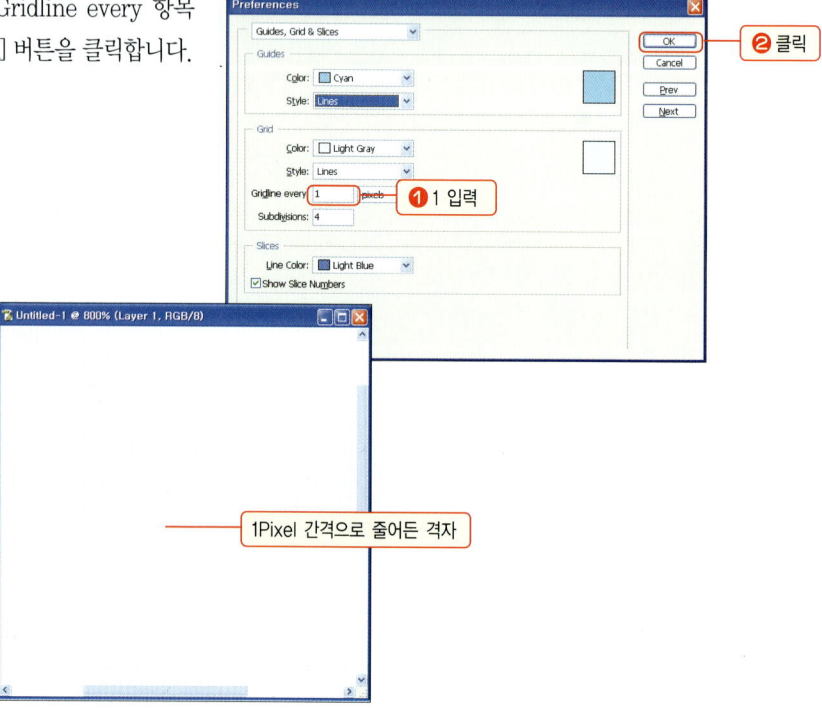

1Pixel 간격으로 줄어든 격자

Anti-aliased 항목을 해제
하지 않으면 포토샵에서 자
동으로 선택 영역의 테두리
를 부드럽게 만들어 도트
이미지를 만들 수 없습니다.

6 툴 박스에서 원형 선택 툴을 선택하고
윈도우 상단의 옵션 바에서 Anti-aliased
옵션을 클릭하여 선택을 해제합니다.

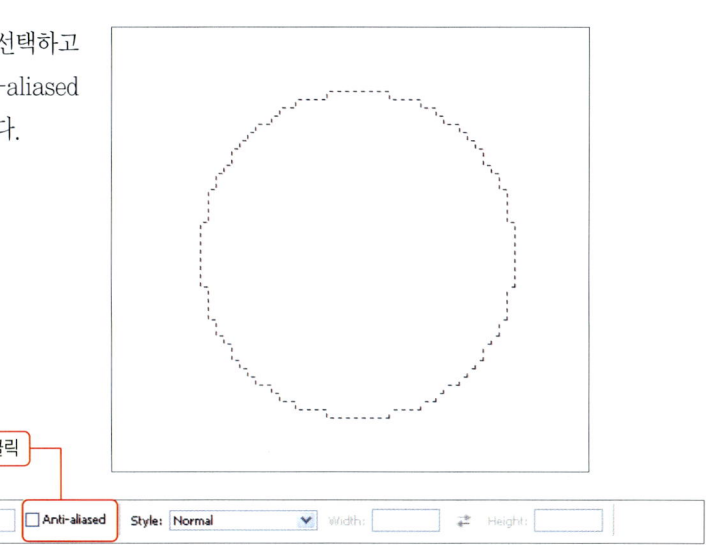

클릭

7 Edit → Stroke 메뉴를 선택하고 대화
상자에서 [OK] 버튼을 클릭합니다.

클릭

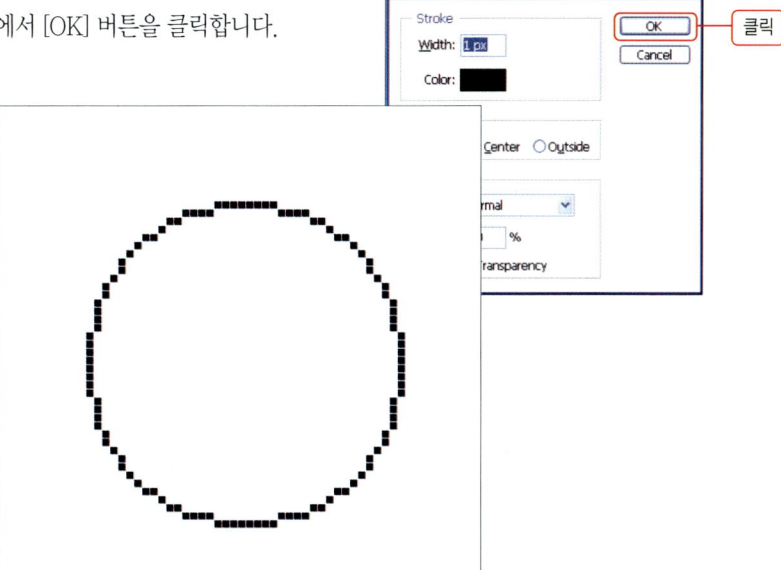

8 1Pixel의 연필 툴과 지우개 툴을 이용하
여 원의 가장자리를 부드럽게 수정합니다.

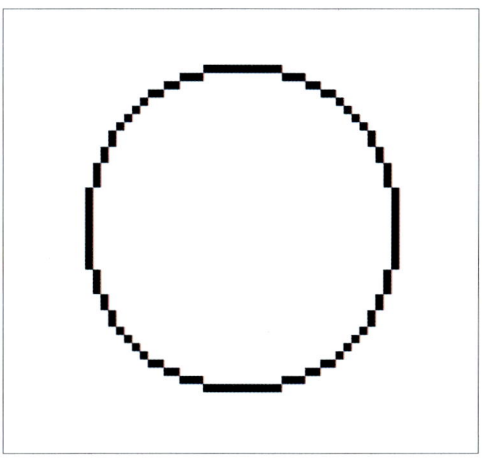

> > 궁금해요!

도트 이미지에서 원을 그리는 법칙

도트로 원을 그릴 때 일반적인 방식으로 원을 그리면 약간 모양이 불안정한 원이 그려집니다. 이 원의 가장자리에 있는 도트의 수를 세어보면 4-2-1-3-1로 불규칙하게 수가 감소하기 때문입니다.

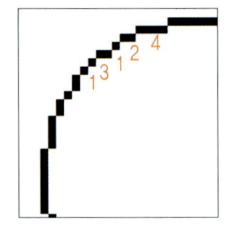
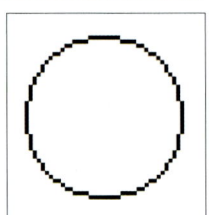

원의 가장자리를 좀 더 안정되게 바꾸려면 도트의 개수가 4-3-2-1 또는 4-4-3-3-2-2-1-1-1 등과 같이 일정하게 감소하도록 수정해야 합니다.

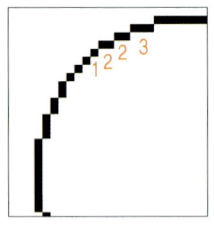
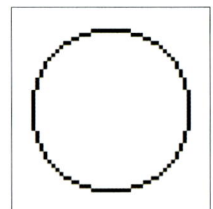

수정 작업을 할 경우 각각 연필 툴과 지우개 툴의 크기를 1Pixel로 바꿔 사용합니다.

연필 툴 : 툴 박스에서 연필 툴을 선택한 뒤 윈도우 상단의 옵션 바에서 Size 옵션을 클릭하여 연필 툴의 크기를 1Pixel로 바꿉니다.

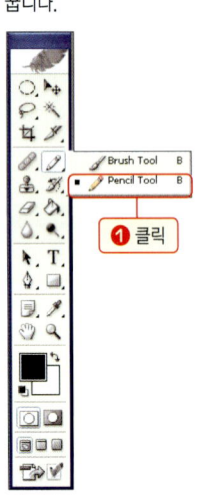
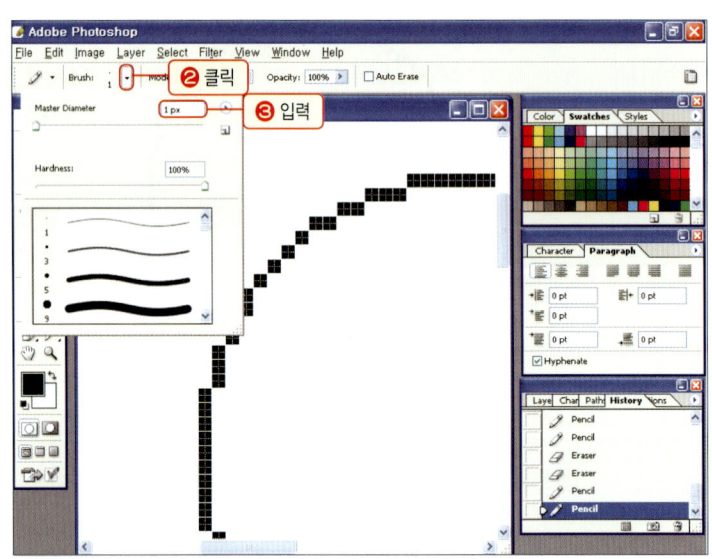

지우개 툴 : 툴 박스에서 지우개 툴을 선택한 뒤 윈도우 상단의 옵션 바에서 Size 옵션을 클릭하여 지우개 툴의 크기를 1Pixel로 바꾸고 Mode를 Pencil(연필 툴)로 바꿉니다.

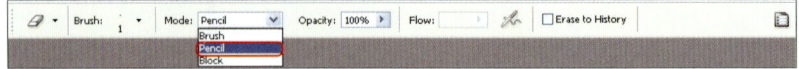

02 눈 만들기

도트 이미지를 작업하는 경우 거의 모든 옵션에서 Tolerance는 0으로 입력하고, Ant-alieased 옵션은 꺼두어야 합니다.

1 툴 박스에서 버킷 툴을 선택한 뒤 윈도우 상단의 옵션 바에서 Tolerance 값을 0으로 입력하고 Anti-aliased 옵션의 선택을 해제합니다.

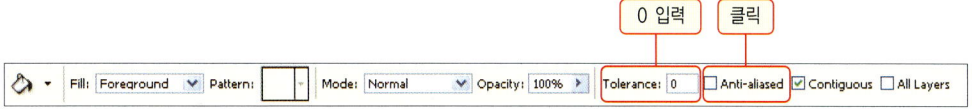

2 컬러 팔레트에서 다음과 같이 색을 선택한 뒤 원 내부를 클릭하여 채색합니다.

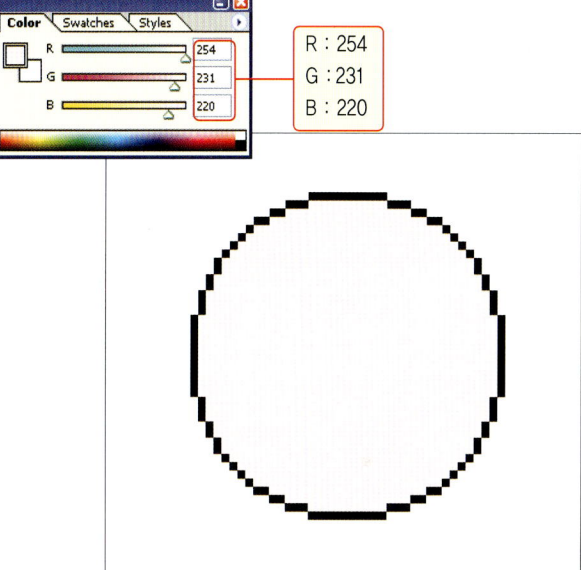

R : 254
G : 231
B : 220

3 레이어 팔레트 하단의 새 레이어 만들기 아이콘을 클릭하여 새 레이어를 만든 뒤 툴 박스에서 펜 툴을 선택하여 눈의 형태를 만듭니다.

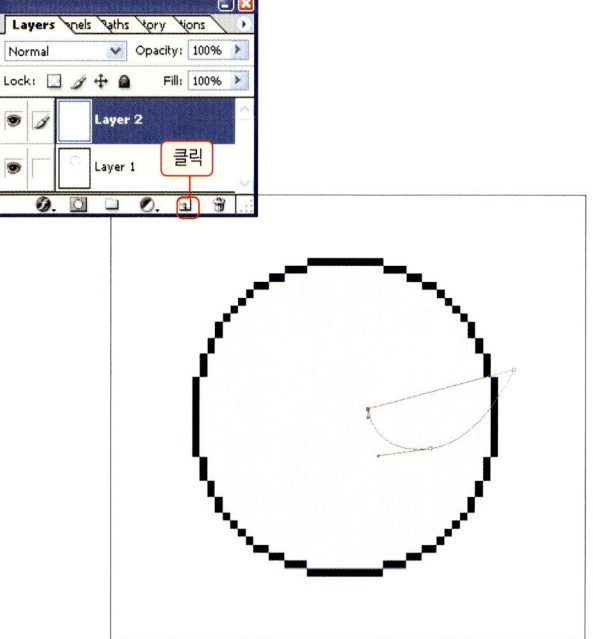

4 마우스 오른쪽 버튼을 클릭하여 Make
Selection 메뉴를 선택하고 옵션 바에서
[OK] 버튼을 클릭하여 펜 툴로 만든 부분
을 선택 영역으로 전환합니다.

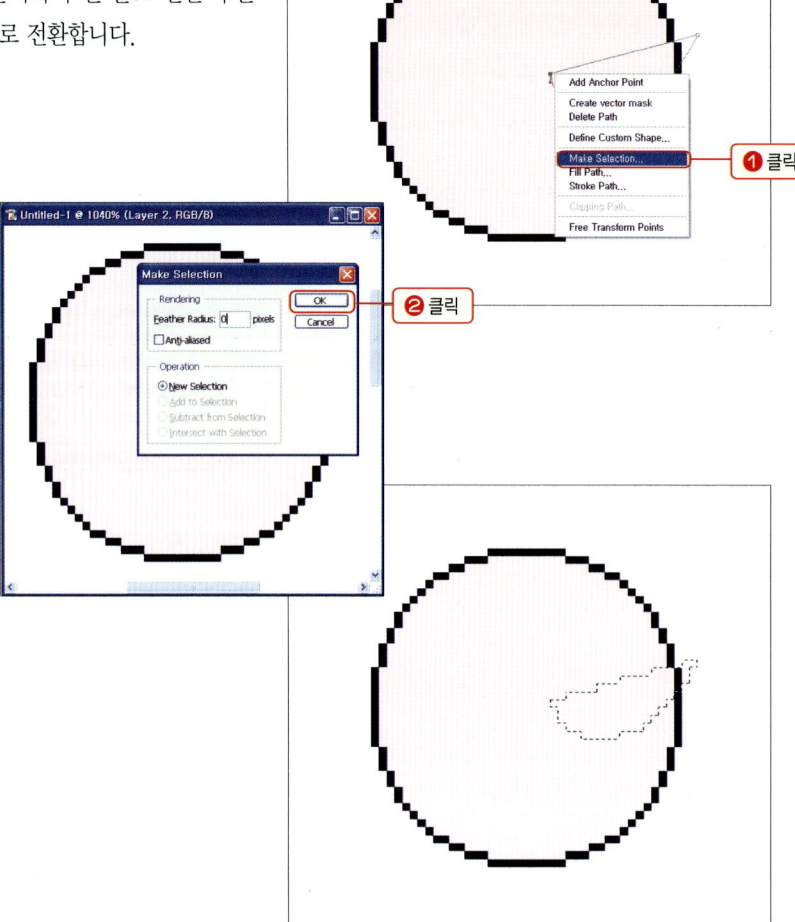

5 Ctrl + ← 키를 눌러 선택 영역을 배
경색인 흰색으로 채우고 Edit → Stroke
메뉴를 선택하여 검은색으로 테두리를 만
듭니다.

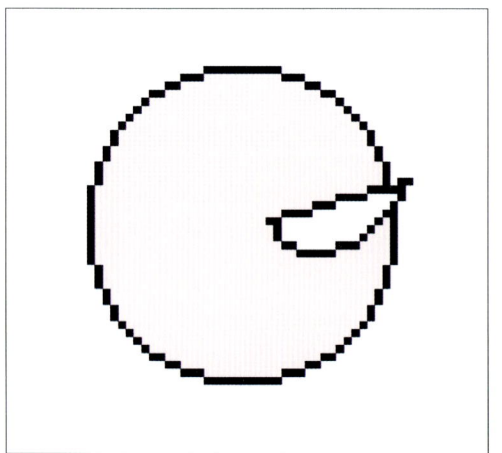

6 툴 박스에서 지우개 툴을 선택하여 거
칠게 튀어나온 픽셀들을 지웁니다.

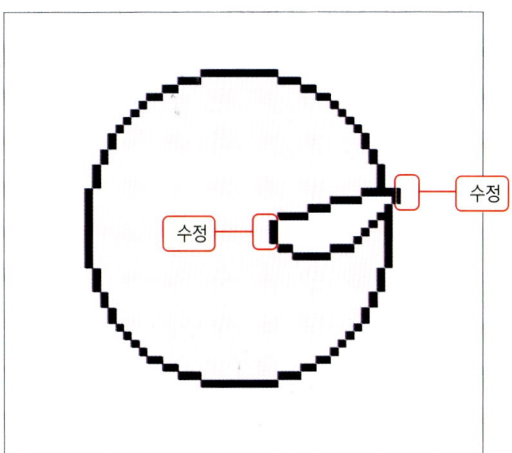

7 툴 박스에서 연필 툴을 선택하여 눈동
자(1Pixel)를 그립니다.

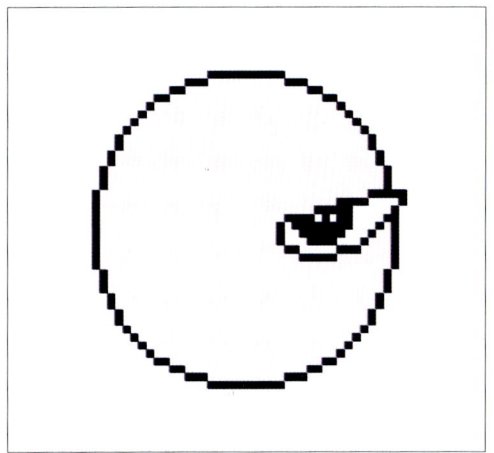

8 푸른색을 선택하여 눈동자의 색 일부
분을 칠합니다.

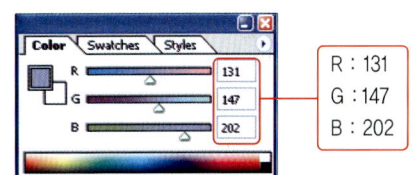

R : 131
G : 147
B : 202

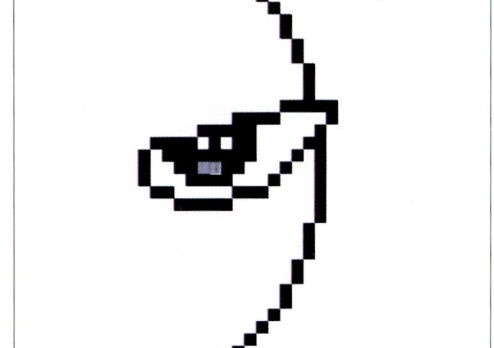

9 눈 이미지가 있는 'Layer 2'를 클릭하여 레이어 팔레트 하단의 새 레이어 아이콘 위로 드래그하여 레이어를 복사합니다. 'Layer 2 Copy' 레이어가 생성되었습니다.

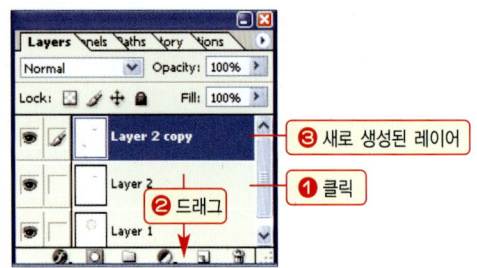

❸ 새로 생성된 레이어
❶ 클릭
❷ 드래그

○ hot key
Free Transform :
Ctrl + T

10 Edit → Free Transform 메뉴를 선택하고 마우스 오른쪽 버튼을 클릭합니다. Flip Horizontal 메뉴를 선택하여 눈 이미지를 수평으로 반전시킵니다.

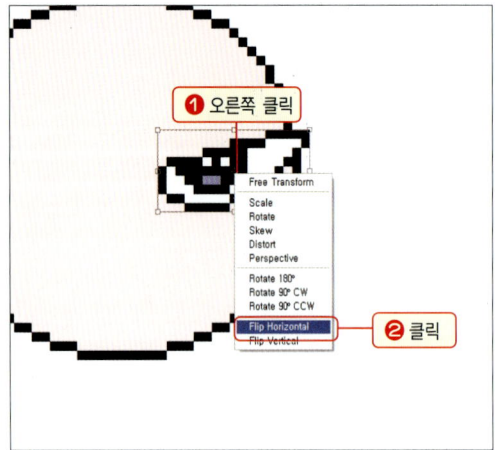

❶ 오른쪽 클릭
❷ 클릭

11 툴 박스에서 이동 툴을 선택하여 반전된 눈 이미지를 얼굴 왼쪽으로 드래그하여 이동합니다.

드래그

03 눈썹과 음영 만들기

1 레이어 팔레트 하단의 새 레이어 아이콘을 클릭하여 새 레이어를 만듭니다. 툴박스에서 펜 툴을 선택하여 눈썹 이미지를 그립니다.

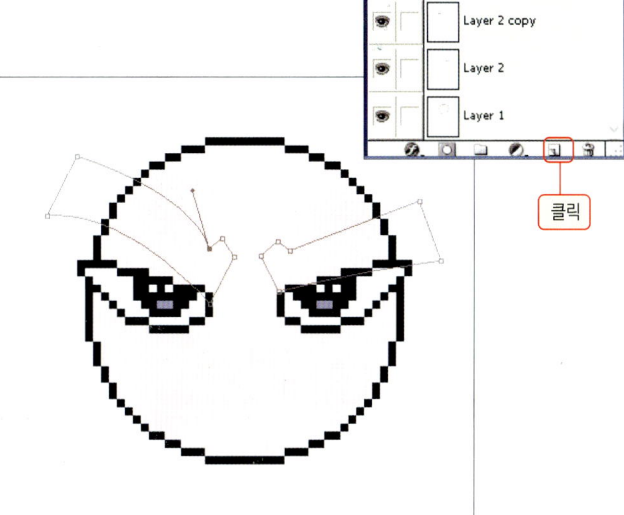

클릭

2 마우스 오른쪽 버튼을 클릭하여 Make Selection 메뉴를 선택한 뒤 대화상자에서 [OK] 버튼을 클릭하고 Alt + ← 키를 눌러 전경색인 검은색으로 눈썹을 채색합니다.

❶ 오른쪽 버튼 클릭

❷ 클릭

3 레이어 팔레트 우측의 삼각형 아이콘을 클릭하고 Merge Layer 메뉴를 선택하여 레이어를 합칩니다.

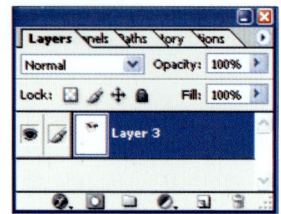

4 툴 박스에서 마술봉 툴을 선택하여 얼굴에서 살색 부분만을 선택하고 짙은 살색을 지정합니다.

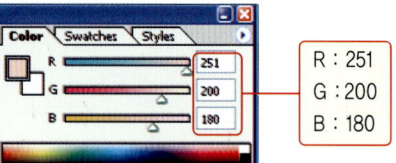

R : 251
G : 200
B : 180

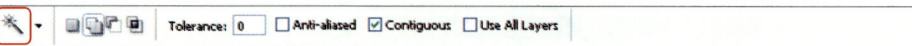

5 툴 박스에서 연필 툴을 선택하여 눈과 미간의 어두운 부분을 만듭니다.

미간에 음영을 주었습니다.

6 조금 더 짙은 살색을 선택하여 어두운 음영을 만듭니다.

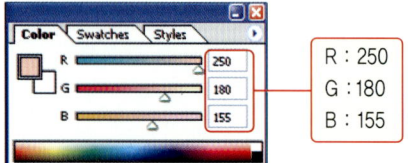

R : 250
G : 180
B : 155

참고하세요!

도트 이미지의 용도에 따라 다르지만 대부분의 경우 도트 이미지의 음영 단계는 두 단계에서 세 단계를 넘지 않도록 하는 것이 자연스러워 보이고 좋습니다.

좀 더 자연스러워 보이도록 두 단계의 음영을 주었습니다.

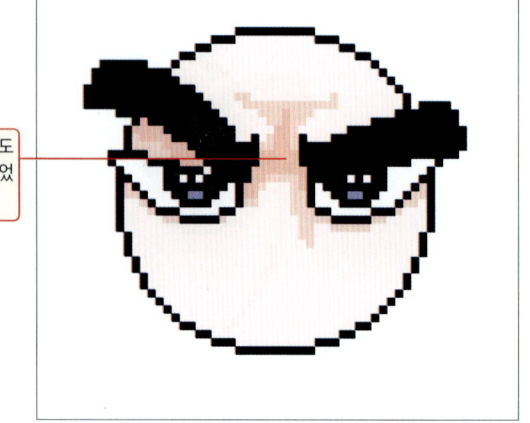

7 왼쪽 눈썹 윗부분에 칼자국 모양의 이미지를 그려 넣습니다.

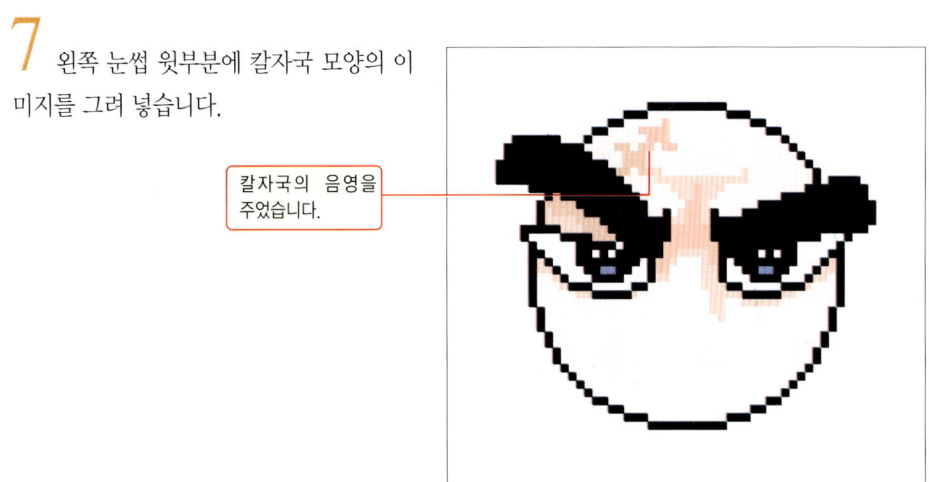

칼자국의 음영을 주었습니다.

8 D 키를 눌러 전경색/배경색을 검은색/흰색의 기본 형태로 바꾸고 얼굴 하단의 마스크 부분을 그린 뒤 짙은 회색을 선택하여 버킷 툴로 채색합니다.

마스크의 라인을 그려주었습니다.

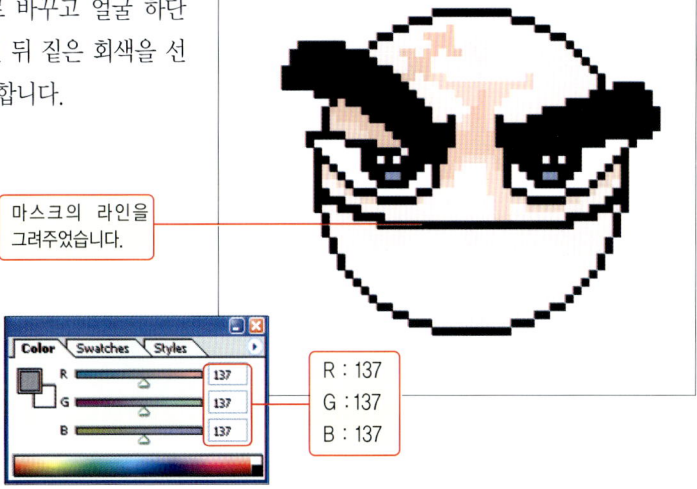

R : 137
G : 137
B : 137

버킷 툴로 채색해 주었습니다.

9 마술봉 툴로 마스크 부분을 선택한 뒤 좀 더 짙은 회색을 지정하고 연필 툴로 음영이 들어갈 부분의 경계를 그립니다.

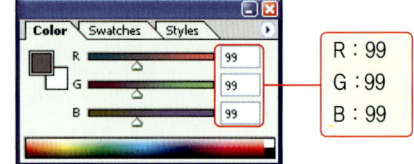

R : 99
G : 99
B : 99

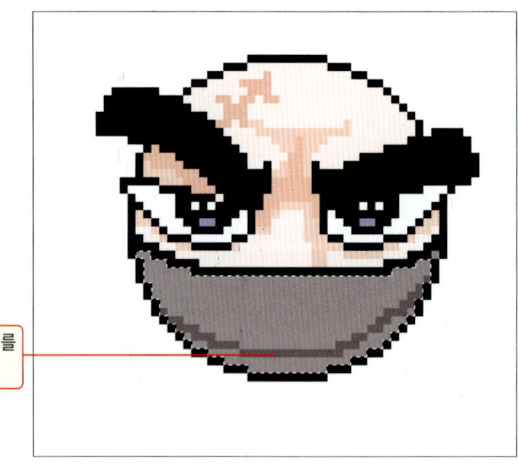

음영의 경계를 그립니다.

> > 궁금해요!

도트 이미지의 음영 그리기

음영 그리기의 방법으로 여러 가지 방법이 있을 수 있겠으나 가장 손쉬운 방법은 연필 툴로 음영이 들어갈 자리의 경계를 그린 뒤 그 경계 안을 버킷 툴로 채색하는 것입니다.

▲ 원본 이미지

▲ 음영으로 사용될 색을 선택한 뒤 연필 툴로 음영의 경계를 그립니다.

클릭   클릭

▲ 버킷 툴로 경계 안쪽을 클릭하여 채색합니다.

10 툴 박스에서 버킷 툴을 선택한 뒤 연필 툴로 그린 경계 안쪽을 클릭하여 채색합니다. 그리고 다시 연필 툴로 코 부분에 해당하는 음영을 그려 넣습니다.

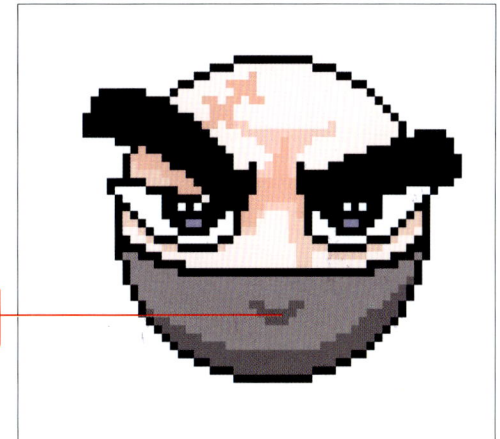

코 부분에 해당하는 음영을 넣었습니다.

11 전경색을 흰색으로 지정한 뒤 눈 두덩이와 코 윗부분의 밝은 부분을 그려 넣습니다.

눈 두덩의 밝은 부분을 넣습니다.

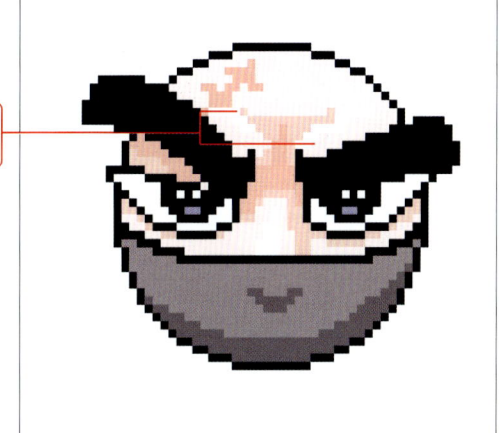

12 이렇게 하여 얼굴 그리기가 끝났습니다. File → Save As 메뉴를 선택하고 'dot01.psd'를 입력하고 [OK] 버튼을 클릭합니다.

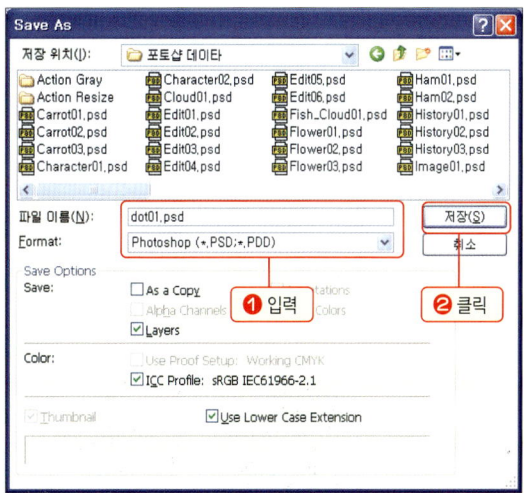

04 머리 그리기

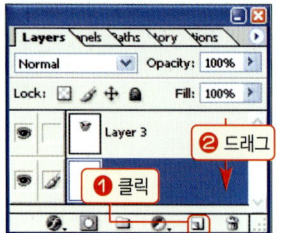

○ **hot key**
새 레이어 :
Ctrl + Shift + N

1 레이어 팔레트 하단의 새 레이어 버튼을 클릭하여 'Layer 4'를 만든 뒤 얼굴 이미지가 있는 레이어 하단으로 이동시킵니다.

2 툴 박스에서 펜 툴을 선택한 뒤 복면의 머리 부분을 그립니다.
마우스 오른쪽 버튼을 클릭하여 Make Selection 메뉴를 선택하고 선택 영역으로 전환합니다.

머리 부분을 펜 툴로 그려줍니다.

3 Edit → Stroke 메뉴로 선택 영역을 선으로 바꿉니다.

선택 영역이 선으로 바뀌었습니다.

4 1Pixle의 지우개 툴로 픽셀이 중복되는 부분을 지워서 정리합니다.

중복되어 지저분한
픽셀을 지워줍니다.

라인이 자연스럽게
정리되었습니다.

5 컬러 팔레트에서 노란색을 선택하고
버킷 툴로 머리 부분을 채색합니다.

R : 253
G : 185
B : 17

버킷 툴로 노란색을
채색한 모습입니다.

6 좀 더 짙은 노란색을 선택하고 마술봉 툴로 머리 부분을 선택합니다. 연필 툴로 음영의 경계를 그리고 버킷 툴로 채색합니다.

음영을 줄 경계를 그려줍니다.

R : 246
G : 139
B : 30

7 컬러 팔레트에서 갈색을 선택하고 같은 방식으로 좀 더 짙은 음영을 그려 넣습니다.

좀 더 짙은 음영을 채워줍니다.

R : 203
G : 118
B : 31

8 이번에는 좀 더 밝은 노란색을 선택하고 머리 부분의 밝은 음영을 그려 넣습니다.

R : 255
G : 212
B : 0

05 몸통 그리기

1 Ctrl + - 키를 여러 번 눌러 윈도우 확대율을 300%로 낮춰서 전체 도큐먼트가 보이도록 합니다.

2 레이어 팔레트 하단의 새 레이어 아이콘을 클릭하여 'Layer 5'를 만든 뒤 레이어 팔레트 제일 하단으로 이동시킵니다.

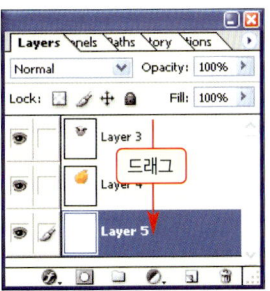

3 툴 박스에서 연필 툴을 선택하여 캐릭터 이미지의 몸을 그리고 각각의 색으로 채색합니다.

4 마술봉 툴로 몸 부분을 선택한 뒤 앞에서의 음영을 주던 방식으로 각각의 음영을 넣습니다.

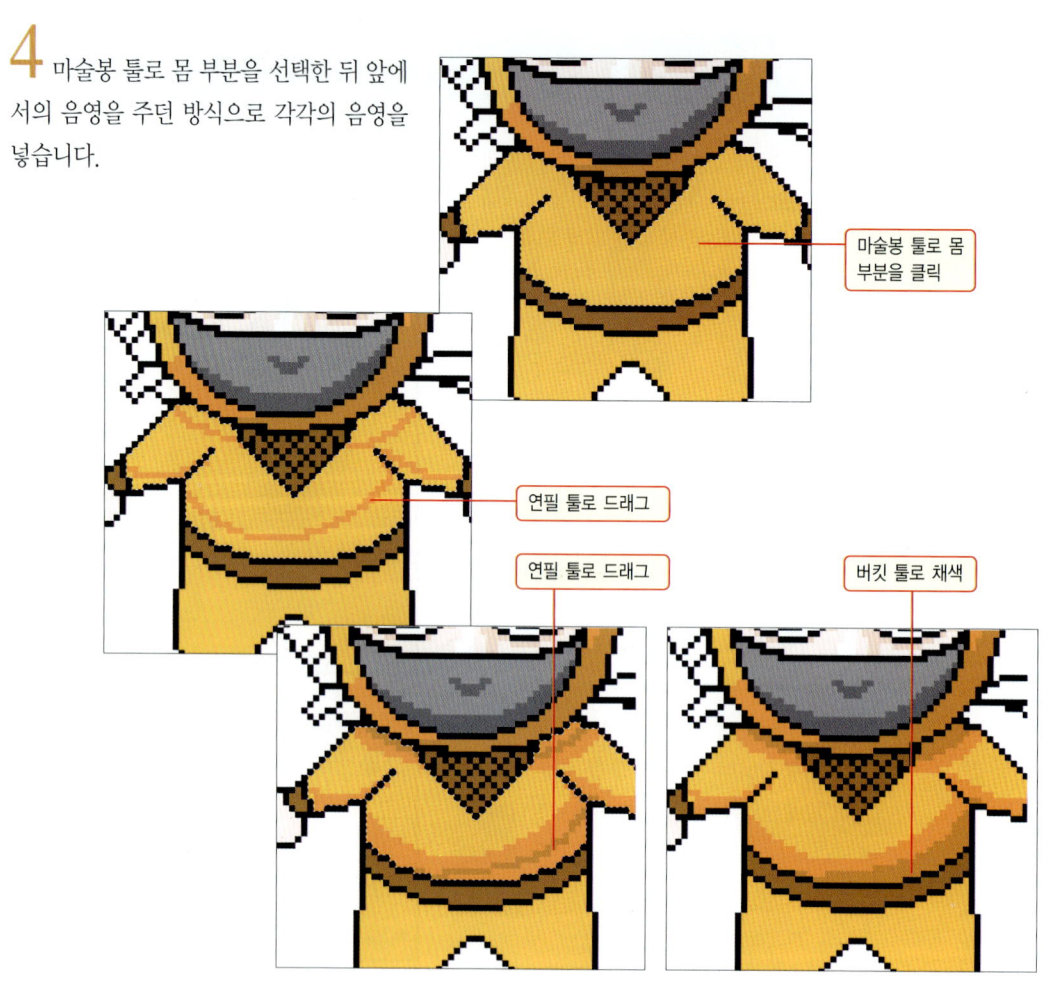

마술봉 툴로 몸 부분을 클릭

연필 툴로 드래그

연필 툴로 드래그

버킷 툴로 채색

5 같은 방식으로 다리와 손에 음영을 넣습니다.

6 두 가지 단계의 파란색을 이용하여 각
각 두건의 머리 끈 부분을 채색한 뒤 음영
을 넣습니다.

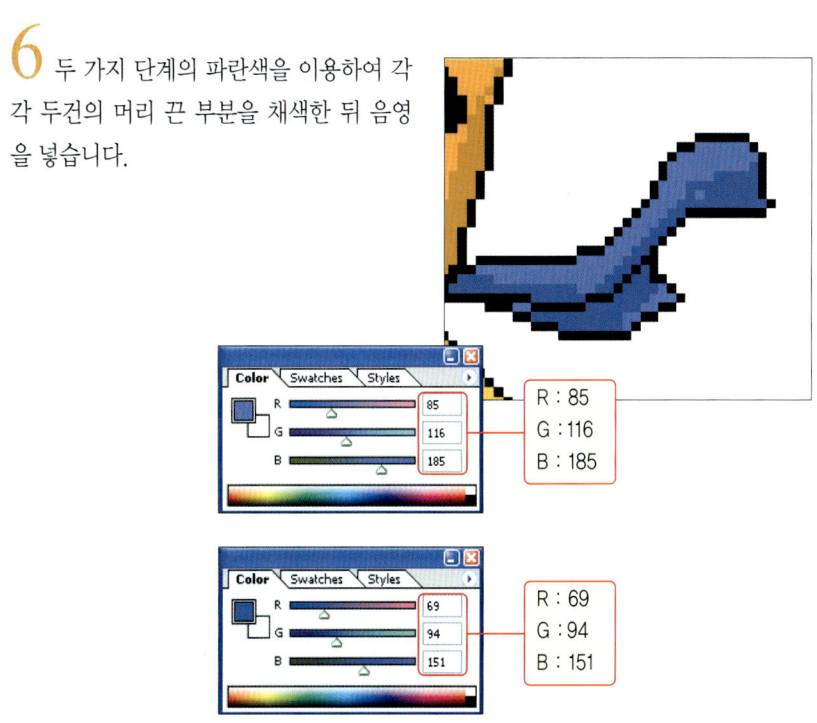

R : 85
G : 116
B : 185

R : 69
G : 94
B : 151

7 컬러 팔레트에서 회색을 지정한 뒤 칼
손잡이의 색을 칠합니다.

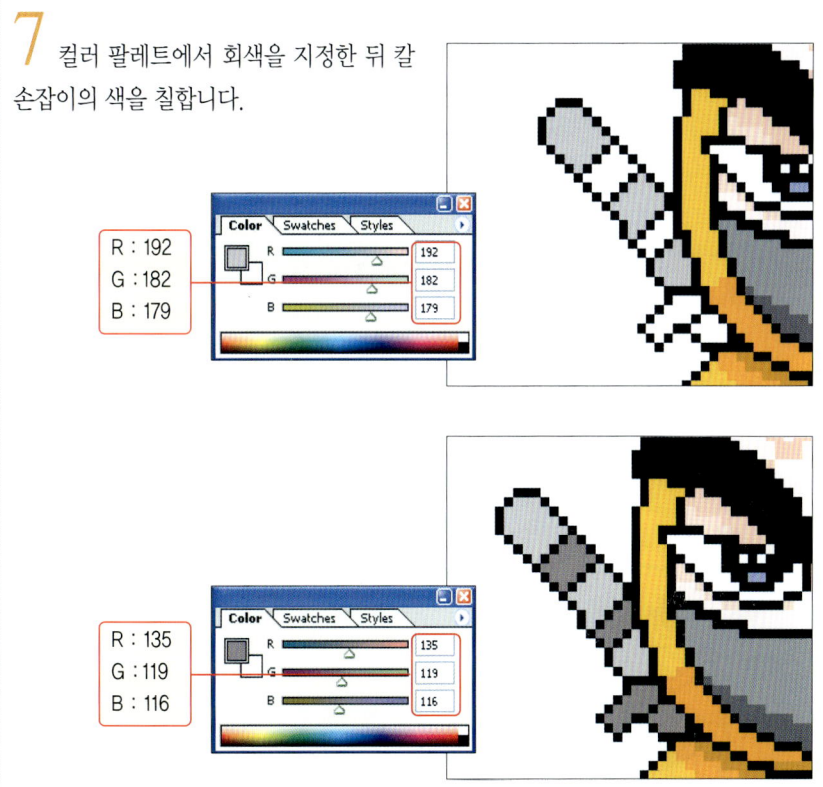

R : 192
G : 182
B : 179

R : 135
G : 119
B : 116

8 칼 손잡이 부분의 어두운 음영과 밝은 음영을 넣습니다.

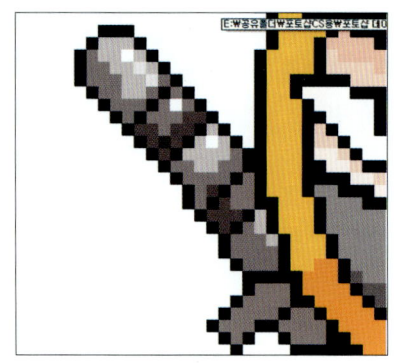

9 도트로 그린 닌자 이미지가 완성되었습니다. File → Save As 메뉴에서 'dot02.psd'를 입력하고 [OK] 버튼을 클릭하여 포토샵 파일 포맷으로 저장합니다.

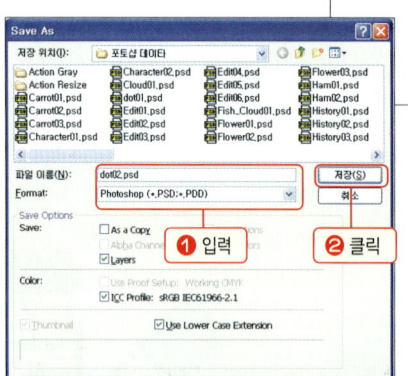

10 이미지의 용도에 따라 좀 더 여러 단계의 음영을 줄 수도 있습니다. 그러나 음영을 너무 여러 단계로 넣으면 이미지가 뭉개져 보일 수도 있기 때문에 주의해야 합니다.

다섯 단계의 음영을 넣은 이미지

배경을 넣어 완성된 이미지

>>궁금해요!

낮은 해상도의 이미지와 문자

도트 이미지들과 같이 해상도나 파일 크기가 매우 작은 웹용 이미지에 문자를 입력할 경우 일반적으로 사용되는 문자 옵션을 적용하면 오히려 문자가 잘 보이지 않습니다. 이때 문자 팔레트의 옵션을 이용해 문자에 적용되는 Anti-Aliasing 을 꺼주면 잘 읽히는 문자로 바꿀 수 있습니다.

◀ 원본 이미지
말 풍선에 문자를 입력하겠습니다.

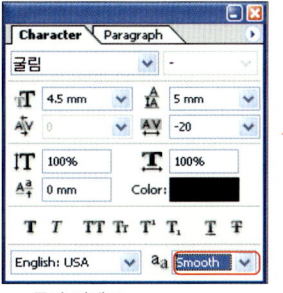

▲ 문자 팔레트
기본 상태에서의 문자 팔레트입니다.

▲ 입력한 문자의 크기가 너무 작아 문자가 흐리게 보입니다.

▲ 문자 팔레트에서 문자의 부드러운 정도를 지정하는 옵션을 선택한 뒤 'None' 옵션을 클릭합니다.

▲ 문자에 적용된 Anti-Aliasing 효과가 없어지면서 오히려 뚜렷하고 잘 보이는 문장으로 바뀌었습니다.

>> **02** 호감도 100% 느낌이 있는 명함 만들기

명함을 만들 때 가장 중요한 점은 이 작업 데이터가 출력용이라는 것입니다. 즉, 기본 모드를 CMYK 로 바꾸어야 하고 해상도도 기존의 화면용 해상도인 72dpi가 아닌 출력용으로 적당한 250~300dpi 정도여야 합니다. 파일 저장 포맷도 일러스트레이터나 QuarkXpress를 이용해야 하기 때문에 eps 파일 포맷으로 저장해야 합니다. 이러한 점을 염두에 두고 명함을 만들어 보겠습니다.

◀ 소스 이미지

◀ 책 이미지와 합성

◀ 인물 이미지와 합성

◀ 신상 정보 입력

◀ 명함 뒷면

01 명함 배경 만들기

1 File → Open 메뉴로 'name card01.psd' 파일을 엽니다.

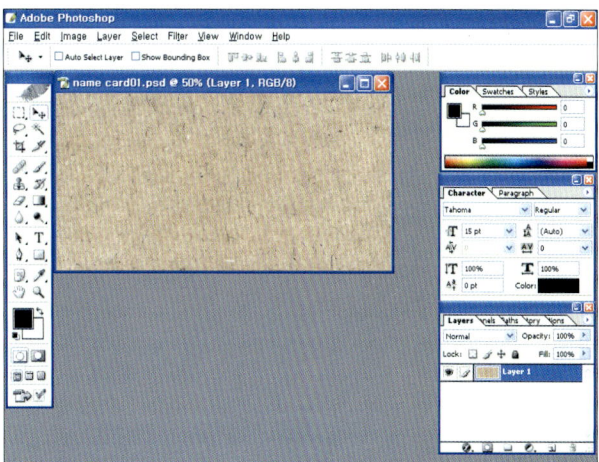

2 Image → Mode → CMYK 메뉴를 선택하여 RGB 이미지를 CMYK로 변환해 줍니다.

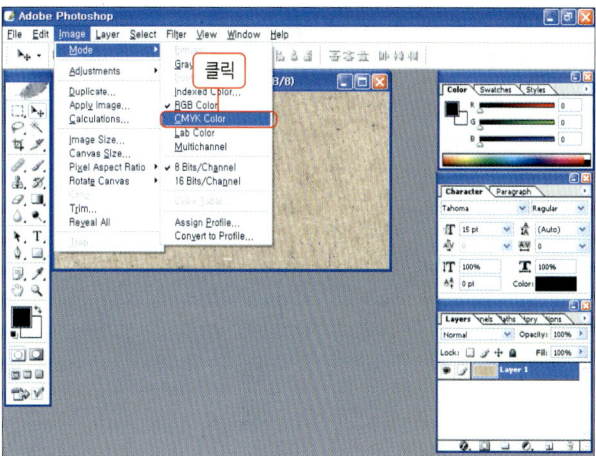

참고하세요!

명함의 크기는 작업자의 의도에 따라 다양한 변형 크기로 만들 수 있습니다. 그러나 시중에 판매되는 명함집이나 명함철들이 규격하고 있는 일반적으로 명함 크기는 가로, 세로 90mmX50mm를 사용한다는 점을 염두에 두는 것이 좋습니다. 규격에 많이 벗어나는 명함을 만들면 받는 사람의 명함집에 들어가지 않아 분실의 우려가 있기 때문입니다.

3 Ctrl + R 키를 눌러 눈금자를 나타나
게 합니다.

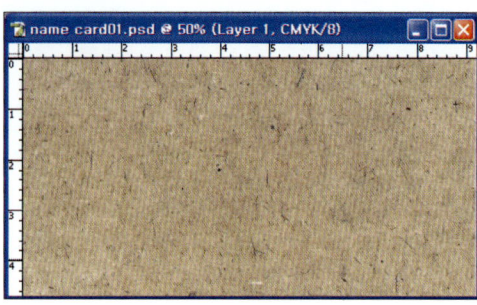

> > 궁 금 해 요 !

출력용 이미지의 여백

현재 작업중인 명함 이미지의 Image Size를 확인해 보면 가로, 세로
9.2cmX4.7cm인 것을 알 수 있습니다. 이는 필자가 만들려고 했던 최
초의 명함 크기인 가로, 세로 9cmX4.5cm에서 각각 2mm씩 큰 사이
즈입니다. 이렇게 최종 결과물보다 조금 큰 도큐먼트를 설정한 이유는
인쇄된 명함의 재단을 고려하기 때문입니다.

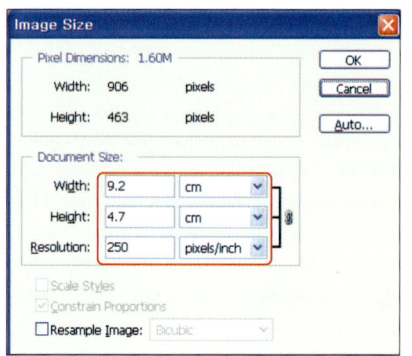

출력용 이미지를 만들 경우 기계적인 종이 재단에 의해 발생하는 오류를 최소화하기 위해 최종 결과물보다 조금 더 크게 작
업을 해야 합니다. 즉, A1(전지)에 같은 출력용 이미지를 여러 개 인쇄한 뒤 수십 장을 겹쳐 놓고 기계 또는 수작업으로 이를
재단할 경우 작업 오류에 의해 원래 의도했던 이미지 안쪽으로 재단되거나 바깥쪽으로 재단될 경우에 대비하는 것입니다.
일반적으로 사용되는 재단선 여백은 5mm입니다.
예를 들어 일반적인 A4 크기의 책 표지를 만들 경
우 210mmX297mm의 정사이즈 도큐먼트를 만드
는 것이 아니라 220mmX307mm의 도큐먼트를 만
들어야 합니다(광고지나 명함과는 달리 책은 '책
등'이 있는 왼쪽 방향은 여백이 필요 없기 때문에
상하, 오른쪽 부분만 여백을 지정합니다).

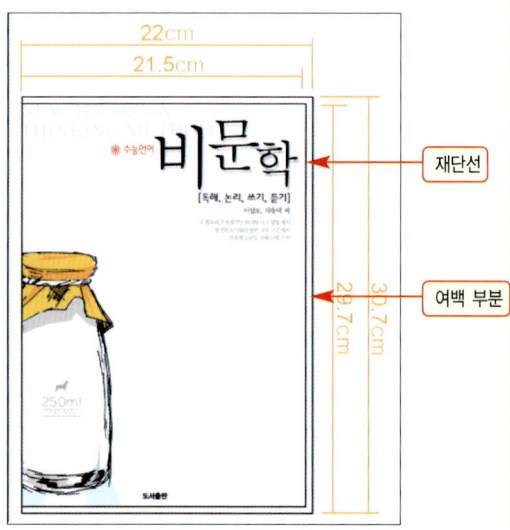

참고하세요!

명함이나 스티커 등 크기가
작은 종류의 출력물의 재단
선 여백은 일반적으로
2~3mm를 사용합니다.

4 눈금자 안쪽을 클릭, 드래그하여 안내
선을 끌어낸 뒤 상하좌우 각각 2mm 안쪽
에 안내선을 지정합니다.

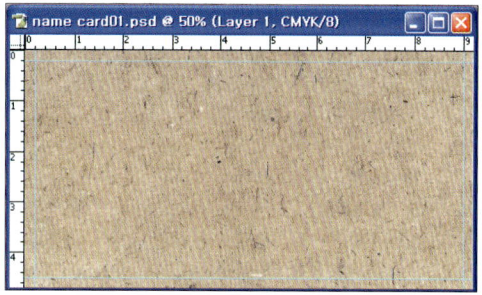

5 레이어 팔레트 하단의 새 레이어 아이
콘을 클릭하여 'Layer 2'를 만듭니다.

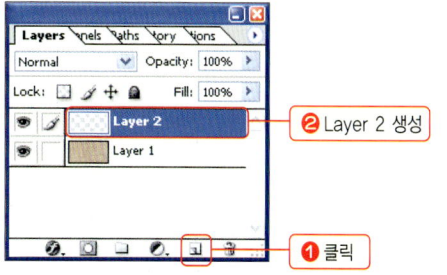

참고하세요!

CMYK 슬라이드로 바꾸지
않고 RGB 슬라이드 상태에
서 색을 선택하면 화면에서
지정했던 색과 최종 출력물
의 색이 심한 차이를 보일
수 있습니다. 그러므로 출력
물을 작업할 경우 반드시
컬러 팔레트를 CMYK 슬라
이드 상태로 두어야 합니다.

6 컬러 팔레트 오른쪽 상단의 작은 삼각
형 아이콘을 클릭하고 CMYK 메뉴를 선택
하여 RGB 슬라이드 상태인 컬러 팔레트를
CMYK 슬라이드 상태로 바꿉니다.

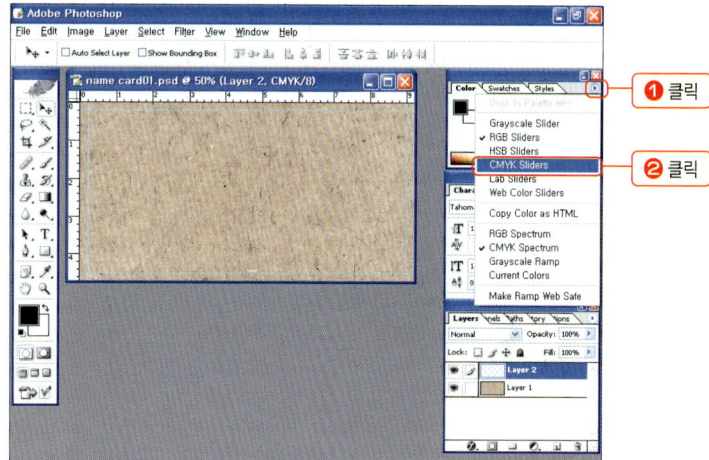

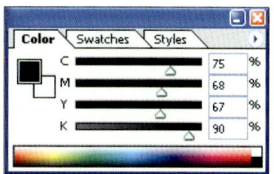

7 컬러 팔레트에서 짙은 갈색을 선택한
뒤 Alt + ← 키를 클릭하여 새 레이어에
채색합니다.

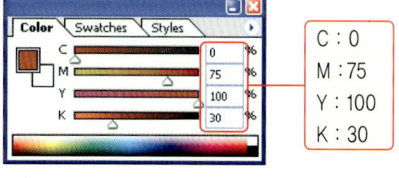

C : 0
M : 75
Y : 100
K : 30

8 레이어 팔레트 왼쪽 상단의 레이어 블렌딩 모드를 Vivid Light로 바꿉니다.

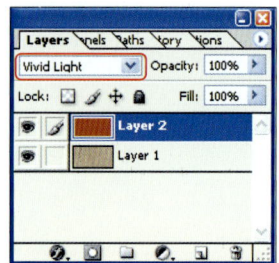

02 이미지 합성

1 File → Open 메뉴로 'name card-02.psd' 파일을 불러온 뒤 Filter → Sketch → Stemp 메뉴를 선택합니다.

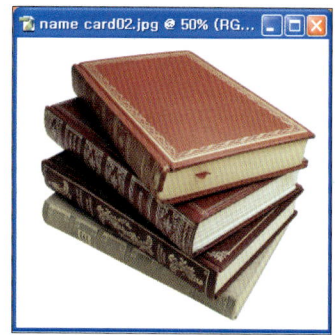

참고하세요!

Stemp 필터가 적용되는 색은 지정되어 있는 전경색을 반영합니다.

2 대화상자에서 [OK] 버튼을 클릭합니다.

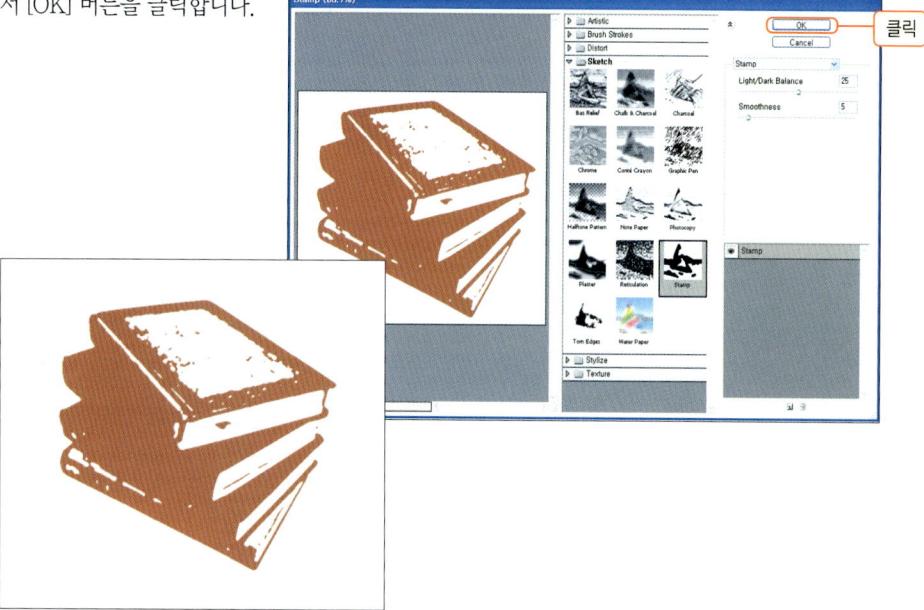

3 툴 박스에서 마술봉 툴을 선택한 뒤 이미지의 갈색 부분을 아무 곳이나 클릭합니다.

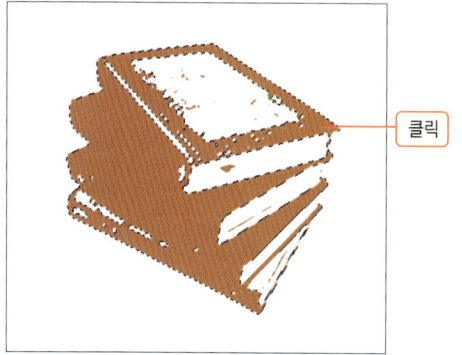

Similar 메뉴의 적용 범위 즉, '어느 범위까지 유사한 색'을 선택하느냐는 마술봉 툴의 Tolerance 수치의 영 향을 받습니다.

4 Select → Similar 메뉴를 선택하여 마술봉 툴로 선택한 영역과 같은 색을 가진 모든 영역을 선택합니다.

5 선택 영역 위에 마우스 커서를 놓고 마 우스 오른쪽 버튼을 클릭하여 Make Work Path 메뉴를 선택합니다.
대화상자에서 Tolerance 값으로 0.5를 입 력하고 [OK] 버튼을 클릭합니다.

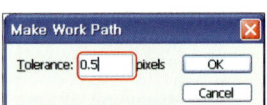

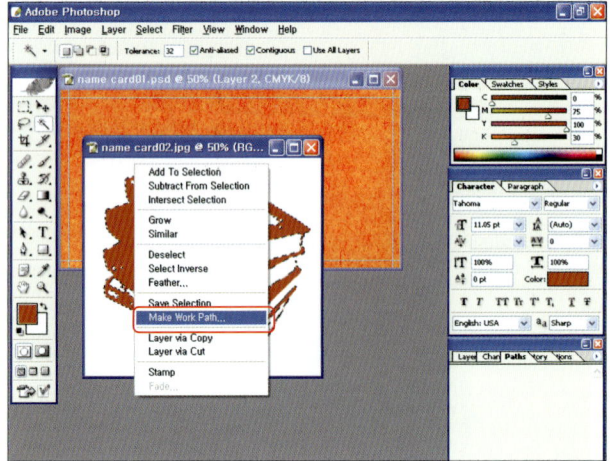

6 Path 팔레트를 선택한 뒤 Work Path 레이어를 명함 도큐먼트 위로 드래그하여 만들어진 패스를 복사합니다.

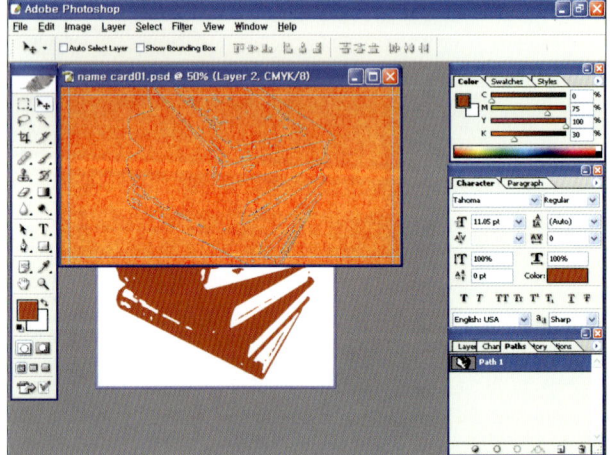

펜 툴이나 세이프 툴이 아닌 다른 툴이 선택된 상태에서는 패스에 Free Transform 명령이 적용 되지 않습니다. 패스를 이동시킬 때에도 Free Transform 명령이 적용된 상태여야 합니다.

○ **hot key**
Free Transform :
Ctrl + T

7 툴 박스에서 펜 툴을 선택한 뒤 Edit → Free Transform 메뉴를 선택합니다. 원하는 위치로 이동시키고 크기를 줄여줍니다.

클릭

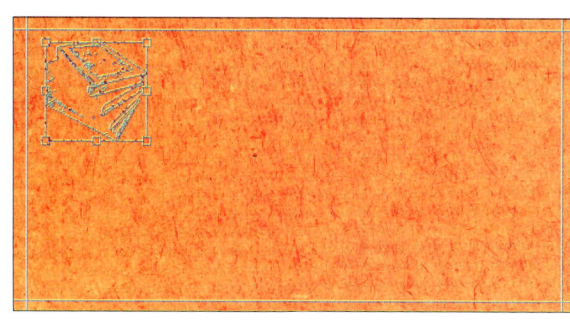

8 마우스 오른쪽 버튼을 클릭한 뒤 Make Selection 메뉴를 선택합니다. 대화상자에서 [OK] 버튼을 클릭하여 패스를 선택 영역으로 전환합니다.

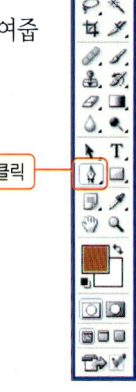

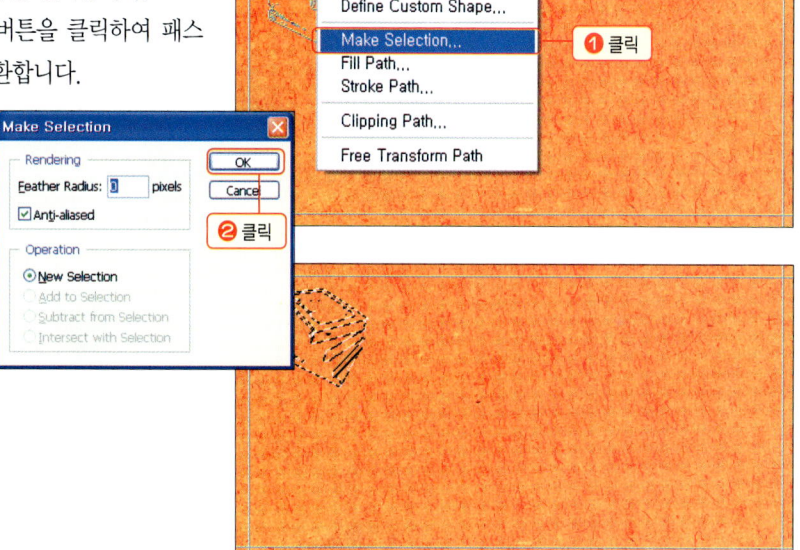

9 레이어 팔레트 하단의 새 레이어 아이콘을 클릭하여 'Layer 3'을 만든 뒤 Ctrl + ← 키를 클릭하여 선택 영역을 배경색인 흰색으로 채색합니다.

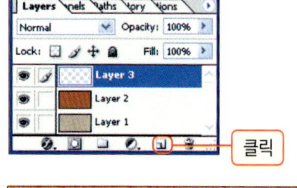

10 레이어 팔레트 상단의 Opacity 옵션에 50%를 입력하여 레이어의 투명도를 낮춥니다.

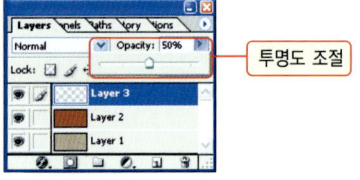

투명도 조절

11 File → Open 메뉴에서 'name card03.jpg' 파일을 열고 Ctrl + F 키를 눌러 Stemp 필터를 적용합니다.

참고하세요!

바로 직전에 사용했던 필터를 다시 한 번 적용할 때는 해당 필터 메뉴를 다시 찾아갈 필요 없이 Ctrl + F 키를 사용합니다.

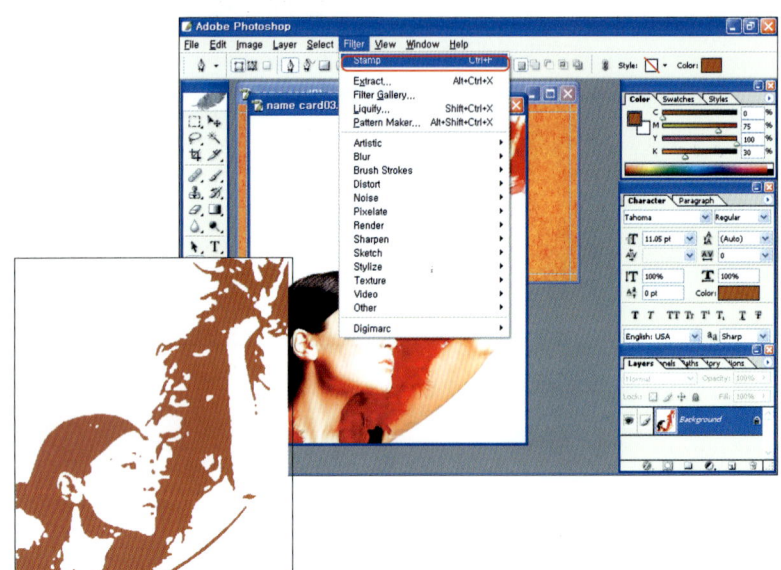

12 마술봉 툴로 갈색 영역을 클릭한 뒤 Select → Similar 메뉴로 갈색 영역 전체를 선택합니다.

13 책 이미지의 경우와 같이 선택 영역을 패스로 만든 뒤 명함 도큐먼트로 복사합니다.

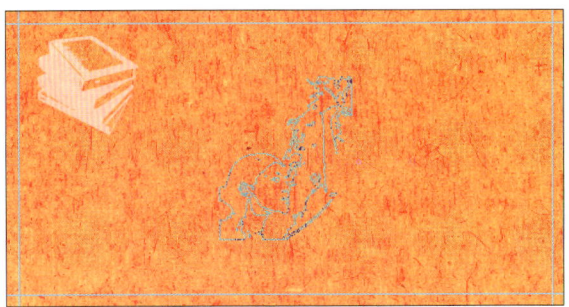

○ **hot key**
Free Transform :
Ctrl + T

14 펜 툴을 선택한 뒤 Edit → Free Transform 메뉴를 선택하여 패스를 도큐먼트에 맞게 크게합니다. 마우스 오른쪽 버튼을 클릭하고 Flip Horizontal 메뉴를 선택하여 이미지의 좌우를 반전합니다.

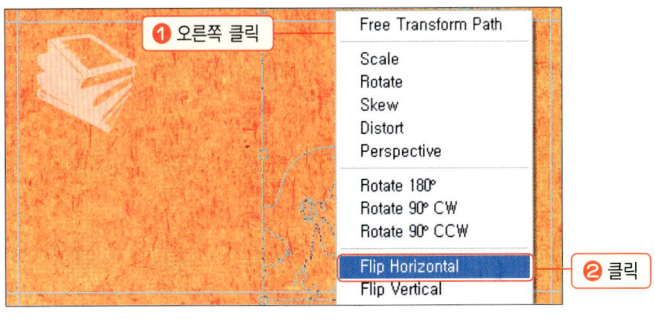

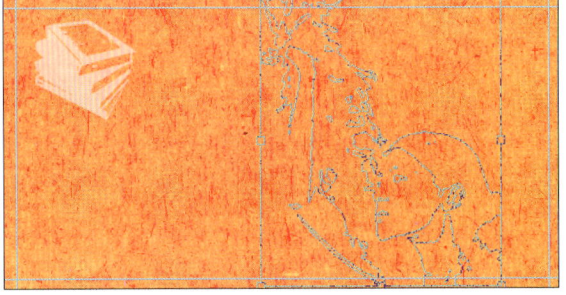

15 Free Transform 상태에서 명함 도큐먼트 오른쪽 가장자리로 패스를 이동한 뒤 Return 키(넘버 패드의 Enter 키)를 눌러 Free Transform 상태에서 벗어납니다. 마우스 오른쪽 버튼을 클릭하고 Make Selection 메뉴를 선택하여 [OK] 버튼을 클릭합니다.

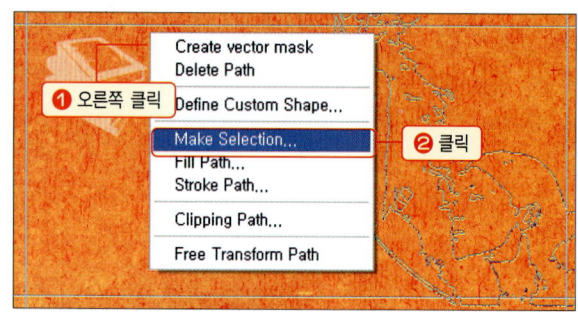

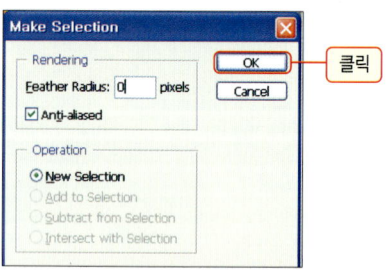

참고하세요!

책 이미지와 같은 레이어에 있기 때문에 자동으로 50% 의 투명도가 적용됩니다.

16 Ctrl + ← 키를 눌러 배경색인 흰 색으로 채색합니다.

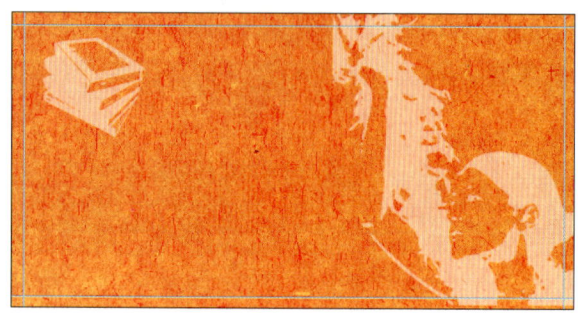

03 문자 입력하기

1 X 키를 눌러 전경색을 흰색으로 바꾼 뒤 문자 팔레트의 서체를 다음과 같이 지정하여 영문 이름을 입력합니다.

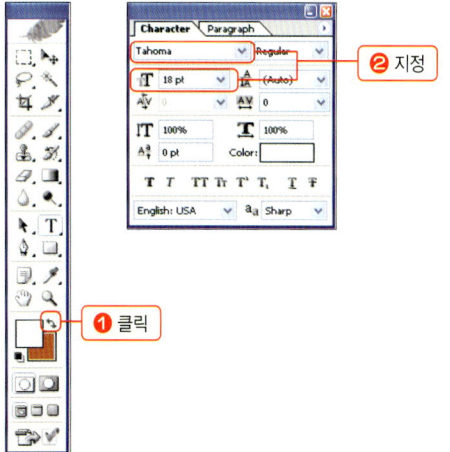

2 툴 박스의 쉐이프 툴을 선택한 뒤 쉐이프 옵션 바의 쉐이프 샘플 상자를 클릭합니다. 샘플 상자 오른쪽 삼각형 버튼을 클릭하여 Symbols를 선택하면 대화상자에서 [OK] 버튼을 클릭하고 샘플 쉐이프를 불러옵니다.

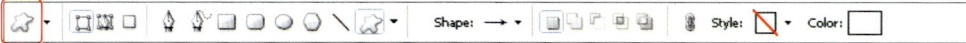

3 Symbols 쉐이프 샘플 중 전화기 이미지를 선택한 뒤 영문 이름 밑에 클릭하고 드래그합니다.

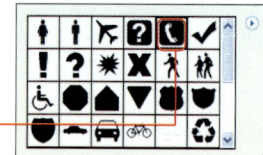

1 클릭

2 드래그

4 레이어 팔레트에서 쉐이프 마스크 미리 보기 창을 클릭하고 마우스 오른쪽 버튼을 클릭하여 Rasterize Vector Mask 메뉴를 선택합니다.

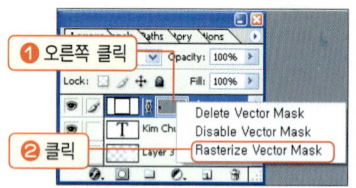

1 오른쪽 클릭

2 클릭

5 문자 팔레트에서 서체를 다음과 같이 지정한 뒤 전화번호와 핸드폰번호를 입력합니다.

6 레이어 팔레트의 눈 모양 아이콘 옆의 작은 박스를 클릭하여 쉐이프 마스크 레이어과 전화번호 레이어, 핸드폰번호 레이어를 링크합니다.

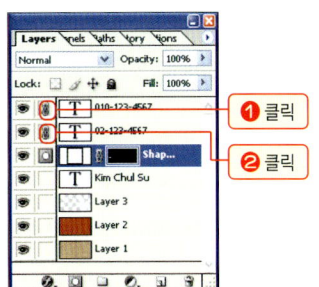

7 레이어 팔레트 상단의 작은 삼각형 아이콘을 클릭하고 New Set From Linked... 메뉴를 선택합니다. 대화상자에 레이어 셋의 이름 'tel'을 입력하고 [OK] 버튼을 클릭하여 링크된 레이어를 하나의 레이어 셋 안에 모아 넣습니다.

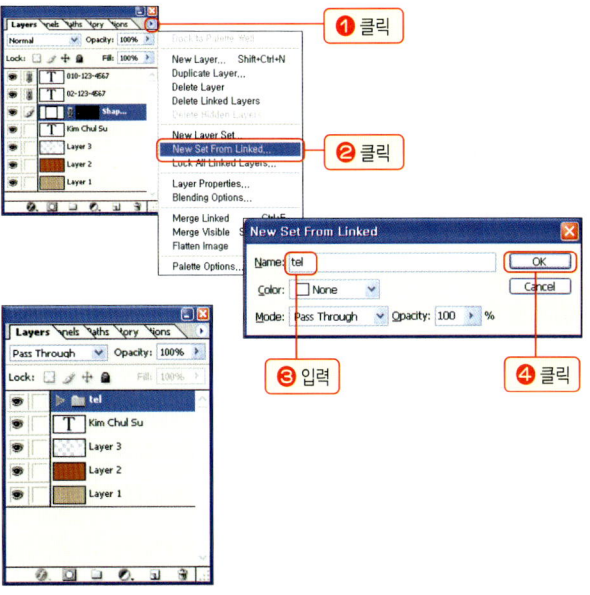

8 레이어 셋 이름 위에서 마우스 오른쪽 버튼을 클릭한 뒤 Duplicate Layer Set 메뉴를 선택합니다. 대화상자에서 레이어 셋 이름 'Adress'를 넣고 [OK] 버튼을 클릭합니다.

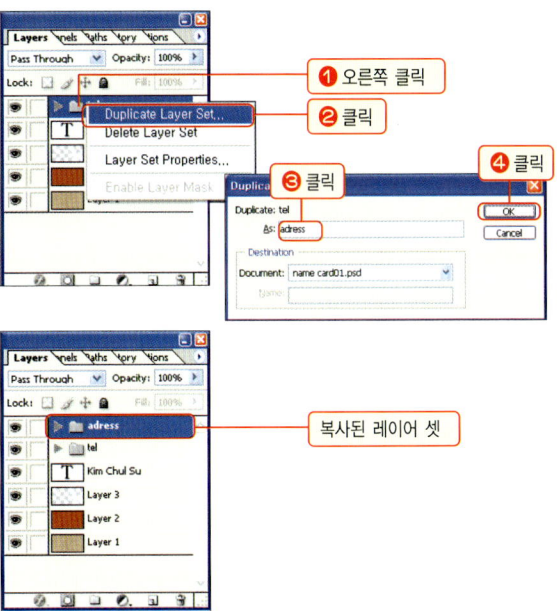

복사된 레이어 셋

9 Adress 레이어 셋을 선택하고 [Shift] 키를 누른 채 이동 툴로 아래쪽으로 이동시 킵니다.

10 문자 툴을 선택하고 각각의 문자 입력 란에 홈페이지 주소와 이메일 주소를 입력합니다.

11 Adress 레이어 셋의 쉐이프 마스크 레이어를 선택합니다.

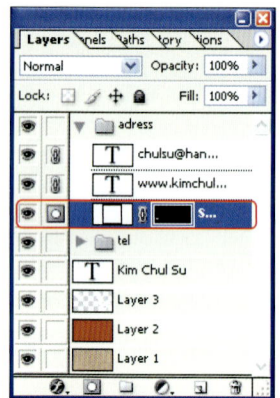

12 사각 선택 툴로 영역을 선택한 뒤 [Alt] + [←] 키를 눌러 흰색으로 전화기 이 미지를 지웁니다.

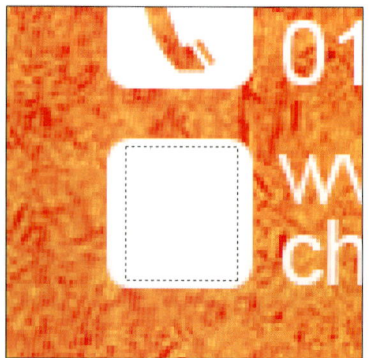

● **hot key**

펜 툴 : G

13 펜 툴을 선택하여 집 모양의 패스를 그린 뒤 마우스 오른쪽 버튼을 클릭하고 Make Selection 메뉴를 선택하여 선택 영역으로 바꿉니다.

⬅ 키를 클릭하여 선택된 영역을 삭제합니다.

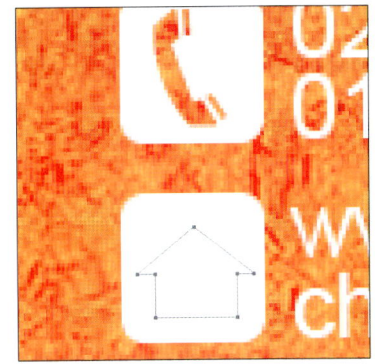

● **hot key**

사각 선택 툴 : M

14 사각 선택 툴로 집 모양의 빈 공간 한 가운데를 선택한 뒤 Alt + ⬅ 키로 전경색을 채웁니다.

15 문자 툴을 선택한 뒤 맨 밑부분에 영문 주소를 입력합니다.

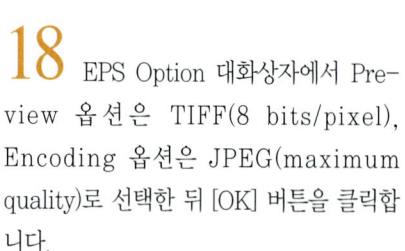

16 완성된 명함 이미지를 File → Save As 메뉴를 선택한 뒤 'name card02.psd'를 입력하고 [OK] 버튼을 클릭하여 포토샵 파일 포맷으로 저장합니다.

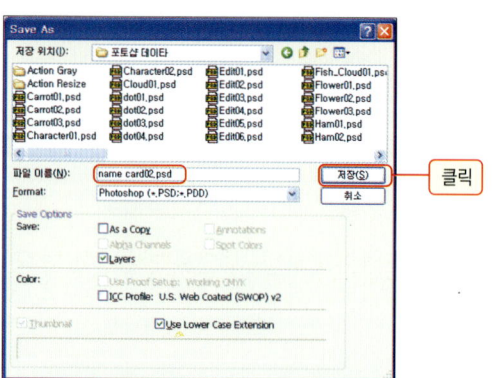

17 Save As 대화상자의 Format 옵션에서 Photoshop(*.EPS)을 선택합니다. 파일 이름을 'name card02.eps'로 입력하고 [OK] 버튼을 클릭합니다.

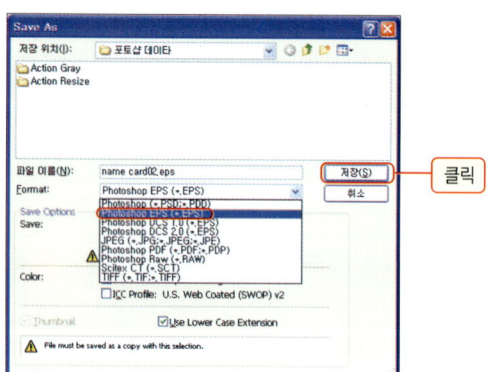

18 EPS Option 대화상자에서 Preview 옵션은 TIFF(8 bits/pixel), Encoding 옵션은 JPEG(maximum quality)로 선택한 뒤 [OK] 버튼을 클릭합니다.

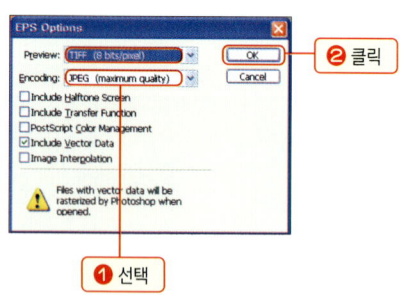

19 File → Save As 메뉴에서 'name card03.psd'를 입력하여 다른 이름으로 한 번 더 저장한 뒤 위와 같은 방식으로 한글 이름이 있는 뒷면을 만들고 다른 이름의 EPS 파일 포맷으로 저장합니다.

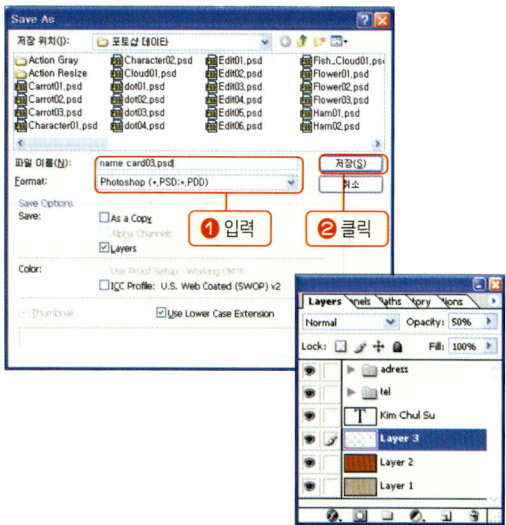

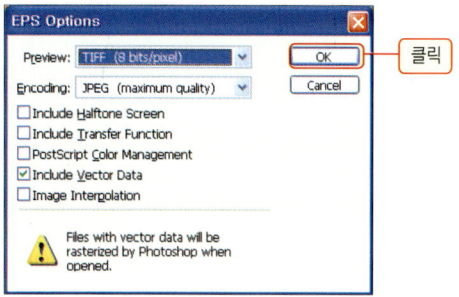

03

강풀~ 나도 그린다!
스토리가 있는 만화 만들기

인터넷 만화, 특히 네 컷 안팎의 기승전결로 구성된 만화의 백미는 그래픽 툴을 구사하는 능력이나 드로잉 실력보다는 촌철살인의 아이디어에 있습니다. 좀 못 그린 그림이더라도 또는 채색이 어설프더라도 내용이 충분히 독창적이고 기발하다면 타인에게 인정받을 수 있기 때문입니다.

이런 점을 염두에 두고 간단한 채색 작업을 통해 컬러 만화를 만들어 보겠습니다.

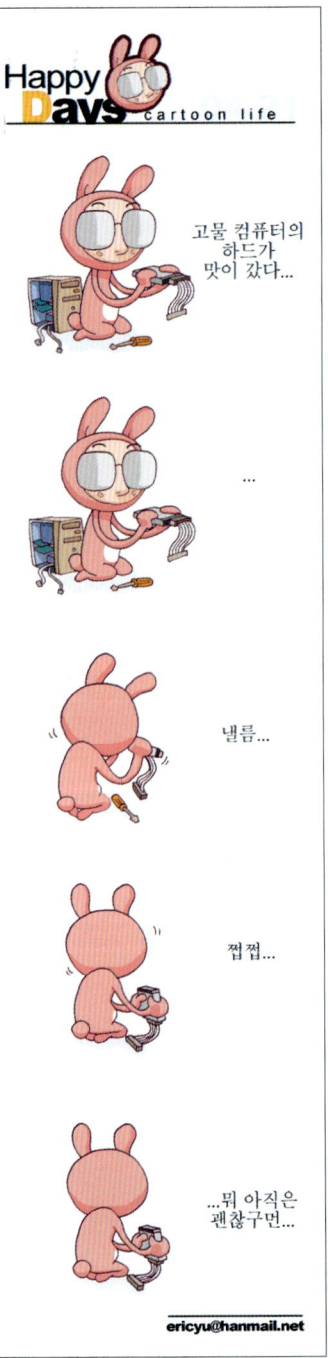

▲ 채색 중인 이미지

▲ 스캔 받은 이미지

▲ 채색이 완료된 이미지

▲ 작업이 완료된 이미지

01 배경 화면 만들기

1 File → Open 메뉴로 'Toon01.psd' 파일을 엽니다.

2 Ctrl + + 키를 여러 번 눌러 전체 윈도우에 맞는 크기까지 이미지를 확대합니다.

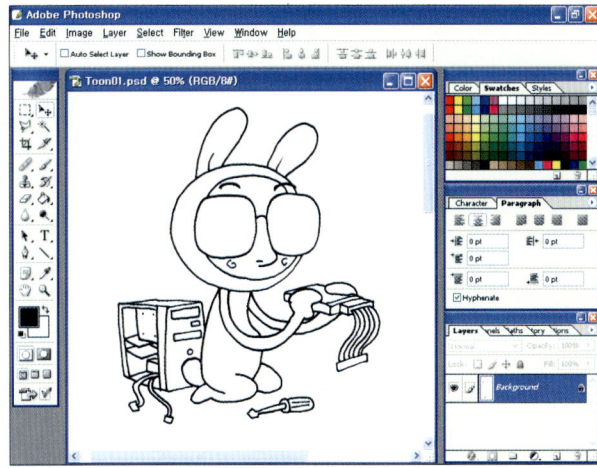

참고하세요!

스캐너 프로그램의 옵션에서 Grayscale을 미리 선택하여 스캔을 받아도 됩니다. 그러나 종종 Grayscale로 스캔을 받을 경우 펜으로 그린 선이 거칠게 스캔 될 수 있기 때문에 주의해야 합니다.

3 Image → Mode → Grayscale 메뉴를 선택하여 흑백 이미지로 전환합니다.

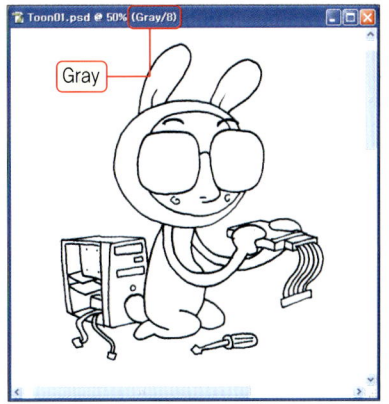

>> 궁금해요!

이미지 스캔 및 보정

이번 장의 예제 이미지는 필자의 매킨토시 컴퓨터에 연결된 Epson GT-7000 스캐너와 포토샵의 Twain 플러그인을 사용해 스캔되었습니다.

일반적인 평판 스캐너를 사용하면 아무리 깨끗한 종이에 얼룩 없이 드로잉한 이미지라도 스캔 후 어두운 부분이 드러납니다. 이런 어두운 부분을 없애려면 다음의 두 가지 방법 중 하나를 이용하면 됩니다.

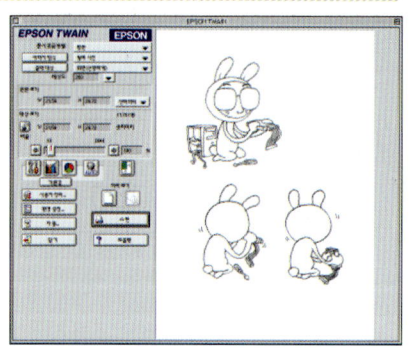

1) 스캐너 연결 프로그램의 옵션을 사용 : 대부분의 스캐너 프로그램들은 이미지를 스캔하는 방식을 직접 제어할 수 있는 기본적인 옵션들을 가지고 있습니다. 특히, 제조사에서 제공하는 정식 스캐너 프로그램들은 명암을 조절하는 Contrast와 밝기를 조절하는 Brightness 옵션을 포함하는 상당한 수준의 옵션을 가지고 있기 때문에 이미지를 밝게 수정하여 스캔하는 것이 가능합니다.

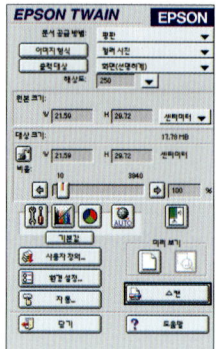

2) 포토샵 메뉴를 이용하여 스캔 이미지를 수정할 수 있습니다. Image>Adjustments>Curves 메뉴 또는, Image>Adjustments>Levels 메뉴를 이용합니다.

스캔 이미지

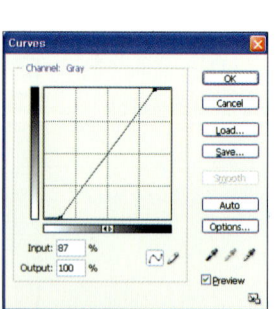

Curves 메뉴의 대화상자

보정한 스캔 이미지

4 툴 박스에서 지우개 툴을 선택한 뒤 이미지를 확대하여 잡티와 어긋난 선, 교차된 선들을 지웁니다.

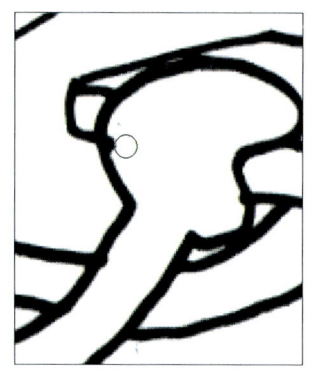

5 Image → Mode → Duotone 메뉴를 선택하여 흑백 모드의 이미지를 듀오톤 모드로 전환합니다. Duotone 대화상자에서 Type 옵션을 Monotone으로 설정하고 Ink 1의 컬러 박스를 클릭합니다.

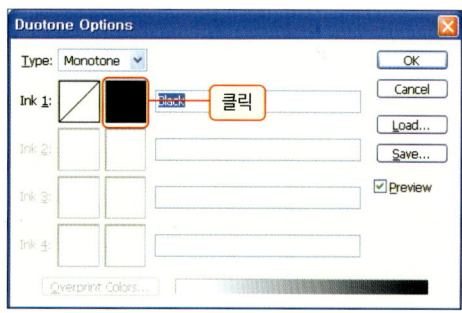

6 컬러 픽커 대화상자에서 R:96, G:26, B:63을 지정한 뒤 [OK] 버튼을 클릭합니다.

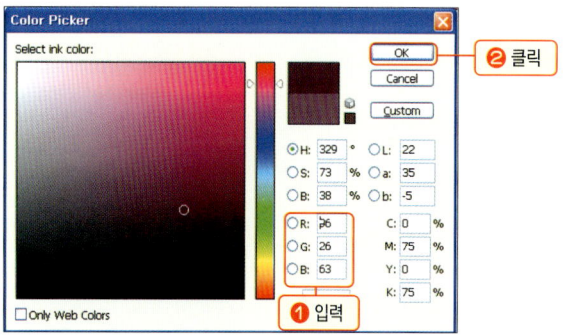

7 Ink 1의 컬러 박스 옆에 현재 지정한 Monotone 색의 이름으로 'toon'을 입력한 뒤 [OK] 버튼을 클릭합니다.

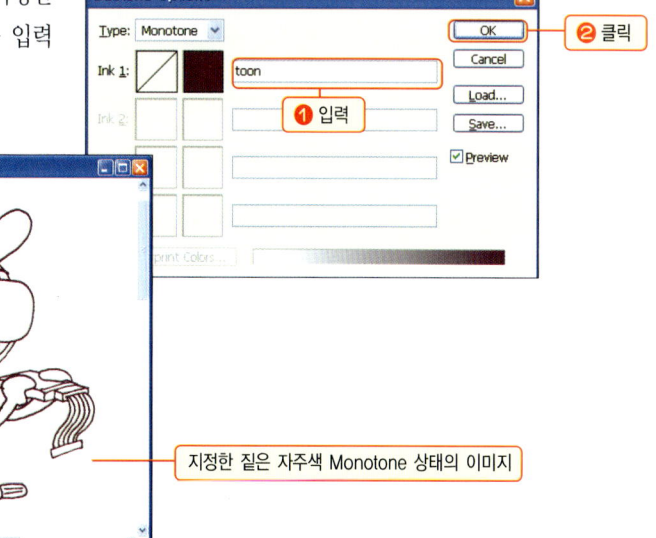

지정한 짙은 자주색 Monotone 상태의 이미지

8 채색을 위하여 Image → Mode → RGB 메뉴를 선택하여 이미지를 RGB 모드로 바꿉니다.

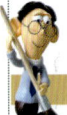

참고하세요!

일반적으로는 단순히 스캔한 검은색 외곽선 상태에서 채색을 합니다. 그러나 전체적인 색조가 미리 결정되어 있다면 이 색조에 맞게 외곽선의 색도 바꿔주면 좀 더 부드러운 만화 이미지를 만들 수 있습니다. 이 장의 경우 메인 이미지인 토끼 의상의 색을 분홍색으로 미리 지정해 둔 상태이므로 유사하면서도 좀 더 짙은 색인 자주색을 모노톤의 색으로 지정하였습니다.

02 채색하기

○ **hot key**

버킷 툴 : G

1 툴 박스에서 버킷 툴을 선택한 뒤 윈도우 상단의 옵션 바의 Tolerance 옵션에 50을 입력합니다.

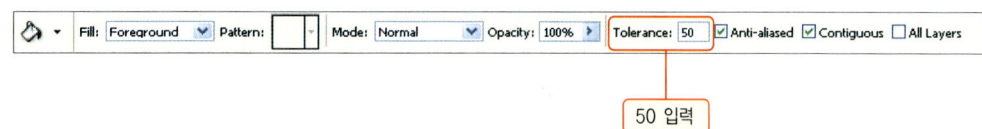

50 입력

>> 궁 금 해 요 !

1) 고해상도(250dpi)로 스캔하여 작업하는 이유

작업상의 편리한 점을 생각한다면 저해상도(72~100dpi)로 스캔하여 작업해야 하지만 이미지의 수정과 편집을 고려한다면 고해상도로 스캔한 뒤 작업해 두는 것이 좋습니다. 저해상도 이미지를 채색할 경우 이미지 외곽선을 구성하는 픽셀들의 깊숙한 곳까지 색이 침범하기 때문에 채색 영역과 외곽선을 분리해 낼 수 없는 경우가 많고 다른 색으로 중복 채색할 경우 점점 더 외곽선 영역이 축소되기 때문입니다.

어쩔 수 없는 이유로 저해상도 스캔할 경우에는 새 레이어를 만든 뒤 Multiply 모드로 채색해야 원본 스캔한 이미지를 훼손하지 않을 수 있습니다.

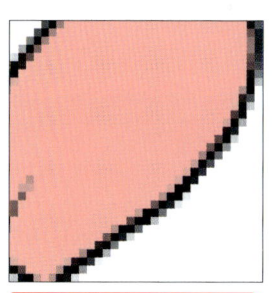

외곽선까지 깊이 침투한 색 영역

2) Tolerance 값을 높이는 이유

버킷 툴의 Tolerance 값은 수치가 높을수록 채색하려는 색이 인접한 다른 색 영역으로 침범해 들어가는 정도가 큽니다. Tolerance 수치가 너무 낮으면 미처 채색되지 않는 부분이 생겨 이미지가 지저분해지기 때문에 고해상도 이미지를 채색하는 경우 충분히 Tolerance 값을 높이는 것이 좋습니다.

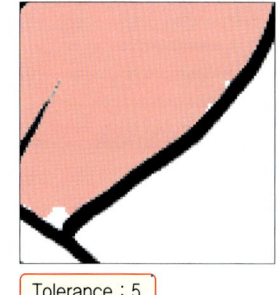

Tolerance : 5

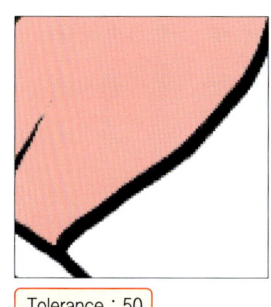

Tolerance : 50

그러나 저해상도 이미지를 채색해야 하는 경우에는 높은 Tolerance 값을 사용하면 오히려 색 경계 부분을 무너뜨리기 때문에 낮은 값의 Tolerance를 지정해야 합니다.

2 컬러 팔레트에서 R:245, G:152, B:157을 지정하고 캐릭터의 토끼 의상 부분을 하나씩 채색합니다.

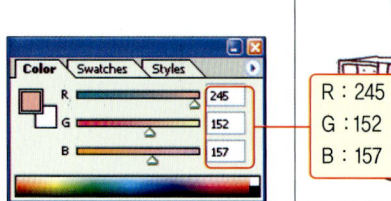

3 같은 방식으로 이미지의 각 부분을 적절한 색을 지정하여 채색합니다.

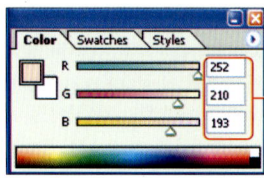

참고하세요!

만화와 같이 같은 캐릭터가 반복해서 나오는 경우 즉, 같은 색을 반복해서 사용해야 하는 경우에는 중심이 되는 캐릭터의 채색을 먼저 일괄적으로 진행해 두는 것이 작업 속도를 빠르게 합니다.

4 캐릭터에 음영을 채색하겠습니다. 툴 박스에서 마술봉 툴을 선택합니다. 옵션 바의 Tolerance 값으로 60을 지정하고 Shift 키를 누른 채 토끼 의상의 귀 부분을 중복 선택합니다.

60 입력

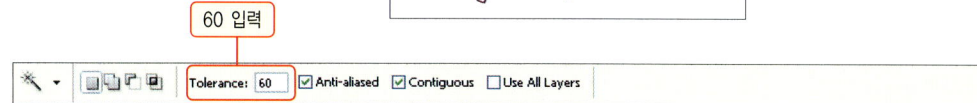

5 툴 박스에서 브러시 툴을 선택한 다음 윈도우 상단의 옵션 바에서 브러시 사이즈를 30px, Hardness를 100%로 지정합니다.

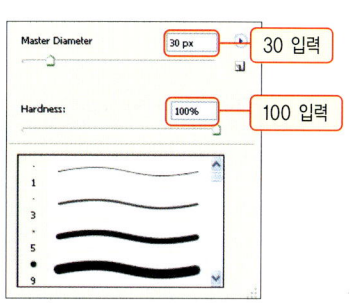

30 입력

100 입력

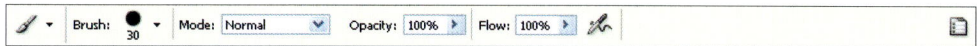

6 컬러 팔레트에서 R: 238, G:117, B:134를 지정한 뒤 음영을 채색합니다.

귀 부분의 음영을 줍니다.

참고하세요!

이때 가상으로 설정한 광원은 캐릭터의 정면에 있습니다.

7 같은 방식으로 마술봉 툴로 캐릭터의 의상 나머지 부분을 선택한 뒤 음영을 채색합니다.

캐릭터의 입체감을 주기 위해 음영을 줍니다.

8 Ctrl + X 키를 눌러 전경색/배경색을 서로 바꾼 뒤 캐릭터 토끼 의상의 배 부분을 채색합니다.

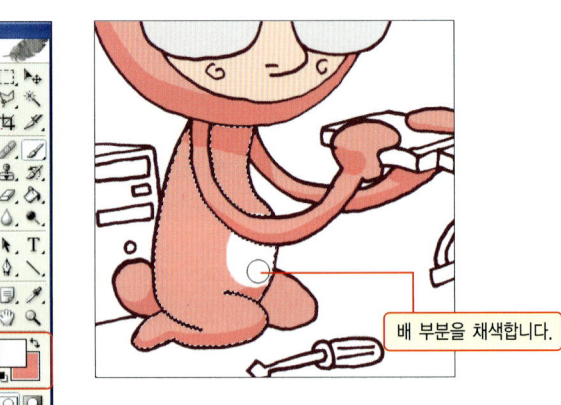

배 부분을 채색합니다.

9 컬러 팔레트에서 R:250, G:182, B:157을 지정한 뒤 마술봉 툴로 얼굴 영역을 선택하고 브러시 툴을 이용해 음영을 그립니다.

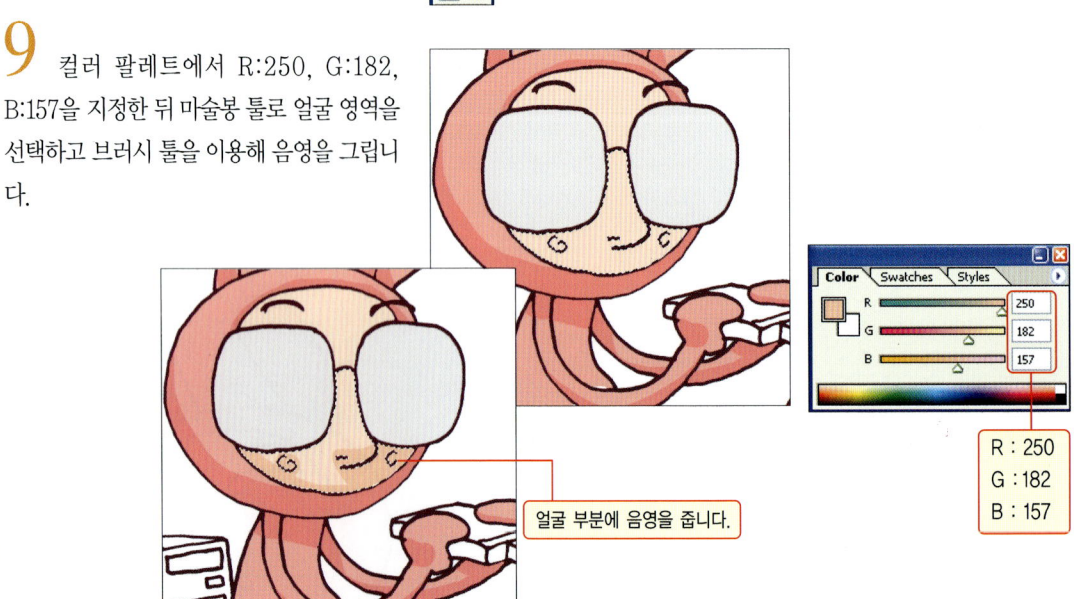

얼굴 부분에 음영을 줍니다.

R : 250
G : 182
B : 157

10 같은 방식으로 안경 영역을 선택한 뒤 컬러 팔레트에서 R:199, G:194, B:192 를 지정하고 브러시 툴로 음영을 그립니다.

안경 부분에 음영을 줍니다.

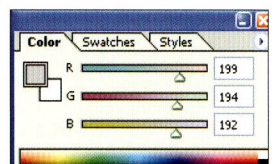

현재까지의 작업 상태

11 같은 방식으로 도큐먼트에 있는 같은 캐릭터를 모두 채색합니다.

12 같은 방식으로 도큐먼트의 나머지
이미지들도 채색합니다.

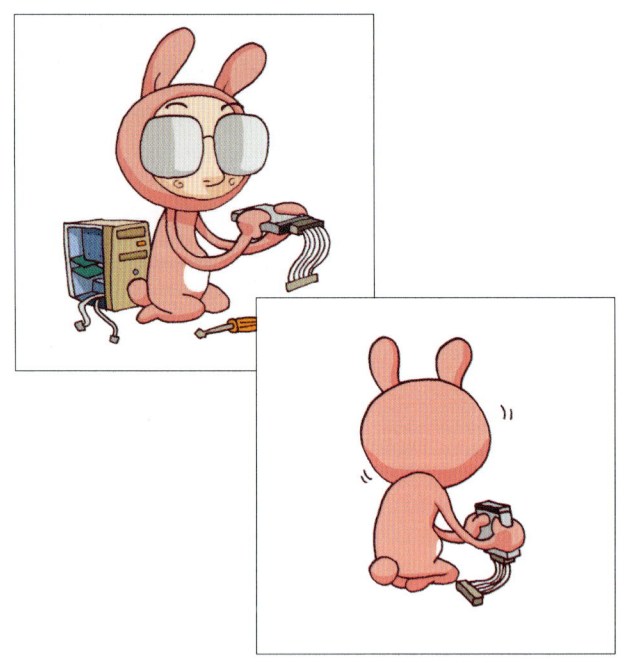

13 툴 박스에서 마술봉 툴을 선택한 뒤
이미지 바깥 영역을 클릭하여 선택합니다.

14 컬러 팔레트에서 R: 225, G:225,
B:225를 지정한 뒤 브러시 툴을 선택하고
캐릭터의 그림자를 그립니다.

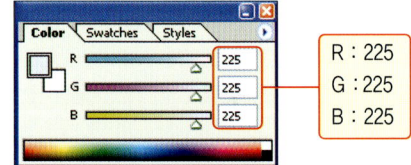

R : 225
G : 225
B : 225

15 같은 방식으로 같은 도큐먼트에 있는 나머지 캐릭터에도 그림자를 그린 뒤 File → Save As 메뉴를 이용하여 저장합니다.

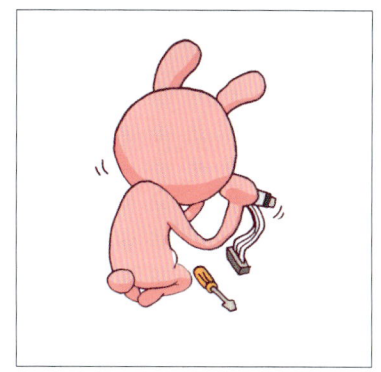

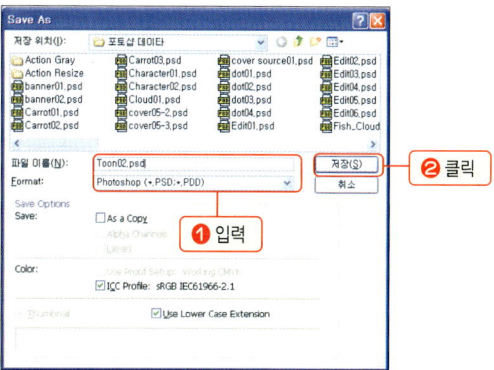

03 이미지 편집하기

1 채색이 완료된 이미지를 편집하여 만화의 기승전결 구도로 배치하겠습니다. Image → Canvas Size 메뉴를 선택한 뒤 Anchor 메뉴에서 상단 중앙의 사각형을 클릭한 뒤 Height 옵션에 135를 입력하고 [OK] 버튼을 클릭합니다.

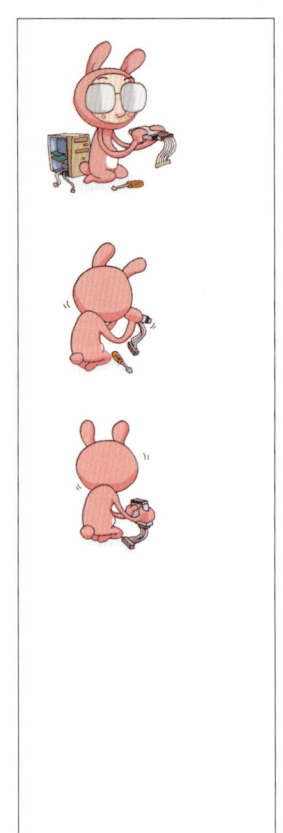

Anchor 옵션은 직관적으로 구성되어 있어 초보자도 쉽게 Canvas Size를 수정할 수 있습니다. 그림의 화살표가 나타내는 대로, 선택된 블록을 중심으로 하여 방사형으로 캔버스의 크기가 변합니다.

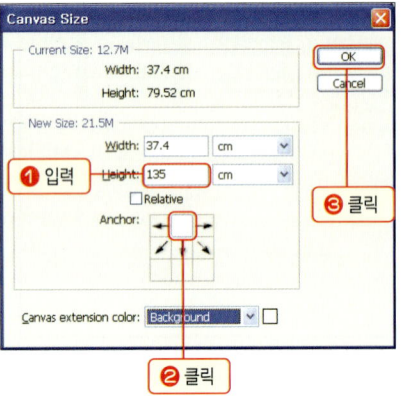

2 툴 박스에서 사각 선택 툴을 선택한 뒤 도큐먼트의 첫 번째 이미지를 선택하고 Ctrl + C 키를 눌러 복사, Ctrl + V 를 눌러 붙여 넣기합니다.

Ctrl + V 명령에 의해 자동으로 새 레이어가 만들어지고 복사한 이미지가 붙여넣기 됩니다.

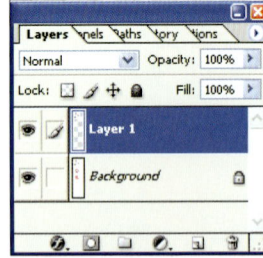

3 이동 툴을 선택한 뒤 붙여 넣은 이미지를
첫 번째 이미지 바로 밑으로 이동시킵니다.

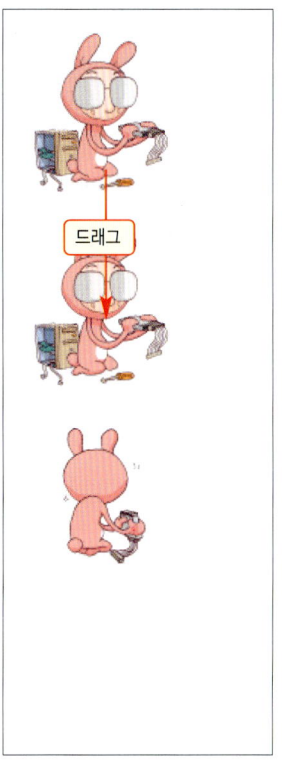

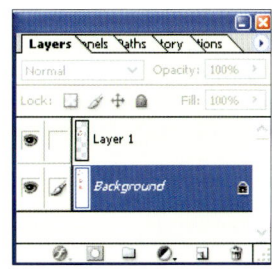

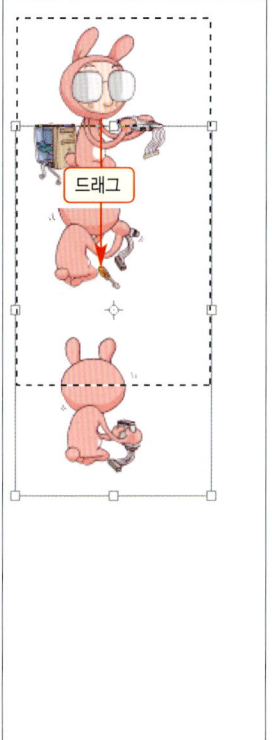

hot key
Free Transform :
Ctrl + T

4 다시 Background 레이어를 선택한
뒤 두 번째와 세 번째 이미지에 해당하는
영역을 선택하고 Edit → Free Transform
메뉴로 원본 이미지의 두 번째와 세 번째
이미지를 밑으로 이동시킵니다.

5 'Background' 레이어를 선택한 뒤
Ctrl + C , Ctrl + V 하여 붙여 넣고 이
동 툴로 제일 하단으로 이동시킵니다.

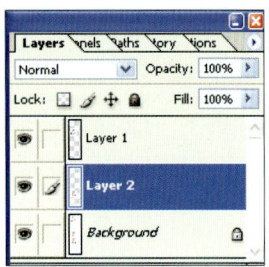

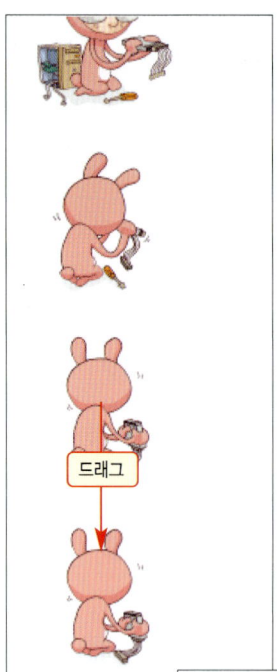

드래그

6 레이어 팔레트 오른쪽 상단의 작은 삼
각형 아이콘을 클릭한 뒤 Flatten Layer
메뉴를 선택하여 레이어를 모두 합칩니다.

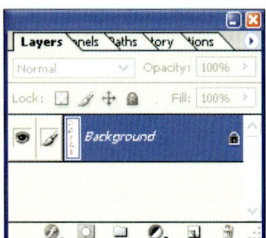

정리된 이미지

04 문자 입력과 저장하기

1 문자 팔레트에서 HY 신명조체를 선택하고 서체 크기 60pt, 줄 간격 60pt, 글자 간격 −50을 지정한 뒤 문자를 입력합니다.

지정

2 같은 문자를 이용해 도큐먼트의 다른 캐릭터 옆에도 대사를 입력합니다.

3 레이어 팔레트 오른쪽 상단의 삼각형 아이콘을 클릭한 뒤 Flatten Layer 메뉴를 선택하여 레이어를 모두 합칩니다.

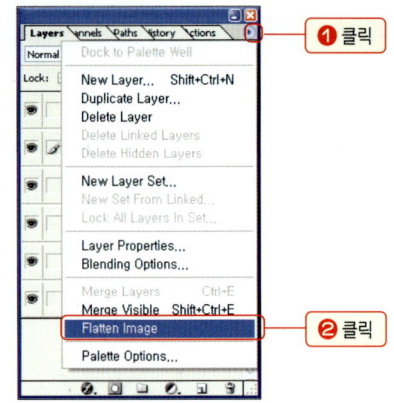

참고하세요!

웹에 사용되는 이미지라도 차후 수정 및 출력에 대비하여 고해상도 상태의 백업 파일을 저장해 둘 필요가 있습니다.

4 Fiel → Save As 메뉴에서 'Tonn03. psd'를 입력한 뒤 [OK] 버튼을 클릭하여 포토샵 파일 포맷으로 저장합니다.

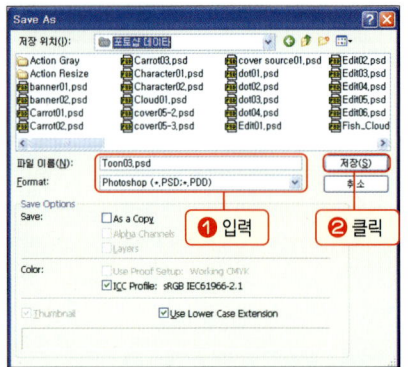

참고하세요!

가로, 세로 픽셀(Width/ Height) 옵션을 수정한 뒤 해상도(Resolution)를 수정하면 먼저 수정한 픽셀의 수치가 다시 변합니다.
때문에 지정한 해상도 범위 내에서 가로, 세로 픽셀을 수정하려면 먼저 해상도를 수정(72dpi)한 뒤 픽셀을 수정(415pixels)해야 합니다.

5 Edit → Image Size 메뉴를 선택하여 Resolution을 72dpi로 바꾼 뒤 Width 옵션을 415로 바꿉니다.

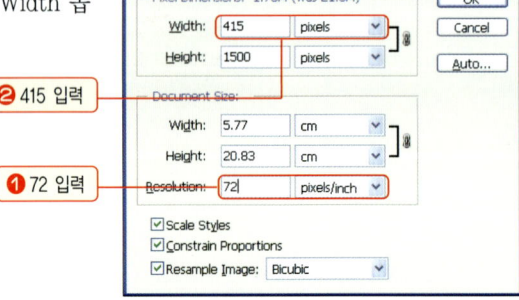

6 File → Save As 메뉴에서 Format 옵션을 jpg로 바꾼 뒤 'Toon03.jpg'를 입력한 뒤 [OK] 버튼을 클릭합니다.

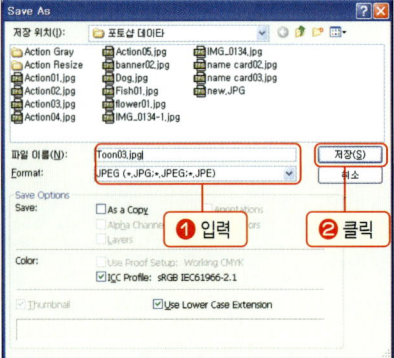

7 Jpeg 대화상자의 옵션에서 Quality
를 Maximum으로 지정한 뒤 [OK] 버튼을
클릭합니다.

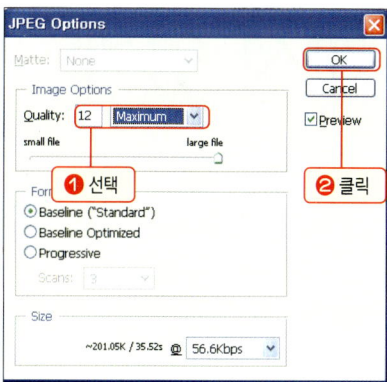

완성된 만화 이미지

Photoshop CS

>> **04**

개성 있게 표현한다!
핸드폰 배경 화면 만들기

기존의 포털 사이트나 핸드폰 업체의 커뮤니티 사이트에서 제공하는 각종 이미지나 배경 화면들을 이용해 자신의 핸드폰을 장식하는 것도 좋겠지만, 포토샵을 이용하여 직접 배경 화면을 만든다면 좀 더 개성있는 자신만의 핸드폰 꾸미기를 할 수 있을 것입니다.

단순히 자신이 가지고 있는 이미지의 용량을 줄여 포털 사이트를 이용해 전송만 하는 것에서 그치는 게 아니라, 핸드폰 배경 화면 만드는 과정을 따라하다 보면 포토샵에서 제공하는 각종 기능들을 종합적으로 사용하는 방법을 배우게 될 것 입니다.

✚ Image Preview

▲ 원본 이미지

▲ '뽀샤시' 이미지

◀ 작업이 끝난 이미지

01 분위기 있는 뽀얀 이미지 만들기

1 File → Open 메뉴에서 'Photo_dog-01.psd' 파일을 엽니다.

2 어두운 곳에서 플래시를 이용해 찍은 사진이기 때문에 밝게 수정해야 합니다. Image → Adjustments → Shadow-/Highlight 메뉴를 선택합니다.

클릭

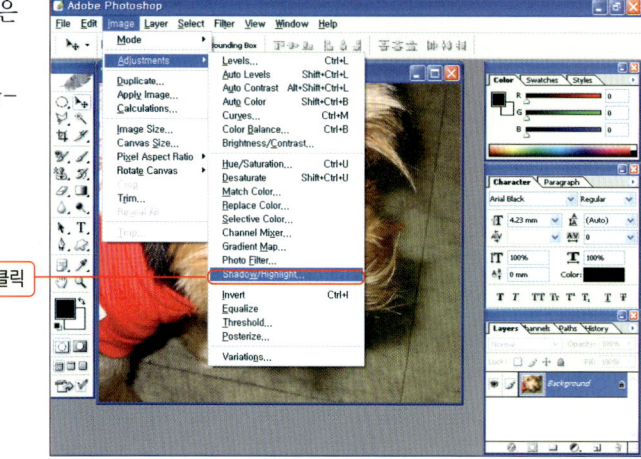

3 대화상자에서 Shadow Amount에 70, Highlight amount에 0을 입력합니다.

70 입력

0 입력

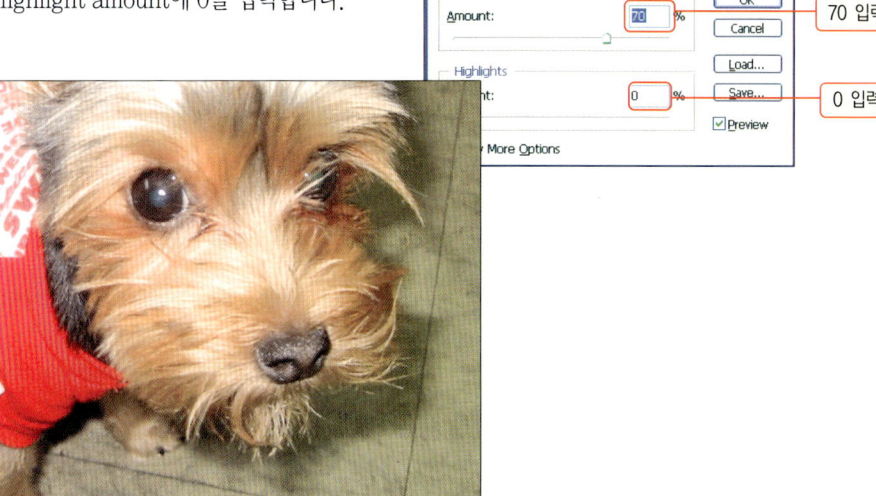

> **> > 궁금해요!**

Shadow/Highlight 대화상자

Shadow/Highlight 기능은 포토샵 CS에서 새롭게 선보이는 기능입니다. 디지털 카메라 등으로 촬영한 이미지의 노출이 부족하거나 과다할 경우 어두운 부분(Shadow)과 밝은 부분(Highlight)을 분리하여 음영을 조절할 수 있기 때문에 전체적으로 고른 톤을 유지하도록 수정하는 것이 가능합니다.

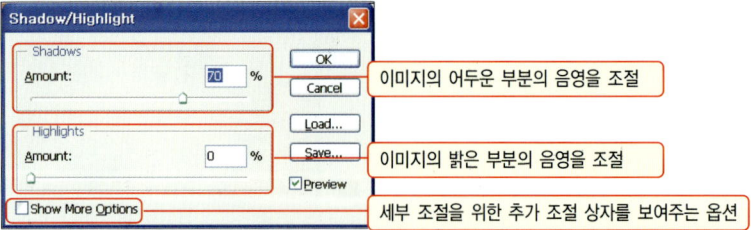

- 이미지의 어두운 부분의 음영을 조절
- 이미지의 밝은 부분의 음영을 조절
- 세부 조절을 위한 추가 조절 상자를 보여주는 옵션

추가 조절 옵션을 이용하면 좀 더 세부적인 이미지 수정이 가능합니다.

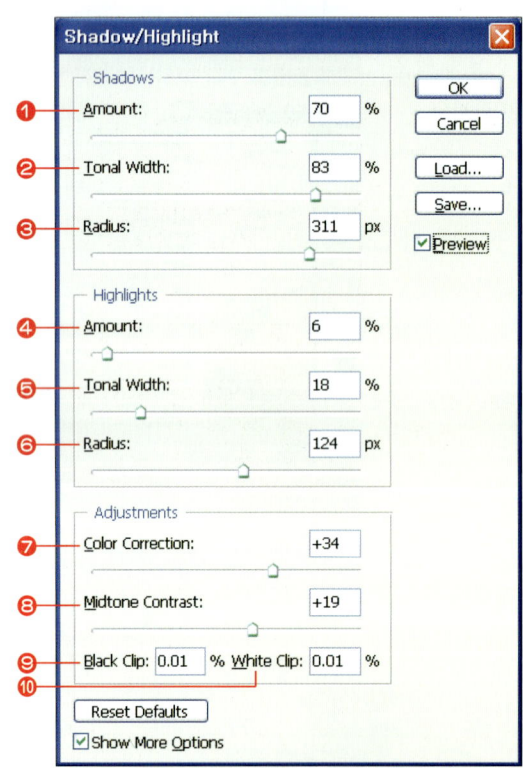

❶ Shadows Amount : 어두운 부분의 분포를 조절합니다. 수치가 클수록 분포가 적어집니다(색 대비가 줄어듭니다).

❷ Shadows Tonal Width : 어두운 색조의 폭을 조절합니다.

❸ Shadows Radius : 어두운 부분의 범위를 조절합니다.

❹ Highlights Amount : 밝은 부분의 분포를 조절. 수치가 클수록 분포가 적어집니다(색 대비가 줄어듭니다).

❺ Highlights Tonal Width : 밝은 색조의 폭을 조절합니다.

❻ Highlights Radius : 밝은 부분의 범위를 조절합니다.

❼ Adjustments Color Correction : 이미지의 채도를 조절. 수치가 올라갈수록 채도가 높아집니다.

❽ Adjustments Midtone Contrast : 이미지의 중간 색조를 조절합니다.

❾ Black Clip : 검은 색조의 양을 조절합니다.

❿ White Clip : 흰 색조의 양을 조절합니다.

4 세부적인 조절을 위해 Image →
Adjustments → Brrightness/Contrast
메뉴를 선택하여 음영 대비를 높입니다.

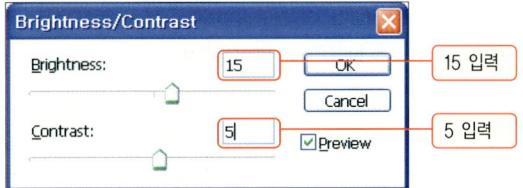

5 Ctrl + J 키를 눌러 Background
레이어를 복사합니다.

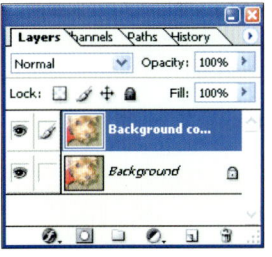

6 밝은 부분을 강조하기 위해 Filter →
Distort → Diffuse Glow 메뉴를 선택합
니다.

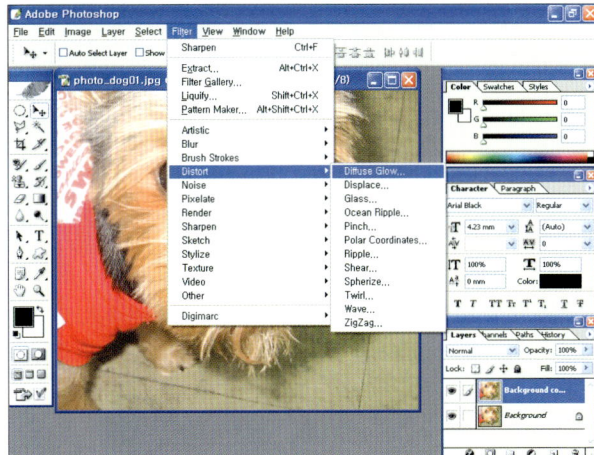

7 Diffuse Glow 대화상자 오른쪽의 옵
션을 입력한 뒤 [OK] 버튼을 클릭합니다.

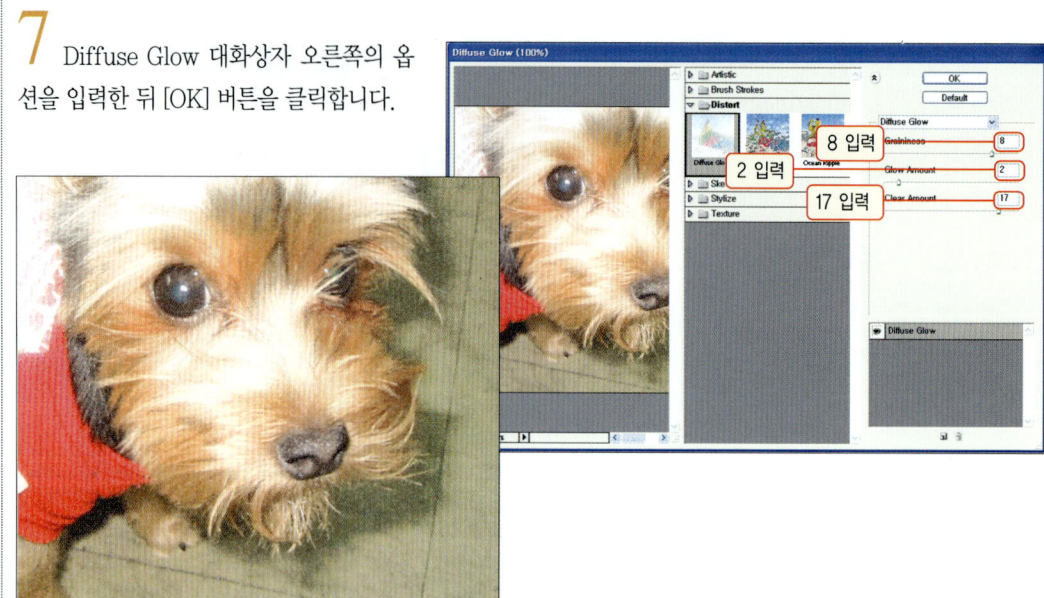

8 흰 부분을 부드럽게 번지게 하기 위해
Filter → Blur → Gaussian Blur 메뉴를
선택하여 Radius 옵션에 2.0을 입력한 뒤
[OK] 버튼을 클릭합니다.

9 이번엔 반대로 밝은 부분과의 음영을
강조하기 위해 Image → Adjustments →
Brightness/Contrast메뉴를 선택하여
Brightness를 낮춥니다.

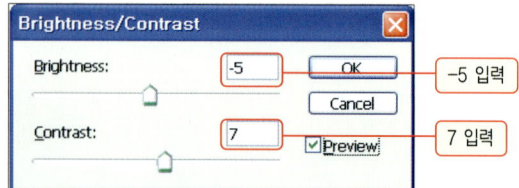

10 레이어 팔레트에서 복사된 Background 레이어의 투명도를 70%로 낮춥니다.

11 밝은 부분을 강조하기 위해 Filter → Distort → Diffuse Glow메뉴를 선택 합니다.

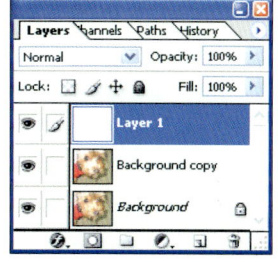

12 툴 박스에서 원형 선택 툴을 선택 한 후 Shift 키를 누른 채 이미지 중앙에 정 원의 영역을 선택합니다.

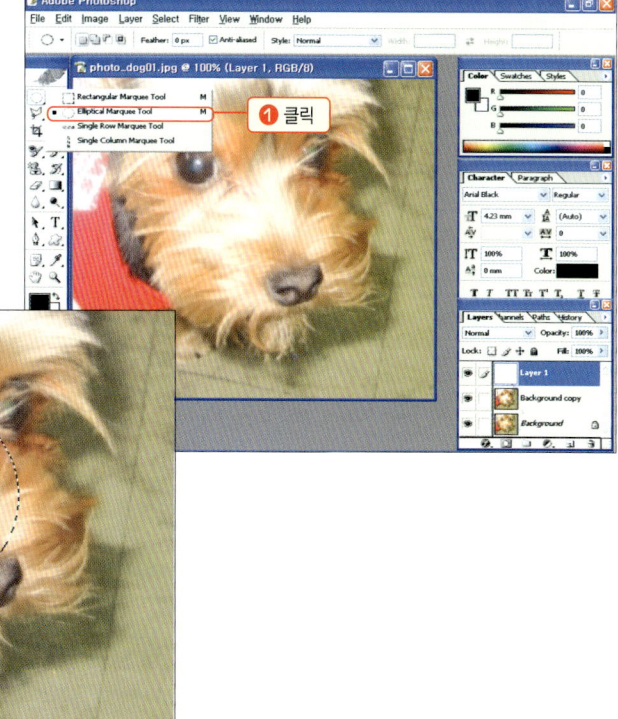

13 Ctrl + ← 키를 눌러 배경색인 흰색으로 선택 영역을 채웁니다.

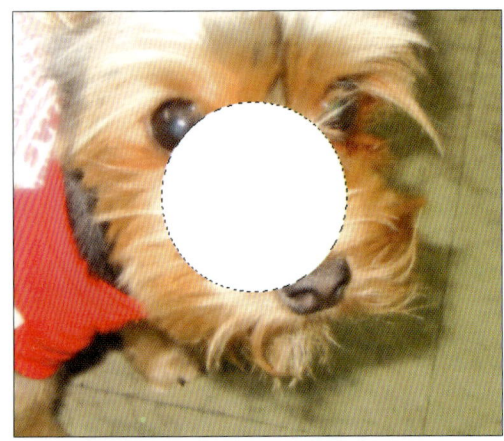

14 Select → Modify → Contract 메뉴를 선택한 뒤 대화상자의 옵션에 5를 입력하여 선택 영역을 축소합니다.

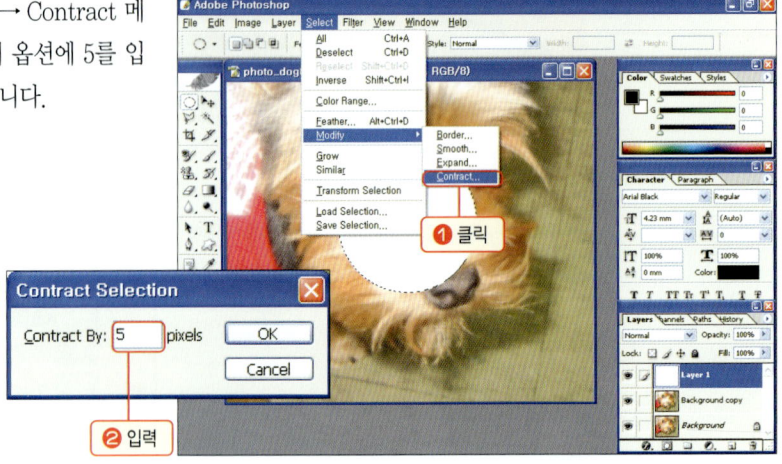

15 Select → Feather 메뉴를 선택한 뒤 대화상자의 옵션에 4를 입력하여 선택 영역의 테두리를 부드럽게 바꿉니다.

🔵 **hot key**

Feather :

Ctrl + OPTION + D

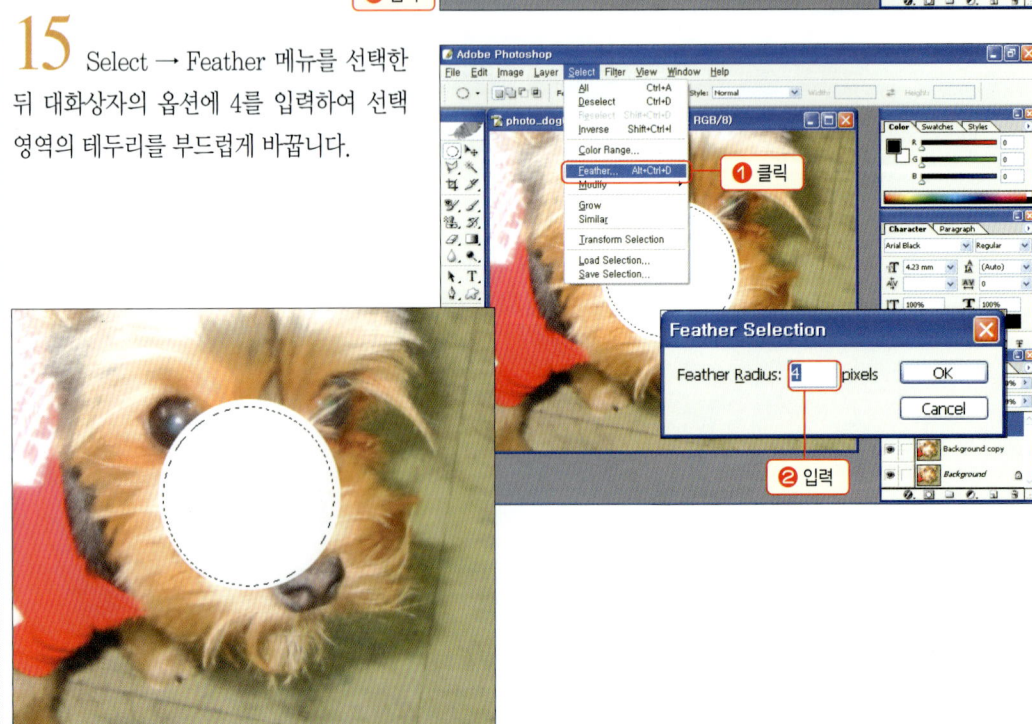

16 ⏎키를 눌러 선택 영역을 삭제합니다.

17 레이어 팔레트 상단의 Opacity 옵션을 80%로 지정해 투명도를 낮춥니다.

18 툴 박스에서 이동 툴을 선택하여도큐먼트의 한 쪽 구석으로 이동시킵니다.

19 Ctrl + J 를 눌러 레이어를 복사한 다음 Edit → Free Transform 메뉴를 선택해 이미지를 축소합니다.

복사된 레이어

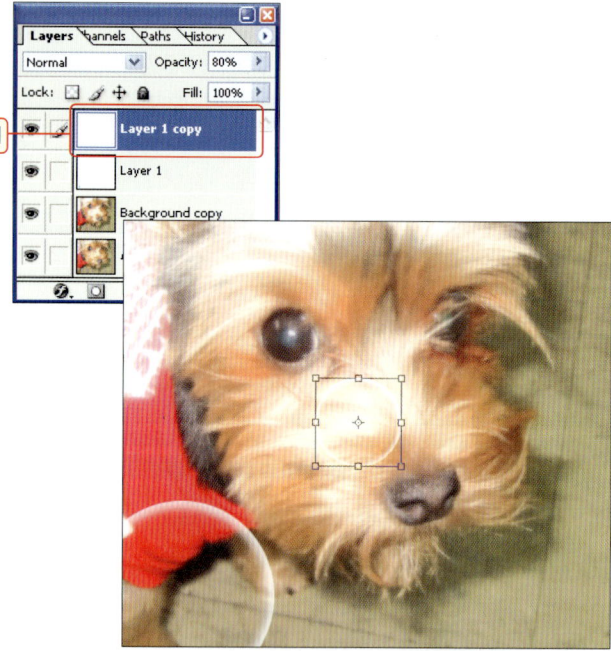

20 이동 툴이 선택된 상태에서 OPTION 키를 누른 채 원형 이미지를 여러 개로 복사해 도큐먼트 가장자리에 분산해서 배치합니다.

21 원형 이미지들의 원본 레이어인 'Layer 1' 레이어와 'Layer 1 copy', 'Layer 1 copy 2', 'Layer 1 copy 3', 'Layer 1 copy 4'를 모두 링크합니다.

클릭

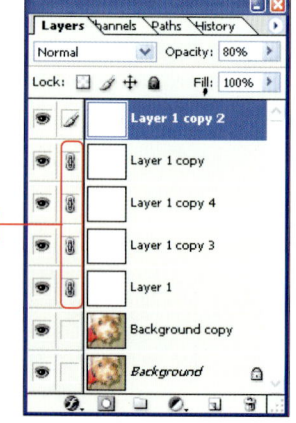

22 레이어 팔레트 상단의 삼각형 아이콘을 클릭하고 Merge Linked 메뉴를 선택하여 링크된 레이어들을 모두 합칩니다.

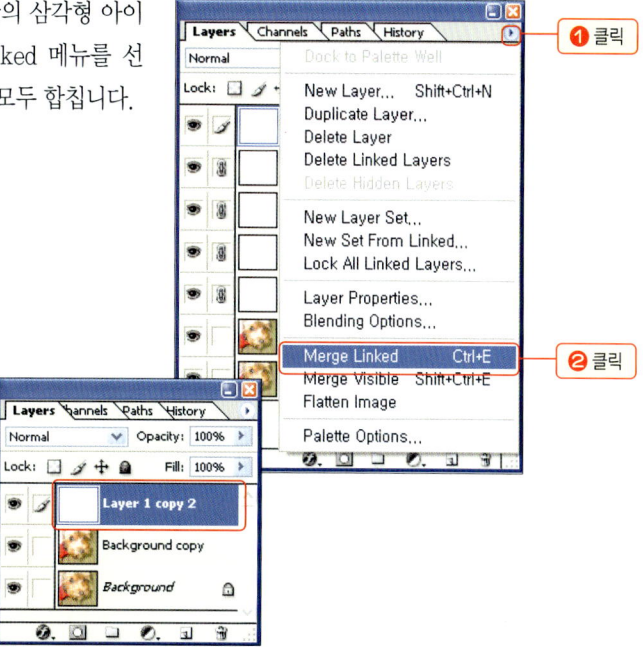

23 레이어 팔레트 하단의 새 레이어 아이콘을 클릭하여 새 레이어를 만듭니다.

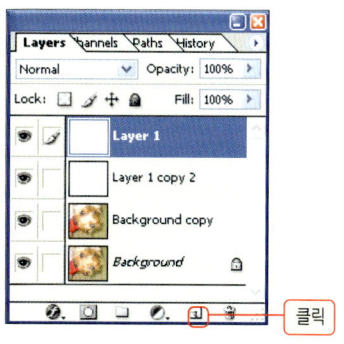

참고하세요!

모서리가 둥근 쉐이프의 Radius 옵션은 수치가 클수록 모서리가 더 둥글게 됩니다.

24 툴 박스에서 쉐이프 툴을 선택하고 옵션 바에서 Path 옵션과 모서리가 둥근 쉐이프 옵션을 선택한 뒤 Radius에 12를 입력합니다.

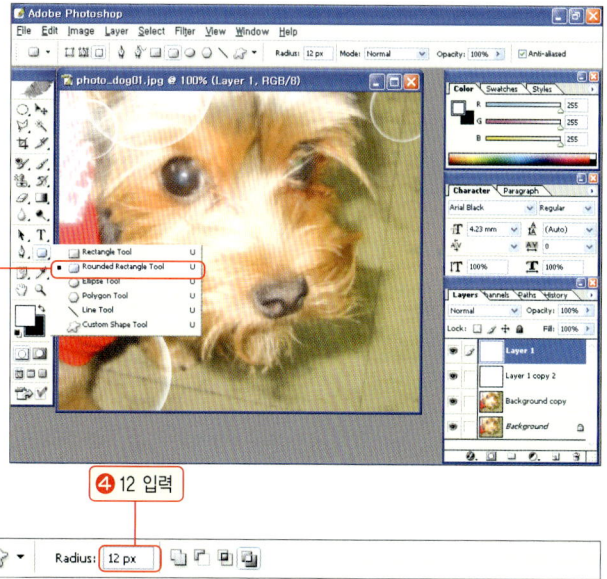

25 이미지 왼쪽 상단을 클릭한 뒤 오른쪽 하단으로 드래그합니다.

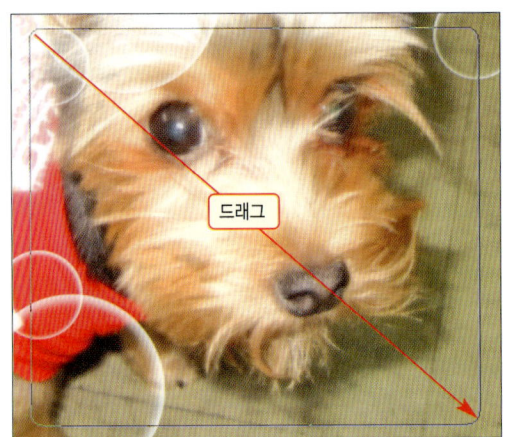

드래그

26 쉐이프로 만든 패스 위에 마우스 커서를 놓고 마우스 오른쪽 버튼을 클릭하여 Make Selection 메뉴를 선택합니다. 대화상자에서 [OK] 버튼을 클릭하여 패스를 선택 영역으로 전환합니다.

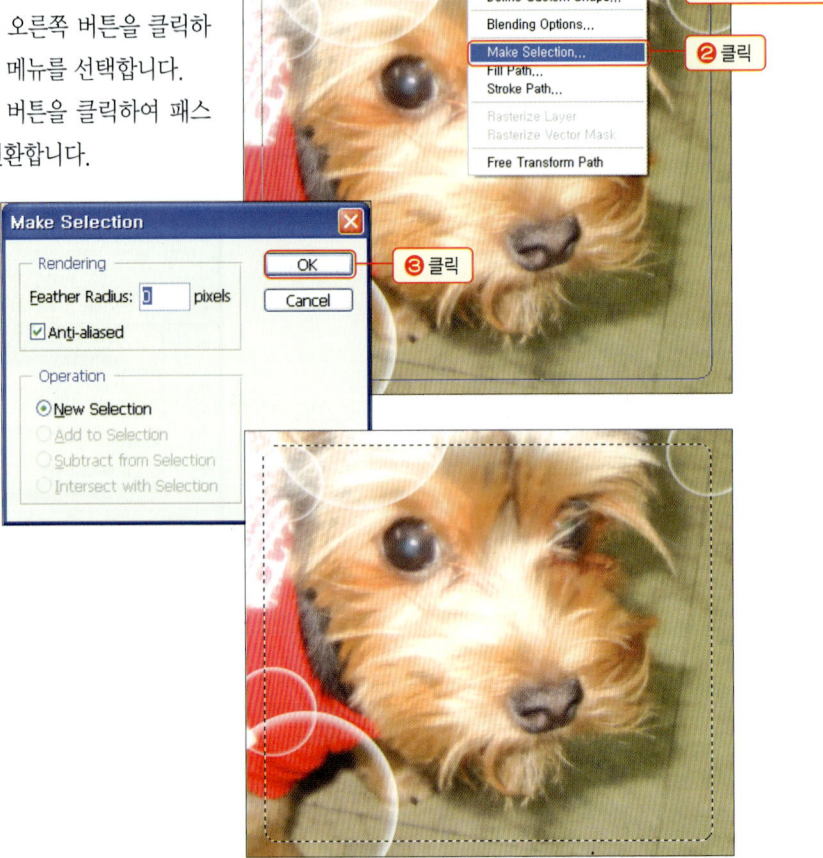

① 오른쪽 버튼 클릭

② 클릭

③ 클릭

27 Edit → Stroke 메뉴를 선택하고 대화상자에서 Width 옵션에 3px, Location 옵션은 'Center', Opacity 옵션에 90%를 입력한 뒤 Color 옵션을 클릭합니다.

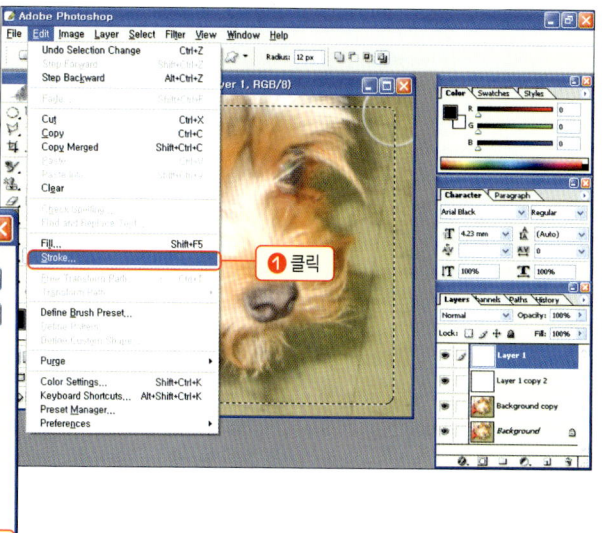

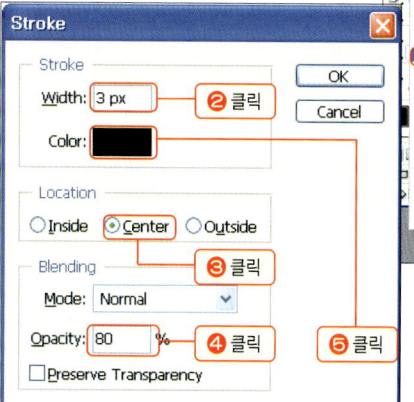

28 Color Picker 대화상자의 색상자에서 흰색을 선택한 뒤 [OK] 버튼을 클릭하고 Stroke 대화상자의 [OK] 버튼을 클릭합니다.

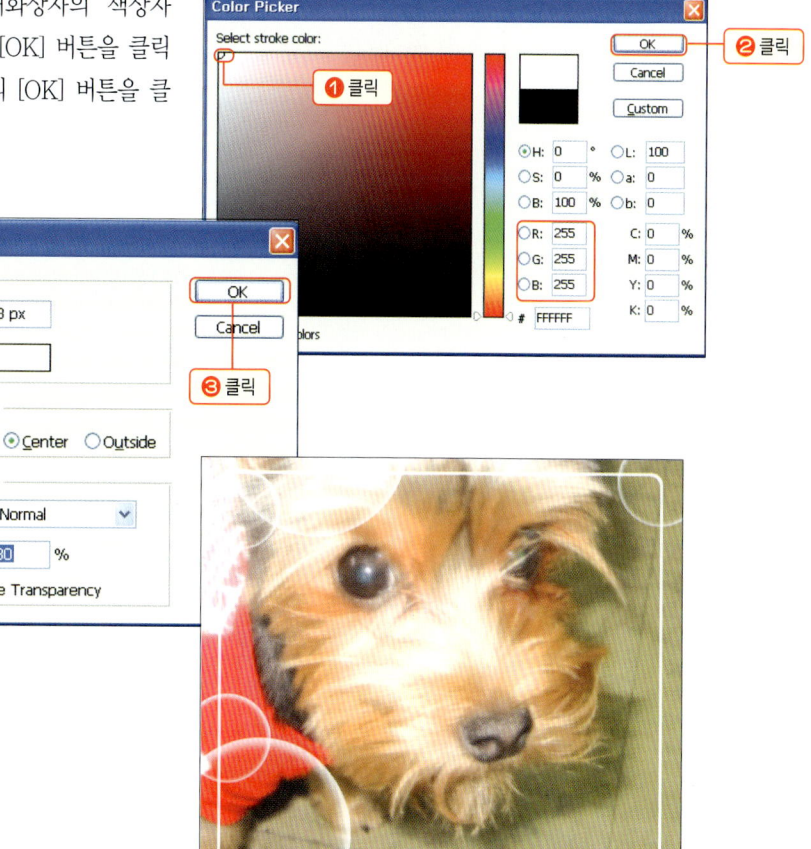

29 쉐이프 툴을 이용해 도형을 그려보
겠습니다.
레이어 팔레트 하단의 새 레이어 아이콘을
클릭한 뒤 쉐이프 옵션 바에서 Fill Pixels
옵션과 Custom Shape Tool 옵션을 선택
합니다.

30 옵션 바에서 Shape 옵션을 클릭하
여 쉐이프 샘플을 연 뒤 하트 도형을 클릭
합니다.

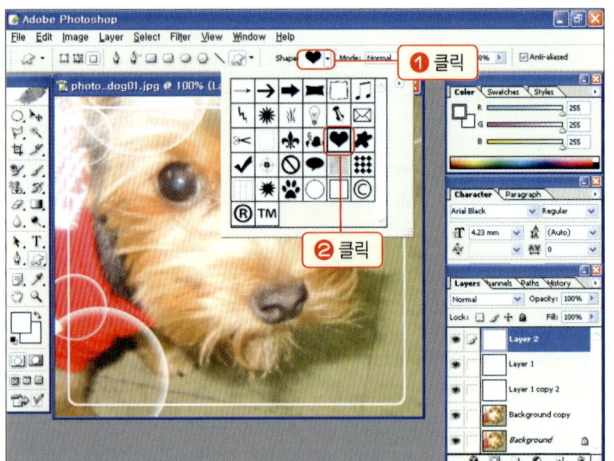

31 컬러 팔레트에서 색을 선택한 뒤
이미지의 원하는 위치에 클릭한 뒤 대각선
으로 드래그합니다.

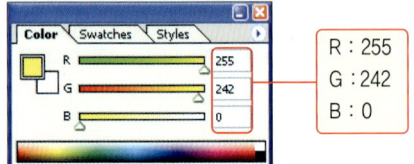

R : 255
G : 242
B : 0

32 같은 방식으로 이미지의 원하는 위치에 여러 개의 하트 이미지를 그립니다.

33 툴 박스에서 문자 툴을 선택한 뒤 문자 팔레트에서 'Impact' 서체를 선택합니다.
문자 크기 옵션에 110을 입력한 뒤 Color 옵션에서 흰색을 선택합니다.

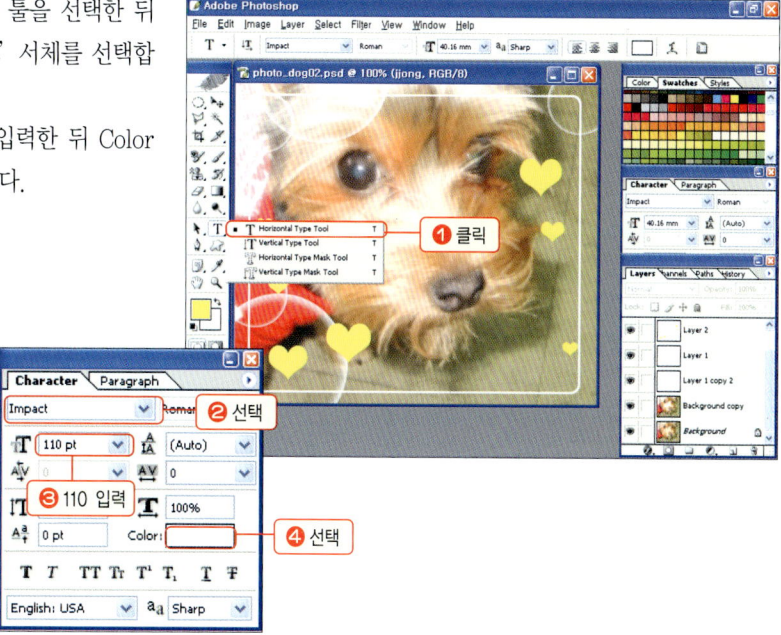

34 이미지 하단을 클릭하여 강아지 이름을 입력한 뒤 Return 키(넘버 패드의 Enter 키)를 쳐서 문자 입력 모드를 종료합니다.

35 레이어 팔레트 상단의 Opacity 옵션에 60을 입력하여 문자 레이어의 투명도를 낮춥니다.

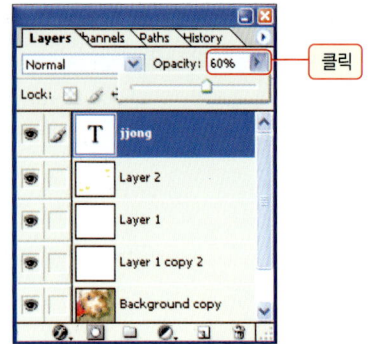

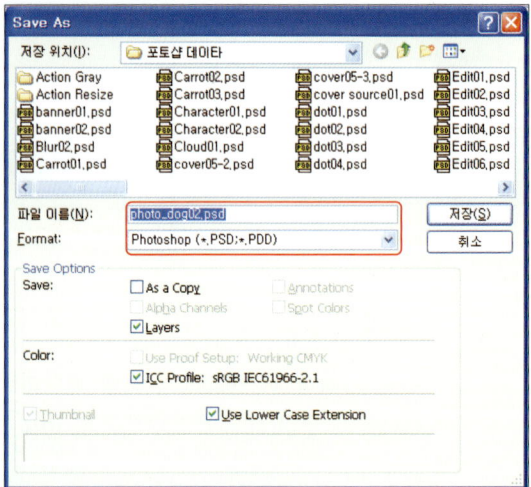

36 작업 결과를 우선 포토샵 파일 포맷(PSD)으로 저장한 뒤 이미지 사이즈를 조절하겠습니다.

File → Save As 메뉴를 선택한 뒤 대화상자에 'photo_dog02.psd'를 입력한 뒤 [저장] 버튼을 클릭합니다.

참고하세요!

Solution 옵션을 수정한 뒤에 Pixels Dimensions 옵션을 수정하는 순서를 바꾸면 안됩니다.

37 Image → Image Size 메뉴를 선택한 뒤 대화상자에서 Solution 옵션에 72를 입력하고 Pixels Dimensions 옵션의 Width 옵션에 120을 입력합니다.

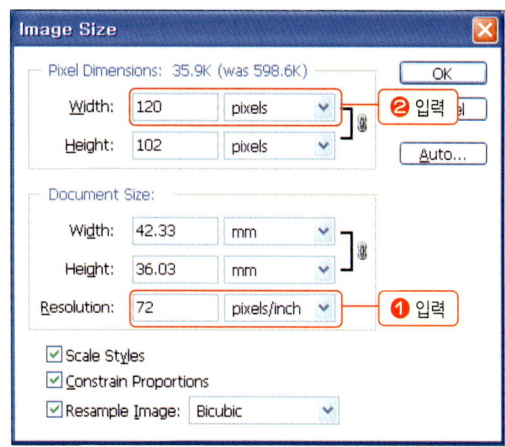

이미지 사이즈가 작아집니다.

참고하세요!

작업이 끝난 이미지는 포털 사이트 또는 핸드폰 제조업체가 운영하는 사이트에서 핸드폰으로 이미지를 전송하는 서비스를 이용하면 자신의 핸드폰 바탕 화면에 만들어 놓은 이미지를 업로드 할 수 있습니다.

38 File → Save As 메뉴를 선택한 뒤 'photo_dog02.jpg'를 입력한 뒤 파일 포맷으로 JPEG를 선택하고 [저장] 버튼을 클릭합니다.
JPEG 대화상자의 Image Option에서 Maximum 상태를 확인한 뒤 [OK] 버튼을 클릭합니다.

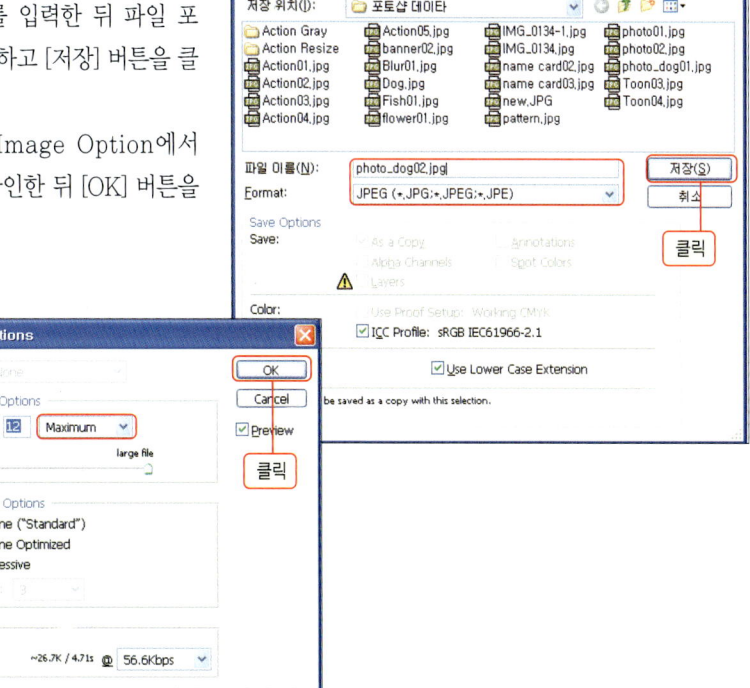

Photoshop CS

05 캐릭터 일러스트 그리기

출력을 염두에 두고 캐릭터 등의 일러스트를 작업할 경우 디테일한 부분의 해상도가 뛰어난 어도비 일러스트레이터가 많이 사용됩니다. 그러나 포토샵의 벡터 이미지 기능이 확장되면서 포토샵에서 일 러스트 그리기가 많이 편해 졌고, 웹용 이미지들의 경우 굳이 대용량일 필요가 없기 때문에 최근에는 포토샵으로도 일러스트를 그리는 일이 많아졌습니다. 사진의 이미지를 베껴내는 방식으로 작업하면 드로잉 훈련을 받지 않은 사람도 쉽게 일러스트를 그릴 수 있다는 점을 이용해 인물 일러스트를 그려 보겠습니다.

▲ 원본 이미지

▲ 일러스트 작업된 이미지

▲ 응용 이미지

01 펜 툴을 이용한 일러스트-얼굴 그리기

1 File → Open 메뉴로 'Character01. psd' 파일을 엽니다.

2 툴 박스에서 펜 툴을 선택한 후 인물의 얼굴 부분에 맞게 패스를 만듭니다.

3 레이어 팔레트 하단의 새 레이어 아이콘을 클릭하여 새 레이어를 만듭니다.

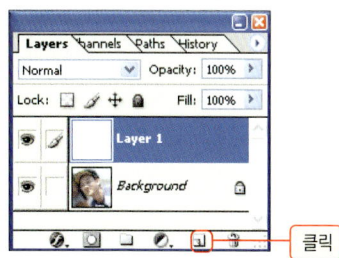

클릭

>> 궁금해요!

스와치 샘플

일러스트레이션 등 다양한 채색이 필요한 작업을 할 때 포토샵에서 기본으로 제공하는 컬러 스와치 만으로는 색 샘플이 부족한 경우가 많습니다. 이때 스와치 팔레트에 좀 더 많은 색상을 제공하는 색 샘플을 추가하여 채색에 이용하는 것이 좋습니다.

1) 팔레트 오른쪽 상단의 작은 삼각형 아이콘을 클릭하여 메뉴 중 원하는 색 샘플 파일을 선택합니다.

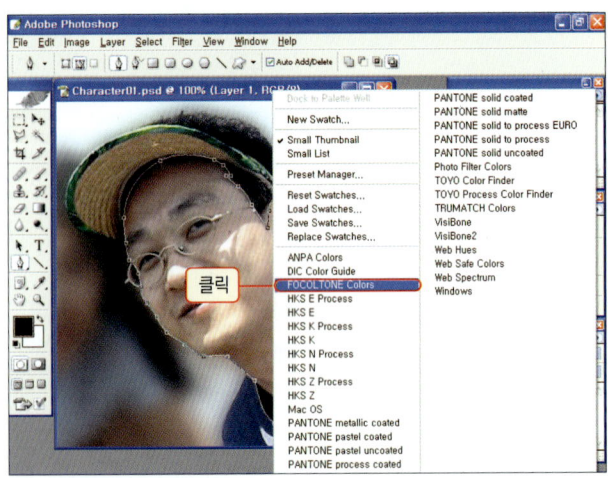

2) 대화상자에서 [Append] 버튼을 클릭합니다.

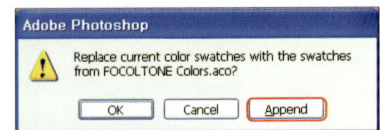

[Append] 버튼을 클릭해서 선택한 FOCOLTONE Color 샘플이 추가된 스와치 팔레트

4 컬러 팔레트에서 다음과 같은 색을 선
택한 후 커서를 패스 위에 올려놓고 마우스
오른쪽 버튼을 클릭한 뒤 Make Selection
메뉴를 선택합니다.

R : 152
G : 210
B : 193

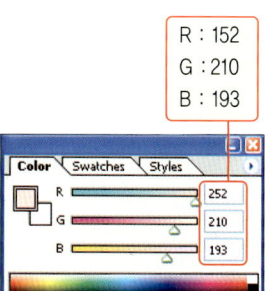

5 Make Selection 대화상자에서 [OK]
버튼을 클릭하면 패스가 선택 영역으로 전
환됩니다.

○ **hot key**

Deselect : Ctrl + D

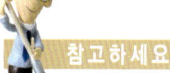

참고하세요!

패스를 이용한 일러스트 작
업의 대부분은 '패스를 선
택 영역으로 전환하기 →
선택 영역을 전경색으로 채
색하기' 방식이 사용됩니다.
액션 기능을 이용해 이 작
업을 저장한 뒤 단축키를
지정해 두면 좀 더 편리하
게 일러스트 작업을 수행할
수 있습니다.

6 Alt + ← 키를 눌러 전경색으로 선택
영역을 채색한 뒤 Select → Deselect 메뉴
를 선택하여 선택 영역을 해제합니다.

02 펜 툴을 이용한 일러스트-눈, 코, 입 그리기

○ **hot key**
새 레이어 :
Ctrl + Shift + N

1 레이어 팔레트에서 얼굴 부분이 채색된 레이어 왼쪽의 눈 아이콘을 클릭하여 레이어를 보이지 않도록 한 뒤 레이어 팔레트 하단의 새 레이어 만들기 아이콘을 클릭하여 'Layer 2'를 만듭니다.

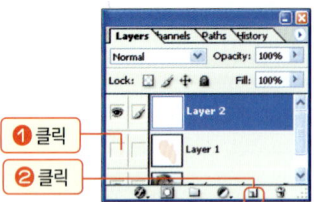

2 인물의 눈 형태를 따라 패스를 그린 뒤 선택 영역으로 전환하여 Alt + ← 키를 눌러 배경색인 흰색으로 채색합니다.

3 툴 박스에서 브러시 툴을 선택한 뒤 윈도우 상단의 브러시 옵션에서 브러시 크기를 17px로 지정하고 눈동자를 그린 뒤 Alt + D 키를 눌러 선택 영역을 해제합니다.

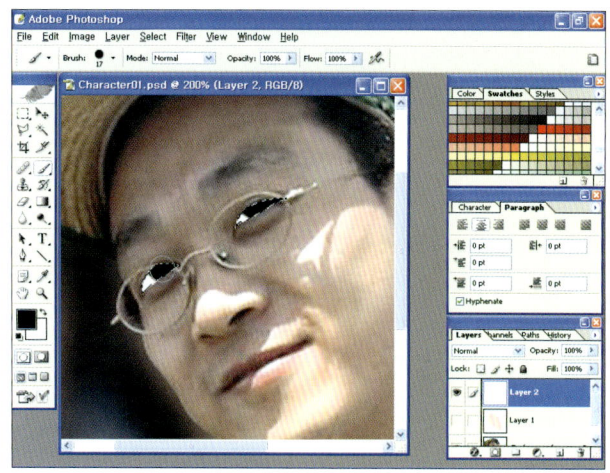

4 얼굴이 채색된 'Layer 1' 왼쪽의 눈 아이콘을 클릭하여 레이어를 켜고 전체 얼굴과 눈의 위치 등을 확인합니다.

레이어를 여러 개 만들어 채색 작업을 하는 경우 작업 중간에 틈틈이 모든 레이어를 켜고 전체적인 균형이나 잘못된 점 등을 확인해 주어야 합니다.

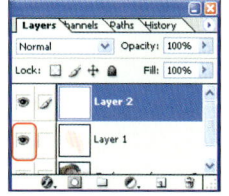

5 툴 박스에서 펜 툴을 선택하여 패스로 눈썹을 그린 뒤 선택 영역으로 전환하고, Ctrl + D 키를 눌러 전경색을 검은색으로 바꾼 뒤 Alt + ← 키를 눌러 채색합니다.

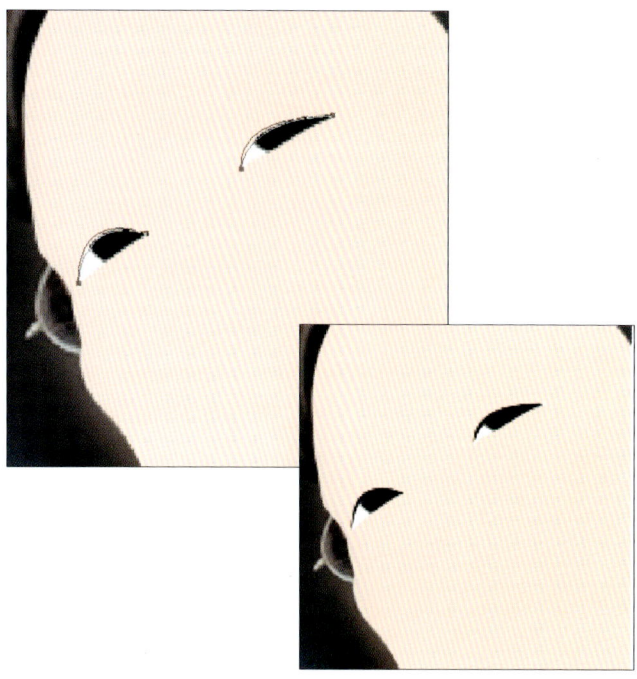

349

6 얼굴 레이어를 끈 뒤 펜 툴로 눈썹을 그립니다.

7 컬러 팔레트에서 다음과 같은 색을 선택한 뒤 패스를 선택 영역으로 전환하고 Alt + ← 키를 눌러 채색합니다.

R : 107
G : 99
B : 96

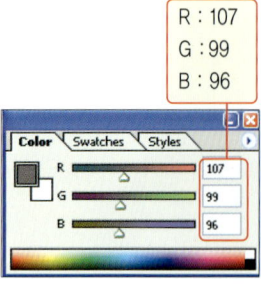

8 펜 툴로 입술의 외곽선을 그린 뒤 선택 영역으로 전환하고 다음과 같은 색으로 채색한 뒤 Ctrl + D 키로 선택 영역을 해제합니다.

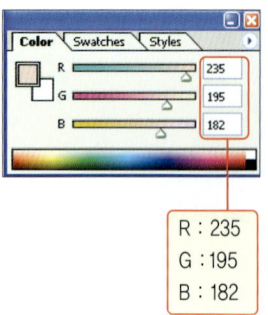

R : 235
G : 195
B : 182

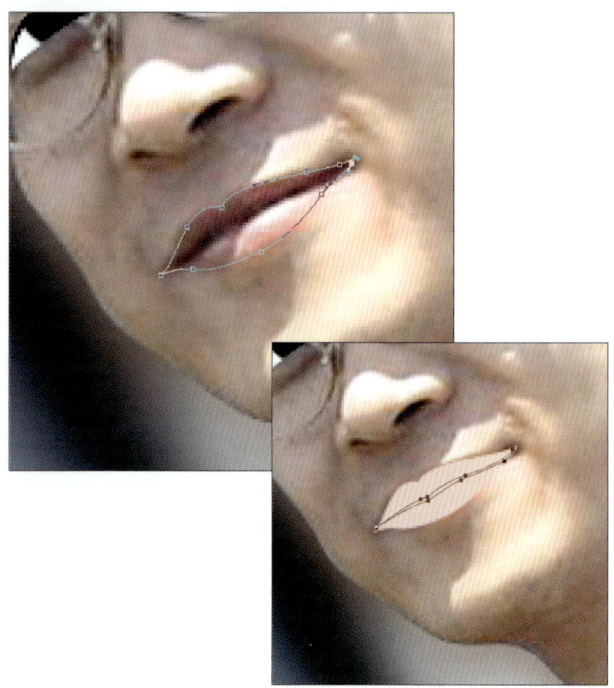

9 마찬가지로 펜 툴로 입술이 만나는 부분의 음영을 그린 뒤 선택 영역으로 전환해 다음과 같은 색으로 채색한 뒤 Ctrl + D 키로 선택 영역을 해제합니다.

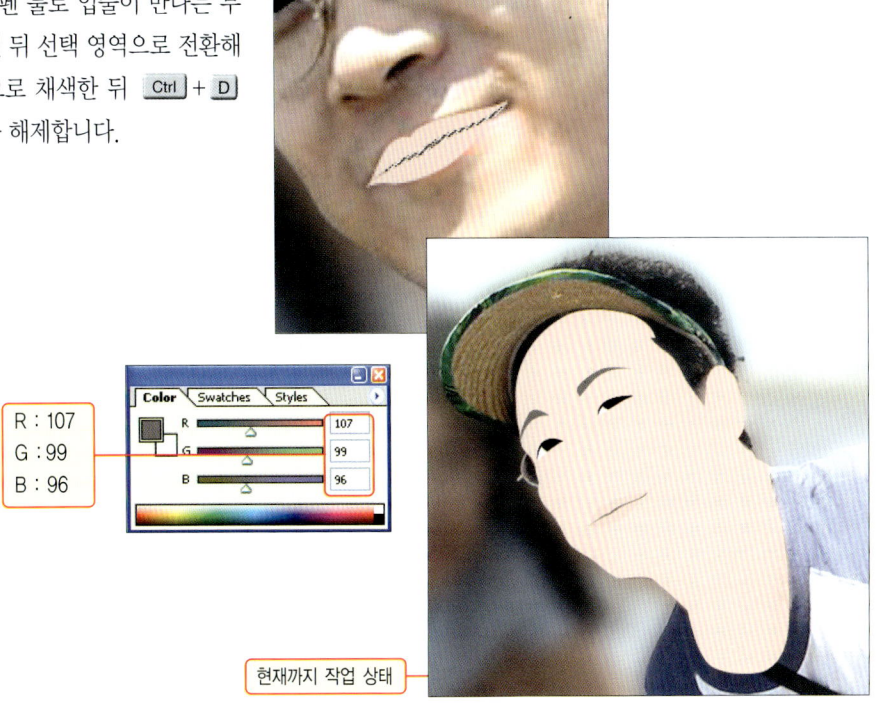

R : 107
G : 99
B : 96

현재까지 작업 상태

10 펜 툴로 콧구멍 형태를 그린 뒤 툴박스에서 브러시 툴을 선택하고 윈도우 상단의 브러시 툴 옵션 바에서 붓 툴의 크기를 10px, Hardness를 20%로 지정합니다.

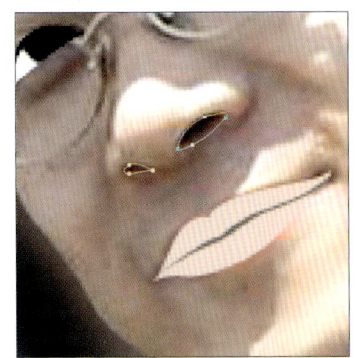

❶ 클릭
❷ 10 입력
❸ 20 입력

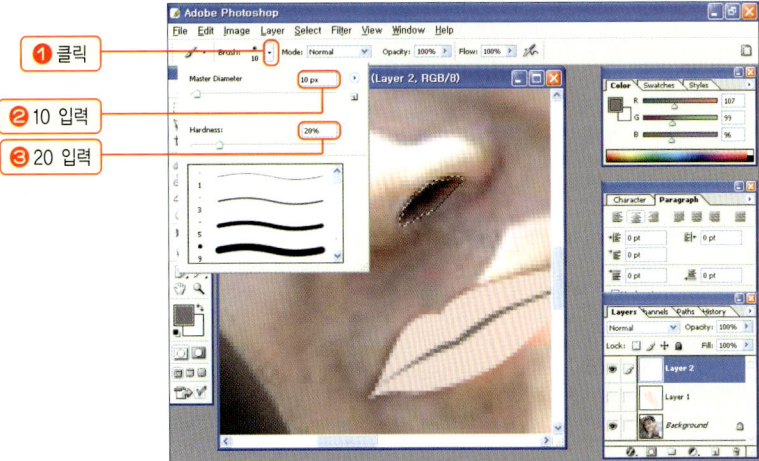

11 패스를 선택 영역으로 전환한 뒤 브러시 툴을 이용해 선택 영역의 윗부분을 가볍게 드래그하여 그립니다.

12 만일의 경우에 대비하여 어느 정도 작업이 진행되면 File → Save As 메뉴를 이용해 작업한 파일을 저장해 두는 것이 좋습니다.

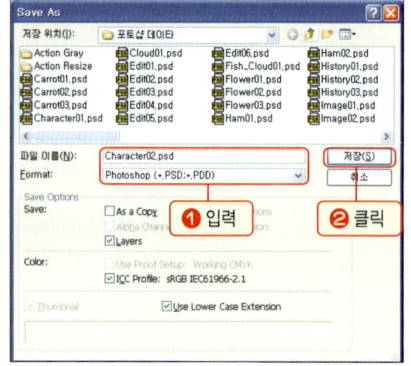

13 얼굴 레이어를 클릭한 뒤 레이어 팔레트 하단의 새 레이어 아이콘을 클릭하여 'Layer 3'을 만든 뒤 Ctrl 키를 누른 채 얼굴 레이어를 클릭하여 채색된 얼굴 부분을 선택합니다.

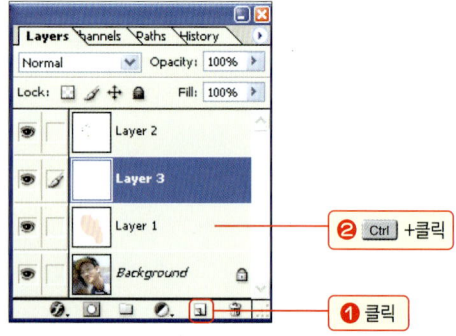

14 윈도우 상단의 브러시 툴 옵션 바에서 브러시 크기를 30px, Hardness를 100%로 지정합니다.

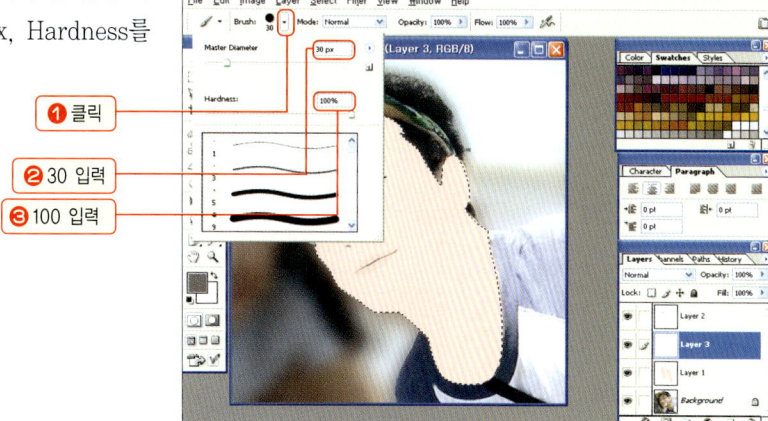

❶ 클릭
❷ 30 입력
❸ 100 입력

15 컬러 팔레트에서 다음과 같은 색을 지정한 뒤 이마 부분에 생기는 모자의 그림자를 그린 뒤 Ctrl + D 키를 눌러 선택 영역을 해제합니다.

R : 235
G : 195
B : 182

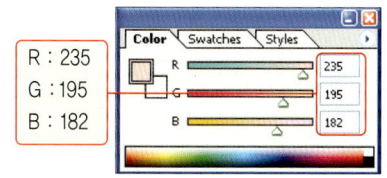

16 펜 툴로 귀 부분에 생기는 음영을 그린 뒤 선택 영역으로 전환하여 채색하고 Ctrl + D 키를 누릅니다.

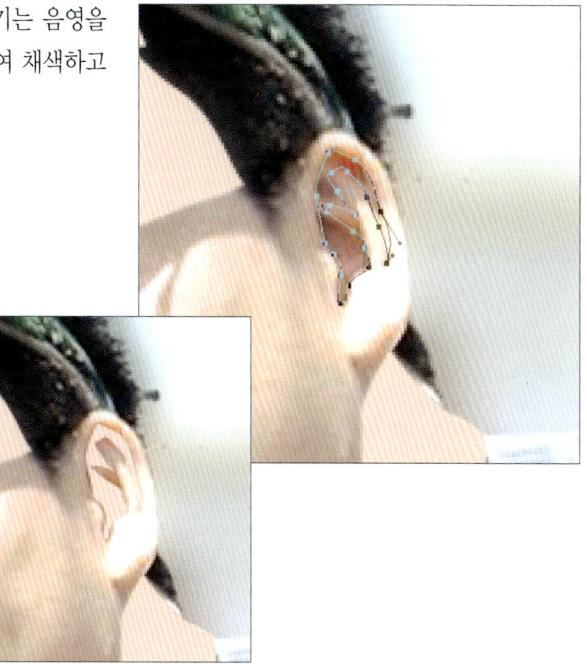

17 펜 툴로 각각 코밑 부분과 콧대 옆에 생기는 음영을 그린 뒤 선택 영역으로 전환 하여 채색하고 Ctrl + D 키를 누릅니다.

18 Ctrl 키를 누른 채 얼굴 레이어를 클릭하여 선택한 뒤 툴 박스에서 붓 툴을 선택한 후 목 부분의 음영을 채색합니다.

참고하세요!

음영 색 만들기 1

음영에 사용되는 색을 고를 때 가장 손쉬운 방법은 원래의 색 구성에서 K(먹)이나 M(마젠타)의 색 비율을 조금 높이는 것입니다. 물론 이런 방법은 이미지 전체의 색 톤이나 설정된 조명의 색에 따라 다를 수 있습니다.

03 펜 툴을 이용한 일러스트-모자 그리기

1 레이어 팔레트에서 새 레이어를 만든 뒤 툴 박스에서 펜 툴을 선택해 이미지의 모자를 패스로 그립니다.

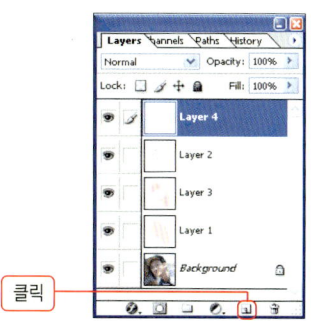

클릭

2 컬러 팔레트에서 다음과 같은 색을 지정한 뒤 패스를 선택 영역으로 전환하고 채색합니다.

R : 199
G : 173
B : 144

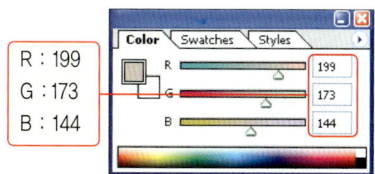

3 모자의 테두리가 보이도록 모자가 그려진 레이어를 끄고 펜 툴을 이용해 모자 테두리를 따라 그린 뒤 선택 영역으로 전환해 채색합니다.

클릭

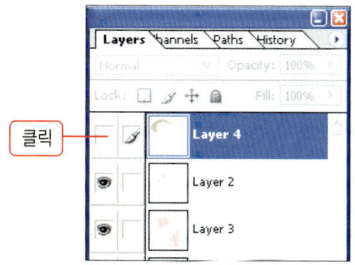

355

4 Ctrl + D 키를 눌러 선택 영역을 해제한 뒤 레이어 팔레트 상단의 Rock Transparent Pixels 아이콘을 클릭하여 모자 이미지에만 채색이 가능하도록 합니다.

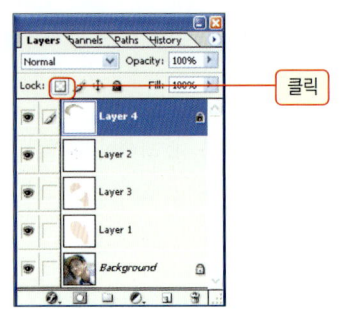

5 윈도우 상단의 브러시 툴 옵션 바에서 브러시 툴의 크기를 60px, Hardness를 0%로 지정한 뒤 브러시 툴 모드를 Multiply로 바꿉니다.

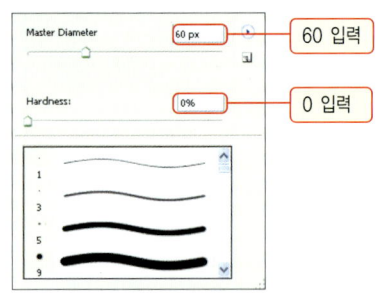

참고하세요!

음영색 만들기 2
음영에 사용될 색을 만드는 또 하나의 쉬운 방법은 현재의 색을 그대로 둔 상태에서 툴 또는 레이어의 모드를 Multiply로 바꾸는 것입니다.

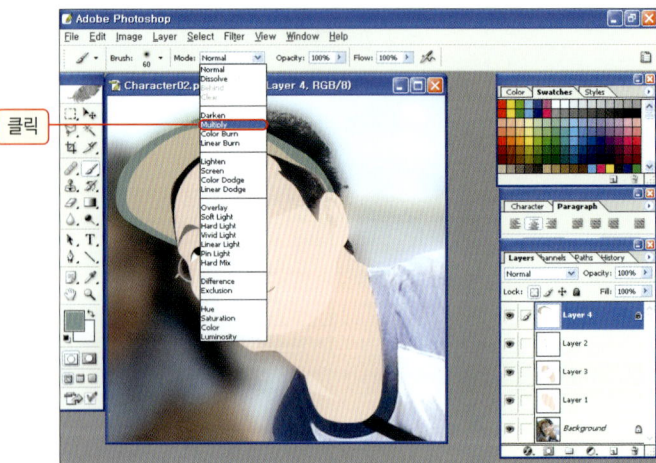

6 컬러 팔레트에서 다음과 같은 색을 지정한 뒤 이마 부위에 모자에 의해 생기는 음영을 그립니다.

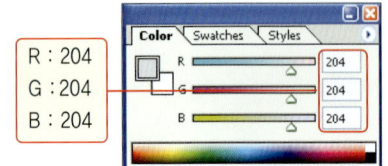

R : 204
G : 204
B : 204

7 레이어 팔레트에서 새 레이어를 만든
뒤 나머지 레이어를 모두 끄고 펜 툴로 안
경을 그립니다.

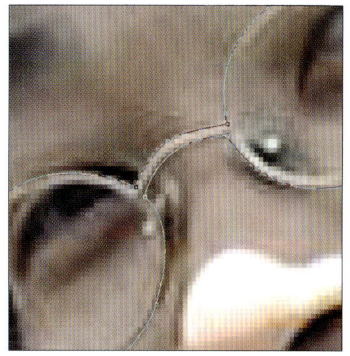

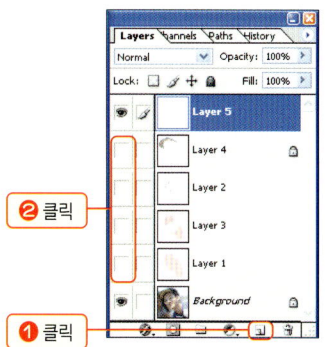

❷ 클릭

❶ 클릭

8 컬러 팔레트에서 다음과 같은 색을 선
택한 뒤 패스를 선택 영역으로 전환하고 채
색한 뒤 Ctrl + D 키를 누릅니다.

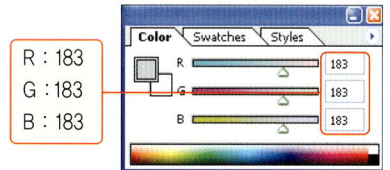

R : 183
G : 183
B : 183

9 패스로 안경의 알 부분을 그린 뒤 선택 영역으로 전환하고 ← 키를 눌러 색을 제거한 후 Ctrl + D 키를 누릅니다.

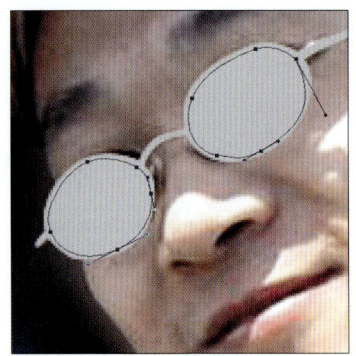

10 컬러 팔레트에서 다음과 같은 색을 선택한 뒤 레이어 팔레트 상단의 Rock Transparent Pixels 아이콘을 클릭하여 안경 테두리 이미지에만 채색이 가능하도록 합니다.

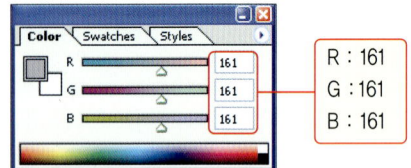

R : 161
G : 161
B : 161

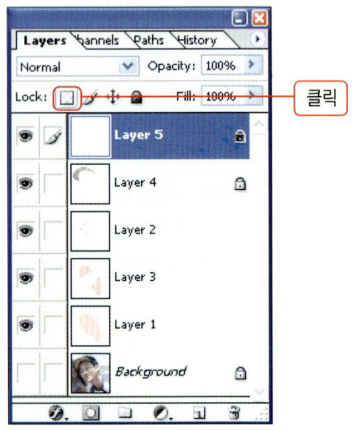

클릭

hot key

브러시 툴 : B

참고하세요!

현재 브러시 툴은 Multiply 모드이므로 지정한 색 보다 더 어둡게 채색됩니다.

참고하세요!

이미지에서 드러나는 머리 부분을 제외한 나머지 영역 은 얼굴과 모자의 채색된 부분에 가려서 드러나지 않 기 때문에 패스를 간략하게 그려도 됩니다.

11 툴 박스에서 브러시 툴을 선택한 후 안경 테두리의 어두운 부분을 채색합니다.

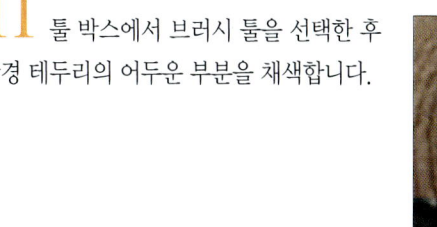

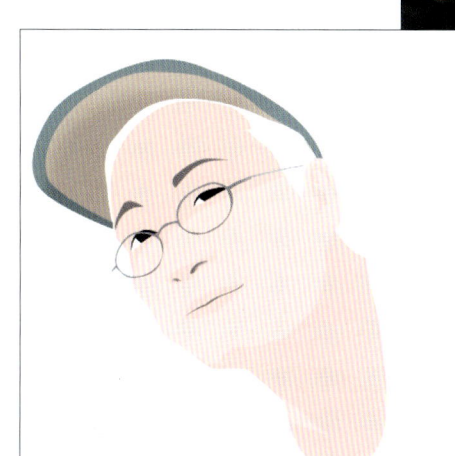

현재까지 작업 상태

12 레이어 팔레트에서 Background 레이어를 선택한 뒤 새 레이어 'Layer 6' 을 만들고 펜 툴로 이미지의 머리 부분을 따라 패스를 그립니다.

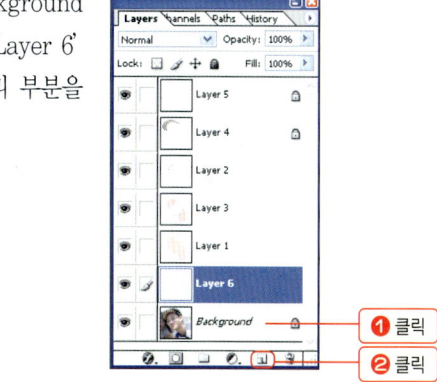

❶ 클릭
❷ 클릭

13 컬러 팔레트에서 검은색을 선택한 다음 패스를 선택 영역으로 전환하고 Alt + ← 키를 눌러 채색합니다.

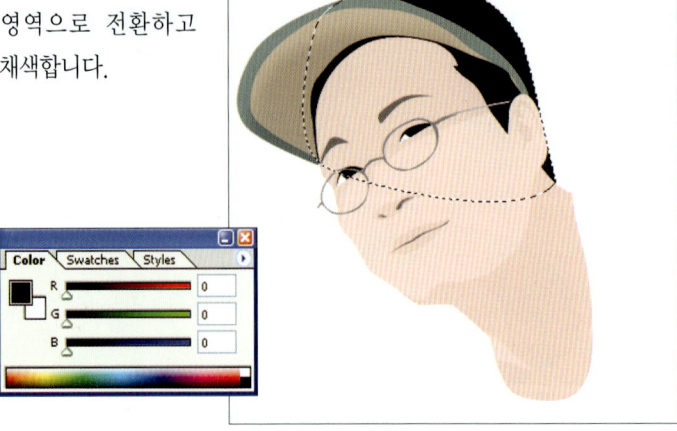

14 툴 박스에서 돋보기 툴을 선택하여 머리 부분을 확대하고 다시 펜 툴로 머리카락의 삐친 부분을 자세하게 그린 뒤 선택 영역으로 전환하고 채색합니다.

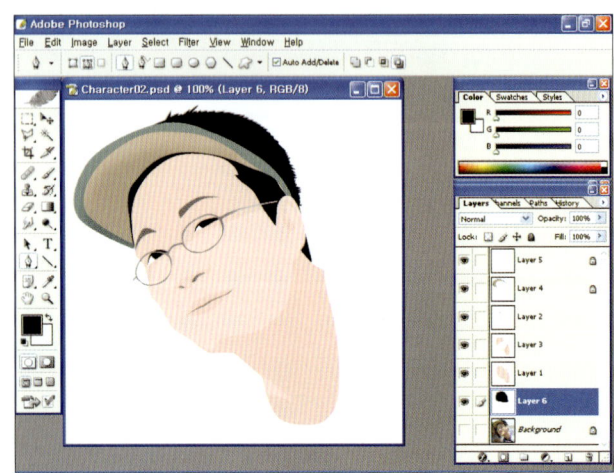

15 펜 툴로 이미지의 옷 부분을 따라 패스를 그린 뒤 선택 영역으로 전환하고 컬러 팔레트에서 다음과 같은 색을 선택하여 채색합니다.

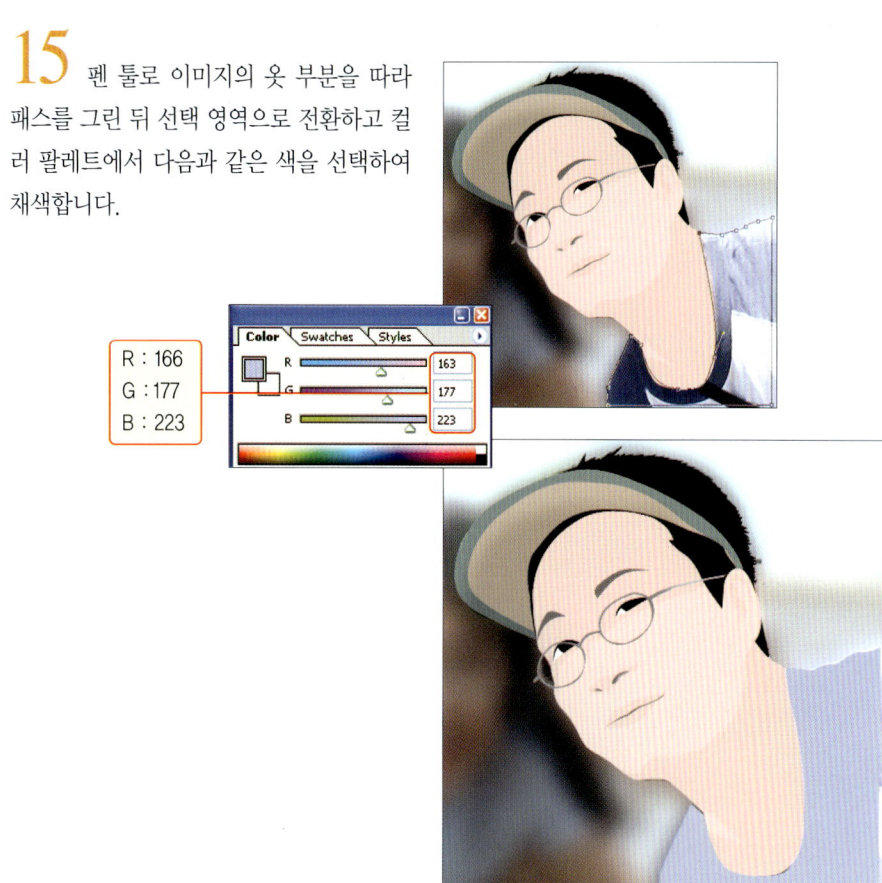

R : 166
G : 177
B : 223

16 펜 툴로 옷의 흰 부분을 따라 패스를 그린 뒤 선택 영역으로 전환하고 컬러 팔레트에서 다음과 같은 색을 지정해 채색합니다.

참고하세요!

이때 머리와 옷이 들어있는 레이어를 꺼 두어야 옷의 흰 부분 이미지가 보입니다.

R : 235
G : 235
B : 235

17 레이어 팔레트에서 Background 레이어를 끈 뒤 전체 일러스트의 채색 상태를 확인한 후 레이어 팔레트 오른쪽 상단의 작은 삼각형 아이콘을 클릭하여 Merge Visible 메뉴를 선택하고 저장합니다.

참고하세요!

Merge Visible 메뉴는 켜져 있는 레이어 즉, 눈 모양의 아이콘이 켜 있는 레이어들 만을 합칩니다.

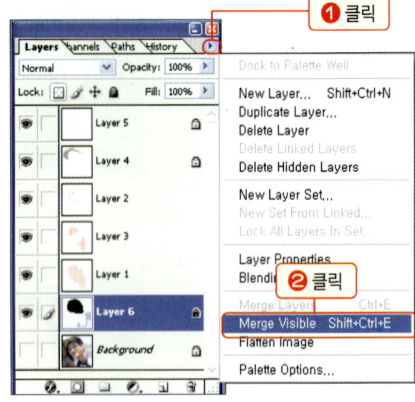

>>궁금해요!

패스 저장하기

펜 툴을 이용한 패스 작업 도중 도큐먼트를 저장한 뒤 일시적으로 작업을 멈춰야 하거나 만든 패스를 나중에 다시 사용해야 할 필요가 있을 때 패스를 저장하는 방법을 알아보겠습니다.

▲ 펜 툴을 이용해 패스를 만든 이미지

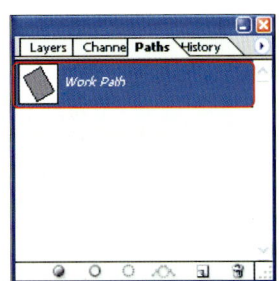

▲ 패스 팔레트를 클릭하면 방금 작업한 패스의 레이어가 만들어 져 있습니다.

① 클릭
② 클릭

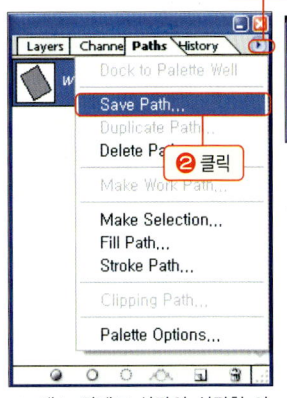

▲ 패스 팔레트 상단의 삼각형 아 이콘을 클릭하여 Save Path 메 뉴를 선택합니다.

Save Path

Name: Path 1   OK   Cancel

① 입력   ② 클릭

▲ 대화상자에서 패스의 이름을 입력하고 [OK] 버튼 을 클릭합니다.

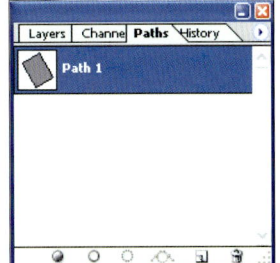

◀ 패스 레이어의 패스 이름이 지정되면서 패스가 저장됩니다.
이렇게 저장한 패스는 이미지를 닫은 뒤 다시 열더 라도 그대로 남아있습니다.

363

Photoshop CS

>> 06

방문자를 사로잡는다!
블로그 배너 만들기

홈페이지 만들기의 열풍이 지나가고 약간의 소강상태가 지속된 뒤 불기 시작한 블로그의 열풍은 좀 더 쉽고 편하게 홈페이지를 운영하고 싶어하는 많은 이들의 바램의 결과라고 생각됩니다. 이번 장에서는 네이버에서 제공하는 블로그를 꾸미는 방법의 하나로 블로그 메인 화면 상단의 자신만의 개성있는 배너를 만드는 방법을 배워보려고 합니다.

블로그를 제공하는 사이트에서 제한하고 있는 도큐먼트 사이즈(네이버의 경우 775X100)와 용량 (400k)에 주의하면서 블로그 메인 이미지를 만들어 보겠습니다.

✚ Image Preview

블로그 메인에 업로드 된
완성 이미지

01 기본 이미지 수정하기

1 File → Open 메뉴로 'banner01.psd' 파일을 엽니다.

참고하세요!

'banner01.psd' 파일의
도큐먼트 사이즈는 네이버
블로그에서 제한하는 도큐
먼트 크기인 가로, 세로
775X100Pixels에 72dpi입
니다.

2 Image → Apply Image 메뉴에서
Channel 옵션을 Red로 선택한 뒤 [OK]
버튼을 클릭합니다.

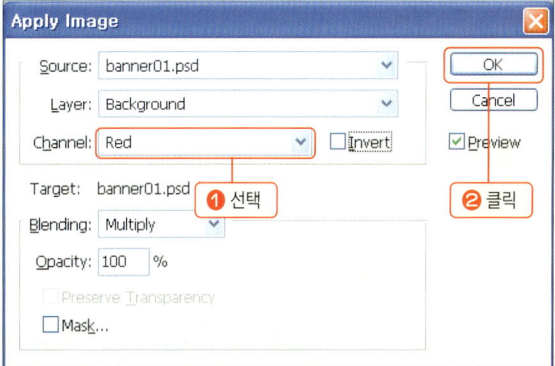

3 Image → Adjustments → Curves
메뉴를 선택하고 그래프를 다음과 같이 수
정한 뒤 [OK] 버튼을 클릭합니다.

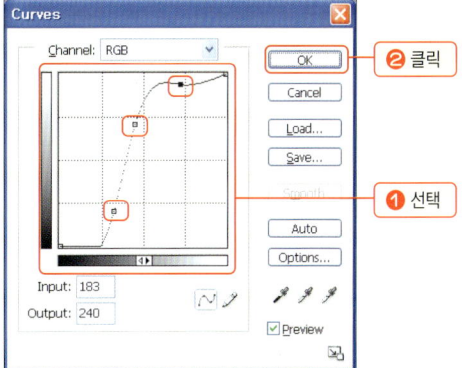

4 레이어 팔레트 하단의 새 레이어 아이
콘을 클릭하여 새 레이어를 만든 뒤 컬러
팔레트에서 주황색(R:250, G:166, B:25)
을 선택하고 만들어 놓은 새 레이어에 채색
합니다.

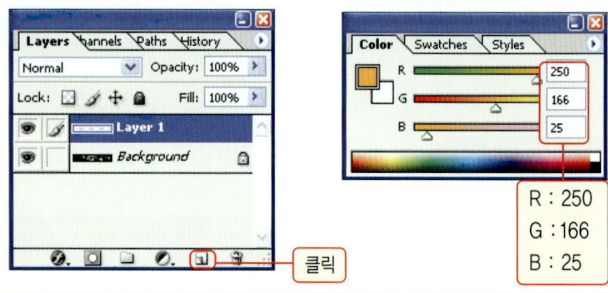

R : 250
G : 166
B : 25

클릭

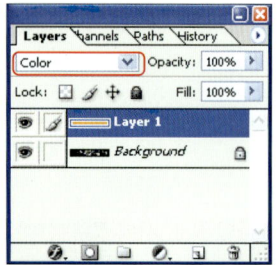

5 레이어 팔레트에서 레이어 블렌딩
모드를 Color로 바꿉니다.

02 격자 이미지 만들기

1 패턴 소스를 만들기 위해 File → New 메뉴를 선택해 가로, 세로 3Pixels의 새 도큐먼트를 만듭니다. 이때 Background Contents는 Transparent를 선택합니다.

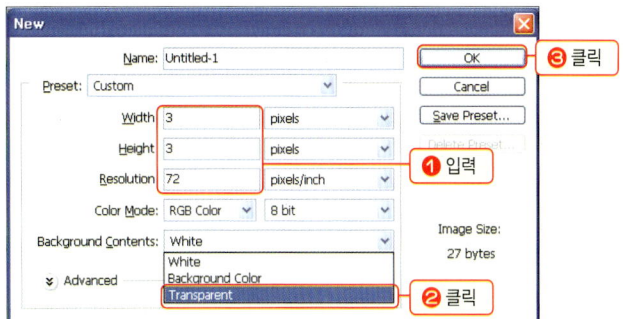

2 툴 박스의 돋보기 툴을 선택한 뒤 작업이 쉽도록 도큐먼트를 1600%로 확대합니다.

3 툴 박스에서 단일 세로 선택 툴을 선택한 뒤 세로로 1Pixel의 영역을 선택합니다.

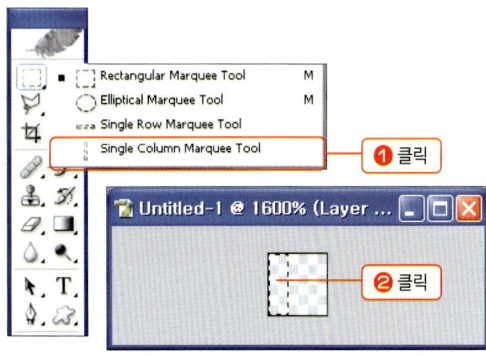

4 Ctrl + + 키를 눌러서 선택 영역을 배경색(흰색)으로 채색합니다.

5 다시 툴 박스에서 단일 가로 선택 툴을 선택한 뒤 도큐먼트 상단에 1Pixel의 영역을 선택하고 Ctrl + ← 키를 눌러 흰색을 채운 후 Select → Deselect 메뉴로 선택 영역을 해제합니다.

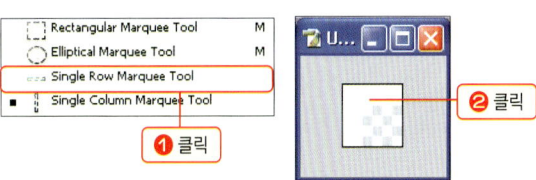

○ **hot key**

Select All :

Ctrl + A

6 Select → All 메뉴로 전체 영역을 선택한 뒤 Edit → Define Pattern 메뉴를 선택합니다. Pattern Name 대화상자에서 [OK] 버튼을 클릭하여 선택한 패턴을 저장합니다.

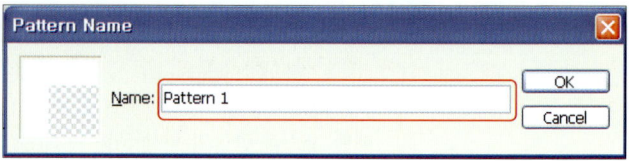

7 'banner01.psd' 도큐먼트를 클릭한 뒤 레이어 팔레트 하단의 새 레이어 아이콘을 클릭하여 새 레이어를 만들고 Select → All 메뉴로 전체 영역을 선택합니다.

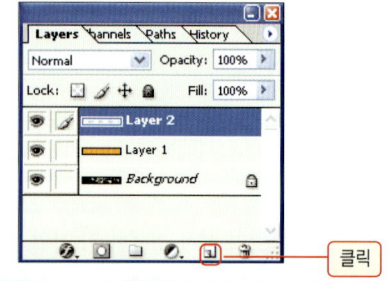

클릭

8 Edit → Fill 메뉴를 선택하고 대화상자의 use 옵션에서 Pattern 옵션을 선택합니다.

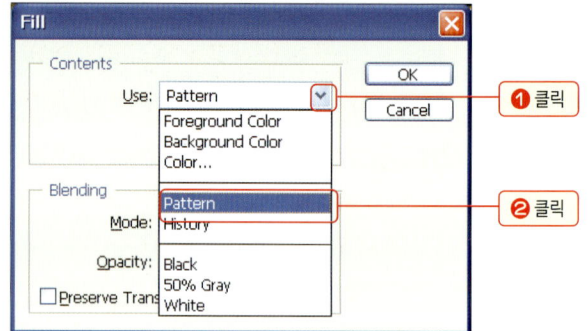

❶ 클릭

❷ 클릭

9 Custom Pattern 옵션에서 저장해 두었던 패턴을 선택하고 [OK] 버튼을 클릭합니다.

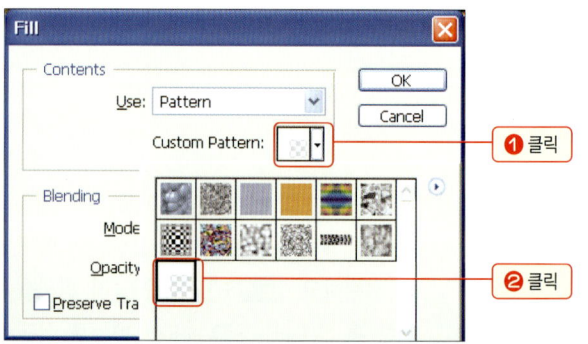

❶ 클릭

❷ 클릭

10 레이어 팔레트 하단의 퀵 마스크 아이콘을 클릭하고 툴 박스에서 그라디언트 툴을 선택합니다.

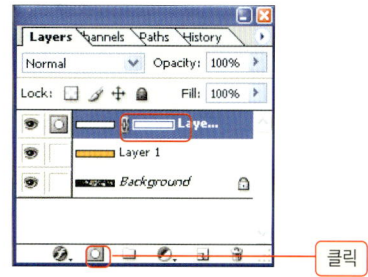

클릭

11 윈도우 상단의 그라디언트 툴 옵션 메뉴에서 Black & White 그라디언트를 선택하고 Shift 키를 누른 채 도큐먼트 우측을 클릭하여 중심 부분까지 드래그합니다.

블랙 앤 화이트 그라디언트

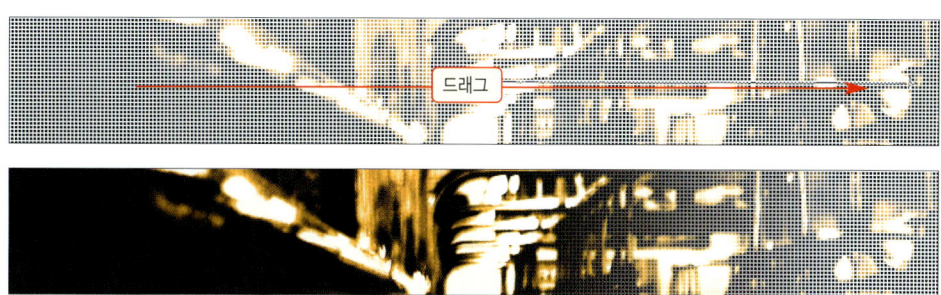

드래그

03 네온 표지 만들기

1 레이어 팔레트 하단의 새 레이어 아이콘을 클릭하여 새 레이어를 만든 뒤 툴 박스에서 쉐이프 툴을 선택합니다.

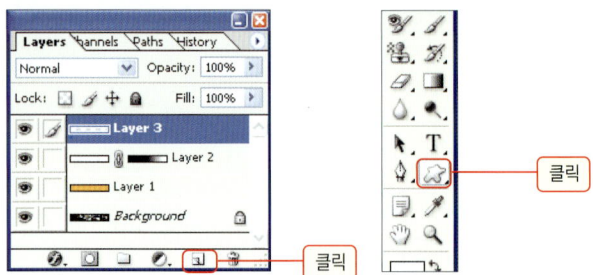

2 윈도우 상단의 쉐이프 툴 옵션 바에서 Path 옵션, Rounded Rectangle Tool 옵션, Radios 12px를 입력합니다.

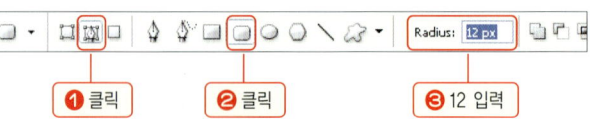

3 마우스를 드래그하여 타원형의 세이프를 그린 후 마우스 오른쪽 버튼을 클릭하여 Make Selection 메뉴를 선택합니다.

4 Make Selection 대화상자에서 [OK] 버튼을 클릭하여 쉐이프를 선택 영역으로 전환합니다.

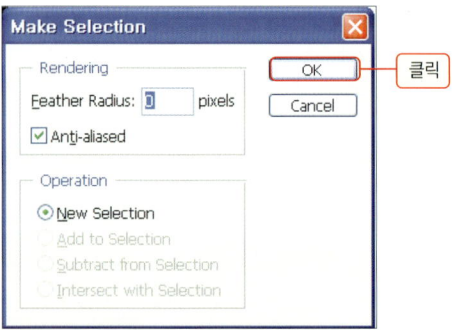

5 툴 박스 하단의 전경색/배경색 전환 아이콘을 클릭하여 전경색을 흰색으로 바꾼 뒤 Edit → Stroke 메뉴를 선택합니다.

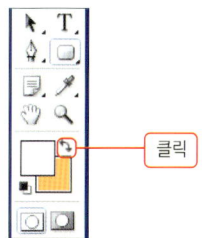

클릭

6 Stroke 대화상자의 Width 옵션에 3px을 입력하고 [OK] 버튼을 클릭하여 선택 영역의 테두리를 그립니다.

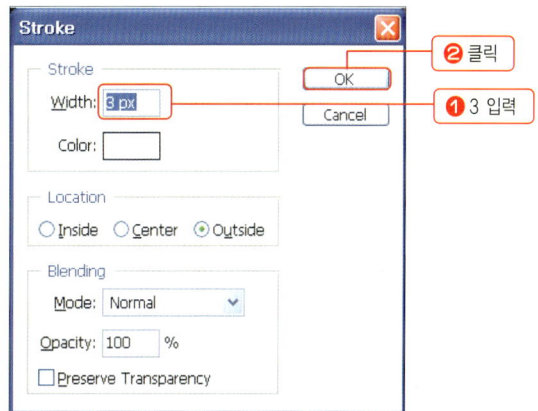

❷ 클릭

❶ 3 입력

7 문자 팔레트에서 45pt의 크기, −30의 자간인 Arial Balck 서체를 선택한 뒤 'OPEN' 이라는 문자를 입력하고 Return 키(넘버패드의 Enter 키)를 쳐서 문자 입력 모드를 해제합니다.

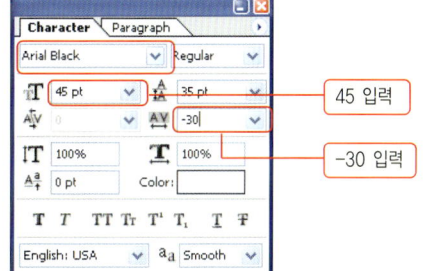

45 입력

−30 입력

8 서체의 크기를 다시 30pt로 바꾸고 'OPEN' 밑에 '24 hr.'를 입력한 뒤 Return 키(넘버패드의 Enter 키)를 쳐서 문자 입력 모드를 해제합니다.

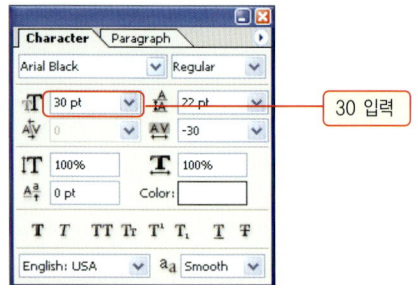

9 레이어 팔레트에서 '24 hr.' 레이어와 'OPEN' 레이어, Layer 3 레이어를 링크한 뒤 레이어 팔레트 우측 상단의 작은 삼각형 아이콘을 클릭하여 Merge Linked 메뉴를 선택합니다.

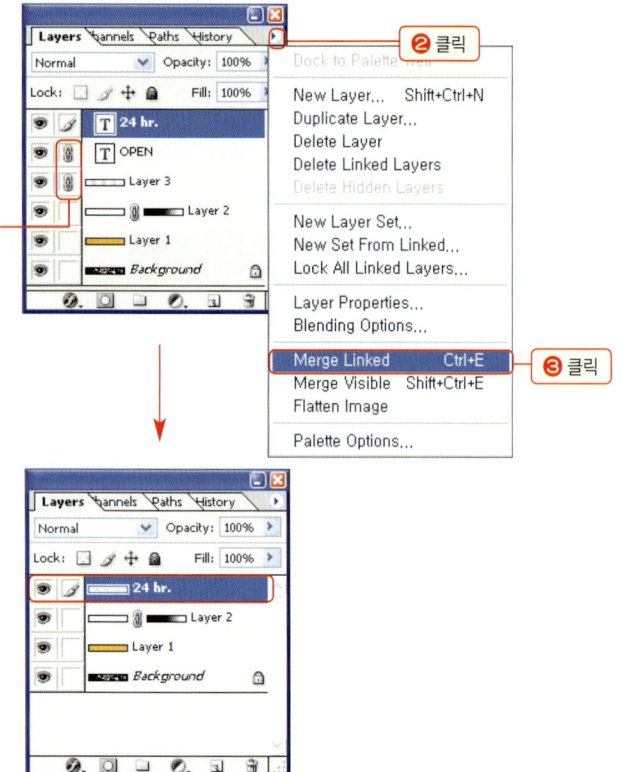

10 레이어 팔레트 하단의 새 레이어 아이콘을 클릭하여 새 레이어를 만든 뒤 '24 hr' 레이어 밑으로 이동합니다. Ctrl 키를 누른 채 '24 hr.' 레이어를 클릭합니다.

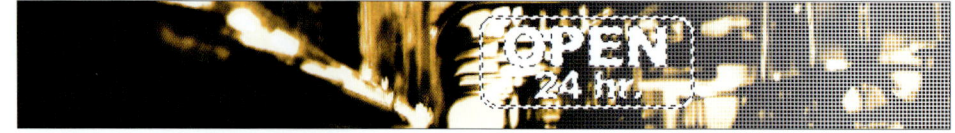

11 Select → Modify → Expand 메뉴를 선택합니다. Expand Selection 대화상자의 Expand By 옵션에 4Pixels를 입력한 뒤 [OK] 버튼을 클릭합니다.

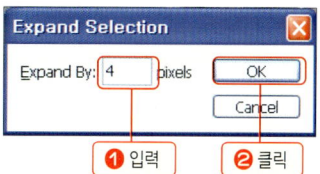

❶ 입력   ❷ 클릭

Ctrl 키를 누른 채 레이어를 클릭하면 해당 레이어에 있는 이미지가 자동으로 선택됩니다. 단, Background Layer는 해당되지 않습니다.

hot key
Feather :
Ctrl + OPTION + D

12 Select → Feather 메뉴를 선택합니다. Feather Selection 대화상자에서 Feather Radios 옵션에 2Pixels을 입력한 뒤 [OK] 버튼을 클릭합니다.

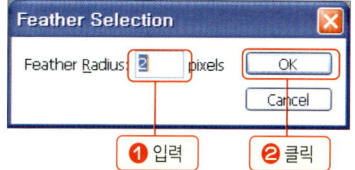

❶ 입력   ❷ 클릭

13 컬러 팔레트에서 R : 255, G : 212, B : 0을 선택하고 Alt + ← 키를 눌러 전경색을 채색합니다.

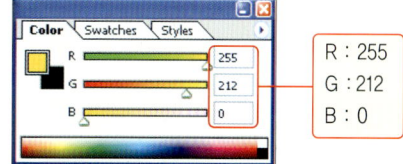

R : 255
G : 212
B : 0

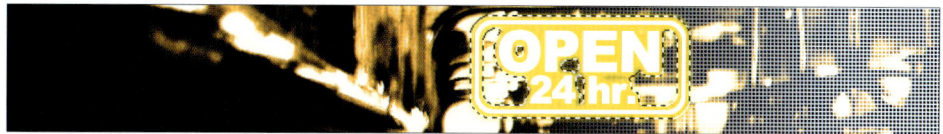

14 레이어 팔레트에서 '24 hr.' 레이어를 선택한 뒤 Filter → Blur → Gaussian Blur 메뉴를 선택합니다.

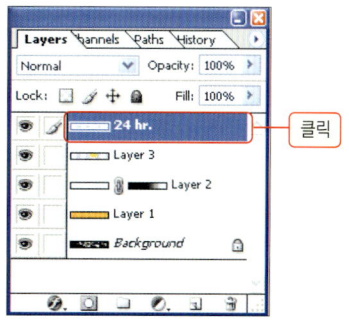

클릭

15 Gaussian Blur 대화상자의 Radius 옵션에 0.5Pixels를 입력하고 [OK] 버튼을 클릭합니다.

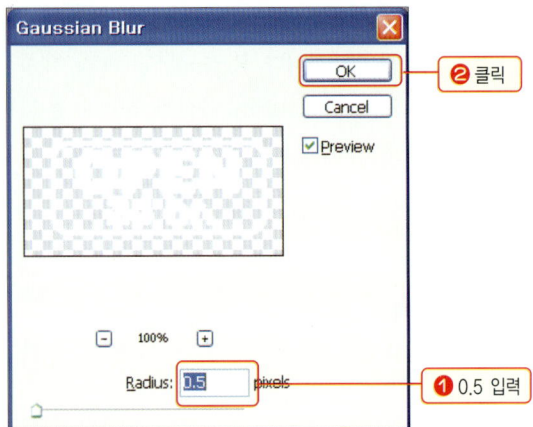

❷ 클릭

❶ 0.5 입력

16 레이어 팔레트 우측 상단의 작은 삼각형 아이콘을 클릭하고 Merge Down 메뉴를 선택하여 '24 hr.' 레이어와 'Layer 3' 레이어를 합칩니다.

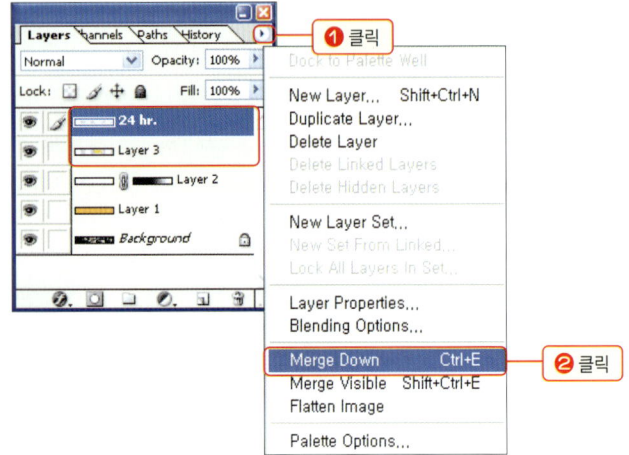

❶ 클릭

❷ 클릭

○ **hot key**

디자인 창 : Alt + S

17 Edit → Free Transform 메뉴를 선택하여 만들어 놓은 네온 표지를 비스듬하게 변형한 뒤 도큐먼트 오른쪽으로 이동시키고 Return 키(넘버패드의 Enter 키)를 쳐서 Free Transform 상태를 해제합니다.

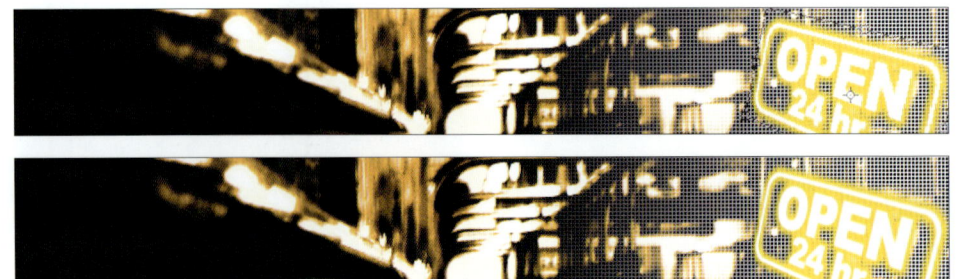

03 텍스트 입력하기

1 컬러 팔레트에서 R:113, G:72, B:1인 짙은 갈색을 선택하고 문자 팔레트에서 90pt 크기인 Brush Script Std 서체를 선택합니다.

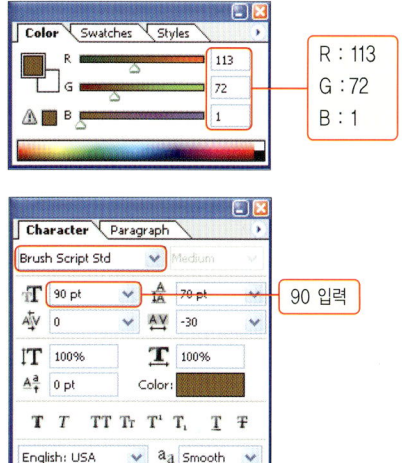

R : 113
G : 72
B : 1

90 입력

2 도큐먼트를 클릭하여 문자 툴을 선택합니다. 'My Design' 이라고 문자를 입력한 뒤 이동 툴로 도큐먼트 상단으로 이동시킵니다.

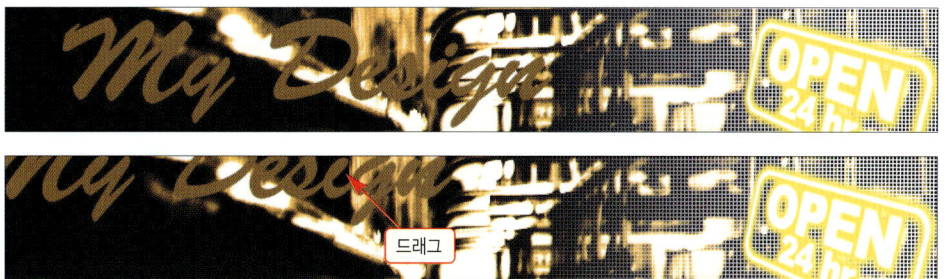

드래그

3 레이어 팔레트 상단의 레이어 블렌딩 모드에서 Difference를 선택한 뒤 Opacity 옵션을 80%로 하여 투명도를 낮춥니다.

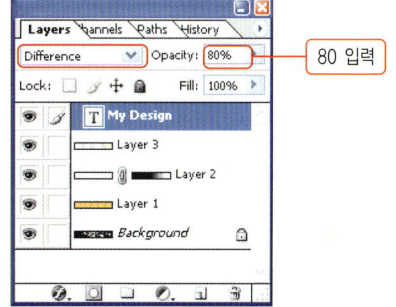

80 입력

4 서체 크기를 20pt로 바꾼 뒤 전경색을
흰색으로 선택하고 'My Design'이라고
문자를 입력합니다.

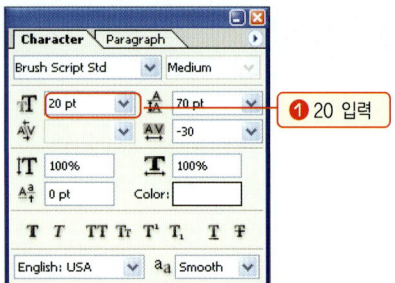

❶ 20 입력

❷ My Design 입력

05 입체 텍스트 만들기

1 컬러 팔레트에서 R : 253, G : 185, B
: 17인 주황색을 선택하고 문자 팔레트에서
서체 크기를 90pt로 바꿉니다.

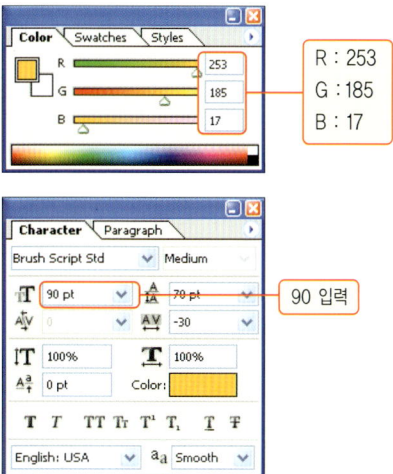

2 도큐먼트에 'Blog' 라고 문자를 입력하고 Layer → Layer Style 메뉴를 선택합니다.

3 Layer Style 대화상자의 Shading 옵
션에서 Gloss Contour 샘플 중 다음과 같
은 하나를 선택합니다.

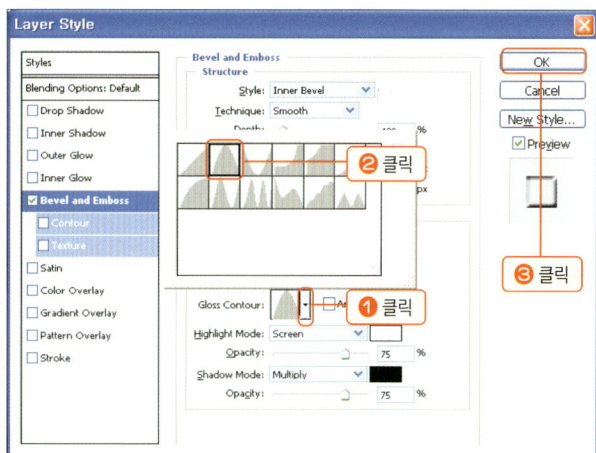

4 Shading 옵션에서 Angle 옵션에 130
도를 입력하고 Highlight Opacity에
100%, Shadow Opacity에 84%를 입력한
뒤 [OK] 버튼을 클릭합니다.

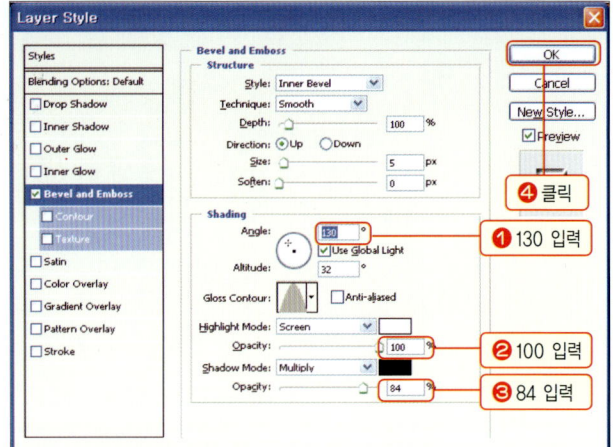

5 레이어 팔레트에서 'Blog' 레이어에 마
우스 커서를 놓고 마우스 오른쪽 버튼을 클
릭하고 Rasterize Layer 메뉴를 선택하여
문자 레이어를 이미지 레이어로 바꿉니다.

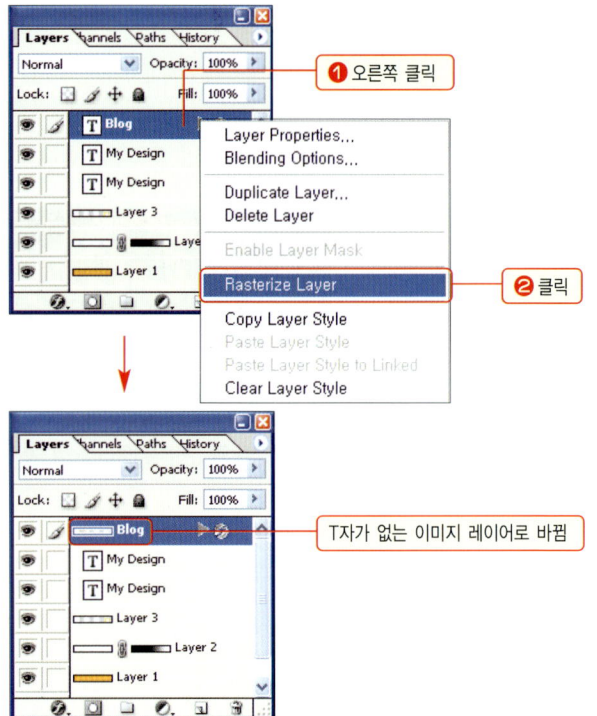

참고하세요!

문자 레이어를 Rasterize 하지 않으면 Free Transform 상태에서 자유로운 변형을 할 수 없습니다.

hot key
Free Transform :
Ctrl + T

6 Edit → Free Transform 메뉴를 선택하고 Blog 문자 이미지를 다음고 같이 변형합니다.

7 'Blog' 레이어를 클릭하여 레이어 팔레트 하단의 새 레이어 아이콘 위로 드래그하여 레이어를 복사한 뒤 'Blog' 레이어를 다시 선택합니다.

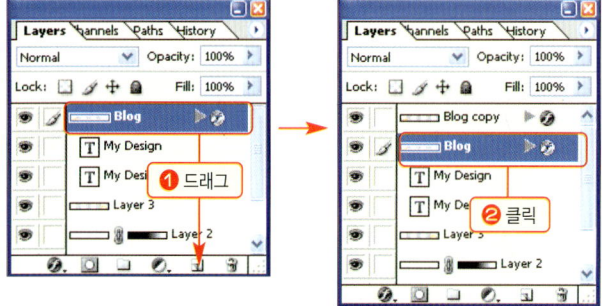

8 'blog' 레이어의 f자 아이콘( ) 위에 커서를 위치하고 마우스 오른쪽 버튼을 클릭한 뒤 Clear Layer Style 메뉴를 선택하여 적용된 레이어 스타일을 해제합니다.

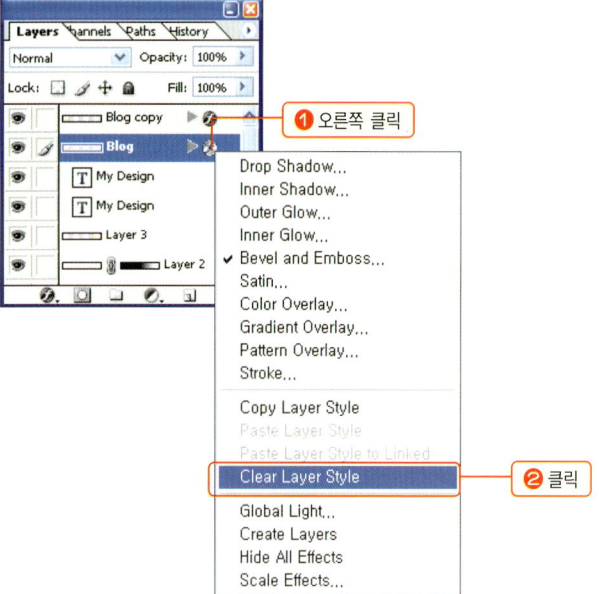

9 레이어 팔레트 상단의 Rock Transparent Pixels 아이콘을 클릭하여 'blog' 이미지에만 채색이 가능하도록 한 뒤 Alt + ← 키를 눌러 전경색을 채색합니다.

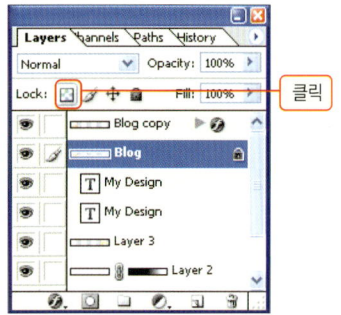

10 이동 툴을 선택한 뒤 채색한 이미지의 위치를 조금 이동합니다.

11 레이어 팔레트 상단의 Opacity 옵션에 70%를 입력하여 투명도를 낮춥니다.

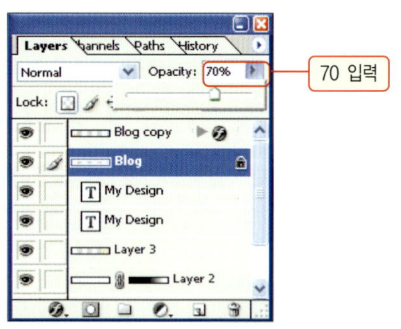

70 입력

참고하세요!

이때, 알리아싱 옵션에서 None을 선택하여 안티 알리아싱을 끄는 이유는 서체 크기가 작기 때문에 가독성을 높이기 위해서입니다.

12 문자 팔레트에서 10pt 크기의 Arial 서체를 선택한 뒤 Color를 흰색으로 지정합니다. 블로그를 소개하는 문자를 입력하고 알리아싱 옵션에서 None을 선택하여 안티 알리아싱을 끕니다.

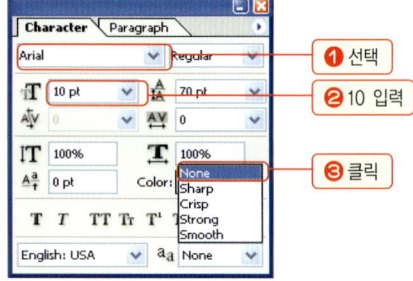

❶ 선택
❷ 10 입력
❸ 클릭

13 File → Save As 메뉴에서 'banner02.psd'를 입력하고 [OK] 버튼을 클릭하여 포토샵 파일 포맷으로 저장합니다.

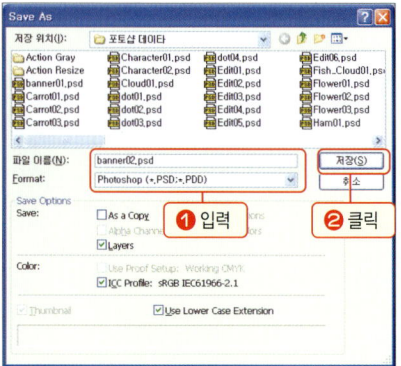

❶ 입력
❷ 클릭

14 다시 한번 File → Save As 메뉴를 선택하고 대화상자에서 Format 옵션을 jpeg로 지정한 뒤 'banner02.jpg' 를 입력하고 [OK] 버튼을 클릭합니다.

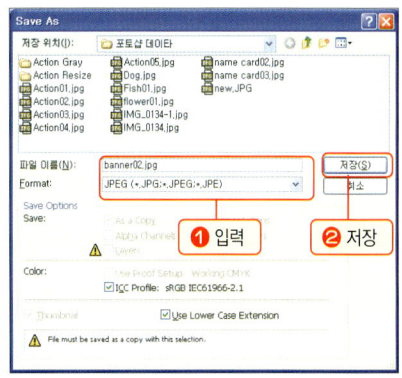

15 JPEG Option 대화상자에서 [OK] 버튼을 클릭하여 JPEG 파일 포맷으로 저장합니다.

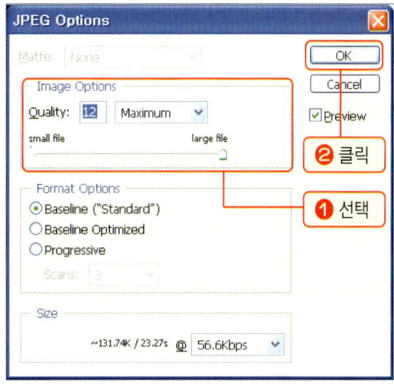

06 블로그에 이미지 올리기

1 네이버에 등록된 자신의 블로그에 로 그인하여 관리자 모드에 들어갑니다.

2 관리자 옵션 중 디자인 클립을 선택하 여 찾아보기 버튼을 클릭하여 만들어둔 블 로그 메인 이미지 'banner02.jpg' 파일을 불러옵니다.

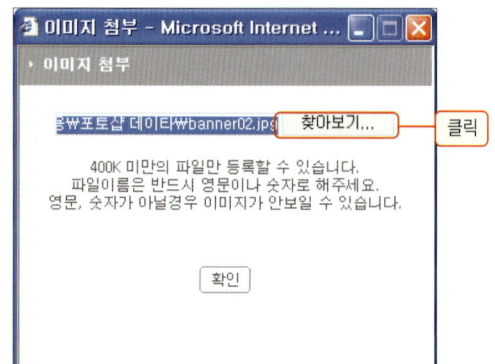

3 확인 버튼을 클릭하고 블로그 메인 화 면으로 돌아오면 포토샵으로 만든 블로그 메인 이미지가 등록된 것을 볼 수 있습니다.

참고하세요!

웹 서핑을 하다보면 이미지가 업로드 되지 않아 여기저기에 질문을 올리는 경우를 볼 수 있습니다. 이때 대부분의 경우 용량 초과의 문제인데, 일반적으로 블로그나 게시판 등의 홈페이지에 이미지를 올릴때 사용되는 가로 크기는 넓은 부분은 770~775Pixels, 좁은 부분은 450~500Pixels 이라는 점을 고려해야 합니다.

모든 경우에 다 적용되는 것은 아니지만 이미지 업로드가 잘 되지 않을 때는 대체로 다음과 같은 순서로 체크하는 것이 편리합니다.

❶ RGB 모드인지 확인 : CMYK 모드의 이미지는 인터넷에 올릴 수가 없습니다. 물론 데이터 형태로 올리는 것은 가능하지만 브라우저 상에서 구현이 되는 않기 때문에 게시판에 올려도 보이지 않게 됩니다. 블로그 등 프로그램 상에서 CMYK 이미지를 전혀 올릴 수 없도록 되어있는 경우도 있습니다. 때문에 Image → Mode → RGB 메뉴를 이용하여 RGB 모드로 전환해야 합니다.

❷ 이미지의 가로 크기 : 게시판 등을 살펴보면 용량이 허용하는 한 이미지의 가로 폭은 제한이 있지만 세로 폭은 제한이 없습니다. 때문에 우선적으로 게시판이나 블로그에서 제한하고 있는 이미지의 가로 폭에 맞도록 수정해야 합니다.

❷ 이미지의 해상도 : 웹용 이미지이므로 72dpi로 지정하는 것이 좋습니다.

❸ jpeg 압축률 이용 : 업로드 하려는 이미지의 가로, 세로 크기가 충분히 커야 하는 경우 jpeg 이미지로 저장할 때 나타나는 압축률을 높이는 방법을 사용하면 됩니다. 물론 압축률을 높이면 이미지가 훼손되지만 어느 정도 수준까지는 사용자가 이미지를 식별하는데 큰 지장이 없기 때문에 이미지 파일 용량을 줄이는 좋은 방법 중 하나입니다.

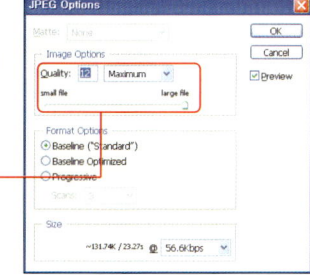

이 수치가 낮아야 압축률이 높습니다.

>> 07

포토샵으로 책 표지 만들기

일반적으로 책 표지나 광고지 등을 만들 때 사용되는 프로그램은 QuarkXpress나 Adobe Illustrator 입니다. 그러나 비트맵 이미지를 기반으로 하는 이미지 합성을 하기 위해서는 필수적으로 포토샵 작업을 거치게 됩니다.

이 섹션에서는 포토샵만으로 표지 이미지를 완성하는 작업에 대해 알아보겠습니다. 실제 표지 작업을 포토샵만으로 한다면 비트맵으로 작업된 서체 등이 명확하게 출력되지 않기 때문에 잘 사용되지는 않습니다만, 출력용 이미지를 위한 작업과정을 알 수 있을 것 입니다.

✚ Image Preview

▲ 표지 배경 이미지

▲ 앞표지 완성 이미지

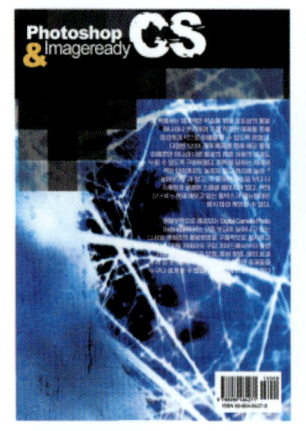

◀ 앞, 뒷면 표지 이미지

01 바탕 이미지 만들기

참고하세요!

표지 만들기는 출력용 이미지를 만드는 것이기 때문에 이미지 모드가 CMYK인지 확인해야 하며 컬러 팔레트도 CMYK 슬라이드 상태인지 확인해야 합니다. 만약 CMYK 슬라이드가 아니라면 컬러 팔레트 상단의 삼각형 아이콘을 클릭하여 CMYK Slides 메뉴를 선택해야 합니다.

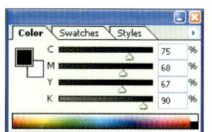

1 File → Open 메뉴로 'Cover05-1.jpg' 파일을 엽니다.

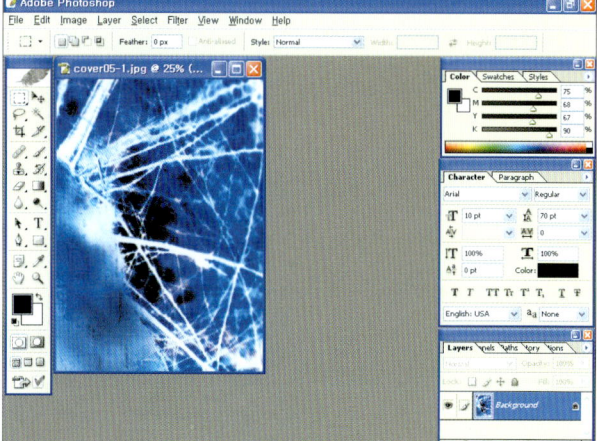

참고하세요!

따라하기에 예제로 나오는 책의 크기는 일반적으로 많이 사용되는 판형으로 가로, 세로 188X257mm의 4×6배 판형(B5)입니다.
해상도는 출력용 이미지이므로 250~300dpi가 되어야 하지만 이 해상도의 4×6배 판형 이미지는 용량이 크고 작업시간이 오래 걸리므로 예제에 사용된 이미지는 150dpi로 축소하여 사용했습니다.

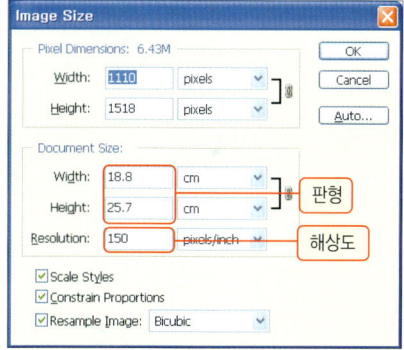

2 툴 박스에서 올가미 툴을 선택한 다음 이미지의 가운데 부분을 임의로 선택합니다.

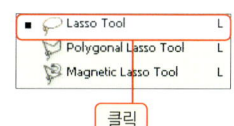

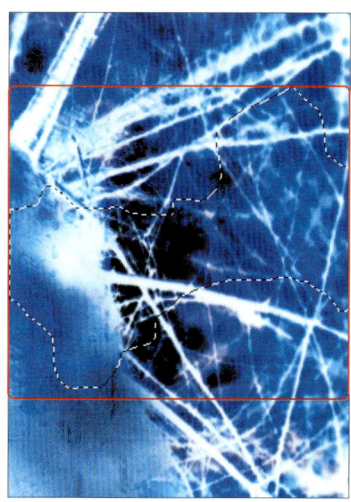

3 레이어 팔레트의 '새 레이어' 아이콘
을 클릭한 뒤 OPTION + ← 키를 눌러 전경
색인 검은색으로 선택 영역을 채색합니다.

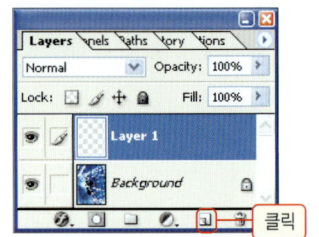

클릭

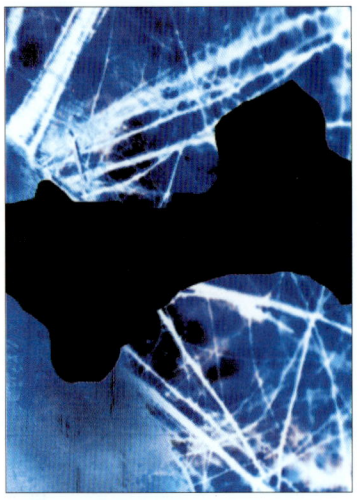

4 툴 박스에서 사각 선택 툴을 선택한 뒤
채색한 영역보다 넓은 영역을 선택합니다.
File → Pixelate → Mosaic... 메뉴를 선
택하고 Cell Size 옵션에 100을 입력한 뒤
[OK] 버튼을 클릭합니다.

❶ 드래그

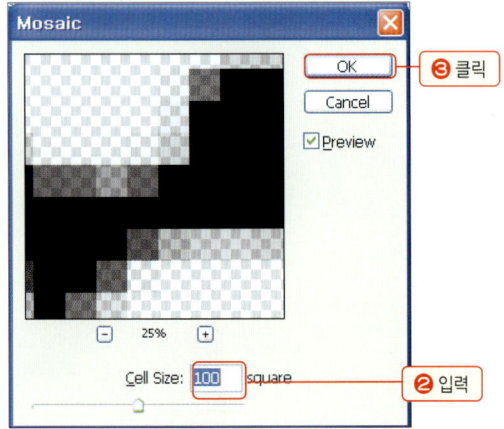

❸ 클릭

❷ 입력

5 Filter가 제대로 적용되었는지 확인한 뒤 컬러 팔레트에서 전경색을 흰색으로 선택합니다.

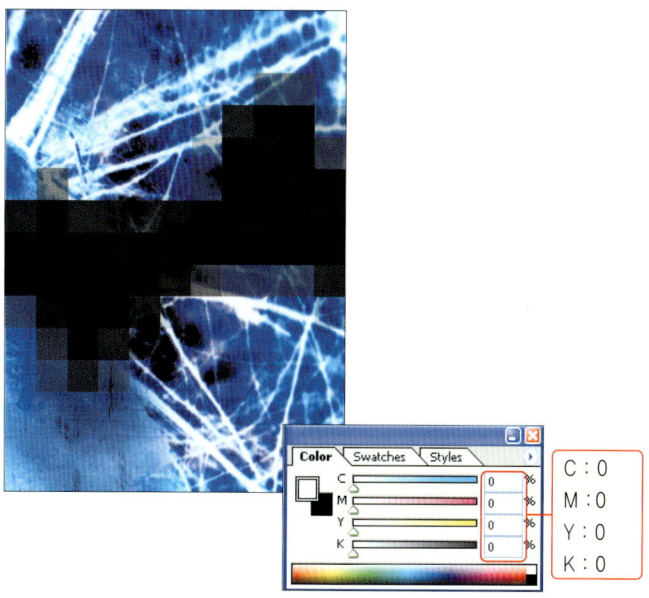

C : 0
M : 0
Y : 0
K : 0

6 문자 팔레트에서 'Arial Black' 서체를 선택하고 크기를 '40', 글자 간격을 '-50'으로 지정합니다.

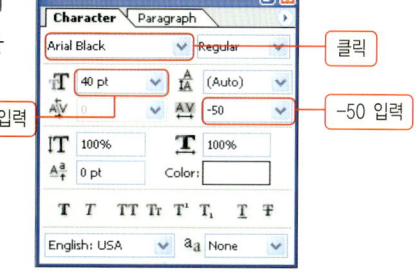

클릭

40 입력

-50 입력

7 채색된 영역 위를 클릭한 뒤 'Photoshop'을 입력한 뒤 Return 키를 쳐서 문자 입력 모드를 해제합니다.

입력

Photoshop

8 컬러 팔레트에서 주황색을 선택한 뒤 문자 팔레트에서 서체 크기를 '70pt'로 조절합니다.

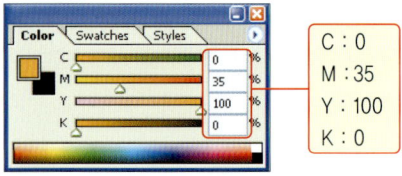

C : 0
M : 35
Y : 100
K : 0

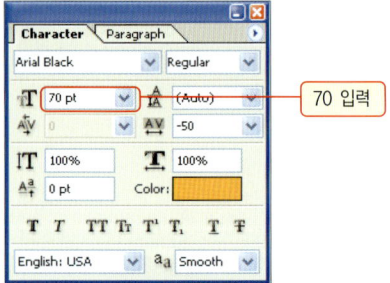

70 입력

9 먼저 입력한 'Photoshop' 문자 밑을 클릭한 뒤 '&'를 입력하고 Return 키를 쳐서 문자 입력 모드를 해제합니다.

입력

10 문자 팔레트에서 'Arial' 서체를 선택하고 크기를 '40pt'로 줄인 뒤 Color 옵션에서 흰색을 지정합니다.
이미지를 클릭하고 'Imageready'를 입력한 뒤 Return 키를 쳐서 문자 입력 모드를 해제합니다.

선택

40 입력

Color Picker에서
흰색 선택

입력

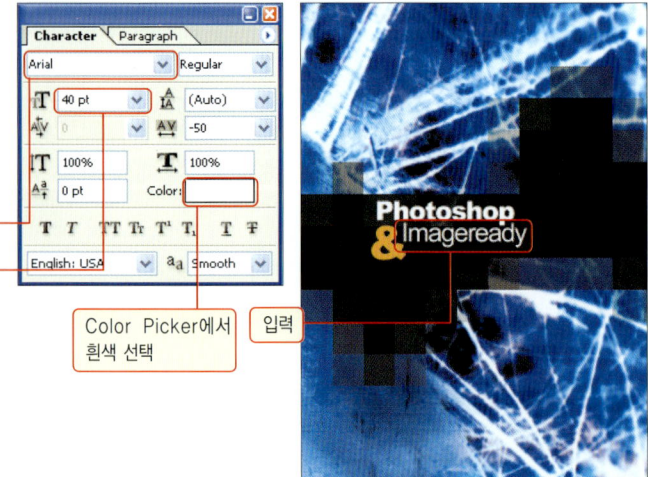

11 문자 팔레트에서 'Arial Black' 서체를 선택하고 크기를 '100pt'로 키웁니다. 이미지를 클릭하여 'CS'를 입력하고 Return 키를 쳐서 문자 입력 모드를 해제합니다.

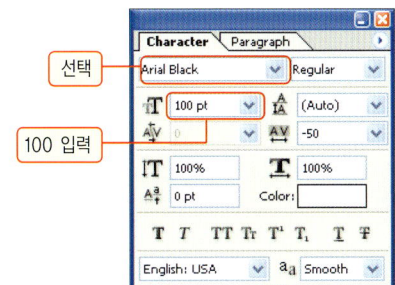

선택

100 입력

입력

12 문자 레이어를 일반 이미지 레이어로 바꾸겠습니다. 'CS'가 입력된 레이어를 선택한 뒤 마우스 오른쪽 버튼을 클릭하여 'Rasterize Layer' 메뉴를 선택합니다.

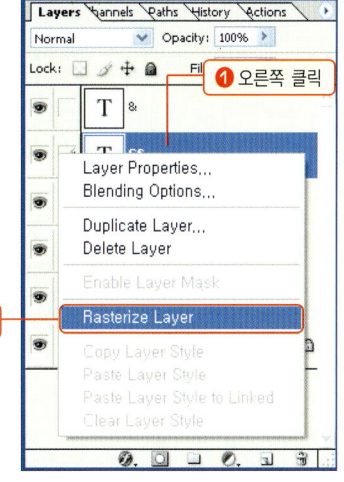

❶ 오른쪽 클릭

❷ 클릭

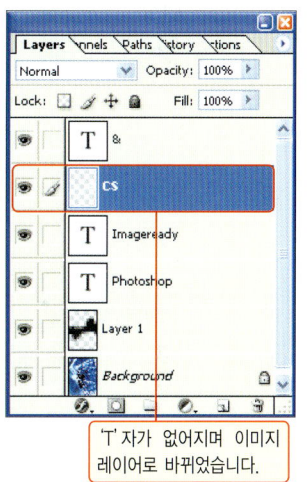

'T'자가 없어지며 이미지 레이어로 바뀌었습니다.

13 툴 박스에서 사각 선택 툴을 선택한 뒤 'CS' 문자를 선택합니다.

드래그

14 Filter → Distort → Displace 메뉴를 선택한 뒤 대화상자에서 'Horizontal Scale과 Vertical Scale에 각각 6을 입력한 뒤 [OK] 버튼을 클릭합니다.

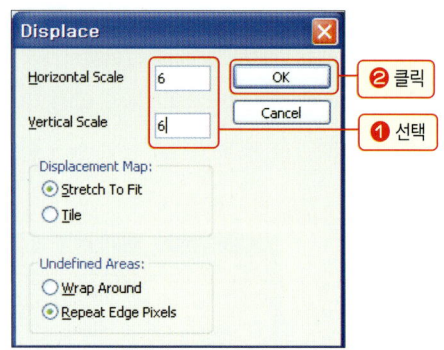

② 클릭
① 선택

참고하세요!

Displace 필터를 위한 소스 이미지는 작업자가 원하는 효과와 유사한 이미지를 선택하여 흑백 이미지로 전환한 뒤 'PSD' 파일 포맷으로 저장해 둔 뒤 불러서 사용하면 됩니다.

15 대화상자에서 Displace 필터를 적용할 소스 파일을 선택한 뒤 [OK] 버튼을 클릭합니다.

① 선택
② 클릭

>> CD-ROM
부록 CD〉예제파일〉Part 3〉
cover source01.psd

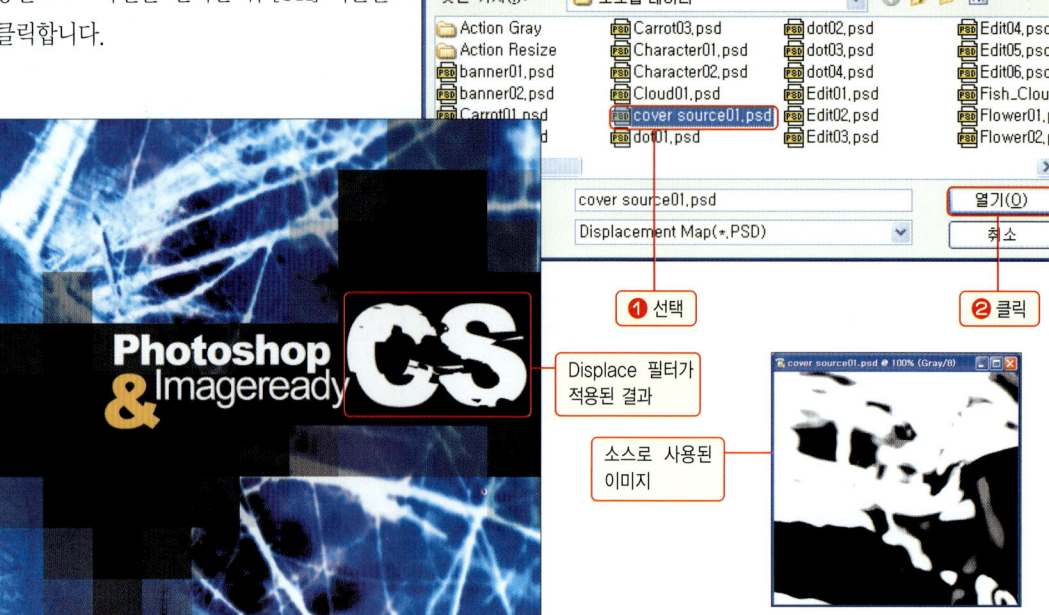

Displace 필터가
적용된 결과

소스로 사용된
이미지

16 레이어의 수가 너무 많아지면 작업 중간에 유사한 성격의 레이어들을 모아 하나의 레이어 셋 안에 모아 두는 것이 좋습니다.

레이어 팔레트에서 문자 레이어들의 '링크' 아이콘 (🔗)을 클릭한 뒤 마우스 오른쪽 버튼을 클릭하여 'New Set From Linked...' 메뉴를 선택합니다.

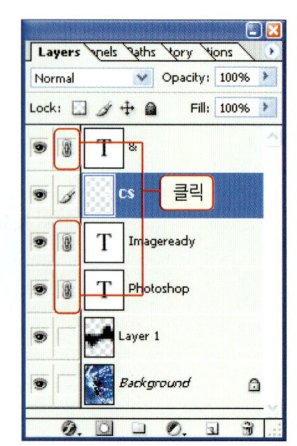

클릭

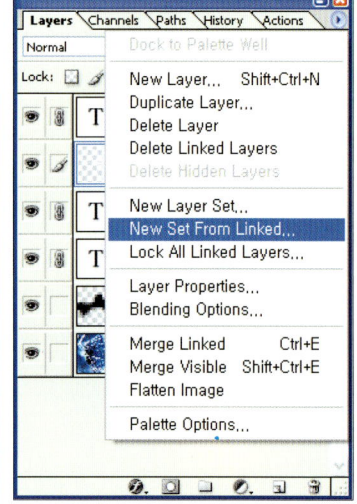

17 대화상자에서 Name 옵션에 'Test 1'을 입력하고 [OK] 버튼을 클릭합니다.

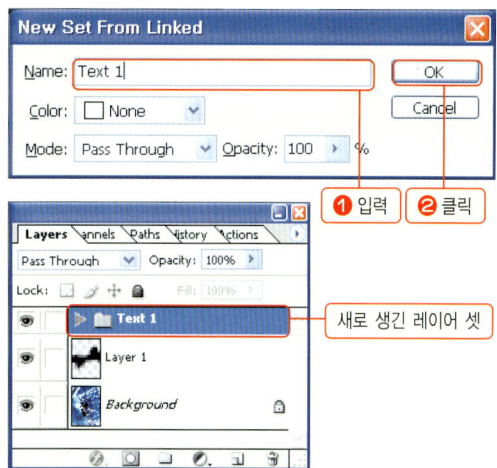

18 문자 팔레트에서 크기를 '15pt', 줄 간격을 '13pt'로 지정한 뒤 'CD ROM'을 입력합니다.

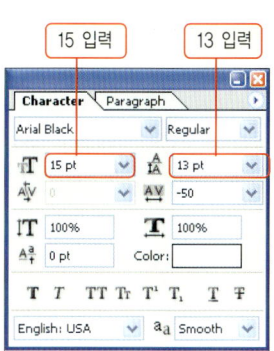

19 파라그래프 팔레트에서 오른쪽 정렬 아이콘을 선택합니다.

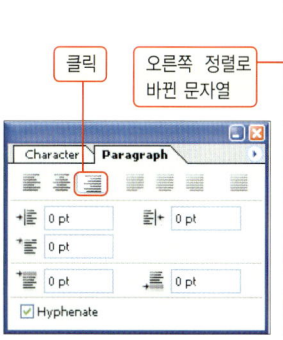

20 책에 들어가는 부록 CD의 이미지를 그려보겠습니다.
레이어 팔레트에서 새 레이어 아이콘을 클릭한 뒤 툴 박스에서 원형 선택 툴을 선택합니다.

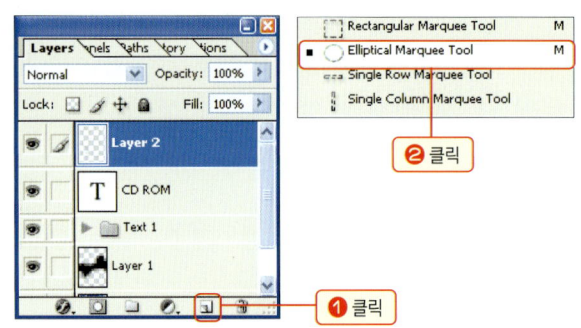

21 Shift 키를 누른 채 마우스 커서를 대각선으로 드래그한 뒤 컬러 팔레트에서 노란색을 선택하여 채색합니다.

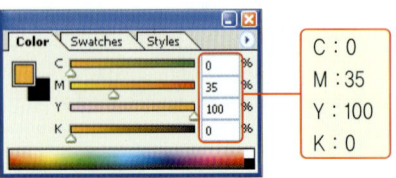

C : 0
M : 35
Y : 100
K : 0

22 View → Show Rulers 메뉴를 선택하여 눈금자를 보이게 한 뒤 가로, 세로의 안내선을 끌어내어 채색한 원의 중심에 놓습니다.
안내선 중심을 클릭한 뒤 OPTION + Shift 키를 누른 채 대각선으로 드래그하여 원의 중심에 작은 원형 영역을 선택합니다. Delete 키를 눌러 선택한 영역을 지웁니다.

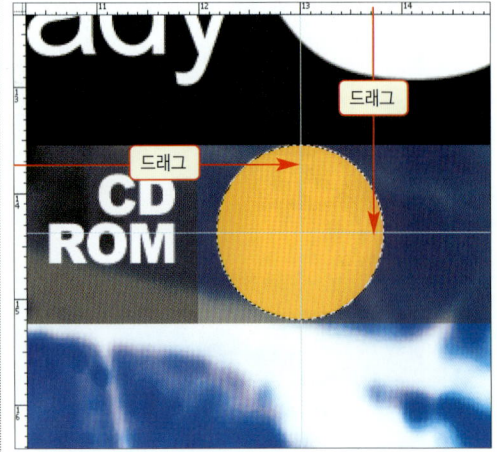

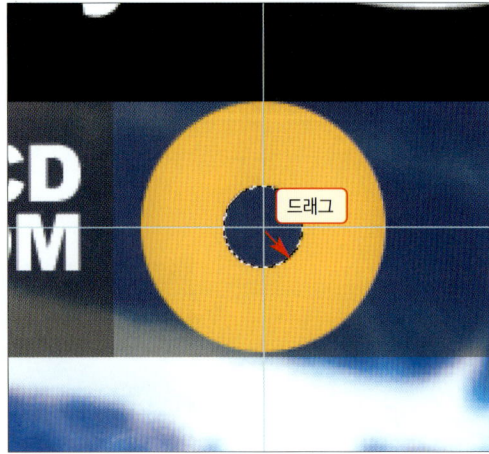

23 레이어 팔레트 상단의 Lock Trasparent Pixels 아이콘을 클릭하여 채색 영역을 이미지만으로 제한합니다. 툴 박스에서 다각 선택 툴을 선택합니다.

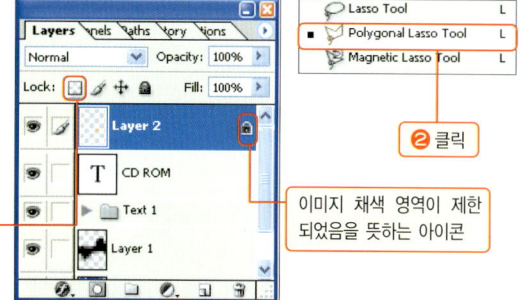

❶ 클릭

❷ 클릭

이미지 채색 영역이 제한 되었음을 뜻하는 아이콘

24 다각 선택 툴로 CD 이미지 위에 다음과 같은 영역을 선택합니다.

25 컬러 팔레트에서 어두운 노란색을 선택한 뒤 OPTION + ← 키를 눌러 전경색으로 채색합니다.

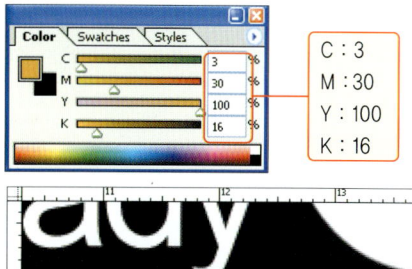

C : 3
M : 30
Y : 100
K : 16

26 컬러 팔레트에서 옅은 노란색을 선
택한 뒤 다각 선택 툴로 다음과 같은 영역
을 그리고 OPTION + ← 키를 눌러 채색합니
다.

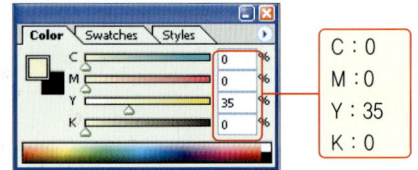

C : 0
M : 0
Y : 35
K : 0

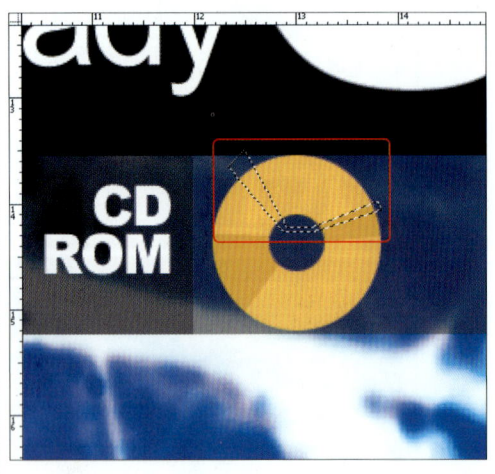

27 Edit → Free Transform 메뉴를
선택한 뒤 CD 이미지를 조금 작게 축소하여
'CD ROM' 문자 열 옆으로 이동합니다.

28 문자 팔레트에서 'Arial' 서체를
선택한 뒤 크기를 '10pt', 줄 간격을 '9pt'
로 지정합니다.
파라그래프 팔레트에서 왼쪽 정렬 아이콘
을 클릭합니다.

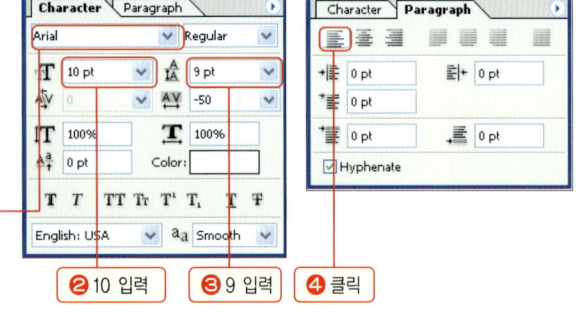

❶ 선택

❷ 10 입력   ❸ 9 입력   ❹ 클릭

29 툴 박스에서 문자 툴을 선택한 뒤 CD 이미지 옆을 클릭하고 부록 CD의 내용을 입력합니다.

30 문자 팔레트에서 'HY신명조' 서체를 선택하고 글자 간격을 −120으로 지정합니다.
이미지를 클릭하여 지은이의 내용을 입력한 뒤 Return 키를 쳐서 문자 입력 모드를 해제합니다.

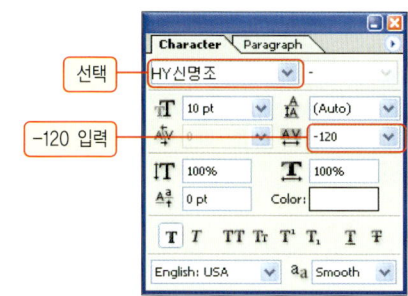

현재까지 작업된 이미지

02 테두리 만들고 저장하기

1 레이어 팔레트의 새 레이어 만들기 아이콘을 클릭하여 새 레이어를 만든 뒤 Ctrl + ← 키를 눌러 배경색인 흰색으로 이미지 전체를 채색합니다.
눈금자에서 가로, 세로 1.5cm 위치에 각각의 안내선을 끌어냅니다.

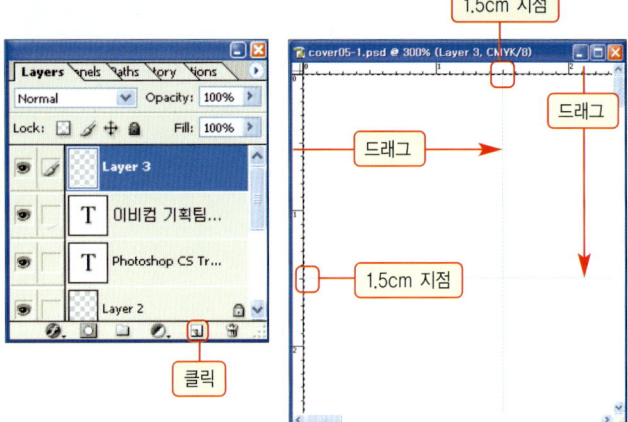

2 같은 방식으로 이미지의 네 귀퉁이에 각각 1.5cm의 안내선을 만들고 툴 박스에서 사각 선택 툴을 선택한 뒤 안내선 안쪽에 대각선으로 드래그합니다. BackSpace 키(←)를 눌러 선택한 영역을 삭제합니다.

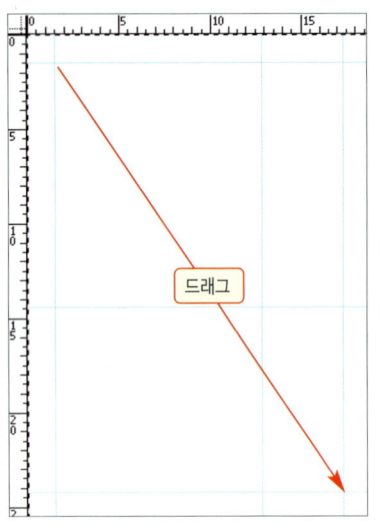

3 흰 테두리 하단에 직사각형 영역을 선택한 뒤 Ctrl + ← 키를 눌러 배경색인 흰색으로 채색합니다.

4 문자 팔레트에서 'Arial Black' 서체를 선택하고 크기를 '15pt', 글자 간격을 '0pt'으로 지정한 뒤 출판사 이름을 입력합니다.

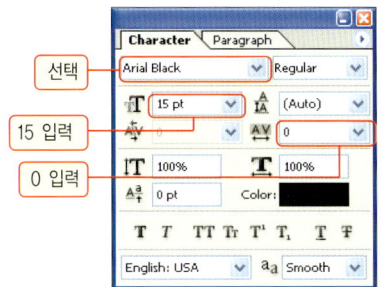

선택
15 입력
0 입력

입력

ebeecom

5 File → Save As 메뉴를 선택한 뒤 파일명을 입력하고 포토샵 파일 포맷으로 저장한 뒤 [저장] 버튼을 클릭합니다.

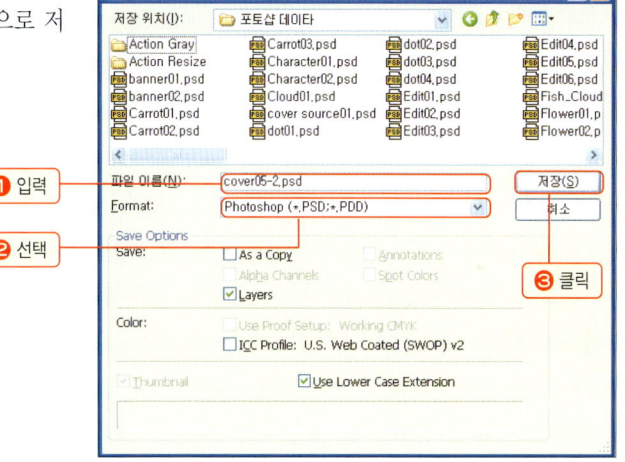

① 입력
② 선택
③ 클릭

참고하세요!

책 표지 전체가 완성된 모습을 살펴보면 옆의 이미지와 같이 앞표지와 뒷표지, 그리고 책 등으로 이루어져 있습니다.
일반적으로 '책 표지'와 책 등'에는 책 제목과 저자, 책에 대한 간략한 소개, 출판사 이름 등이 들어갑니다.
'뒷 표지'에는 상세한 책의 내용, 추천사, 리뷰 등과 함께 책의 가격, 바코드 분류 번호 등이 들어갑니다.

뒷표지 : 188mm　　책 등 : 30mm　　앞표지 : 188mm

257mm

찾아보기

Photoshop CS &
ImageReady

 궁금해요 Photoshop CS &
ImageReady

Q&A

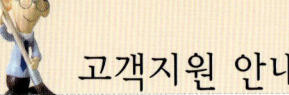

고객지원 안내

도서출판 이비컴에서는 홈페이지를 통한 고객지원 프로그램을 실시하고 있습니다. 책 내용 중 궁금한 점이 있다면 이비컴 홈페이지에 글을 남겨주세요. 빠른 시간 내에 여러분이 원하는 정확한 답변을 드리겠습니다.

1 도서출판 이비컴의 홈페이지인 www.bookbee.co.kr에 접속한 후 회원가입 버튼을 눌러 회원으로 가입하세요. 가입이 끝나면 로그인 버튼을 눌러 아이디와 비밀번호를 입력합니다.

2 로그인한 후 상단의 메뉴 중 '고객지원' 코너를 클릭하세요. 그림과 같은 게시판이 나타나면 가장 밑에 있는 [글쓰기] 버튼을 클릭합니다.

3 이제 궁금한 점을 글로 써주세요. 상품명이나 제목 등 각 항목은 빠짐없이 입력 또는 선택하고, 입력이 끝나면 [저장] 버튼을 클릭합니다.

4 올린 글이 게시판에 등록되었습니다. 이제 잠시만 기다리면 바로 밑에 답변 글이 올라올 것입니다.

The BooK on my desK